Katerina Bojadzievska

Henry A.
Kissinger

DIE WELTPOLITISCHE LAGE

Reden und Aufsätze

Henry A.
Kissinger

DIE WELTPOLITISCHE LAGE

Reden und Aufsätze

C. Bertelsmann Verlag

Die amerikanische Originalausgabe ist unter dem Titel
»For the Reccord. Seleted Statements 1977–1980«
im Verlag Little, Brown and Company erschienen.
Die deutsche Ausgabe hat der Autor freundlicherweise erweitert.

Aus dem Amerikanischen von Hans Jürgen Baron von Koskull

Lektorat Dr. Dieter Struss, Grafing bei München
Gesamtherstellung: Mohndruck Graphische Betriebe GmbH, Gütersloh
ISBN 3-570-06890-0 · Printed in Germany

Inhaltsverzeichnis

Vorwort

In diesem Buch lege ich eine Auswahl meiner seit dem Ausscheiden aus dem Amt im Januar 1977 gehaltenen Vorträge und anderer in der Öffentlichkeit gemachter Aussagen vor. Es enthält die nach meiner Auffassung wichtigsten Äußerungen zu einer ganzen Reihe aktueller Themen. Das sind unter anderem der Sturz des Schah im Iran, der SALT-II-Vertrag, die Menschenrechte als Ziel der Außenpolitik, die Erfolge und Mißerfolge in der Nahostpolitik, die Energiekrise, die Zukunft der NATO, der Ost-West-Handel, die kommunistischen Parteien in Westeuropa und die Beurteilung mir bekannter bedeutender Persönlichkeiten.

Bis 1945 glaubten die Amerikaner – und sie konnten sich den Luxus leisten –, die Außenpolitik als ein Thema behandeln zu können, mit dem sie sich nur sporadisch beschäftigen müßten, wenn ihnen das aus irgendeinem Grund nützlich erschien oder sie durch einen direkten Angriff zur Verteidigung gezwungen wurden. Wenn sie eine gewisse Zeitlang außenpolitische Anstrengungen unternommen hatten, zogen sie sich wieder selbstzufrieden in die Isolation zurück. Doch nach dem Zweiten Weltkrieg mußten sie sich an die unbequeme Realität gewöhnen, ständig herausgefordert zu werden. Sie können der übrigen Welt nicht mehr den Rücken zuwenden. Amerikas Sicherheit ist nicht mehr garantiert, es entwickelt sich nicht alles nach seinen Erwartungen, und seine Interessen und Wertvorstellungen zu wahren, erfordert Wachsamkeit und große Anstrengungen. Je komplexer die Welt wird, desto notwendiger ist es, rechtzeitig etwas für die Sicherheit und das allgemeine Wohl zu unternehmen, wenn wir den Herausforderungen gewachsen bleiben sollen. Wenn der Aktionsspielraum am größten ist, dann sind die Herausforderungen am wenigsten deutlich zu erkennen. Wenn sich die Art der Schwierigkeiten jedoch deutlich abzeichnet, dann kann der Handlungsspielraum unter Umständen nicht mehr vorhanden sein. Der Staatsmann muß versuchen, die Ereignisse mit dem Blick auf die Zukunft zu gestalten, und bedarf dazu der moralischen Kraft, um auch dann entschlossen handeln zu können, wenn Übereinstimmung in allen Fragen und Gewißheit unerreichbar sind.

Darin liegt für eine demokratische Gesellschaft ein besonderes Problem, denn in ihr erfordern alle grundsätzlichen Entscheidungen die Zustimmung der Öffentlichkeit, wenn sie durchsetzbar sein sollen. Wir lösen dieses Problem so, wie wir alle anderen Probleme zu lösen suchen; durch Gespräche und Diskussionen, durch den Wettbewerb in der politischen Arena, durch die ständig bestehende Spannung zwischen dem Führungsanspruch der Exekutive und der Aufgabe des Parlaments, die Richtung der Politik in großen Zügen zu bestimmen. Das ist ein schwer durchschaubarer Prozeß, aber in ihm liegt das Wesen einer freien und lebensfähigen Gesellschaft.

Da ich selbst ein Regierungsamt bekleidet habe, kenne ich die Lasten derjenigen, die in hohen Stellungen Verantwortung tragen, und habe Verständnis für ihre Situation. Sie werden nur selten vor einfache Entscheidungen gestellt; die einfachen Probleme werden auf niedriger Ebene gelöst, und nur die schwierigen werden nach oben weitergegeben. Als ich noch im Amt war, habe ich oft davon gesprochen, wie notwendig die nationale Einigkeit und ein Geist der Unparteilichkeit in der Außenpolitik sind. Damit habe ich nicht der Opposition den Wind aus den Segeln nehmen, sondern sie nur dazu veranlassen wollen, die Realitäten zu erkennen. Allein auf dieser Grundlage läßt sich eine wirkungsvolle, erfolgreiche und folgerichtige Außenpolitik gestalten.

Nach dem Ausscheiden aus dem Amt habe ich mich darum bemüht, den gleichen Grundsätzen zu folgen. Der Leser dieser Reden und Erklärungen wird feststellen, daß ich die Bemühungen unserer Regierung in einer ganzen Reihe von Fragen unterstützt, aber auch versucht habe, deutlich zu sagen, welche grundsätzlichen Vorbehalte ich gelegentlich machen mußte. Wenn ein neuer Präsident, der einer anderen Partei angehört, sein Amt übernimmt, dann ist er nicht verpflichtet, in seiner Politik die gleichen Prioritäten zu setzen wie sein Vorgänger. Die führende Stellung Amerikas in der Welt verlangt jedoch ein gewisses Maß an Stetigkeit. Amerika darf nicht zum Faktor der Instabilität in der Welt werden und alle vier Jahre seinen politischen Kurs radikal ändern. Auch die Realitäten in dieser Welt und unsere nationalen Interessen verändern sich nicht während des Ablaufes einer solchen Zeit. Deshalb ist Kontinuität ein wichtiges Erfordernis. Und eine loyale Opposition hat die Pflicht, ihre kritische Aufgabe in dem Bewußtsein zu erfüllen, daß wir alle das gleiche Ziel verfolgen. Es geht um die Zukunft der Welt und um unsere eigene Zukunft.

An dieser Stelle möchte ich den Verlegern meiner Memoiren, Little, Brown and Company, für die Anregung danken, dieses Buch herauszugeben. Aufrichtig danke ich Genevieve Young von Little, Brown für ihre Mitarbeit. Betsy Pitha von Little, Brown hat bei der Bearbeitung dieses Materials für die Veröffentlichung hervorragende Lektoratsarbeit geleistet und die Texte, wo es notwendig war, stilistisch gefeilt. Meine Mitarbeiter William G. Hyland und Peter W. Rodman haben mir beim Entwerfen meiner Reden und Vorträge geholfen.

Washington, D. C. *Henry A. Kissinger*

Die kommunistischen Parteien in Westeuropa

Eine Herausforderung für den Westen

Vortrag vom 9. Juni 1977 in Washington, D. C., auf der Konferenz zu dem Thema Italien und der Eurokommunismus, veranstaltet von der Hoover Institution on War, Revolution and Peace und dem American Enterprise Institute for Public Policy Research

Der Zusammenhalt der demokratischen Industrienationen in Westeuropa, Nordamerika und Japan hat über dreißig Jahre lang das Bollwerk des Friedens und den Motor für das Aufblühen einer globalen Prosperität gebildet.

Diese Solidarität war die Hauptstütze unserer Außenpolitik in jeder Regierung von Präsident Truman bis Präsident Carter. Das erste dauerhafte Sicherheitsbündnis im Frieden, das die amerikanische Geschichte kennt, wurde mit den demokratischen Nationen der Atlantischen Gemeinschaft geschlossen; unmittelbar darauf haben wir die Verpflichtung übernommen, die Sicherheit Japans zu garantieren. Seither hat sich die Zusammenarbeit der demokratischen Industrienationen über die kollektive Verteidigung hinaus ausgeweitet und umfaßt heute das gemeinsame Handeln auf den Gebieten der Energiepolitik, des wirtschaftlichen Wiederaufbaus, des internationalen Wirtschaftssystems, bei den Beziehungen zu den kommunistischen Ländern und zur Dritten Welt. Hinter diesen gemeinsamen Bemühungen stehen nicht nur materielle Überlegungen zur Förderung des Wohlstandes und der Macht, wir lassen uns vielmehr auch von gemeinsamen ethischen Grundsätzen leiten; wir teilen die Überzeugung, daß die Zustimmung der Regierten das Fundament der Regierung ist und daß jeder einzelne unveräußerliche Rechte besitzt und verfassungsmäßig garantierte Freiheiten in Anspruch nehmen darf.

Es ist eine Ironie des Schicksals, daß die Einigkeit, die sich innerhalb einer Generation unter solchen Mühen und mit so viel Ideenreichtum entwickelt hat, gerade in dem Augenblick, da die demokratischen Industrienationen in ihrem Widerstand gegen äußere Bedrohungen am stärksten geeint sind, und zu einer Zeit, da wir auf so vielen verschiedenen Gebieten zusammenarbeiten wie nie zuvor, durch eine von innen kommende Gefahr bedroht wird – durch die Erstarkung der kommunistischen Parteien und die Möglichkeit, daß sie in einigen westeuropäischen Ländern an die Macht kommen könnten.

Bei den italienischen Parlamentswahlen im Juni 1976 gewann die Kommunistische Partei 34 Prozent der abgegebenen Stimmen und konnte damit ihre Stellung als zweitstärkste Partei und mächtige Rivalin der Christlich-Demokratischen Partei, die Italien seit dem Kriegsende regiert hat, wesentlich ausbauen. Seit den Wahlen von 1972 ist die Kommunistische Partei vor allem auf Kosten der demokratischen sozialistischen Gruppierungen gewachsen; diese Entwicklung ist Ausdruck einer zunehmenden und gefährlichen Polarisierung in der italienischen Politik.

Heute sind die Kommunisten praktisch in der Lage, gegen jedes Regierungsprogramm ihr Veto im italienischen Parlament einzulegen.

Bei den französischen Präsidentschaftswahlen im April 1974 fehlte den Kommunisten und den sozialistischen Parteien nur ein Prozent der Stimmen zum Sieg in der entscheidenden letzten Abstimmung. Eine Mehrheit dieser Koalition bei den Parlamentswahlen, die am 3. März 1978 abgehalten werden müssen, würde zur Folge haben, daß führende Kommunisten Schlüsselstellungen in den Ministerien besetzen. Dadurch würde auch eine Verfassungskrise eintreten, denn die Fünfte Republik ist bisher noch nicht der Belastung ausgesetzt gewesen, daß Präsident und Premierminister verschiedenen Parteien angehörten.

Auf der Iberischen Halbinsel, wo die Demokratisierung heute mit guten Aussichten auf Erfolg voranschreitet, haben die kommunistischen Parteien mit einer rücksichtslosen und disziplinierten Organisation dafür gekämpft, ihren schon jetzt beträchtlichen Einfluß zu verstärken. Portugal ist Mitglied der NATO; Spanien besitzt eine strategisch entscheidende Bedeutung und ist durch Sondervereinbarungen an die Vereinigten Staaten gebunden. Eine Beteiligung der Kommunisten an der Regierung eines dieser beiden Länder hätte für die Sicherheit des Westens ernste Folgen.

Und diese kommunistischen Herausforderungen sind nicht voneinander isoliert. Eine Machtübernahme durch die Kommunisten oder ihre Beteiligung an der Macht in einem Lande wird zweifellos erhebliche psychologische Auswirkungen auf die anderen haben, denn dann werden die kommunistischen Parteien gesellschaftsfähig erscheinen, oder man wird den Eindruck gewinnen, daß die Entwicklungstendenzen in der europäischen Politik die Kommunisten begünstigen.

Die meisten Ursachen für dieses Phänomen liegen in den betreffenden Ländern selbst. Deshalb muß auch die Reaktion auf diese Herausforderung in erster Linie von den europäischen Führern und Wählern ausgehen, die davon überzeugt sind, daß sich ein entschlossenes Eintreten für die Demokratie lohnt. Amerika kann nicht an ihrer Stelle die Entscheidungen treffen oder den Ausgang freier Wahlen bestimmen.

Aber Amerika *muß* die Bedeutung dessen, was uns erwarten könnte, erkennen. Wir dürfen uns nicht darüber täuschen, welche Folgen es für die Verwirklichung der außenpolitischen Ziele Amerikas haben wird, wenn führende Kommunisten an der Exekutivgewalt beteiligt werden. Wir dürfen weder unser eigenes Volk noch unsere Verbündeten, die unser Urteil ernst nehmen, über die Schwere dieser Bedrohung hinwegtäuschen. Wir dürfen ihre Entschlußkraft nicht dadurch schwächen, daß wir einen kommunistischen Sieg als unvermeidbar hinstellen - was nicht zutrifft - oder daß wir uns einbilden, ein Wahlsieg der Kommunisten wäre ein zufälliges, vorübergehendes Ereignis ohne ernste Folgen. Die letzte Entscheidung müssen die Wähler in Europa treffen. Aber sie - und wir - würden uns in verhängnisvoller Weise täuschen, wenn wir heute nicht erkennen wollten:

daß die Machtergreifung durch die Kommunisten in einem verbündeten Land einen erheblichen Wandel in der europäischen Politik darstellen würde;

daß es für die Struktur der Nachkriegswelt, wie wir sie kennen, und für die Beziehungen Amerikas zu seinen wichtigsten Verbündeten fundamentale Folgen haben würde;

und daß es die Aussichten auf ein Leben in Sicherheit und Fortschritt in Frage stellen muß.

Die kommunistischen Parteien und die westlichen Demokratien

Diejenigen, die sich um diese Zukunft geringere Sorgen machen, behaupten oft, die kommunistischen Parteien Westeuropas seien von Moskau unabhängig, sie seien erfolgreich demokratisiert und assimiliert worden und stellten daher im großen Zusammenhang der Ost-West-Beziehungen kein internationales Problem dar.

Es ist durchaus richtig, daß die zentrifugalen und polyzentrischen Tendenzen in der kommunistischen Welt zu den erstaunlichsten Entwicklungen unserer Zeit gehören. Die Intensität dieser Spaltungen verdoppelt sich darüber hinaus durch die Leidenschaft einer quasi-religiösen Schlacht, die darum geführt wird, was als das wahre Dogma und was als Häresie angesehen werden soll. Symptomatisch ist die Tatsache, daß die Sowjetunion in der Nachkriegsperiode nur gegen andere kommunistische Länder militärisch vorgegangen ist – in Ost-Berlin, in Ungarn, in der Tschechoslowakei und an der chinesisch-sowjetischen Grenze. Der chinesisch-sowjetische Konflikt könnte in der Tat der tiefgreifendste und explosivste gegenwärtige internationale Konflikt sein. Es gibt auch keinen ernstzunehmenden Beobachter der Lage, der bestreitet, daß die kommunistischen Parteien Westeuropas gelegentlich eine gewisse Unabhängigkeit gegenüber der Sowjetunion demonstriert haben.

Aber damit erschöpft sich dieses Problem noch nicht. Denn wir müssen fragen: In welchem Sinne und auf welchen Gebieten sind sie unabhängig? Und welches sind die objektiven Folgen ihrer Politik und ihrer Programme für den Westen.

Was nun die Behauptung dieser kommunistischen Parteien betrifft, sie seien unabhängig, so dürfen wir sie bezweifeln, denn sie wird natürlich aufgestellt, um Wahlerfolge zu erzielen. Die Skepsis gegenüber dem Beschluß der französischen Kommunisten, der vielleicht stalinistischsten Partei Europas, das sowjetische Konzept der Diktatur des Proletariats mit den Stimmen aller 1700 Delegierten ohne Gegenstimme abzulehnen, wie dies auf dem Parteikongreß im Februar 1976 geschehen ist, nachdem die gleiche Diktatur des Proletariats auf allen vorangegangenen Parteikongressen ebenso einstimmig mit 1700 Stimmen angenommen worden war, muß kein Zynismus sein. Weshalb hat sich nicht ein einziger Delegierter entschließen können, seiner bisherigen Überzeugung treu zu bleiben? Man hat diesen Sinneswandel als eine Geste der Unabhängigkeit gedeutet. Jetzt stellt sich aber heraus, daß dieses Konzept auch in der über viele Jahre vorbereiteten neuen sowjetischen Verfassung fehlt.

Das Leitprinzip der kommunistischen Parteien ist während der ganzen Zeit ihres Bestehens die Forderung gewesen, daß eine Minderheit als Vorhut der Arbeiterklasse die Macht ergreifen und ihre Auffassungen dem Rest der Bevölkerung aufzwingen müsse. Diese Mißachtung aller demokratischen Normen – ob sie sich nun in die überlieferte Form der »Diktatur des Proletariats« kleidet oder sich hinter dem eleganteren Begriff von Gramsci, »die Hegemonie der Arbeiterklasse«, verbirgt – ist genau das, was die kommunistischen Parteien historisch von den sozialistischen unterscheidet. Es fällt mir schwer zu glauben, daß die kommunistischen Parteien, die besonders in den kommunistischen Ländern die Sozialdemokratie verteufelt und als ihren Todfeind behandelt haben, plötzlich sozialdemokratisch geworden sein sollten. Ob sie nun von Moskau unabhängig sind oder nicht, die Kommunisten vertreten eine Weltanschauung, die nach ihrem Wesen und ihren eigenen Aussagen außerhalb des »bürgerlichen« Rahmens der westlichen Vorstellungen von Verfassungsmäßigkeit steht; sie sind die Vertreter einer Bewegung, die sich auf eine andere Tradition beruft und dabei ein sehr irreführendes Vokabular verwendet.

In der Tat haben die kommunistischen Parteien in Frankreich, Italien und Spanien in jüngster Zeit ihre Bereitwilligkeit erklärt, »innerhalb des Pluralismus der politischen und gesellschaftlichen Kräfte zu arbeiten, Garantien zu respektieren und alle individuellen und kollektiven Freiheiten zu entwickeln«. Enrico Berlinguer und Georges Marchais haben sich im Juni 1976 auf einer Konferenz der kommunistischen Parteien in Ost-Berlin zur nationalen Unabhängigkeit und zum politischen Pluralismus bekannt.

Doch dürfen wir diese Erklärungen wörtlich nehmen? Schließlich hat Marchais behauptet, in Bulgarien, Polen und Ostdeutschland gäbe es ein »pluralistisches« Parteiensystem. Noch im Jahr 1972 hieß es in der Doktrin der französischen Kommunisten, daß »es keine Rückkehr vom Sozialismus zum Kapitalismus geben kann«. Noch vor wenigen Wochen haben die französischen Kommunisten zum großen Unbehagen ihrer sozialistischen Verbündeten die Kosten des Wirtschaftsprogramms beider Parteien auf mehr als hundert Milliarden Dollar beziffert. Das kommunistische Programm verlangt ausdrücklich eine radikale Veränderung der Gesellschaft. Es liegt im Wesen ihrer Überzeugung, daß die Kommunisten institutionelle Veränderungen anstreben, um die einmal gewonnene Macht auf die Dauer in der Hand zu behalten.

Darüber hinaus müssen wir fragen, ob denn die Behauptung, es gäbe einen nationalen Weg zum Kommunismus, und ob das Bekenntnis zu demokratischen Grundsätzen wirklich so neu sind. Lassen Sie mich einige führende europäische Kommunisten zitieren.

Erstens: Das Entscheidende ist, und wir Marxisten sollten das wissen: Jede Nation wird den Übergang zum Sozialismus nicht auf einem vorbestimmten Weg, nicht genauso wie in der Sowjetunion, sondern auf einem eigenen Weg entsprechend den historischen, nationalen, gesellschaftlichen und kulturellen Begebenheiten bewerkstelligen.

Das ist ein Satz aus einer Rede des Führers der Bulgarischen Kommunistischen Partei, Georgi Dimitroff, vom Februar 1946.

Zweitens: Wir sind der Auffassung, daß die Methode, (unserem Land) das sowjetische System aufzuzwingen, falsch wäre, denn diese Methode entspricht nicht den heutigen, durch die Entwicklung gegebenen Voraussetzungen ... Wir sind vielmehr der Ansicht ..., daß es im Interesse des Volkes in der heutigen Situation liegt, einer anderen Methode zu folgen ..., nämlich der Methode, ein demokratisches, antifaschistisches Regime zu errichten, eine parlamentarische demokratische Republik mit vollen demokratischen Rechten und Freiheiten für das Volk.

Das steht in einer Proklamation der Kommunistischen Partei Deutschlands der Sowjetzone aus dem Juni 1945.

Drittens: Die große nationale Aufgabe, vor der unser Land steht, kann weder von der kommunistischen Partei noch von irgendeiner anderen Partei allein gelöst werden. Die kommunistische Partei vertritt die Auffassung, daß sie kein Monopol hat, und sie braucht das Monopol nicht, um unter den Massen für die Errichtung der neuen (Nation) zu wirken. Die kommunistische Partei billigt nicht die Idee eines Einparteiensystems. Die anderen Parteien sollen ebenso wirken und sich organisieren.

Das ist eine Erklärung des Führers der Kommunistischen Partei Ungarns, Ernö Gerö, vom November 1944.

Viertens: In (unserem Land) gibt es eine Aufteilung der Funktionen, und die Staatsgewalt geht von der parlamentarischen Demokratie aus. Die Diktatur des Proletariats oder einer einzigen Partei ist nicht entscheidend. (Unser Land) kann einen eigenen Weg gehen und geht ihn auch.

Das sind Sätze aus einer Rede des polnischen kommunistischen Parteiführers Wladyslaw Gomulka vom Januar 1946.

Fünftens: Die kommunistische Partei will den Sozialismus verwirklichen, aber wir sind der Meinung, daß das sowjetische System nicht der einzige Weg zum Sozialismus ist ... Die Koalition der Kommunisten mit anderen Parteien ist nicht opportunistisch, eine auf bestimmte Zeit begrenzte Koalition, sondern Ausdruck ... der Bestrebungen aller Schichten des arbeitenden Volkes ... Gegenwärtig wollen wir sicherstellen, daß unsere neuen demokratischen parlamentarischen Methoden ... im Verfassungsrecht Ausdruck finden. Wenn Sie die Auffassung der Kommunisten kennenlernen wollen, dann kann ich nur sagen, daß sie die aufmerksamsten Wächter der neuen Verfassung sein werden.

Das ist eine Erklärung des Führers der Kommunistischen Partei der Tschechoslowakei, Klement Gottwald, vom Januar 1947.

Sechstens: Marchais spricht vom »Sozialismus in den Farben Frankreichs«. 1938 hat schon George Orwell gesagt, die Strategie der französischen Kommunisten sei es, »hinter der Trikolore zu marschieren«.

Kurz gesagt, was die Führer der kommunistischen Parteien im Westen heute über ihre Vorliebe für demokratische Verfahrensweisen äußern, unterscheidet sich nicht wesentlich von dem, was führende osteuropäische Kommunisten in den vierziger Jahren ausdrücklich betont haben – bevor sie die totale Macht ergriffen, die sie nicht wieder aus den Händen gegeben haben.

Gewiß sind die kommunistischen Parteien bereit, mit demokratischen Mitteln an die Macht zu kommen. Aber könnten sie auch zulassen, daß auf demokratische Weise das rückgängig gemacht wird, was sie als den unausweichlichen Weg des »historischen Fortschritts« ansehen? Würden sie die Institutionen beibehalten – die Presse, die Parteien, die Gewerkschaften, die Unternehmungen –, die ihre Macht am stärksten bedrohen? Würden sie die Freiheiten sichern, die zu Instrumenten ihrer künftigen Niederlage werden könnten? Keine alleinregierende kommunistische Partei hat das jemals getan, und die große Mehrheit der demokratischen Parteien, die mit europäischen Kommunisten Koalitionen eingegangen sind, finden wir heute in den Registern der Geschichtsbücher, aber selten in den Ministerien oder Parlamenten.

Die Kommunistische Partei Italiens hat allerdings, nachdem sie 1948 gegenüber den Christlichen Demokraten eine verheerende Niederlage hinnehmen mußte, die Regierung verlassen. 1948 war die kommunistische Partei viel schwächer und hatte in den Regionen und größeren Städten kaum mehr etwas zu sagen. Die Kommunisten standen im Kampf gegen eine jüngere und geeintere christlich-demokratische Partei, eine starke sozialistische Partei und eine entschlossene, durch die Abenteuer Stalins in Griechenland und in der Tschechoslowakei alarmierte westliche Allianz. Heute sind die italienischen Kommunisten an den Regierungen der meisten größeren Städte und Regionen beteiligt, ihr Einfluß in den Gewerkschaften ist ungeheuer stark, sie werden von vielen Intellektuellen und bekannten Künstlern tatkräftig unterstützt und haben die Sozialisten soweit geschwächt, daß diese nur noch über einen geringen Teil des Einflusses verfügen, den sie noch vor dreißig Jahren hatten.

Die französischen Kommunisten haben 1947 nach der Intensivierung des Kalten Krieges unter ähnlichen Umständen die Regierung verlassen müssen. Aber ebenso wie in Italien im folgenden Jahr, fand die allgemeine Revolte gegen die Kommunisten im Rahmen eines geeinten Westens mit einer klaren Vorstellung davon statt, daß das Überleben des Westens von außen und von innen bedroht sei. Im Gegensatz dazu gibt es heute beiderseits des Atlantik viele Menschen, die sich davon haben überzeugen lassen, daß der Kommunismus in Europa nichts anderes sei als eine Sozialdemokratie mit leninistischem Gesicht.

Wir können nicht mit Sicherheit wissen, ob sich in den überlieferten Zielen und Taktiken dieser Parteien ein fundamentaler Wandel vollzogen hat. Aber ihre innere Organisation und die Art, wie diese Parteien geführt werden, sprechen dagegen. Es ist kein demokratischer Pluralismus, sondern der streng leninistische Grundsatz des »demokratischen Zentralismus«, der auch weiter die innere Struktur aller kommunistischen Parteien in Europa bestimmt. Darin ist eine Doktrin der eisernen Disziplin und nicht der Grundsatz eines freien und offenen Dialogs zu sehen. Es ist ein dogmatisches System der »Parteilinie«, der Autorität und des Gehorsams, der Unterdrückung jeder abweichenden Meinung und der Ausschaltung aller Dissidenten. Es sind in jüngster Zeit zu viele Gewaltmaßnahmen, zu viele Versuche, Zeitungen und Rundfunk zu zensieren und die Freiheit der Lehre und Forschung an den Universitäten zu unterdrücken, zu verzeichnen, als daß man das Wesen dieser kommunistischen Parteien optimistisch beurteilen könnte.

Nur im *westlichen* Europa und in den Vereinigten Staaten finden wir noch Illusionen über den Charakter der kommunistischen Parteien. In Osteuropa kann man schon seit Jahrzehnten Langeweile, intellektuelle Leere, ein Versagen des Systems und einen geisttötenden Bürokratismus verzeichnen. Länder, die früher führende Industriemächte waren, sind heute in Mittelmäßigkeit und Stagnation versunken; Nationen mit einer langen demokratischen Tradition haben die Vernichtung der bürgerlichen Freiheiten und der demokratischen Praktiken erlebt. Die Länder des Westens würden ihre Zukunft verpfänden, wenn sie ihre Augen vor diesen Realitäten verschließen wollten. Gesellschaften, die versuchen, schwierigen Entscheidungen aus dem Wege zu gehen, indem sie die Zukunft mit einem zu wohlwollenden Optimismus betrachten, werden für ihre Zurückhaltung nicht belohnt werden. Sie beschleunigen nur ihren eigenen Untergang.

Die kommunistischen Parteien und das Atlantische Bündnis

Manchmal hört man die Frage: Wenn die Vereinigten Staaten mit den kommunistischen Regierungen in der Sowjetunion, China, Osteuropa und sogar auf Kuba oder in Vietnam auskommen können, weshalb können wir dann nicht lernen, mit den kommunistischen Parteien auszukommen, die in Westeuropa nach der Macht streben, und sie akzeptieren? Sorgt sich nicht die Sowjetunion darum, daß neue kommunistische Regime entstehen könnten, die sich unter Umständen ihrer Kontrolle entziehen würden?

Solche Fragen gehen an dem entscheidenden Punkt vorbei. Es besteht ein wesentlicher Unterschied zwischen der Fähigkeit, Konflikte mit dem politischen Gegner erfolgreich auszutragen, und dem Wunsch, gute Beziehungen zu Freunden aufrechtzuerhalten, mit denen man verbündet ist, besonders wenn die Stabilität der Ost-West-

Beziehungen in erster Linie vom Zusammenhalt des westlichen Bündnisses abhängt. Auch wenn einige kommunistische Parteien Westeuropas der Sowjetunion größere Schwierigkeiten bereiten sollten als die disziplinierteren in Osteuropa und sich damit für Moskau neue Probleme ergäben, würden sie für den Westen ein viel ernsteres Problem darstellen.

Denn die Schlüsselfrage ist nicht, wie »unabhängig«, sondern *wie kommunistisch* die europäischen Kommunisten wären. Die Dynamik der kommunistischen Parteien und das Programm, aufgrund dessen sie gewählt werden würden, zeigen uns, daß ihre Außen- und Innenpolitik nicht den gemeinsamen Zielen des Atlantischen Bündnisses entsprechen würden.

Die Solidarität der großen demokratischen Industriestaaten hat dreißig Jahre die globale Sicherheit bewahrt. Die kollektiven Verteidigungsanstrengungen des Westens waren der Schild, hinter dem die Vereinigten Staaten, Westeuropa und Japan die Institutionen der europäischen Einheit und eines fortschrittlichen Weltwirtschaftssystems entwickelt haben. Alle diese Beziehungen wären ernsthaft gefährdet, wenn die Kommunisten in verbündeten Regierungen an die Macht kämen.

Im einzelnen ist folgendes dazu zu sagen:

Das amerikanische Volk würde über das Wesen des Bündnisses keine klaren Vorstellungen mehr haben. Die Signatarmächte des Nordatlantikpakts haben 1949 erklärt, sie seien »entschlossen, die Freiheit, das gemeinsame Erbe und die Zivilisation ihrer Völker, die sich auf die Grundsätze der Demokratie, der individuellen Freiheit und der Rechtsstaatlichkeit gründeten, zu sichern«. Wenn die Kommunisten an den Regierungen in verbündeten Staaten beteiligt würden, dann würde den Bemühungen, in Europa das militärische Gleichgewicht aufrechtzuerhalten, die moralische Basis entzogen, die seit einer Generation hinter diesen Bemühungen steht. Man würde von dem amerikanischen Volk verlangen, seine Bündnisverpflichtungen auf der Grundlage von zwei höchst ungewissen, unerprobten Voraussetzungen zu erfüllen; daß es nämlich im Kommunismus eine neue Tendenz gäbe, die mit der Zeit zur Abspaltung von Moskau führen werde, und daß der Westen fähig sein werde, diese Spaltungen zu seinem Vorteil auszunutzen.

Man muß ernsthaft daran zweifeln, daß sich diese beiden Erwartungen erfüllen werden. Bisher ist es dem Westen noch niemals gelungen, im kommunistischen Lager eine deutliche Spaltung herbeizuführen oder aufrechtzuerhalten. Die Gegensätze zwischen der Sowjetunion und Jugoslawien oder China haben schon Monate und sogar Jahre geschwelt, bevor man sich im Westen ihrer bewußt geworden ist.

Aber auch eine solche Spaltung – die sich erst im Verlauf einer ganzen Reihe von Jahren entwickeln müßte – könnte die für die gegenwärtige Beziehung der Verbündeten zueinander bestehende Gefahr kaum verringern. Wenn sie schließlich einträte, ließe sich der Schaden, der inzwischen für die Struktur der NATO eingetreten wäre, wahrscheinlich nicht mehr reparieren. Der Charakter der atlantischen Beziehungen hätte sich vollständig verändert, auch wenn sich die Vereinigten Staaten schließlich dazu entschlössen, aus bestimmten Gründen einen revisionistischen Kommunismus zu unterstützen. Obwohl die Vereinigten Staaten die Ausweitung der sowjetischen Vorherrschaft auf Westeuropa niemals tatenlos hinnehmen können, wäre es kaum möglich, auf die Dauer amerikanische Streitkräfte in Europa zu stationieren, um bestimmte kommunistische Regierungen gegen andere kommunistische Regierungen zu verteidigen. Ein solcher Einsatz militärischer Kräfte ließe sich nur damit begründen, daß das Gleichgewicht der Kräfte aufrechterhalten bleiben müsse, und zwar in einer Art und Weise, wie dies der amerikanischen Tradition und der öffentlichen Meinung in den Vereinigten Staaten widerspräche.

Das ist keine persönliche Empfehlung für eine bestimmte politische Linie, sondern eine Beurteilung unabweisbarer Fakten. Die wesentliche Beteiligung kommunistischer Parteien an Regierungen in Westeuropa wird mit der Zeit die Moral und die politische Basis für unsere gegenwärtige militärische Präsenz in Europa untergraben.

Die Auswirkungen auf den Zusammenhalt des Bündnisses im allgemeinen wären katastrophal. Das westliche Bündnis wird bis zum heutigen Tag durch ein System enger Konsultationen zusammengehalten, die sich auf gemeinsame Ziele und übereinstimmende Grundauffassungen stützen. Für den Präsidenten de Gaulle hat die Unabhängigkeit Frankreichs von den Vereinigten Staaten sehr viel bedeutet, aber in gefährlichen Krisen, bei denen es um Berlin oder die Stationierung sowjetischer Raketen auf Kuba ging, stand er fest auf der Seite seiner Verbündeten. Ebenso darf man von den kommunistischen Regierungen in Westeuropa, so unabhängig sie auch in innerparteilichen Fragen von Moskau sein mögen, erwarten, daß sie an ihren kommunistischen Grundüberzeugungen festhalten und das deutlich demonstrieren werden, wenn es um entscheidende internationale Fragen geht.

Wenn kommunistische Parteien in Westeuropa an die Macht kommen, müßten sich entscheidende außenpolitische Konflikte zwischen Europa und den Vereinigten Staaten sowie zwischen den Staaten, in denen die Kommunisten an der Regierung beteiligt sind, und den anderen entwickeln.

Im Februar 1976 hat der Führer der italienischen Kommunisten,

Berlinguer, in einem Interview für die Londoner *Times* gesagt: »Die Friedenspolitik der Sowjetunion liegt im allgemeinen Interesse der Menschheit.« Die italienische Parteizeitung hat die NATO im vergangenen Jahr bezichtigt, sie sei »eines der fundamentalen Instrumente zur Manipulation der Politik und Wirtschaft unseres Landes und Westeuropas durch Amerika«, und verlangt, daß man »in neue Gespräche über die Beziehungen der Länder Westeuropas zu den beiden Supermächten eintreten muß«. Ein führendes Mitglied des Zentralkomitees der Kommunistischen Partei Italiens wurde kürzlich in einem Interview mit Radio Freies Europa gefragt: »Wenn die kommunistischen Parteien in Frankreich und Italien an der Macht wären, was würden sie im Falle einer schweren internationalen Krise zwischen der Sowjetunion und dem Westen tun?« Die Antwort lautete: »Wir würden uns natürlich auf der Seite der Sowjetunion stellen.« Soweit von einer »Unterstützung« der NATO gesprochen wird, ist das natürlich nur eine taktisch begründete Aussage und eine Vergewaltigung des Begriffs der Entspannung. Diese Aussage setzt voraus, daß eine sowjetische Bedrohung Westeuropas unvorstellbar sei. Keine europäische kommunistische Partei hat sich jemals in dem Sinne geäußert, daß sie an einem westlichen Bündnis beteiligt sein wolle, das sich gegen eine sowjetische Expansion richtet. Wie könnten sich auch leninistische Parteien überzeugend an einem Militärbündnis beteiligen, dessen vorrangiges Ziel es ist und bleiben wird, sich dem sowjetischen Machtanspruch entgegenzustellen?

Natürlich haben diese Parteien auch ihre Differenzen mit der Sowjetunion, aber praktisch in jedem einzelnen Fall hat es sich dabei um Probleme *innerhalb* der kommunistischen Bewegung gehandelt. Wenn überhaupt, dann haben sie sich nur in ganz seltenen Fällen in internationalen Fragen gegen die sowjetische Haltung gestellt. Die Kommunistische Partei Italiens hat die Kubaner in Angola als »Freiheitskämpfer« gepriesen, sie hat die Befreiung der Geiseln in Entebbe durch die Israelis als eine »unerträgliche Verletzung der nationalen Souveränität Ugandas« bezeichnet, sie hat der sowjetischen Politik in Afrika Beifall gezollt und die diplomatischen Bemühungen Amerikas in Südafrika als einen Versuch verurteilt, »die neokolonialistischen und militärstrategischen Interessen des Imperialismus zu retten«.

Bestenfalls darf man von den kommunistischen Parteien Westeuropas erwarten, daß sie sich mit ihrer politischen Linie den sogenannten blockfreien Ländern nähern, und zwar in einem gegen den Westen gerichteten Sinne. Jugoslawien – dessen Unabhängigkeit von Moskau in osteuropäischen Fragen inzwischen schon eine Tradition ist – hat sich im Hinblick auf die meisten internationalen Fragen außerhalb Osteuropas als Vorkämpfer antiwestlicher und antiamerikanischer Positionen erwiesen. Weshalb sollten wir erwarten, daß sich kommunistische Parteien in Westeuropa uns gegenüber freundlicher verhalten als der unabhängigste osteuropäische Staat, der seit fast dreißig Jahren Differenzen mit Moskau und dessen Regierung der Kreml wiederholt auszuhöhlen versucht hat?

Von einer Nation, in der die Kommunisten an der Macht beteiligt sind, dürfen wir nicht erwarten, daß sie zur Verteidigung westlicher Interessen in vielen Regionen der Welt eine so entschiedene Haltung einnehmen werden wie unsere Verbündeten – ein Beispiel dafür ist das mutige Vorgehen des französischen Präsidenten Giscard in Zaire. Die Übereinstimmung der Auffassungen zwischen den Vereinigten Staaten und ihren europäischen Verbündeten im Nahen Osten, in Südafrika, im Hinblick auf die Beziehungen zur Dritten Welt, in der Berlin-Frage, zur Rüstungskontrolle und zur europäischen Sicherheit würde mit größter Wahrscheinlichkeit ausgehöhlt werden. Dafür müßten wir mit einer aktiven Opposition rechnen, besonders in Regionen, in denen Europa traditionsgemäß einen starken kulturellen und politischen Einfluß hat. Bei unseren gemeinsamen Bemühungen, die Weltwirtschaftslage zu verbessern und den Fortschritt in den entwickelten und den Entwicklungsländern zu fördern, in der OECD, auf der Pariser Konferenz für internationale wirtschaftliche Zusammenarbeit und bei den Gipfelgesprächen der Regierungschefs würden sich sehr bald Konflikte ergeben. Wie ließe sich der atlantische Zusammenhalt unter solchen Voraussetzungen noch bewahren, besonders auch in Sicherheitsfragen?

Die militärische Stärke und der Zusammenhalt der NATO würden wesentlich geschwächt werden. Die kommunistischen Parteien Westeuropas bekennen sich zwar zur NATO, aber man kann sich kaum vorstellen, wie die gegenwärtige Struktur der NATO mit dem Austausch streng geheimer Informationen, der integrierten militärischen Planung und den hier geführten politischen Konsultationen erhalten bleiben könnte, wenn Kommunisten einen wesentlichen Anteil an der Macht hätten.

Eine Beteiligung kommunistischer Parteien an westeuropäischen Regierungen würde wesentliche Veränderungen in den Praktiken der NATO erforderlich machen, wie zeitweilig im Hinblick auf Portugal geschehen, das aus Geheimgesprächen innerhalb der Organisation ausgeschlossen werden mußte, solange man an der künftigen politischen Linie des Landes zweifelte. Wir dürfen auch nicht erwarten, daß die kommunistischen Parteien für die Verteidigung im Rahmen der NATO hohe Summen bewilligen werden. Die Kommunisten würden ihre Macht dafür einsetzen, die gemeinsamen Verteidigungsanstrengungen Westeuropas und die Bereitschaft zu verringern, sich an den Stationierungskosten der amerikanischen Streitkräfte in Europa zu beteiligen.

Wenn die Kommunisten wesentlich an den Regierungen wichtiger europäischer Länder beteiligt werden, dann könnte aus der NATO in Ermangelung anderer Möglichkeiten ein in erster Linie deutsch-amerikanisches Bündnis werden. Das könnte schließlich dazu führen, daß bestimmte politische Kräfte in anderen westeuropäischen Ländern auch das über Bord werfen, was vom atlantischen Zusammenhalt dann noch übriggeblieben sein wird. Wenn die NATO auf diese Weise geschwächt würde, während die Sowjetunion ihre strategische und konventionelle Rüstung intensiviert und den Warschauer Pakt auch weiterhin beherrscht, dann wäre das Gleichgewicht der Kräfte zwischen Ost und West in Europa in gefährlicher Weise bedroht. Die Freiheit vieler europäischer Länder, sowohl unserer Verbündeten als auch der Neutralen, ihre Zukunft selbst zu gestalten, würde im gleichen Maß eingeschränkt werden, mit dem die Furcht vor der sowjetischen Macht wüchse. Schließlich würde sich die Lage in massiver Weise zu unseren Ungunsten ändern, und zwar nicht, weil sich eine Mehrheit freiwillig zu einem Kurswechsel entschlossen hätte, sondern weil eine Gesamtverschiebung des Gleichgewichts der Kräfte den anderen Ländern keine Alternative offenließe.

Die Fortschritte in der Entwicklung zu einem vereinten Europa, auf das wir hoffen, würden wesentlich geringer sein. Die kommunistischen Parteien Frankreichs und Italiens haben sich gegen die Schaffung des europäischen Gemeinsamen Marktes gestellt und ihn als eine Verschwörung des Monopolkapitalismus bezeichnet. Bis in die jüngste Zeit haben sie jeden Fortschritt in Richtung auf ein vereintes Europa entschlossen bekämpft. Nun akzeptieren sie die Europäische Gemeinschaft als eine Realität und behaupten, sie wollten sie »demokratischer« machen. Sie wollten sie durch »einen Vorgang der Erneuerung ... auf dem Gebiet der Institutionen und der allgemeinen Zielsetzungen« verwandeln, wie Berlinguer das ausgedrückt hat. Man kann damit rechnen, daß sie den Gemeinsamen Markt umorientieren wollen, um engere Beziehungen zu den vom Staat dirigierten Wirtschaftssystemen in Osteuropa herzustellen und den extremen Forderungen der Dritten Welt nach einer »neuen internationalen Wirtschaftsordnung« zu entsprechen. Wir dürfen sicher sein, daß sie das politisch geeinte Westeuropa nicht ermutigen werden, enger mit den Vereinigten Staaten zusammenzuarbeiten. Sie werden, wenn sie überhaupt etwas unternehmen, die Tendenzen der dritten Kraft fördern. Und im Lauf der Zeit werden die Regierungen, an denen die Kommunisten beteiligt sind, die anderen europäischen

Staaten entweder auf ihre Seite ziehen, oder es wird zu tiefen Spaltungen zwischen den Verfechtern des atlantischen Gedankens und der »neuen Linken« in der Europäischen Gemeinschaft kommen. Beides würde die europäische Einheit und die atlantische Solidarität vernichten.

Alle diese hypothetischen Überlegungen führen daher zu dem Schluß, daß eine Beteiligung der Kommunisten an Regierungen in Westeuropa tiefgreifende Auswirkungen auf die internationale Struktur, wie sie sich in der Nachkriegszeit entwickelt hat, haben wird. Das darf uns nicht gleichgültig sein, und wir dürfen uns nicht täuschen und glauben, eine wesentliche Beteiligung der Kommunisten an der politischen Macht in Westeuropa wäre weniger als ein völliger Wandel in den atlantischen Beziehungen.

Die Reaktion der Vereinigten Staaten

Die Haltung der Vereinigten Staaten gegenüber solchen Entwicklungen muß notwendigerweise komplex sein. Die entscheidende Rolle müssen dabei die europäischen Regierungen übernehmen, und die endgültige Entscheidung muß bei den europäischen Wählern liegen. Wir können den Europäern beides nicht abnehmen.

Schließlich ergeben sich die politischen Möglichkeiten für die kommunistischen Parteien Westeuropas weniger aus der ihnen innewohnenden Stärke als aus der Demoralisierung, den Spaltungen oder der Desorganisation ihrer Gegner. Sie haben nur Erfolg, wenn der allgemeine Eindruck entsteht, das demokratische System sei unfähig, mit den gegenwärtigen sozialen Problemen fertig zu werden; wenn der Kern unserer Gesellschaft zerbricht und eine allgemeine Polarisierung eintritt. Gewalttätige Auseinandersetzungen, wie wir sie heute in Italien erleben, veranlassen viele, in ihrer Verzweiflung den Kommunismus zu unterstützen, weil sie überzeugt sind, man müsse drastische Mittel anwenden, um einen Belagerungszustand zu beenden, der sich heute bis auf die Presse und die anderen Medien ausgedehnt hat.

Die Grundursachen für den Machtzuwachs der Kommunisten liegen daher sehr tief, und es ist sehr schwierig, hier Abhilfe zu schaffen. In vielen europäischen Ländern ist man von der demokratischen Regierungsform und den demokratischen Führern enttäuscht. In einer Ära des Friedens, in einer Welt der zunehmenden Bürokratisierung und der Massenproduktion gibt es keine aufrüttelnden Krisen und kaum die Möglichkeit, Heroismus zu beweisen. Ein relativistisches Zeitalter nimmt der Autorität ihren Nimbus und setzt nichts anderes an ihre Stelle, was der Gesellschaft als Organisationsprinzip dienen könnte. Eine gewaltige unpersönliche Bürokratie desillusioniert den Bürger im Hinblick auf die Aktionsfähigkeit seiner Regierung und erschwert zugleich die Aufgaben der gewählten Inhaber öffentlicher Ämter. In zu vielen demokratischen Ländern finden die jungen Menschen kaum noch eine Inspiration, und die ältere Generation hat allzu oft das Vertrauen zu den hergebrachten Wertbegriffen verloren. Zu häufig verbrauchen sich demokratische Führer im Kampf um die politische Macht und bei deren Ausübung und können gegen die Überzeugungskraft und die weltanschauliche Selbstsicherheit ihrer radikalen Gegner nicht aufkommen.

Der Erfolg der westlichen Gesellschaft im Bewahren des Wohlstandes auf einem Niveau, von dem man noch vor vierzig Jahren nicht zu träumen gewagt hätte, verschlimmert in manchen Fällen sogar noch die Lage. Viele Intellektuelle werfen der Gesellschaft ihren Materialismus vor, wenn die Menschen im Wohlstand leben, und beschuldigen sie der Ungerechtigkeit, wenn es ihr nicht gelingt, diesen Wohlstand zu sichern. Die vielfachen wirtschaftlichen Schwierigkeiten in den vergangenen vier Jahren – Rezession und Inflation, wie wir sie in dieser Generation zum erstenmal erleben, ein Zustand, der zum großen Teil durch das übermäßige Ansteigen der Ölpreise verursacht worden ist –, nähren die Enttäuschung all derer, deren Hoffnungen auf wirtschaftlichen Fortschritt sich nicht erfüllen. Die gegenseitige Abhängigkeit auf wirtschaftlichem Gebiet führt dazu, daß Inflation und Rezession die Grenzen der davon betroffenen Länder überschreiten, und das führt zu dem Gefühl der Ohnmacht des einzelnen.

Doch trotz all dieser Schwierigkeiten liegt es in der Hand der demokratischen Kräfte des Westens, zu entscheiden, ob die kommunistischen Parteien die Möglichkeit erhalten werden, sich durchzusetzen. Diese demokratischen Kräfte haben die Mittel, ihre Wirtschaften auf den Weg zu einer stetigen, anti-inflationären Expansion zu bringen. Sie besitzen das intellektuelle Kapital und alle Mittel, eine neue Periode der Kreativität einzuleiten. Antikommunismus ist nicht genug; wir müssen bestimmte legitime soziale und wirtschaftliche Bestrebungen anerkennen und darauf reagieren, und wir brauchen eine Reform, die die Ungerechtigkeiten beseitigt, aus denen die antidemokratischen Kräfte Kapital schlagen. Mit einer fähigen Führung – und dem Zusammenhalt des Westens – können sich die Demokratien der Herausforderung stellen und den Beginn einer Periode herbeiführen, in der es zu dramatischen neuen Entwicklungen kommen wird.

Um diese Entwicklung zu fördern, ist es unbedingt notwendig, daß die Vereinigten Staaten ihre Bürger zu einer entschlossenen und überzeugten Haltung ermutigen.

Erstens müssen wir deutlich das Problem erkennen, mit dem wir konfrontiert werden, wenn die Kommunisten in Westeuropa an die Macht kommen sollten, und wir müssen wissen, welche praktischen Entscheidungen in einem solchen Fall von uns als Nation verlangt werden. Wir müssen uns vor Sorglosigkeit hüten, die dazu führt, daß wir schwierigen Entscheidungen ausweichen, weil wir die Zukunft in einem zu rosigen Licht sehen. Wir müssen ein Programm entwickeln, um die Kräfte der Mäßigung und des Fortschritts in dieser kritischen Periode zu ermutigen und für den Fall bereitzuhalten, daß eine kommunistische Partei wider Erwarten an die politische Macht kommt.

Zweitens dürfen wir nicht den Eindruck erwecken, daß wir einen Erfolg der Kommunisten für unausweichlich halten. Wir dürfen deshalb nicht zu oft mit kommunistischen Führern zusammentreffen, sie konsultieren oder zweideutige Erklärungen abgeben. Der Erfolg der Kommunisten ist nicht vorprogrammiert, aber die Unentschlossenheit und der Wankelmut der Vereinigten Staaten könnten dazu beitragen. Die kommunistischen Parteien werden durch eine Vielzahl von Schwächen und inneren Spannungen belastet, vor allem aber steht ihnen ein großes Hindernis im Weg: Parteien, die nicht für die menschlichen Werte eintreten, die die Völker im Westen seit Jahrhunderten inspiriert haben, werden in einer westlichen Nation kaum eine Mehrheit für sich gewinnen können außer im Augenblick einer Krise, die alles aus den Fugen geraten läßt. In keinem westeuropäischen Land hat die kommunistische Partei jemals viel mehr als etwa ein Drittel der Wählerstimmen für sich gewonnen. Die stärksten Waffen der Kommunisten sind Furcht, Mißtrauen und Mutlosigkeit. Ihr größter Aktivposten ist der Mythos von der Unvermeidbarkeit eines kommunistischen Sieges. Wir tun unseren Freunden in Europa daher keinen Gefallen, wenn wir sie glauben machen, die Machtergreifung durch die Kommunisten und ihre Verbündeten werde unsere Haltung und unsere Politik nicht beeinflussen. Hier rede ich weniger von offiziellen Erklärungen – die nach taktischen Gesichtspunkten formuliert werden, was ein Außenseiter kaum tun kann –, als vielmehr von einer klaren und eindeutigen Haltung der Vereinigten Staaten.

Es gibt auch Menschen, die behaupten, eine solche Politik werde das Gegenteil von dem erreichen, was sie erreichen wolle, und die Zahl der kommunistischen Protestwähler noch vermehren. Ich glaube, das Gegenteil ist richtig. Per Saldo halte ich es für sehr wichtig, daß Europa die Interessen und Sorgen der Vereinigten Staaten kennt. Viele Wähler in verbündeten Ländern schätzen die Freundschaft mit den Vereinigten Staaten und sind dankbar für die Sicherheit, die das Atlantische Bündnis ihnen bietet. Wir dürfen sie nicht ignorieren, demoralisieren oder enttäuschen. Die Stimmengewinne, die die kommunistischen Parteien im Lauf der vergangenen Jahre in zunehmendem Maße zu verzeichnen hatten, kommen in erster Linie von Leuten, die bisher noch nie kommunistisch gewählt haben. Ihre Stimmabgabe ist keine antiamerikanische Reflexdemonstration gewesen, sie haben sich jedoch aus irgendwelchen Gründen davon überzeugt, daß die Kommunisten inzwischen gesellschaftsfähig geworden seien und man nicht mehr auf sie verzichten könne.

Nichts weist darauf hin, daß es Wähler gibt, die ihre Stimme aus einer antiamerikanischen Einstellung heraus den Kommunisten gegeben haben. Im Gegenteil, die Gefahr liegt wahrscheinlich in der entgegengesetzten Richtung. Menschen, die den Kommunismus bisher abgelehnt haben, könnten durch bestimmte Stimmen, eine gewisse Haltung und Unentschlossenheit in diesem Lande eingeschläfert worden sein und nun glauben, daß wir unsere traditionelle Gegnerschaft zum Kommunismus aufgegeben haben. Paradoxerweise schwächen wir sogar die gemäßigten Elemente, die es in den kommunistischen Bewegungen geben mag, wenn wir einen zu versöhnlichen Ton anschlagen.

Wenn die Vereinigten Staaten die Verantwortung haben, die politische Freiheit in der Welt zu fördern, dann haben wir mit Gewißheit die Pflicht, keinen Zweifel daran zu lassen, welche Überzeugung wir in einer Frage vertreten, die für die Zukunft des westlichen Bündnisses und deshalb für die Zukunft der Demokratie so entscheidend ist. Die Menschenrechte sind keine Abstraktion, bei der es nur um juristische Verfahrensfragen geht, die nichts mit den Grundfragen der politischen und geopolitischen Strukturen zu tun haben. Wir dürfen die Augen nicht vor der Tatsache verschließen, daß die Freiheit in Europa einen schweren Rückschlag erleiden würde, wenn kommunistische Minderheiten einen entscheidenden Einfluß auf die europäische Politik gewinnen würden. Wir müssen erkennen, was es für die Freiheit der ganzen Welt bedeuten würde, wenn sich das globale Gleichgewicht der Kräfte zuungunsten des Westens veränderte.

Drittens sollten die Vereinigten Staaten gegenüber ihren Verbündeten eine politische Linie verfolgen, mit der sie die gemäßigten, fortschrittlichen und demokratischen Regierungen in Westeuropa stärken. Wir müssen auf der einen Seite Forderungen oder Belehrungen vermeiden, die, so wertvoll sie einerseits auch sein mögen, die inneren Spaltungen in den europäischen Ländern vertiefen oder den europäischen Regierungen das Gefühl der Ohnmacht geben könnten. Zugleich können die Vereinigten Staaten das Selbstvertrauen dieser Länder dadurch stärken, daß sie ihnen ihre tatkräftige Zusammenarbeit bei den gemeinsamen Bemühungen anbieten, beide Seiten betreffende Probleme auf den Gebieten der Außenpolitik, der Rüstungskontrolle, der Energiepolitik und des wirtschaftlichen Wachstums zu lösen. Das war das Ziel der wirtschaftlichen Gipfelgespräche westlicher Führer, die von Präsident Ford in Rambouillet und Puerto Rico begonnen und von Präsident Carter in London so erfolgreich weitergeführt worden sind.

Einigkeit und Zusammenarbeit der Demokratien sind für alles, was Amerika in der Welt unternimmt, eine wesentliche Voraussetzung. Die enge Verbundenheit der westlichen Demokratien sorgt nicht nur für unsere Sicherheit, sondern ermöglicht es uns auch, so zu leben, wie wir es wünschen, und verteidigt die fundamentalsten ethischen Werte unserer Zivilisation. Darin können wir nicht neutral sein. Um diesen Grundsätzen zu dienen, bedürfen wir der gleichen Hingabe und der gleichen Anstrengungen, wie sie die ideenreichsten Perioden der amerikanischen Außenpolitik inspiriert und ausgezeichnet haben.

Die stagnierenden Gesellschaften im Osten, von denen ich gesprochen habe, sind für uns zugleich eine Warnung und eine Hoffnung. Sie erinnern uns daran, daß die ganze Welt den Westen um seine latente intellektuelle und politische Vitalität noch mehr beneidet als um seinen materiellen Wohlstand. Der Wind der Erneuerung weht in Wirklichkeit aus dem Westen. Die Männer und Frauen im *östlichen* Europa sind sich gewiß der Tatsache bewußt, daß der Westen trotz aller Zweifel und des Gefühls, sich in einem geistigen Dilemma zu befinden, die Vorhut der Modernisierung, die vitale Quelle neuer Erkenntnisse und eines großen Teils der modernen Kultur, dazu aber auch die Zuflucht des freien menschlichen Geistes ist. Die sich nach Fortschritt sehnenden Entwicklungsländer wenden sich auch dem Westen und nicht dem Osten zu, wenn sie Hilfe und Unterstützung brauchen und einen Anteil an dem beanspruchen, was der Mensch erreichen kann, wenn er sich darum bemüht. Unsere Technologie, unsere Kreativität, unsere unvergleichliche wirtschaftliche Kraft und nicht irgendein bürokratisches Dogma vom wirtschaftlichen Determinismus sind die Kräfte, die die Zukunft gestalten werden, wenn wir die Energien der freien Völker mobilisieren.

Es ist jetzt nicht die Zeit zu resignieren oder sich mit der gegenwärtigen Lage zufriedenzugeben. Es ist die Zeit, vertrauensvoll, entschlossen und voller Hoffnung in die Zukunft zu blicken. Kein totalitäres Regime und keine totalitäre Bewegung ist den Kräften gewachsen, über die freie Männer und Frauen und freie, gemeinschaftlich handelnde Nationen verfügen, die sich ihrer Stärke und ihrer Bestimmung bewußt sind. Der Geist der Freiheit wird sich niemals unterdrücken lassen. Man kann die Freiheit jedoch schrittweise verlieren. Diese Gefahr besteht heute in Westeuropa, und diese Bedrohung könnte nicht nur auf Europa, sondern auf die ganze Gemeinschaft der demokratischen Staaten und der Welt ihre Auswirkungen haben.

Wenn wir die Freiheit lieben, werden wir der Gefahr entgegentreten, gemeinsame Anstrengungen unternehmen, um sie zu bannen, und in eine Periode neuer Erfüllung für unsere Völker eintreten. Westeuropa, der Partner, mit dem wir am engsten verbunden sind, und die Wiege eines großen Teils unserer Zivilisation bedeutet uns zuviel, als daß wir uns anders verhalten könnten.

Die Zukunft des freien Unternehmertums und das außenpolitische Umfeld

Vortrag auf der ersten Sitzung des Future of Business Project of the Center for Strategic and International Studies, Georgetown University, Washington, D. C., 28. Juni 1977

Wenn man ein zutreffendes Bild von einer künftigen internationalen Ordnung gewinnen will, dann gibt es keine wichtigere Frage als die nach der Art, wie die Welt die Herstellung und Verteilung von Handelswaren und Dienstleistungen vornehmen wird. Die Weltwirtschaft ist zu einer entscheidenden außenpolitischen Herausforderung geworden. Im Mittelpunkt dieses Problems wird die Beziehung des Welthandels zu der Verwaltung der öffentlichen Angelegenheiten stehen. Ich möchte dem Center for Strategic and International Studies für die Einladung danken, seine Tagung zu eröffnen, auf der über die Zukunft des Welthandels gesprochen werden soll.

Vor einer Generation, in der Zeit zwischen der großen Depression bis zum Marshall-Plan, standen die wirtschaftlichen Belange im Mittelpunkt der internationalen Ordnung. Die Probleme, mit denen wir es in den vor uns liegenden Jahrzehnten zu tun haben werden, sind mindestens so dringlich, aber viel subtiler und komplexer. Und die entscheidendsten dieser Probleme liegen dort, wo wirtschaftliche und politische Fragen einander berühren. Dabei geht es um Innen- und Außenpolitik, um Fragen auf dem öffentlichen und dem privaten Sektor. Es kommt hier darauf an, daß Politiker und Wirtschaftler diese wichtigen neuen Zusammenhänge begreifen.

Die Verhältnisse haben sich in relativ kurzer Zeit sehr stark verändert, und heute müssen wir erkennen, daß die Weltwirtschaft grundsätzlich von der politischen Weltlage abhängig ist. Daß sich die Lage entscheidend verändert hat, heißt mit anderen Worten, daß Adam Smith zu seiner Zeit noch sagen konnte, die Regierungen sollten sich auf die begrenzte Verantwortlichkeit beschränken, die

Rechtsstaatlichkeit zu wahren, gute Verkehrswege zu bauen und der Menschheit im übrigen dadurch zu dienen, daß sie die Verwaltung des Reichtums der Nationen den undurchschaubaren Entscheidungen des privaten Unternehmertums überließen. Seit dieser Zeit, da die Vereinigten Staaten in der Weltwirtschaft noch eine verhältnismäßig unbedeutende Rolle spielten, hat sich die Lage in der Tat entscheidend gewandelt.

Auch seit den Jahrzehnten zwischen den beiden Weltkriegen, als wir in der Weltwirtschaft eine bedeutende Rolle zu spielen begannen und alle weltwirtschaftlichen Fragen entscheidend beeinflußten, dabei aber in jeder anderen Beziehung einer isolationistischen außenpolitischen Linie folgten, ist alles grundsätzlich anders geworden. Wir werden niemals vergessen, welcher Widerspruch darin lag, daß Cordell Hull sich entschieden für den freien Welthandel einsetzte, während der Kongreß darauf bestand, die dunklen Wolken jenseits des Atlantik zu ignorieren.

Wir wissen heute, daß die Vernachlässigung der Erfordernisse der politischen Stabilität durch Amerika wesentlich zu der Katastrophe in den vierziger Jahren beigetragen hat, durch welche die wirtschaftliche und die politische Ordnung in ihren Grundfesten erschüttert wurde. Wir haben heute begriffen, daß ein politisch, militärisch und wirtschaftlich starkes Amerika im Rahmen der internationalen Beziehungen für die Aufrechterhaltung des Friedens, der Sicherheit und des Wohlstandes ein unverzichtbares Erfordernis ist. Eine außenpolitisch klarblickende und vorurteilsfreie amerikanische Führung ist für die Aufrechterhaltung der Ordnung in der Welt ebenso lebenswichtig wie für das Funktionieren der Weltwirtschaft. Eine folgerichtige Politik braucht das gleiche Verständnis für die Erfordernisse der Sicherheit wie für die Organisation und Verwaltung des Wirtschaftssystems. Deshalb wird die amerikanische Wirtschaft in Zukunft ein ungewöhnlich feines Verständnis für den politischen Rahmen haben müssen, innerhalb dessen sie ihre Funktionen erfüllt, so daß sie erkennt, welche großen Veränderungen in der Weltpolitik zu erwarten sind.

Die Landkarte der Weltwirtschaft hat sich ebenso rapide verändert wie die politische Weltkarte. Vor einer Generation haben sich 51 Länder in den Vereinten Nationen zusammengeschlossen. Heute besteht die Völkergemeinschaft der Welt aus fast 150 Nationen. Jedes dieser Länder ist eine Wirtschaftseinheit für sich oder versucht es zu sein; es hat seine eigenen Zahlungsbilanzprobleme, seine Handelsgesetzgebung, seine Investitionsmethoden und seine besonderen Hoffnungen und Wünsche für die Hebung des Lebensstandards der Bevölkerung. Das Weltwirtschaftssystem hat an Ausmaß und Komplexität zugenommen.

Vor einer Generation haben die Vereinigten Staaten als einzige Nation den Zweiten Weltkrieg mit einer intakten und blühenden Wirtschaft überstanden; heute haben sich uns Westeuropa und Japan als bedeutende Hersteller von Wirtschaftsgütern aller Art und als Finanzzentren angeschlossen. Auf der Konferenz von Bretton Woods sind nach dem Zweiten Weltkrieg die Institutionen eines internationalen Währungssystems geschaffen worden. Die ungeheure Ausweitung des Welthandels und der wirtschaftlichen Macht haben eine umfassende Umstrukturierung dieses Systems erforderlich gemacht. Während George Kennan vor dreißig Jahren in seinem Grundsatzartikel über die politische »Eindämmung« noch davon sprechen konnte, daß es nur fünf maßgebliche große Wirtschaftszentren in der Welt gäbe, sind heute die ölproduzierenden Länder zu bedeutenden Konkurrenten auf dem Weltmarkt geworden. Die kommunistischen Nationen spielen in der Weltwirtschaft eine wesentliche Rolle, und aufstrebende Wirtschaftsmächte wie Mexiko, Brasilien und Korea haben im Weltzusammenhang eine neue Bedeutung erlangt.

Vor dreißig Jahren hat man mit der Verwirklichung des Marshall-Plans begonnen, in dessen Rahmen das vom Krieg zerstörte Westeuropa mit amerikanischen Mitteln und europäischen Anstrengungen wieder aufgebaut wurde. Heute reichen die Erfahrungen des Marshall-Plans natürlich nicht mehr aus, um nach seinem Vorbild das gewaltige Unternehmen der wirtschaftlichen Entwicklung in zahlreichen neuen Nationen voranzutreiben. In Europa und Japan existierten bereits die gesellschaftlichen Formen und das technische Können, die eine moderne Wirtschaft erst ermöglichen, und es fehlte nur noch das Kapital. Die politische Stabilität war vor allem durch die Kluft zwischen Erwartung und Realität gefährdet. Jetzt wissen wir, daß es nicht genügt, den weniger entwickelten Teilen der Welt das benötigte Kapital zur Verfügung zu stellen; hier besteht ein dringendes Bedürfnis nach Technologie und ausgebildeten Arbeitskräften. Und es hat sich gezeigt, daß die Wechselwirkungen zwischen wirtschaftlichem Fortschritt und Stabilität alles andere als automatisch sind.

Wir befinden uns mitten in einer Revolution, die wir eben erst wahrzunehmen beginnen. Der bekannte Soziologe Daniel Bell hat kürzlich gesagt, vor vierzig Jahren habe jedes Land auf die große Depression damit reagiert, seinen Status als Nation zu stärken; die Regierungen übernahmen nun die Verantwortung für die Wirtschafts- und Sozialpolitik. Heute erleben wir, daß Bürger in vielen Gesellschaften das Vertrauen zur Fähigkeit ihrer Regierungen verloren haben, sich ihrer persönlichen Sorgen anzunehmen; es gibt die Tendenz der Zersplitterung der Kräfte. Zugleich breiten sich wirtschaftliche Schwierigkeiten, wie zum Beispiel die Inflation, über die Grenzen der einzelnen Länder aus, während die Regierungen kaum mehr in der Lage sind, diese Entwicklungen zu beeinflussen. Bell erklärt, der Nationalstaat sei für die großen Probleme zu klein geworden, aber zu groß, um mit den kleinen Schwierigkeiten fertig zu werden. Die Leistungsfähigkeit der Institutionen und Grundsätze, durch die wir uns bisher regiert haben, sieht sich einer ernsten Herausforderung gegenüber.

Im Lauf der kommenden zehn Jahre wird es sich entscheiden, ob die demokratischen Industrienationen mit ihren wirtschaftspolitischen Problemen fertig werden und angesichts einer auf lange Sicht wahrscheinlich niedrigeren Wachstumsrate in den achtziger Jahren den sozialen Frieden werden bewahren können. Ebenso werden wir erleben, ob und auf welche Weise die Entwicklungsländer wirtschaftlich, gesellschaftlich und politisch Fortschritte machen und ob es dabei zur Konfrontation oder zur Zusammenarbeit mit dem Westen kommen wird. Es ist noch nicht klar, welche Rolle die Sowjetunion, Osteuropa und China auf lange Sicht im Weltwirtschaftssystem spielen werden. Die bedrohliche Energiekrise wird sich erst im Lauf der nächsten Zeit voll auswirken, und wir können noch nicht genau wissen, wie solche Entwicklungen die politischen Ereignisse beeinflussen werden. Wir dürfen aber sicher sein, daß Wirtschaft und Politik eng miteinander verknüpft sein werden und daß amerikanische Entscheidungen und amerikanische Führung die Reaktionen der demokratischen Industriestaaten und dadurch auch der übrigen Welt zum Besseren oder Schlechteren beeinflussen werden. Ohne uns kann es keinen Fortschritt geben; wenn wir versagen, dann riskieren wir Rezession, Konfrontation und Chaos.

Die moderne Wirtschaftsgeschichte lehrt uns außerdem, daß der Beitrag und die Kreativität des Systems des freien Unternehmertums im Mittelpunkt solcher Reaktionen stehen wird. Wo immer Länder mit einer vergleichbaren wirtschaftlichen Basis im Wettbewerb gestanden haben – wie Österreich und die Tschechoslowakei, West- und Ostdeutschland, Griechenland und Bulgarien, Süd- und Nordkorea –, da hat die Wirtschaft mit einem bedeutenden privaten Sektor die Erwartungen der Bevölkerung weit mehr befriedigt als die des sozialistischen Konkurrenten. Die Völkergemeinschaft der Welt kann die Bedeutung der Wirtschaft nicht ignorieren, wenn sie erfolgreich eine neue politische Struktur schaffen will, die dem Frieden und dem Wohl der Menschheit dient. Andererseits darf auch der private Sektor das politische Umfeld nicht länger außer acht lassen, wenn die Privatwirtschaft ihren Beitrag im Rahmen einer expandierenden Weltwirtschaft leisten will, innerhalb dessen sie gedeihen kann.

Ich möchte mich im folgenden mit einer Reihe aktueller Wirtschaftsfragen beschäftigen, auf ihre politische Bedeutung hinweisen und erklären, wie notwendig die internationale Zusammenarbeit in diesem Zusammenhang ist, und welche Rolle das freie Unternehmertum übernehmen sollte, um diese Probleme zu lösen. Hier handelt es sich im besonderen um folgendes:

die gemeinsamen Wirtschaftsprobleme der demokratischen Industriestaaten;

die sich heute ergebenden Beziehungen zu den Entwicklungsländern und

den Beginn der gegenseitigen Beeinflussung zwischen den demokratischen Industriestaaten und den nicht zum freien Markt gehörenden Wirtschaften der kommunistischen Welt.

Die Zukunft des freien Unternehmertums und die demokratischen Industriestaaten

Die Zukunft des freien Unternehmertums ist untrennbar mit der Zukunft der demokratischen Industriestaaten verbunden. Westeuropa, Nordamerika und Japan erzeugen 65 Prozent aller Güter und Dienstleistungen auf der Welt. In ihren Händen liegen 75 Prozent des Welthandels. Ihre wirtschaftlichen Aktivitäten sind der Antrieb des internationalen Handels und des internationalen Finanzwesens. Ihre Investitionen, Technologien, ihr Organisationstalent und ihre landwirtschaftliche Produktivität sind die dynamischen Kräfte, die überall hinter Prosperität und Wirtschaftswachstum stehen. Die Kritiker des Westens in der kommunistischen Welt und anderswo haben unser System seit Jahrzehnten verächtlich gemacht, aber es ist ihnen nicht gelungen, ihre eigenen Probleme zu lösen. Ironischerweise wenden sie sich nun an die demokratischen Industriestaaten, um von ihnen die Technologien, die Techniken der Analyse, der Planung, des Managements, die industriellen Systeme und die Verkaufsmethoden zu übernehmen, die sich in ihrem eigenen System offenbar nicht entwickeln lassen.

Doch diese relative Erfolgsgeschichte ist noch keine Garantie für die Zukunft. Wenn wir realistisch sein wollen, dann müssen wir die Anzeichen dafür erkennen, welchen Spannungen wir ausgesetzt sind. Die politische Zukunft einiger Nationen des Westens könnte durch eine zu geringe Produktivität bei der Erzeugung von Gütern und Dienstleistungen oder den Zusammenbruch des Währungssystems gefährdet sein. In zu vielen Ländern haben die Forderungen nach einem Realzuwachs bei den Löhnen, gekoppelt mit dem ständigen Druck, die Leistungen der öffentlichen Dienste und die öffentlichen Ausgaben zu erhöhen, dazu geführt, daß gerade in dem Augenblick komplexe inflationäre Tendenzen spürbar wurden, als das Ansteigen der Kosten für importierte Energie Inflation und Rezession beschleunigt hat. Man kann diese Forderungen nicht alle gleichzeitig erfüllen. Der Versuch, das zu tun, muß das politische System erschüttern und schließlich demoralisieren. Es besteht die ernste Gefahr einer Erosion der Legitimität der Regierung und die Möglichkeit grundlegender Veränderungen in der innenpolitischen Struktur der europäischen Länder und vielleicht sogar Japans.

Es liegt durchaus im Bereich der Möglichkeiten, daß eine oder mehrere kommunistische Parteien Westeuropas an den Regierungen ihrer Länder beteiligt werden, was zu einer radikalen Veränderung der nach dem Kriege entstandenen zwischenstaatlichen Beziehungen führen könnte. Man könnte sich sogar vorstellen, daß einzelne Nationen die Disziplin aufbringen, die notwendig ist, um auf bestimmten Ebenen der Nachfrage dort Prioritäten zu setzen, wo es zu schwierig erscheint, ein liberales Handelssystem beizubehalten, und daß diese Länder einen Kurswechsel in Richtung auf den Protektionismus und Isolationismus vornehmen. Schließlich könnte es geschehen, daß sich die Entwicklung auf ein vereintes Europa hin verlangsamt und der politische Zusammenhalt des Westens bei internationalen Verhandlungen und Einrichtungen zerbricht, weil die Unterschiede der Wachstumsraten zu groß werden, die Zahlungsbilanzen sich nicht mehr ausgleichen lassen und der Konkurrenzdruck auf dem Weltmarkt zu stark wird. Das hätte für das freie Unternehmertum natürlich unheilvolle Auswirkungen.

Die Zukunft der Weltwirtschaft und damit des politischen Zusammenhalts des Westens wird von der Fähigkeit der demokratischen Industrienationen abhängen, mit diesen Herausforderungen fertig zu werden. Kein Land darf darauf hoffen, seine Probleme allein lösen zu können. Die Einigkeit der Demokratien, die sich in der erfolgreichen Zusammenarbeit in konkreten Fragen erweisen muß, ist eine und vielleicht die einzige Möglichkeit, die Selbstsicherheit der westlichen Gesellschaften und ihre Überzeugung, daß sie die Herren ihres eigenen Schicksals sind, zu bewahren. Sie muß daher eine der fundamentalen Prioritäten unserer Außenpolitik bilden, wie Präsident Carter vor wenigen Wochen auf der Londoner Gipfelkonferenz mit so überzeugenden Worten erklärt hat.

Die Vereinigten Staaten können unmöglich die ganze Bürde tragen, alle Programme entwerfen oder alle Ressourcen zur Verfügung stellen, und zwar weder für die internationale Sicherheit noch für die wirtschaftliche Entwicklung. Aber die anderen demokratischen Industriestaaten als unsere wichtigsten Handelspartner sind jetzt so stark geworden, daß die Übernahme eines Teils der Führungsaufgaben und der Verantwortung durch sie notwendig und wünschenswert ist. Seit mehr als dreißig Jahren ist es daher die Politik der amerikanischen Regierungen beider Parteien gewesen, Europa zu stärken, für seine wirtschaftliche und politische Einheit einzutreten und enge Beziehungen zu Japan zu unterhalten. Diese Solidarität, die mit der gemeinsamen Verteidigung begann, hat sich in den vergangenen Jahren vertieft und umfaßt außerdem die gemeinsamen Probleme der Wirtschaftspolitik, der Rüstungskontrolle, der diplomatischen Anstrengungen, die Spannungen gegenüber dem Osten abzubauen, und Initiativen beim Dialog mit der Dritten Welt.

Der Zusammenhalt hat nicht nur ein pragmatisches, sondern auch ein gemeinsames ethisches Fundament. Es ist kein Zufall, daß unsere engsten Freunde und Gesprächspartner in allen internationalen Fragen die Länder sind, mit denen wir unsere fundamentalen Wertvorstellungen teilen.

Eine der zentralen Aufgaben auf der Tagesordnung der demokratischen Industrienationen muß auch weiterhin die Erhaltung der Lebensfähigkeit der Weltwirtschaft und die Harmonisierung der Wachstumspolitik innerhalb der Wirtschaften des Westens sein. Eine stetige Expansion ohne Inflation erfordert nicht nur eine vernünftige nationale Politik, sondern auch eine zunehmend straffere Koordinierung der Wirtschaftspolitik aller Industrienationen der Welt. Wir müssen lernen, unsere eigenen Entscheidungsprozesse wirksamer zu synchronisieren, damit die Politik der einzelnen Nationen einander ergänzen und stärken kann und die einzelnen Völker nicht einander widersprechende Ziele verfolgen.

Das war der Zweck des Wirtschaftsgipfels von 1975 in Rambouillet, von 1976 in Puerto Rico und kürzlich in London. Das war auch das Ziel der Gespräche von Außenminister Vance in der vergangenen Woche auf dem Ministertreffen der Organisation für wirtschaftliche Zusammenarbeit und Entwicklung, der ständigen Wirtschaftsvertretungen der demokratischen Industrienationen. Das war kein leeres Ritual. Diese Gespräche stellten den Beginn systematischer Konsultationen unter den Wirtschaftsmächten der freien Welt dar. Jetzt müssen wir überlegen, wie wir über die Konsultationen hinaus zu einer realen Koordination der Wachstumsstrategien und anderer wirtschaftspolitischer Richtmaßnahmen kommen können.

Denn es ist wichtig zu erkennen, daß die demokratischen Industrienationen beim Entwerfen von Grundregeln erfolgreicher gewesen sind als in der Realität der Koordination ihres Handelns. Sie sind bisher zwischen der Erkenntnis von der gegenwärtigen Abhängigkeit und den Versuchungen, ihre eigenen Probleme den anderen Partnern aufzubürden, hin- und hergerissen worden. Sie haben sich zwar rhetorisch zur Zusammenarbeit bekannt, sind aber nicht bereit gewesen, die Entscheidung über Fragen, die traditionsgemäß in den Bereich der Innenpolitik gehören, internationalen Vereinbarungen zu überlassen. Deshalb ist es ihnen nicht gelungen, mit einem koordinierten Angriff dem doppelten Druck von Nachfrage und Inflation zu begegnen, einem Angriff, der Erfolg haben muß, wenn die Demokratie überleben soll. Eines der Hauptziele unserer Außenpolitik muß es deshalb sein, eine echte Koordination zu erreichen.

Der Nord-Süd-Dialog und die Zukunft des freien Unternehmertums

In den letzten Jahren haben die ärmeren Nationen bei den verschiedensten Gelegenheiten und mit unterschiedlicher Schärfe ihre Forderungen nach einer Erneuerung der internationalen Wirtschaftsstruktur formuliert. Sie beanspruchen ein größeres Mitspracherecht bei den sie betreffenden Entscheidungen und einen gerechteren Anteil am globalen Wohlstand. Die Industrienationen haben daraufhin erklärt, sie würden sich auch weiter für das offene System des Welthandels und der Investitionen einsetzen. Wie auf dem letzten Ministertreffen der Konferenz für internationale wirtschaftliche Zusammenarbeit in Paris deutlich wurde, ist es im Nord-Süd-Dialog bisher nicht gelungen, sich auf bestimmte Rahmenbedingungen zu einigen. Und es ist ganz klar, wenn die Beziehungen zur Konfrontation und zum Konflikt ausarten sollten, wird sich die Kluft zwischen den Reichen und den Armen in gefährlicher Weise vertiefen.

Das würde allen Beteiligten nur schaden. Die Vereinigten Staaten würden als größte Wirtschaftsmacht der Welt weniger unter Feindschaft und autarkistischen Bestrebungen leiden als andere. Aber der Ausbruch eines Wirtschaftskrieges zwischen Nord und Süd würde auch uns erheblich schaden. Er würde eine Langzeitbedrohung des offenen Wirtschaftssystems darstellen, das unsere Prosperität und die Prosperität der Welt während einer Generation ermöglicht hat. Und außerdem wäre es unvereinbar mit den amerikanischen Wertvorstellungen und dem fundamentalen amerikanischen Verlangen, in einer Welt des Friedens und der Zusammenarbeit zu leben.

Obwohl die Entwicklungsländer am meisten leiden würden, sind es ihre abgestandene Rhetorik von der Konfrontation, ihr Festhalten an marxistischen Dogmen, die in Ländern, wo man sie angewendet hat, keinen Erfolg gebracht haben, und ihre Blocktaktik, die den Kern des Problems darstellen. Dabei dürfen wir auf keinen Fall zu dem Schluß kommen, weil die Entwicklungsländer zu Übertreibungen neigten, seien alle ihre Sorgen unbegründet. Diese Nationen haben legitime Forderungen nach Gleichheit, nach einem größeren

Mitspracherecht und nach besseren Chancen. Aber sie müssen die Realität anerkennen, daß ihre Zukunft von der Lebensfähigkeit des Weltwirtschaftssystems abhängt. Jeder Versuch, durch wirtschaftliche Blockpolitik größere Macht zu gewinnen und in den Kategorien von Schuld und Vergeltung zu denken, wird sowohl die Bereitwilligkeit der Regierungen als auch die Unterstützung durch die Öffentlichkeit untergraben, die erforderlich sind, wenn die demokratischen Industrienationen kreativ und verständnisvoll auf die legitimen Bestrebungen der Entwicklungsländer reagieren sollen.

Der Umstand, daß Entwicklungsländer geglaubt haben, die Preise für Rohstoffe nach dem Vorbild des Ölkartells manipulieren zu können, ist eine der Ursachen dafür, daß der Nord-Süd-Dialog kürzlich scheiterte. Aber das Öl ist ein Sonderfall. Es ist kaum anzunehmen, daß man auch mit den phantastischsten Plänen die Marktchancen für irgendeinen anderen Rohstoff auf lange Sicht verändern könnte. Eine Ursache dafür liegt darin, daß die Industrieländer, besonders die Vereinigten Staaten, Kanada, Australien und die Sowjetunion, selbst große Mengen von Rohstoffen wie Eisenerz, Nickel, Kupfer, Baumwolle und Zucker erzeugen. Außerdem gibt es technologische Möglichkeiten, solche Rohstoffe durch andere zu ersetzen, und deshalb ist es schwierig, für die Verteilung und den Preis anderer Güter eine Kontrolle wie im Rahmen des Ölkartells durchzusetzen.

Es ist daher höchste Zeit zu erkennen, daß die Frage einer Umstrukturierung des Marktes für Rohstoffe nicht in erster Linie durch einen von den Entwicklungsländern ausgeübten Druck entschieden werden kann. Hier kommt es auch darauf an, was in den Industrieländern geschieht – wie private Hersteller, Agenturen oder Investoren in einzelnen Wirtschaftszweigen reagieren; ob Regierungen aus politischen oder moralischen Gründen bereit sind, darauf Rücksicht zu nehmen, daß übermäßige Preisschwankungen für Länder, die von einem einzigen Rohstoff abhängen, eine große Belastung bedeuten, und ob die Industrienationen erkennen, daß es in ihrem Interesse liegt, wenn Vorschläge gemacht werden, die Preise gemäß den Tendenzen des Marktes zu stabilisieren, keine künstliche Knappheit zu erzeugen und neue produktive Investitionen vorzunehmen. Mit einer Konfrontationstaktik wird man wahrscheinlich das Gegenteil von dem erreichen, was man beabsichtigt. Sowohl die Industrienationen als auch die Entwicklungsländer haben ein starkes Interesse daran, die Atmosphäre des Dialogs ebenso wie das System selbst zu verbessern. Wir müssen abwarten, ob es ihnen die jeweils im eigenen Land bestehenden Zwänge erlauben, das zu tun.

Die über die Grenzen ihrer eigenen Länder hinaus tätigen Unternehmen haben im Mittelpunkt der Nord-Süd-Debatte gestanden. In vielen Entwicklungsländern wirft man ihnen vor, sie träfen ihre Entscheidungen über Produktion und Export nach globalstrategischen Gesichtspunkten, ohne dabei die Interessen einzelner Nationen zu berücksichtigen. Damit würde der Lebensstil korrumpiert und den verschwenderischen, aufwendigen Gewohnheiten in reicheren Gesellschaften angepaßt. Die Gewinne würden durch künstliche Transferbedingungen zwischen den einzelnen Zweigunternehmungen manipuliert, und örtliche Konkurrenten würden mit rigorosen Praktiken ausgeschaltet.

Es wäre falsch, so zu tun, als habe es niemals Gründe für solche Vorwürfe gegeben. Diese Kritik ist zum Teil sogar berechtigt. Aber viele üben sie aufgrund weltanschaulicher Vorurteile, und dadurch tritt der Einzelfall in den Hintergrund oder verliert seine Bedeutung. Der bekannte brasilianische Wirtschaftler Roberto Campos hat diese leidenschaftlich vorgetragenen Vorwürfe als »Escapismus und Dämonologie« bezeichnet – und Escapismus ist für ihn das Bemühen, die Verantwortung für die Armut auf andere abzuwälzen, Dämonologie der Versuch, die multinationalen Unternehmen für alles verantwortlich zu machen. Es ist irrational, die Multinationalen zu fürchten, weil sie angeblich so große Möglichkeiten haben, wirtschaftliche Vorgänge zu manipulieren, denn diese Unternehmen neigen zu solchen Abenteuern viel weniger als Regierungen. Mit allem Respekt muß man sagen, daß sie institutionell und konzeptionell gar nicht in der Lage sind, solche Manipulationen konsequent und wirksam durchzuführen.

Aber auch in unserem Land haben wir noch kein ausgewogenes Rezept für die Lösung aller Welthandelsprobleme. Als vor zwei Jahren bekannt wurde, daß einige Firmen illegale Zahlungen geleistet hatten, begann ein Wettrennen zwischen einigen Behörden, um Gesetze einzubringen und die Aufmerksamkeit der Öffentlichkeit zu erregen. Welch destabilisierenden Auswirkungen das in Japan und anderswo hatte, ist inzwischen eine geschichtliche Tatsache. Es ist nicht notwendig, Bestechlichkeit zuzulassen oder zu übersehen, daß im Rahmen des Welthandels manches verbesserungsbedürftig ist, um einem System den Vorzug zu geben, das die wirtschaftlichen Abläufe im Inland reguliert und solche Angriffe gegen die Interessen und inländischen Strukturen unserer engsten Verbündeten vermeidet.

Das multinationale Unternehmen, wie wir es heute kennen, ist in Wirklichkeit ein wirksames Instrument für die Weiterentwicklung von Wissenschaft und Technik, für die Anwendung neuer Erkenntnisse bei der Nutzung der Rohstoffquellen der Welt, für die Regulierung des internationalen Kapitalmarkts und für die Förderung der Wirtschafts- und Handelsbeziehungen zwischen den Nationen.

Keine heute denkbare Zunahme der Hilfeleistungen durch den Staat kann den Bedürfnissen der Entwicklungsländer wirklich gerecht werden. Nur das Privatkapital ist in der Lage, die Lücke zu schließen, aber nur, wenn auf die vielen Voraussetzungen und Einschränkungen verzichtet wird, die Regierungen gewöhnlich mit solchen Maßnahmen verknüpfen. Darüber hinaus kann sich keine einzelne Regierung und auch keine Gruppe von Regierungen *aller* Entwicklungsländer annehmen. Aber *viele* Entwicklungsländer können selbst die Initiative ergreifen und die Voraussetzungen dafür schaffen, daß sich das Privatkapital für sie interessiert, gleichgültig, ob die Politik des einzelnen Empfängerslandes den Regierungen der Geldgeber gefällt oder nicht.

Die staatliche Unterstützung von Entwicklungsvorhaben wird auch weiterhin sehr wichtig sein. Der Fluß der Hilfsgelder durch die internationalen Finanzinstitute wie die Weltbank und IDA wie auch die bilaterale Hilfe können und sollten verstärkt werden. Die Vereinigten Staaten haben die Verantwortung, ihre bisher unzureichende Entwicklungshilfe zu erhöhen und die Schranken abzubauen, die der Kongreß im Lauf vieler Jahre aufgerichtet hat.

Aber wir erkennen auch immer deutlicher, daß man von den staatlichen Hilfsprogrammen nicht alles erwarten darf. Die Entwicklungsländer müssen sich vermehrt um private Investitionen bemühen, um hier das Kapital zu bekommen, das sie für das wirtschaftliche Wachstum brauchen. Lateinamerika ist während der letzten zehn Jahre weiter und rascher vorangekommen als irgendeine andere noch zu entwickelnde Region. Das hier investierte Auslandskapital ist aus privaten und nicht aus staatlichen Quellen geflossen, und das ist wahrscheinlich auch der Grund für diese günstige Entwicklung. In der Ära der »Allianz für den Fortschritt«, Anfang der sechziger Jahre, stammte der größte Teil des in Lateinamerika investierten Auslandskapitals aus staatlichen Quellen; heute kommen mehr als 80 Prozent aus dem privaten Sektor.

Wenn man glaubt, der Staat sei nicht in der Lage, multinationale Unternehmen durch Verhandlungen, gutes Zureden oder Zwangsmaßnahmen zu disziplinieren, dann ist das nur ein Zeichen für ein Gefühl der Hilflosigkeit, das allen praktischen Erfahrungen widerspricht. Alle Entwicklungsländer sind in der Lage, dafür zu sorgen, daß private Unternehmungen einschließlich der ausländischen die vom Staat gesetzten Prioritäten berücksichtigen. Aber kein Land kann auf die Dauer mit einem realen Wirtschaftswachstum rechnen, wenn es sich von einem Instrument isoliert, das so gut geeignet ist, die kommerziellen, finanziellen und technologischen Aufgaben in der heutigen Welt zu übernehmen, und wenn es dieses Instrument systematisch angreift.

Der Konflikt, der um die Frage entstanden ist, welche Rolle das private Unternehmen im Umgang mit den Entwicklungsländern spielen soll, droht sich zu einem *circulus vitiosus* zu entwickeln. Das übermäßige Mißtrauen gegenüber den Absichten und Methoden ausländischer Firmen zeigt, daß diese Unternehmen als Gegner und nicht als Freunde, mit denen man zusammenarbeiten sollte, angesehen werden. Die Manager multinationaler Unternehmen werden damit veranlaßt, nach Profiten zu streben, die sich kurzfristig erzielen lassen, und die Gewinne durch fiktive Transferkosten zu verschleiern.

So übernehmen zunächst die privaten Gesellschaften die Verantwortung, die erst in zweiter Linie den Regierungen zufällt. Die Unternehmen müssen die gesellschaftlichen und politischen Ziele der Länder begreifen, in denen sie sich niederlassen. Sie sollten die Repräsentanten der besten amerikanischen Traditionen sein und dürfen sich auf keine Diskriminierungen der Rasse oder der Religion einlassen. Das Verhalten solcher Firmen muß den Maßstäben der Fairneß gerecht werden, die in ihrer Heimat gelten. Die Grundlagen der Geschäftsmethoden müssen Ehrlichkeit und guter Wille sein. Die wenigen beklagenswerten Fälle, in denen es zu illegalen Zahlungen gekommen ist, haben Besorgnisse geweckt und sowohl in der Heimat als auch im Ausland die öffentliche Meinung gegen die multinationalen Konzerne beeinflußt, was für die Mehrheit der Firmen, gegen deren Verhalten nichts einzuwenden ist, eine große Belastung bedeutet.

Eine der dringendsten Aufgaben der Regierungen ist es, nach entsprechenden Vereinbarungen die Grundregeln für Auslandsinvestitionen klar festzulegen. Die Entwicklungsländer haben das Recht, dafür zu sorgen, daß privates Kapital in Wirtschaftsbereichen und auf eine Weise angelegt wird, die den nationalen Prioritäten und gesetzlichen Vorschriften eines souveränen Staats entsprechen. Aber die Investoren und die Industrienationen haben auch das Recht, im voraus zu wissen, welches die Grundregeln sind, und darauf zu vertrauen, daß sie nicht plötzlich willkürlich geändert werden. So haben beide Seiten ihre Verpflichtungen, und es wird beiden Seiten nützen, wenn sie sich über die gemeinsam erarbeiteten Grundsätze einigen.

Diese von allen Beteiligten anerkannten Grundsätze sollten vor allem klarmachen, welches die Instrumente des Staats sind, die geheime Absprachen und bestimmte Praktiken auf dem Markt verhindern. Sie sollten die Marktchancen für alle beteiligten Firmen verbessern, eine gesunde Konkurrenz anregen, den einheimischen Unternehmern gute Möglichkeiten bieten, die Finanzinstitute in den Entwicklungsländern am Geschäft beteiligen und klare, vorausschaubare Richtlinien für die Abwicklung aller Geschäfte erlassen. Wenn wir diese praktischen Schritte tun, dann können wir neue und bedeutende Gelegenheiten dafür schaffen, daß transnationale Unternehmen den beiden dringendsten Bedürfnissen der Entwicklungsländer dienen; daß sie ihnen Zugang zu dem benötigten Kapital verschaffen und ihnen die erforderlichen Technologien zur Verfügung stellen.

Es werden in zunehmendem Maß die Privatfirmen sein, die den Entwicklungsländern die von ihnen gewünschten und benötigten Technologien zur Verfügung stellen. Dieses Konzept – das die *Qualität* der Kapitalinvestitionen berücksichtigt – ist für die Entwicklungsländer, die schon sichtliche Fortschritte gemacht haben und auf dem Weltmarkt bereits eine bedeutende Rolle spielen, ein wesentlicher Faktor. Das Wissen, die Fertigkeiten und Techniken, die in den kommenden Jahren von den Entwicklungsländern benötigt werden, stehen der Privatindustrie zum großen Teil schon zur Verfügung. Die Technologien sind vor allem im Westen entwickelt worden. Daher liegt es sowohl im Interesse der demokratischen Industrienationen als auch der Entwicklungsländer, in unserer Privatwirtschaft günstige Voraussetzungen dafür zu schaffen, daß sie ihren Vorrat an Kenntnissen und Fertigkeiten in den Entwicklungsländern entfalten können.

Es ist klar, daß Technologien nicht ausschließlich im Rahmen der Beziehungen privater Firmen zum Gastland transferiert werden können. Die Regierungen der Industrienationen müssen hier einen großen Teil der Verantwortung übernehmen. Neu vereinbarte Praktiken der internationalen Zusammenarbeit und neue Institutionen, die das Vertrauen aller Beteiligten genießen, müssen den Rahmen für eine staatliche Beteiligung und die Privatinitiative bilden, innerhalb dessen das multinationale Unternehmen im vor uns liegenden Jahrzehnt einen konstruktiven Beitrag zur Weiterentwicklung leisten kann.

Dabei wird es einen weiteren Spielraum für kreatives Denken geben. Ich darf noch einmal auf die Frage der Rohstoffe zurückkommen, denn die meisten Entwicklungsländer sind in schmerzlicher Weise darauf angewiesen, durch den Export einheimischer Güter etwas zu verdienen. Doch wegen der Spannungen und Unsicherheiten, die mit den privaten Auslandsinvestitionen in neuen Projekten für die Erzeugung von Exportgütern verknüpft sind, werden heute die höchsten Investitionen im Bergbau nicht in den armen Ländern dieser Welt, sondern in den demokratischen Industrienationen selbst gemacht. Wenn das noch über längere Zeit so bleibt, dann werden die weniger entwickelten Länder mit ihrem Export bedeutend weniger verdienen, als sie es könnten, und die Preise werden überall wesentlich steigen. Wir brauchen bei uns keine Stagnation oder Investitionen, sondern politische Initiativen, um die Entwicklungsländer bei der Mobilisierung des Kapitals, der Technologien und der Verwaltungstechniken zu unterstützen, die diese brauchen, um die Rohstoffe industriell zu nutzen, die ihnen in so großer Menge zur Verfügung stehen.

Auf der Konferenz der UNCTAD (Konferenz der Vereinten Nationen über Handel und Entwicklung) in Nairobi im vergangenen Jahr habe ich den Vorschlag für die Gründung einer internationalen Rohstoffbank gemacht, die als Vermittler und Partner der Gastländer und ausländischen Investoren auftreten könnte. Es besteht heute einiges Interesse daran, festzustellen, wie die Weltbank diese Rolle im Rahmen einer Dreiecksbeziehung übernehmen könnte. Welche Institution das auch sein mag, es kommt vor allem darauf an, daß wir nach neuen Möglichkeiten suchen, die nichtkommerziellen Risiken für Rohstoffinvestitionen zu reduzieren und damit einen stärkeren Fluß von Investitionskapital für lohnende Projekte zu günstigen Bedingungen im Interesse der Produzenten und Verbraucher anzuregen. Es ist höchste Zeit, daß die Gemeinschaft der Völker die Legitimität des privaten Kapitaleinsatzes auf diesem und vielen anderen Gebieten anerkennt. Das freie Unternehmertum hat eine große Zukunft vor sich, in der es die Gelegenheit und die Verantwortung dafür erhalten könnte, der Herausforderung gerecht zu werden, die in den Bedürfnissen der noch zu entwickelnden Regionen liegt. Es gibt keine ernstere Frage für die künftige Entwicklung der privaten Unternehmen als die nach der Rolle, die sie in den vor uns liegenden Jahren im Rahmen der Beziehungen zwischen Reichen und Armen übernehmen können.

Das freie Unternehmertum und unsere künftigen Wirtschaftsbeziehungen zum Osten

Auch neue Handels- und Finanzbeziehungen zu den Nationen Osteuropas, der Sowjetunion und der Volksrepublik China werden in den kommenden Jahrzehnten die Landschaft im Bereich der Wirtschaft verwandeln. In den vergangenen Jahren haben die kommunistischen Länder ihr traditionelles Streben nach Autarkie mehr oder weniger aufgegeben und begonnen, sich auf einen größeren wirtschaftlichen Austausch mit den demokratischen Industrienationen einzustellen. Mit dem Komplexerwerden ihres Wirtschaftssystems ist auch die Nachfrage nach Verbrauchsgütern, hochentwickelter Technologie, Getreide und den verschiedensten anderen Erzeugnissen entsprechend gestiegen.

Der Ost-West-Handel hat sich plötzlich und rapide ausgeweitet, und in diesem Rahmen sind die vom Westen zur Finanzierung dieses Handels gewährten Kredite explosionsartig gewachsen. Nach Schätzungen beträgt die gesamte staatliche und private Neuverschuldung zur Finanzierung des Warenflusses vom Westen in den Osten zwischen 27 und 45 Milliarden Dollar.

Über die Zweckmäßigkeit des Ost-West-Handels und seine Auswirkungen auf die Ost-West-Beziehungen insgesamt hat es leidenschaftliche Debatten gegeben. Nach einer Lehrmeinung führt die Intensivierung des Handels und des Geldverkehrs automatisch zur Mäßigung der sowjetischen Politik. Je intensiver daher der Warenaustausch zwischen demokratischen Industrienationen und den kommunistischen Ländern sei, desto wahrscheinlicher werde die Sowjetunion ihre Verantwortung in der Weltpolitik begreifen. Nach der entgegengesetzten Meinung muß *jeder* Handel die kommunistische Wirtschaft stärken und schließlich auch das militärische Potential der Kommunisten. Deshalb müsse er an bestimmte Bedingungen geknüpft werden, insbesondere an die Humanisierung des innenpolitischen Systems in der Sowjetunion. Das war die Grundlage für den Beschluß des amerikanischen Abgeordnetenhauses, die Gewährung der Meistbegünstigungsklausel an die Emigrationspraktiken der Sowjets zu binden.

Ich halte *beide* Auffassungen für zu einseitig. Die Intensivierung des Handels wird sich nicht automatisch darauf auswirken, wie verantwortlich die Sowjets ihre Außenpolitik betreiben. Schließlich ist auch der Erste Weltkrieg zu einer Zeit ausgebrochen, in der es praktisch keine Handelsbeschränkungen gab. Nur wenn das Gleichgewicht der Kräfte gewahrt wird und die Abenteuerlust der Sowjets auf Widerstand stößt, kann man damit rechnen, daß die Wirtschaftsbeziehungen einen Einfluß auf das Verhalten der Sowjetunion haben werden. Sehr viel hängt außerdem davon ab, wie diese Handelsbeziehungen aussehen, auf welche Langzeitverpflichtungen die Handelspartner eingehen müssen, welchen Spielraum es bei der Kreditgewährung gibt und ob die demokratischen Industrienationen oder die kommunistischen Völker mehr unter dem Abbruch der Handelsbeziehungen leiden würden.

Viele Gegner der Intensivierung des Osthandels simplifizieren das Problem zu sehr. Ohne Frage kann fast jeder Warenaustausch indirekt das militärische Potential stärken, denn es gibt zu viele Möglichkeiten für die Verwendung der in einen solchen Austausch eingeschlossenen Handelsgüter. Auf der anderen Seite darf man aber die Tatsache nicht aus den Augen lassen, daß eine sorgfältig und klug angelegte Handels- und Kreditpolitik zu einer Interessenlage führt, die den Partner zu verantwortungsbewußtem Handeln veranlaßt. Das Gleichgewicht läßt sich am ehesten erhalten, wenn alle Projekte einzeln genehmigt werden und man keine ungebundenen Kredite gewährt. Am vorteilhaftesten werden sich Langzeitprojekte auswirken, deren vorzeitige Beendigung erhebliche Kosten verursachen würde, und nicht die Lieferung integrierter Fabrikationsanlagen innerhalb sehr kurzer Zeiträume.

Selbstverständlich sind die kommunistischen Völker bereit, für die Intensivierung des Handels einen *gewissen* Preis zu bezahlen. Man muß jedoch wissen, woraus dieser Preis besteht, und darf nicht so tun, als ließe er sich mechanisch und auf jedem Gebiet einseitig fordern. Ganz allgemein gesagt, wird es leichter sein, Zugeständnisse der Regierungen auf außenpolitischem Gebiet zu erreichen, an denen andere Länder ein bestimmtes Interesse haben und die völkerrechtlich fundiert sind, als in Angelegenheiten, die traditionsgemäß im Bereich der Innenpolitik liegen.

Im Ost-West-Handel sollten wir nach meiner Auffassung die folgenden Grundsätze beachten:

1. Der Ost-West-Handel kann nicht »frei« sein. Er muß einer gewissen politischen Aufsicht unterstellt werden und bestimmte politische Voraussetzungen erfüllen. Alle demokratischen Industrienationen haben sich zu diesem Grundsatz bekannt, ihn allerdings mit mehr oder weniger großer Bereitwilligkeit befolgt.

2. Es liegt in der Verantwortlichkeit der Regierungen, dafür zu sorgen, daß die Kontrollmaßnahmen sinnvoll sind, daß sie klare und erreichbare Ziele fördern, und zwar sowohl durch das, was sie verbieten, als auch durch das, was sie zulassen.

3. Die demokratischen Industrienationen müssen sich auf gemeinsame Normen einigen, damit nicht die Zurückhaltung eines Landes auf irgendeinem Gebiet für ein anderes zum Schaden beider unerwartet günstige wirtschaftliche Gelegenheiten schafft.

4. Zu gewährende Kredite müssen an bestimmte Projekte gebunden sein und dürfen dem Kreditnehmer nicht frei zur Verfügung stehen.

5. Alle Projekte sollten eine möglichst lange Laufzeit haben, damit ihre unvermittelte Beendigung empfindliche Nachteile mit sich bringt; und wir sollten uns klar darüber sein, ob eine Beendigung den demokratischen Industrienationen oder dem kommunistischen Vertragspartner den größeren Schaden zufügt.

6. Die Vertragsbedingungen sollten insgesamt den außenpolitischen Zielen entsprechen und keine Forderungen enthalten, die souveräne Nationen nicht akzeptieren können, weil sie dadurch von Ausländern unter Druck gesetzt werden.

Eine solche Strategie erfordert ein hohes Maß an Disziplin und Verständnis für die politischen Belange. Die amerikanischen Unternehmer sollten diese Qualitäten besitzen, wenn ich auch offen sagen muß, daß dies nicht immer der Fall gewesen ist. Auf der einen Seite huldigen viele Unternehmer einem rhetorischen Antikommunismus, dem es mehr auf opportunistische Beteuerungen als auf praktische Leistungen anzukommen scheint. Auf der anderen Seite neigen diese Leute dazu – unter Berufung auf die Rechte des freien Unternehmertums –, sich jedem Versuch der Kontrolle des Handelsvolumens oder des Umfangs der Kredite zu widersetzen oder solche Maßnahmen mit konkreten außenpolitischen Entwicklungen in Beziehung zu setzen. Ich erinnere mich mit verhaltener Wehmut daran, wie die Regierung, der ich angehört habe, zunächst jahrelang angegriffen wurde, weil sie mit dem Getreidegeschäft von 1972 einen »Ausverkauf« betrieben habe, und wie man sie 1976 erbarmungslos dafür geschmäht hat, daß sie sich in das Getreidegeschäft einschaltete, um ein langfristiges Abkommen und nicht nur ein einmaliges Geschäft zustande zu bringen und die Sowjets an Krisenherden wie etwa im Nahen Osten zu einer verantwortungsbewußten Haltung zu veranlassen. Ich hoffe, in den vor uns liegenden Jahren wird man mehr Einsicht zeigen.

Ebenso wichtig ist eine gemeinsame Strategie der demokratischen Industrienationen. Wenn die Zurückhaltung der einen für andere unerwartet günstige Geschäftsmöglichkeiten schafft, dann fördert das nicht das Verantwortungsbewußtsein der Kommunisten, sondern ihre Strategie, die demokratischen Industrienationen zu spalten. Durch das Verlangen nach raschem Gewinn wird die Sicherheit der Industrienationen des Westens auf lange Sicht untergraben. Es hat in den Vereinigten Staaten eine jahrelange intensive Diskussion über die Erhöhung der an die Sowjetunion zu gewährenden Kredite gegeben, die niemals die Summe von einer Milliarde Dollar übersteigen und an bestimmte Projekte und die Bedingung geknüpft werden sollten, durch die der Sowjetunion in ihrer Außenpolitik Beschränkungen auferlegt worden wären. Zwei Jahre nach Inkrafttreten des Stevenson- und Jackson-Amendments hatten andere demokratische Industrienationen der Sowjetunion ungebundene Kredite in Höhe von mehr als zehn Milliarden Dollar eingeräumt.

Eine klare und unter den demokratischen Industrienationen genau abgesprochene Strategie für den Ost-West-Handel wird um so dringlicher, je stärker das Volumen des Ost-West-Handels wächst. Mit dem Ziel, eine gemeinsame Strategie zu entwickeln, haben die Vereinigten Staaten der OECD die Anfertigung einer umfassenden Studie über den Gesamtkomplex der Wirtschaftsbeziehungen zwischen Ost und West und alle sich daraus ergebenden Folgen vorgeschlagen. Ein Ergebnis war die Übereinkunft, daß die der OECD angehörenden Nationen ein Jahr lang der Versuchung widerstehen sollten, auf dem Gebiet der Exportkredite miteinander in Konkurrenz zu treten. Ein zweites Ergebnis war eine Studie der OECD über die wirtschaftlichen und politischen Auswirkungen der neuen Handelsbeziehungen.

Die folgenden Fragen bedürfen dringend einer Antwort: Aus welchen Quellen wird der Ost-West-Handel wirklich finanziert? Wie weit steckt hinter der zunehmenden Verschuldung des Ostens gegenüber dem Westen ein Zahlungsrisiko? Wie können wir sicherstellen, daß Leistungen und Gegenleistungen ausgewogen sind? Wie verhindern wir Angebote zu Dumpingpreisen und andere unfaire Handelspraktiken? Welche Beziehungen sollen zwischen den kommunistischen Ländern und den internationalen Wirtschaftsinstitutionen hergestellt werden? Gibt es gegenwärtig eine effektive Koordination der Exportpraktiken, oder gibt es einzelne Nationen, die das stillschweigende Übereinkommen verletzen? An welchem Punkt kann dem Westen mit Recht vorgeworfen werden, er bevorzuge die Exporte nach Osteuropa? Werden die osteuropäischen Nationen für den Fall eine bevorzugte Behandlung verlangen, daß sie ihre Schulden zurückzahlen? Welches sind die Konsequenzen für die krisenanfälligen politischen Beziehungen zwischen den demokratischen Industrienationen und der Sowjetunion?

Die wirtschaftliche Kraft der demokratischen Industrienationen ist einer unserer wertvollsten Aktivposten in den Beziehungen zu den kommunistischen Ländern. Auf sie stützt sich unsere militärische Stärke ebenso wie der Zusammenhalt der demokratischen Nationen. Wenn sie mit Weisheit und Besonnenheit eingesetzt wird, kann sie das Verhalten der Kommunisten in konstruktive Bahnen lenken. Sie kann aber auch die Demoralisierung und Verwirrung beschleunigen, wenn wir uns von kurzsichtigen innenpolitischen Überlegungen oder allein von der Rücksicht auf das nationale Interesse leiten lassen, anstatt einer klar konzipierten Strategie zu folgen. Der Handel mit den kommunistischen Ländern mag eine Aufgabe der Wirtschaft sein, es geht dabei aber auch um internationale Fragen größter Tragweite. Wie sich die Regierungen der demokratischen Industrienationen dieser Herausforderung stellen werden, wird das internationale Klima bestimmen, in dem die außenpolitischen ebenso wie die wirtschaftlichen Probleme in den kommenden Jahren gelöst werden müssen.

Die Lebensfähigkeit der amerikanischen Wirtschaft ist unser bedeutendster Aktivposten. Sie ist das Produkt des schöpferischen Geistes eines freien und fleißigen Volkes und eines Wirtschaftssystems, das der Privatinitiative eine Chance gibt. Sie ist das Fundament unseres Wohlstands, unserer militärischen Stärke und konstruktiver Beziehungen in einer friedlichen Welt.

Ich habe von einigen unserer außenpolitischen Anliegen gesprochen, von der großen Bedeutung der wirtschaftlichen Zusammenarbeit mit den anderen demokratischen Industrienationen, von der Rolle des privaten Unternehmertums bei der wirtschaftlichen Weiterentwicklung und von den möglichen Auswirkungen des Handels mit den kommunistischen Ländern. Auf allen Gebieten überschneiden sich politische und wirtschaftliche Ziele. Auf jedem Gebiet können die privaten Unternehmen, wenn sie Verständnis für den weiten nationalen Rahmen zeigen und das tun, wozu sich die Wirtschaft am besten eignet, einen wesentlichen Beitrag zum Wohl der ganzen Völkergemeinschaft und zum internationalen Frieden leisten. Heute ist es wichtiger als je zuvor, daß das amerikanische freie Unternehmertum die politischen Zusammenhänge begreift – nicht nur die politischen Verhältnisse in den Gastländern, in denen es seine Geschäfte abwickelt, sondern auch den gesamten Rahmen der internationalen Verantwortlichkeiten Amerikas.

Als Nation müssen wir begreifen, daß wir die Welt weder beherrschen noch ihr ausweichen können. Zum erstenmal in unserer Geschichte sind wir auf die Dauer in den weltpolitischen Zusammenhang gestellt. Damit übernehmen wir eine schwere Verantwortung. Es ist aber auch eine historische Chance. Die anderen demokratischen Länder haben uns eine führende Rolle zugewiesen. Unsere Gegner warten nur darauf, daß wir Schwächen zeigen oder in unseren Anstrengungen nachlassen, denn darin glauben sie, ihre Chance zu sehen. Die Entwicklungsländer brauchen unsere Hilfe, unseren Rat, unser Verständnis und unser Mitgefühl. Damit werden die besten Qualitäten der Amerikaner herausgefordert – Erfindergeist, Hingabe, Stolz, Selbstvertrauen und moralische Kraft.

Überall in der Welt finden wir Auswirkungen des schöpferischen amerikanischen Geistes. Wir haben bedeutende Leistungen vollbracht, und wenn wir die Zukunft meistern wollen, sind noch größere Leistungen erforderlich. In einer immer komplexer werdenden Welt, in der sich die Menschen mit ihren Hoffnungen hohe Ziele gesetzt haben, können wir Amerikaner erneut beweisen, daß wir der Herausforderung gewachsen sind.

Die Energiekrise und die Weltordnung

Ansprache vom 3. August 1977 auf der Jahrestagung der National Conference of State Legislators in Detroit, Michigan

Mein heutiges Thema ist die Energiekrise – ein Problem, das im Mittelpunkt aller staatlichen und politischen Belange steht, mit denen Sie Tag für Tag ringen, und das ebenso entscheidend mit den globalen strategischen Fragen verknüpft ist, mit denen ich mich habe beschäftigen müssen.

Eine im Frühjahr 1977 durchgeführte Befragung des Gallup-Instituts zeitigte das überraschende Ergebnis, daß nur die Hälfte der amerikanischen Bürger wußte, daß die Vereinigten Staaten Öl importieren müssen, um ihren Energiebedarf zu decken, und nur 17 Prozent der Befragten hatten eine Vorstellung davon, in welchem Maß wir von diesen Importen abhängig sind. Wenn ein so hoher Prozentsatz der Bevölkerung eines unserer dringendsten nationalen Probleme nicht kennt, dann ist es schwierig, die Unterstützung der Öffentlichkeit für ein umfassendes Programm zu bekommen, auch wenn die Gefahren, die uns drohen, schon deutlich erkennbar sind und innerhalb von weiteren zehn Jahren unüberwindlich werden könnten. Die Führung auf allen Ebenen unserer Gesellschaft sieht sich einer massiven Herausforderung gegenüber. Sie, meine Zuhörer, stehen vor einer wichtigen Aufgabe. Doch soviel auch die führenden Politiker auf Bundesebene oder in den einzelnen Staaten über die besonderen Aspekte des Energieproblems diskutieren mögen, wir alle tragen die wichtige Verantwortung, die amerikanische Öffentlichkeit über seine Realität, seine Gewichtigkeit und die Dringlichkeit einer zusammenhängenden Strategie aufzuklären.

Die Energiekrise ist nicht nur ein technisches Problem; sie ist kein abstrakter Spielplatz für Spezialisten. Sie hat weitreichende Auswirkungen auf unser tägliches Leben und berührt einige von uns für sehr wesentlich gehaltene Werte. Die Energieversorgung steht im Mittelpunkt unseres Wirtschaftslebens. Sie wirkt sich auf unsere Arbeitsplätze, die Preise und die Konjunktur aus. Im internationalen Rahmen hat die Energiekrise globale Dimensionen; sie ist eine der fundamentalsten Herausforderungen der internationalen Stabilität in einer Generation. Sie bedroht den Lebensnerv der Weltwirtschaft. Zum erstenmal in unserer Geschichte könnte eine kleine Gruppe von Nationen, die über einen knappen Rohstoff verfügen, mit der Zeit versucht sein, von uns außenpolitische Entscheidungen zu erzwingen, die nicht von unserem nationalen Interesse diktiert sind.

Hier geht es ganz einfach um die Frage, ob die Energiekrise das System der Weltordnung, das wir während der vergangenen beiden Jahrzehnte allmählich und unter großen Mühen aufgebaut haben, zerstören wird oder sich als das Instrument und der vitale Beweis für die Möglichkeiten eines gemeinsamen Fortschritts erweisen wird. Die Energiekrise geht daher weit über das technische Problem hinaus, Angebot und Nachfrage besser aufeinander abzustimmen. Hier wird die Fähigkeit der Nationen auf die Probe gestellt, auf diesem immer kleiner werdenden Planeten zusammenzuleben, zu verhindern, daß dieser zunehmend knapper werdende Rohstoff zu einem größeren Konflikt führt, und vor allem zu begreifen, wie sehr die verschiedenen Nationen voneinander abhängig sind, und dementsprechend zu handeln – und das betrifft Erzeuger und Verbraucher, die entwickelten und die Entwicklungsländer, die Reichen und die unter einer schweren Schuldenlast leidenden Armen.

Ich glaube, daß sich die Interessen der Nationen dieser Welt, so verschieden sie auch sein mögen, gegenseitig ergänzen. Das läßt sich jedoch nicht ohne weiteres erkennen. Die nun schon vier Jahre andauernde Krise wird nicht automatisch dazu führen, daß sich die von ihr Betroffenen zu einer wirksamen internationalen Zusammenarbeit entschließen. Es ist die wichtigste Aufgabe für die Staatsmänner unserer Zeit, aus den Elementen unserer gegenseitigen Abhängigkeit eine neue Bereitschaft für die positive Zusammenarbeit zu entwickeln. Nur so kann die Herausforderung der Energiekrise in eine wirkungsvolle vitale Kraft verwandelt werden, die in der Zusammenarbeit aller Nationen ihren Ausdruck findet und zum Fortschritt im Rahmen einer neuen Weltordnung führt.

Die Herausforderung durch die Energiekrise und ihre Folgen

Was ist die Energiekrise?

In den vergangenen dreißig Jahren hat sich immer deutlicher gezeigt, wie stark wir von importierter Energie abhängig sind. 1950 haben die Vereinigten Staaten ihren Ölbedarf praktisch selbst decken können; 1960 mußten sie schon 16 Prozent des benötigten Öls importieren; 1973, im Jahr des Embargos und des massiven Preisanstiegs, hatte sich der Bedarf Amerikas auf 35 Prozent verdoppelt. Unsere Abhängigkeit von den Ölimporten ist *gewachsen* und hat sich nicht verringert. In den Wintermonaten dieses Jahres haben die Ölimporte zum erstenmal in unserer Geschichte 50 Prozent unseres Ölverbrauchs erreicht. Noch vor zwei Jahren hat man damit gerechnet, daß es erst in den achtziger Jahren soweit kommen könnte.

Solange die Vereinigten Staaten auf dem Energiesektor autark waren oder hier gewonnenes Öl exportieren konnten, waren wir nicht nur unabhängig von allen Embargos, sondern hatten auch einen gewissen Einfluß auf die Weltmarktpreise für Öl. Wir konnten viel dafür tun, daß der Weltwirtschaft genügend Öl zu annehmbaren Preisen zur Verfügung stand.

Während der vergangenen zwanzig Jahre hat sich die Lage in dramatischer Weise verändert. Unsere eigenen Ölimporte steigen ständig. Der Energiebedarf Westeuropas und Japans hat rapide zugenommen. Die Entwicklungsländer überall auf der Welt haben begonnen, sich um ihre Industrialisierung zu bemühen, und sind daher zum erstenmal in der Geschichte zu Energieverbrauchern größeren Umfangs geworden. Die Preise blieben zunächst niedrig. Deshalb gründete sich das System der Weltwirtschaft zwanzig Jahre lang auf die Erwartung, daß ihr große Mengen von Erdöl zu niedrigen Preisen zur Verfügung stehen würden, während die Förderung außer im Nahen Osten weit hinter dem explosionsartig wachsenden Energiebedarf zurückblieb.

Die Auswirkungen dieses Strukturwandels auf dem Weltmarkt für Energie auf die Vereinigten Staaten waren dramatisch. Mit der Zunahme unserer Abhängigkeit von fremdem Öl waren wir immer stärker den außerhalb unseres Landes vorgenommenen Preismanipulationen und der Gefahr ausgesetzt, daß unser Bedarf nicht mehr befriedigt werden könnte.

Vor diesem Hintergrund begann die OPEC, ihren Einfluß geltend zu machen. Die OPEC war inzwischen zu einem wirksamen Mechanismus für Preis- und Produktionsabsprachen unter den wenigen ölexportierenden Nationen der Welt geworden und begann 1973 mit ihren von Erfolg gekrönten Bemühungen, den Ölpreis zu vervierfachen. Während des arabisch-israelischen Krieges im gleichen

Jahr demonstrierten die größten Ölproduzenten die zentrale Bedeutung des Erdöls für die Weltwirtschaft, als sie ihre Lieferungen an bestimmte Länder einstellten.

Diese Ereignisse zeigten mit aller Deutlichkeit, was die sich seit Jahrzehnten entwickelnde Energiekrise bewirken konnte. Die Folge war eine sofortige Wirtschaftskrise, von der dieses Land und die ganze Welt ergriffen wurden. Ein Tropfen von nur zehn Prozent unseres importierten Öls, der weniger als ein halbes Jahr ausreichte, kostete die Amerikaner eine halbe Million Arbeitsplätze und mehr als zehn Milliarden Dollar des Bruttosozialprodukts. Der massive Preisanstieg im Jahr 1973 ließ den Preisindex um mindestens fünf Prozentpunkte ansteigen und führte zu der schlimmsten Inflation in den Vereinigten Staaten seit dem Zweiten Weltkrieg. Damit bereitete sich die gefährlichste Rezession in diesem Lande und der ganzen Welt vor, von der wir uns erst jetzt zu erholen beginnen.

Die Energiekrise hat auf internationaler Ebene die jährliche Wachstumsrate der Industrieländer um 1,2 Prozent zurückgehen und die durchschnittliche Inflationsrate in der industrialisierten Welt um drei Prozent ansteigen lassen. Auch auf die Zahlungsbilanzen aller Industrienationen hat sie ungeheuer negative Auswirkungen gehabt. Seit 1973 haben die ölverbrauchenden Länder an die 13 OPEC-Länder 367 Milliarden Dollar für Ölimporte bezahlt. Das entspricht einer ungeheuren Verbrauchssteuer und stellt die größte und plötzlichste Kapitalverschiebung der ganzen Menschheitsgeschichte dar. Heute wird der Bilanz der OPEC-Staaten durch jeden Preisanstieg um zehn Prozent ein weiterer Aktivposten in Höhe von 14 Milliarden Dollar hinzugefügt. Allein im Jahr 1976 hat der vervierfachte Ölpreis die Zahlungsbilanz der Vereinigten Staaten mit 36,4 Milliarden Dollar belastet. Mit anderen Worten, nach einer Erklärung des Präsidenten Carter haben wir in diesem Jahr ein Zahlungsbilanzdefizit von 25 Milliarden Dollar, und ohne Ölimporte hätten wir einen Überschuß von 20 Milliarden Dollar jährlich. Durch die Ölimporte verschiebt sich unsere Bilanz jährlich um 45 Milliarden Dollar, was mit der Zeit zu einer wirtschaftlichen Katastrophe führen könnte.

Die enormen Profite der Ölerzeuger bringen die ganze Weltwirtschaft aus dem Gleichgewicht. Sie sind, auch wenn sie nicht aus politischen Gründen manipuliert werden, ein Faktor der Instabilität. In einer künftigen Nahostkrise könnten die inzwischen entstandenen hohen Guthaben an Petrodollar zur Waffe gegen das Weltwährungs- und Finanzsystem werden.

Nach den dramatischen Entwicklungen des Jahres 1973 hat die Abhängigkeit Amerikas vom importierten Öl trotz der Bemühungen dreier Präsidenten um eine wirksame nationale Reaktion auf die

Herausforderung der Energiekrise um fast 50 Prozent zugenommen. Diese wachsende Abhängigkeit ist unerträglich. Selbst wenn sich die Ölproduzenten verantwortungsbewußt verhalten und um Mäßigung bemühen – wie sie das in den vergangenen Jahren getan haben –, werden ihre Entscheidungen von *ihren* Auffassungen über ihre Interessen, Prioritäten und politischen Alternativen bestimmt und nicht von *unseren*. Unsere Fähigkeit, eine unseren Wertvorstellungen und den uns als akzeptabel erscheinenden Alternativen entsprechende Außenpolitik zu führen, ist eingeschränkt. Die Handlungsfreiheit unseres Landes auf dem Gebiet der Außenpolitik wird in diesem Ausmaß begrenzt.

Wenn die wirtschaftlichen und politischen Folgen der Energiekrise für die Vereinigten Staaten schon sehr ernst sind, dann sind die Auswirkungen auf andere von dem importierten Öl noch stärker abhängige Länder entsprechend schwerwiegender. Das gleichzeitige Eintreten von Rezession und Inflation hat in vielen Ländern zu großen Schwierigkeiten geführt, darunter auch bei einer Reihe unserer europäischen Verbündeten. In einigen Fällen drohen die politischen und gesellschaftlichen Schwierigkeiten, die die Regierungen schon bisher nur mit Mühe in den Griff bekommen konnten, außer Kontrolle zu geraten. Die Wirtschaftskrise war für viele Menschen in Westeuropa, deren Erwartungshorizont sich in den Nachkriegsjahren bedeutend erweitert hatte, ein gewaltiger Schock. Ein zu großer Teil des westlichen Europa der siebziger Jahre ist zum fruchtbaren Boden für gesellschaftliche Spannungen und politische Unruhen innerhalb der einzelnen Nationen und für wirtschaftliche Konflikte zwischen ihnen geworden. Die Energiekrise hat den Fortschritt zur europäischen Einheit hin gebremst. Sie hat die Gegner der Demokratie gestärkt, weil demokratische Regierungen und gemäßigte politische Führer heftig dafür angegriffen worden sind, daß es ihnen nicht gelungen ist, ihre wirtschaftlichen Probleme zu lösen, und zwar in einem Ausmaß, wie wir es seit den zwanziger und dreißiger Jahren nicht mehr erlebt haben. Wenn in Westeuropa kommunistische Parteien an die Macht kommen sollten, dann wird es in den Beziehungen Amerikas zu seinen Verbündeten einen tragischen Wandel geben, der sich auf das Nordatlantische Bündnis ebenso auswirken wird wie auf die Ziele und die praktische Verwirklichung der europäischen Integration. Das Ironische daran ist der Umstand, daß einige der konservativsten und antikommunistischsten Regierungen der Welt dazu beigetragen haben werden, daß dieser Zustand eingetreten ist.

Auch wenn die Lage sich nicht ganz so katastrophal entwickeln sollte, sind die Konsequenzen für den Zusammenhalt des westlichen Bündnisses doch schwerwiegend. Wirtschaftlich bedrängte

Nationen sind selbstverständlich allzu leicht versucht, zu protektionistischen Praktiken zu greifen, um die Arbeitsplätze zu sichern und den Inlandsmarkt stabil zu halten. Daraus kann eine unheilvolle Spirale entstehen, wenn das Handelsvolumen zurückgeht und alle Nationen einen zunehmenden wirtschaftlichen Verfall erleben. Während die demokratischen Industrienationen sich heute auf dem schwierigen Weg befinden, der aus der Rezession herausführt, sind die protektionistischen Tendenzen allerdings immer noch stark und nehmen sogar zu. Das liegt daran, daß sich die Wirtschaft nicht überall im gleichen Maß erholt und die Arbeitslosigkeit fast überall eine schwere Belastung bleibt.

Die Auswirkungen der Ölkrise beschränken sich auch nicht auf die Industrienationen. Es sind vielmehr die Entwicklungsländer, die am meisten unter den durch den Anstieg der Ölpreise verursachten massiven Zahlungsbilanzdefiziten leiden. Der schwere Schlag gegen die wirtschaftliche Entwicklung junger Nationen ist also nicht von der »imperialistischen Ausbeutung« geführt worden, die auf allen möglichen internationalen Konferenzen so lautstark angegriffen worden ist, sondern von einer durch die eigenen »Brüder« aus der Dritten Welt veranlaßten Preissteigerung. Die Entwicklungsländer verfügen nicht wie die Industrienationen über die Möglichkeit, die gestiegenen Preise zum Teil beim Export von Fertigwaren auf andere Nationen abzuwälzen. Wenn sie in der Lage sein sollen, sich selbst zu ernähren, dann müssen sie ihre Landwirtschaft modernisieren, und das ist nur durch den Einsatz von Düngemitteln zu erreichen, deren Basis Erdöl ist. Für die Entwicklungsländer bedeuten die gestiegenen Energiekosten eine permanente, chronische und massive Belastung. Der Anstieg ihrer Energiekosten entspricht heute in der Tat der Gesamtsumme der Wirtschaftshilfe, die sie vom Ausland empfangen. Die ganze Unterstützung, die andere Nationen ihnen gewähren, ermöglicht es ihnen daher gerade noch, den gegenwärtigen Entwicklungsstand zu halten. Kurz gesagt, gefährdet die Energiekrise unser gesamtes außenpolitisches Konzept. Sie belastet die Zukunft unserer eigenen Wirtschaft; sie schwächt die demokratischen Industrienationen wirtschaftlich und möglicherweise auch militärisch; sie unterminiert die Weltwirtschaft und nimmt den meisten jungen Nationen die Hoffnung auf Fortschritt.

Die Reaktion auf die Herausforderung durch die Energiekrise

Viele Herausforderungen, denen unser Land außenpolitisch begegnen muß, sind unvermeidbar, denn andere Nationen werden immer mächtiger, und die Möglichkeit eines mit Kernwaffen geführten

Krieges überschattet unseren Planeten. Aber die Bedrohung, die das Öl, sein Preis und seine Verfügbarkeit für das nationale Interesse und die Weltordnung darstellen, kann durch entschlossenes Handeln wesentlich verringert werden, und zwar sowohl bei uns im Lande als auch in der Zusammenarbeit mit anderen. Wenn wir uns nicht dazu entschließen, werden alle unsere nationalen Bestrebungen schwer darunter leiden. Sicherlich wird sich die Krise langsam und fast unmerklich weiterentwickeln, und vielleicht wird man alle ihre Auswirkungen vor Ablauf der folgenden zehn Jahre gar nicht wahrnehmen. Wenn jedoch unsere Verwundbarkeit unseren Lebensstandard bedroht und wenn unser Schicksal und das unserer Verbündeten von unvorhersehbaren Entscheidungen abhängt, werden wir dann unserem Volk sagen müssen, daß wir uns angesichts dieser Gefahren in sterilen innenpolitischen Debatten erschöpft und davor gefürchtet haben, von den Menschen die relativ geringen Opfer und Unbequemlichkeiten zu verlangen, mit denen eine Katastrophe hätte abgewendet werden können?

Die Vereinigten Staaten befinden sich in einer einzigartigen und glücklichen Lage, in der uns gerade aus diesem Grund die Verantwortung auferlegt wird, die Führung zu übernehmen und entschlossen zu handeln. Unsere Verbündeten dürfen nicht hoffen, ihre Abhängigkeit wesentlich durch eigene Anstrengungen zu verringern. Wir aber können das tun, und wenn wir es tun, dann sind wir in der Lage, den Zustand bei allen Nationen sowohl psychologisch als auch konkret zu beeinflussen.

Die Vereinigten Staaten haben heute die Gelegenheit, in einer Frage, deren Lösung im vitalen Interesse aller liegt, unter den demokratischen Staaten eine neue, gemeinsame und auf ein bestimmtes Ziel gerichtete entschlossene Haltung zu erzeugen. Sie können die zaghaften Bemühungen in dieser Welt in eine neue Richtung lenken, in der die fruchtbare Zusammenarbeit in weit größerem Umfang möglich wird als bisher.

Die Vereinigten Staaten brauchen vor allem eine Energiestrategie. Zunächst müssen die politischen Führer, die gesetzgebenden Körperschaften und die Öffentlichkeit den Ernst der gegenwärtigen Situation erkennen. Die Maßnahmen, die ergriffen werden, dürfen keine zufälligen Reaktionen sein, sondern Elemente einer zusammenhängenden Strategie, die innen- und außenpolitische Belange berücksichtigt. Eine solche Strategie erfordert in erster Linie ein klar umrissenes nationales Energieprogramm für die Vereinigten Staaten. Dieses Programm muß die Solidarität der demokratischen Industrienationen mobilisieren. Es muß die finanziellen Auswirkungen der Krise auf internationaler Ebene in Rechnung ziehen. Es muß die dringenden Bedürfnisse der Entwicklungsländer befriedigen. Und es muß die ölproduzierenden Länder zur konstruktiven Teilnahme und als Partner in einem aufstrebenden globalen Wirtschaftssystem gewinnen.

Ohne ein solches Programm sind alle diplomatischen Versuche, das Kartell zur Mäßigung bei der Preisgestaltung zu veranlassen, bestenfalls ein Notbehelf. Mißbilligung und Kritik auf internationaler Ebene sind zu wenig, um davon die Zukunft der Weltwirtschaft und die Autonomie unserer Außenpolitik abhängig zu machen. Wir würden dabei in die Gefahr geraten, in die Rolle von Bittstellern gedrängt zu werden, und unseren Status als gleichberechtigte Partner beim Aufbau einer auf Gleichheit gegründeten Weltordnung verlieren. Eine solche Haltung könnte die Ölländer sogar veranlassen, die Preise nach politischen Gesichtspunkten festzulegen und als Gegenleistung politische Zugeständnisse zu verlangen. Der Ölpreis wird sich nur durch objektive Marktverhältnisse senken lassen. Energiekrisen können nur abgewendet werden, wenn sich die Abhängigkeit der Industrienationen vom importierten Öl durch entschlossen durchgeführte nationale Energieprogramme verringert.

Wir sollten uns deshalb in diesem Land ein klares Ziel setzen: Wir sollten unsere Ölimporte innerhalb eines zumutbaren Zeitraums möglichst verringern, und zwar bis an einen Punkt, an dem unsere geringere Verwundbarkeit durch den Ausfall von Öllieferungen und die negative Entwicklung unserer Zahlungsbilanz den internationalen Energiedialog wieder ins Gleichgewicht bringt.

Elemente einer Energiestrategie

Eine wirksame nationale Energiestrategie zur Erreichung solcher Ergebnisse muß die folgenden Elemente zum Inhalt haben:

ein Energiesparprogramm;

die Entwicklung neuer Energiequellen;

die Zusammenarbeit der Verbrauchernationen, zu der auch die Sicherung des Weltwährungssystems gehört, und

die zuverlässige, auf lange Sicht angelegte Zusammenarbeit zwischen Verbrauchern und Erzeugern.

In einer Reihe öffentlicher Auftritte im April hat Präsident Carter auf die Dringlichkeit des Energieproblems aufmerksam gemacht. Er hat sich auch energisch für ein *wirksames Energiesparprogramm* eingesetzt. Wie wirkungsvoll die einzelnen Elemente dieses Programms auch sein mögen, das Vorhaben des Präsidenten verdient die Unterstützung durch alle Amerikaner. Neue Ölvorkommen zu entdecken und alternative Energiequellen zu erschließen, wird Jahre in Anspruch nehmen. In der unmittelbaren Zukunft wird uns nur ein

Sparprogramm in die Lage versetzen, die gegenwärtige Belastung durch die Energiekosten aufzufangen und allmählich das Gleichgewicht zwischen Angebot und Nachfrage wiederherzustellen.

Das Ziel des Sparprogramms des Präsidenten Carter ist es, die Zunahme des jährlichen Energiebedarfs der Vereinigten Staaten von gegenwärtig 4,6 Prozent bis 1995 auf weniger als zwei Prozent zu drosseln, den Benzinverbrauch bis 1985 gegenüber dem heutigen um zehn Prozent zu senken, die Importmenge für Öl von möglichen 16 Millionen Barrels am Tage auf sechs Millionen zu reduzieren, für Notfälle eine strategische Erdölreserve von einer Milliarde Barrels anzulegen; die Kohleförderung um ⅔ bis auf mehr als eine Milliarde Tonnen im Jahr zu steigern, 90 Prozent aller bestehenden Häuser und alle neuen Gebäude zu isolieren und in mehr als 2,5 Millionen Wohnhäusern Einrichtungen zur Nutzung der Sonnenenergie zu installieren.

Die Vereinigten Staaten könnten ihren Energieverbrauch theoretisch um 30 Prozent verringern, ohne *damit die Wachstumsrate des Bruttosozialprodukts oder den Lebensstandard der Bevölkerung senken zu müssen.* 1975 ist in Amerika eine größere Menge Erdöl *verschwendet* worden als von zwei Dritteln der Welt *verbraucht* wurde. Energie wird überall dort vergeudet, wo die Energiekosten ohne ein Ansteigen der Kosten im wirtschaftlichen oder sozialen Bereich gesenkt werden können. Um nur ein Beispiel zu nennen: In den vergangenen 20 Jahren sind die Architekten immer mehr dazu übergegangen, vollkommen geschlossene Gebäude zu errichten, das heißt Häuser, deren Fenster sich nicht öffnen lassen – besonders Bürohäuser. Aber in den meisten amerikanischen Städten herrscht während des größten Teils des Jahres eine durchaus erträgliche Außentemperatur. Es wird daher in solchen abgedichteten Gebäuden viel Energie vergedeutet, um eine der Außentemperatur entsprechende Innentemperatur zu erzeugen, die man umsonst haben könnte, wenn sich die Fenster öffnen ließen. Diese einfache Sparmaßnahme würde niemanden belasten und ließe sich ohne weiteres durchführen, wenn man die Bauvorschriften änderte.

Angesichts der hohen Energiekosten liegt das Energiesparen natürlich im Interesse eines jeden vernünftigen Unternehmers oder eines jeden kostenbewußten Hausbesitzers. Dies ist ein klassisches Beispiel dafür, wie sich das nationale Interesse mit dem Interesse des einzelnen decken kann. Das Sparen ist keine neue Belastung unseres Einkommens; es ist die Disziplin und das Bemühen, die erforderlich sind, die durch die Energiekosten entstandenen Belastungen der Wirtschaft und der einzelnen Familien zu *verringern.* Zu einem Energiesparprogramm gehört vor allem die wirksamere Verwendung der heute verfügbaren Energieträger.

Das bedeutet, daß man mit vier Litern Benzin 50 Kilometer weit fahren kann und nicht nur zwölf. Wir brauchen besser isolierte Häuser mit sparsameren Heizungen. Jeder sollte sich verpflichtet fühlen, keine Energie zu verschwenden, und deshalb das elektrische Licht, den Fernseher und die Klimaanlage ausschalten, wenn sie nicht gebraucht werden, und nach Möglichkeit öffentliche Verkehrsmittel benutzen.

Wenn wir diese relativ einfachen Regeln nicht befolgen, dann verurteilen wir uns selbst zu einer fünfzigprozentigen oder noch größeren Abhängigkeit von importierter Energie. Damit überlassen wir wichtige Entscheidungen fremden Ländern, denen unser Wohl nicht unbedingt am Herzen liegen muß und von denen wir nicht erwarten dürfen, daß sie sich um unser Wohlergehen größere Sorgen machen als wir selbst.

Es ist dringend notwendig, daß der Kongreß und der Präsident sich über ein umfassendes, weitreichendes Sparprogramm einigen. Wenn wir das Gleichgewicht auf dem Weltmarkt für Energie wiederherstellen wollen, dann muß ein effektives Energiesparprogramm verabschiedet werden, und zwar sehr bald.

Das zweite wesentliche Element einer Energiestrategie ist *die Entwicklung neuer und alternativer Energiequellen.* Das Energiesparen kann, so entscheidend wichtig es ist, unsere Abhängigkeit vom OPEC-Öl auf die Dauer nicht verringern. Selbst von den ehrgeizigsten Sparprogrammen können wir nicht mehr erwarten als die Rückführung unserer Abhängigkeit vom importierten Öl auf das Niveau von 1973 – als ein Embargo zu der gefährlichsten Rezession seit den dreißiger Jahren führte.

Offen gesagt ist die amerikanische Regierung mit ihrem Verlangen, neue Energiequellen zu erschließen, und mit der Förderung der Zusammenarbeit mit den demokratischen Industrienationen auf diesem Gebiet viel weniger energisch gewesen als bei dem Versuch, ihr Sparprogramm durchzusetzen. Wir müssen unbedingt ein umfassendes nationales Energieprogramm in die Tat umsetzen. Es kann und muß viel mehr für die Erschließung neuer Ölvorkommen getan werden. Wir sollten einen möglichst großen Anreiz für die Intensivierung der Ölförderung in den Vereinigten Staaten bieten. Außerdem sollten wir ganz bewußt die von ausländischen Lieferanten gekauften Ölmengen umverteilen. Gelingt es uns, neue Quellen für das Öl zu erschließen, dann sind wir besser vor einem möglichen Embargo geschützt und tragen zu einer größeren Auswogenheit im internationalen Energiedialog bei.

Natürlich liegt es auch im Interesse der Vereinigten Staaten und aller demokratischen Industrienationen, sich im Energiebereich auch technologisch und nicht nur geographisch umzustellen. Man hat gesagt, die Vereinigten Staaten seien das Saudi-Arabien der Kohle, so gewaltig sind unsere Vorräte. Darüber hinaus verfügen die demokratischen Industrienationen über das technische Können und die Möglichkeiten, Brennstoffe aus Schieferöl und Teersand herzustellen sowie Kohle zu verflüssigen und zu vergasen. Dazu hat man große Fortschritte auf dem Gebiet der Gewinnung von Kernenergie, Fusionsenergie und Sonnenenergie gemacht - und diese Entwicklung kann weitergetrieben werden.

Wir müssen der Tatsache ins Auge sehen, daß die Kernkraft die besten Aussichten bietet, die Lücke zwischen Angebot und Nachfrage zu schließen, besonders bei einigen unserer Verbündeten in Westeuropa und in Japan. Sie haben sich entschlossen, die Kernenergie für friedliche Zwecke zu nutzen, und das ist für sie eine der wichtigsten innenpolitischen Fragen. Sie werden sich nicht leicht von diesem Vorhaben abbringen lassen. Es ist Zeit, die Diskussionen zu beenden, die durch unsere sicher legitimen Sorgen über die Möglichkeit einer Weitergabe von Kernwaffen ausgelöst wurde, und mit den demokratischen Industrienationen im Rahmen einer umfassenderen Kernenergiepolitik zusammenzuarbeiten. Wenn die Vereinigten Staaten ihre Fähigkeit, Kernbrennstoff zu liefern, dazu verwenden, um auf andere Druck auszuüben, wird es diese Länder nur veranlassen, autonome nationale Kernenergieprogramme zu entwickeln.

Die für die Entwicklung neuer und alternativer Energiequellen in nächster Zukunft erforderlichen Investitionen werden ebenso hoch wie notwendig sein. Wir müssen uns daher ernsthaft überlegen, wie weit unser Steuersystem und unsere Umweltpolitik die Entwicklung solcher alternativer Energiequellen fördern oder behindern. Eine solche Untersuchung sollte sich auch mit der Frage beschäftigen, ob sich die heute bestehenden Anreize rasch genug auswirken werden, um in der noch zur Verfügung stehenden Zeit diese Projekte zu verwirklichen. Wenn diese Frage verneint werden muß, sollte man daran denken, diese Vorhaben staatlich zu finanzieren.

Der Zusammenhalt der demokratischen Industriestaaten

Unsere eigenen Anstrengungen müssen Teil einer internationalen Strategie sein, zu der die folgenden zusätzlichen Elemente gehören sollten:

ein koordiniertes Programm der demokratischen Industriestaaten, die den wichtigsten Markt für die Ölproduzenten auf der ganzen Welt darstellen, sowie Maßnahmen zum Schutz und zur Stärkung des internationalen Währungssystems;

Unterstützung der nicht ölerzeugenden Entwicklungsländer, deren Entwicklungspläne durch exorbitante Energiekosten zunichte gemacht werden und
auf lange Sicht die Herstellung von fruchtbaren Beziehungen in der wirtschaftlichen Zusammenarbeit, wobei die Ölerzeuger zu Partnern werden, die bereit sind, ihren Beitrag zu einer gemeinsamen globalen Anstrengung zu leisten.

Was nun zunächst die an den Nordatlantik grenzenden Nationen und Japan betrifft, so brauchen wir die *Zusammenarbeit aller demokratischen Industrienationen,* um die Weltenergiemärkte entscheidend zu beeinflussen. Wir können diese Aufgaben nicht allein erfüllen, werden dabei aber eine entscheidende Rolle zu spielen haben, denn wir verbrauchen die Hälfte des in der ganzen industrialisierten Welt verbrauchten Öls.

Wir, die wir mit größeren Rohstoffreserven gesegnet sind als alle unsere Verbündeten und daher einen Druck von außen weniger zu fürchten haben als sie, haben die Verantwortung, durch unser Beispiel und mit unseren Führungsqualitäten die Initiative zu ergreifen und die kollektiven Anstrengungen zu koordinieren. Wenn Amerika sich intensiver um die Lösung dieser Probleme bemüht, dann kann in den siebziger Jahren vom Energiesektor ein neuer Anstoß für die Einigung der demokratischen Staaten ausgehen, die unmittelbar nach dem Kriege die gemeinsame Verteidigung, die diplomatische Zusammenarbeit und Fortschritte auf dem Wege zur europäischen Integration ermöglicht hat.

Aus diesen Gründen ergriffen die Vereinigten Staaten 1974 die Initiative, um zunächst die Washington Energy Conference ins Leben zu rufen und dann die Internationale Energieagentur zu gründen. Diese Körperschaft, die IEA, besteht heute schon drei Jahre. Sie ist die wichtigste Behörde für die Zusammenarbeit der 19 führenden Industrienationen der demokratischen Welt auf dem Energiesektor. Sie stellt ein festes Fundament dar, auf dem die demokratischen Industrienationen weiterbauen können, um ihre gemeinsamen Ziele zu verwirklichen.

Die IEA hat für ihre Mitglieder Richtlinien für deren Sparprogramme herausgegeben, um sie zum verantwortungsbewußten Handeln und zur Koordinierung der nationalen Sparprogramme anzuregen. Das Ziel für 1977 ist es, den gemeinsamen Ölverbrauch auf 35 Millionen Barrel täglich festzulegen. Das wären drei Prozent mehr als 1973. Ähnliche Beschränkungen sollen für die Jahre 1980 und 1985 beschlossen werden. Der Erfolg solcher gemeinsamer Bemühungen könnte einen wichtigen Schritt auf dem Wege sein, die Verwundbarkeit der Industrienationen zu verringern.

Zweitens sollen im Rahmen der IEA-Programme gemeinsame

Projekte über den Kapitalverbrauch, die Technologien und die benötigten Arbeitskräfte bei den Mitgliedern der IEA entworfen werden, um neue Energiequellen zu erschließen. Dabei hat man neue Gebiete für die Forschung und Entwicklung festgelegt. Wenn die fortgeschrittenen Industrienationen ihre Forschungsarbeit koordinieren, werden sich die Aussichten für die Entwicklung neuer Technologien und die Erschließung neuer Energiequellen wesentlich verbessern.

Die einzelnen Industrieländer haben sehr verschiedene Möglichkeiten, neue Energiequellen zu nutzen. Einige verfügen über reiche, noch unerschlossene Erdöllager. Andere besitzen die industrielle Kapazität und verfügen über eine fortgeschrittene Technologie; wieder andere könnten größere Kapitalmengen investieren. Nur wenige Nationen verfügen über alle drei Möglichkeiten. Nichts würde den Zusammenhalt der demokratischen Industrienationen mehr stärken als das Bewußtsein, einen Weg gefunden zu haben, gemeinsame Energieentwicklungsprogramme zu verwirklichen.

Drittens haben sich alle Mitglieder der IEA darüber geeinigt, im Rahmen eines Notstandsprogramms eine Ölreserve anzulegen, die im Fall eines neuen Embargos den davon betroffenen Ländern zur Verfügung stehen könnte. Die Bedeutung dieses Programms kann nicht überbewertet werden. Es verringert die Auswirkungen selektiver Embargos gegen einzelne Länder in beträchtlichem Maß. Dazu ist es eine wirksame Waffe gegen ein generelles Embargo, das im übrigen so hohe politische Risiken einschließt, daß es wahrscheinlich nur im äußersten Notfall dazu kommen wird. So dient das Notstandsprogramm sowohl als Sicherung als auch als Abschreckung gegen jedes neue Embargo.

Die Gründung der IEA war die kollektive Reaktion auf eine der ernstesten Herausforderungen, denen der Westen seit einer Generation hat begegnen müssen. Sie zeigt, daß die Demokratien sich ihres gemeinsamen Schicksals bewußt sind und eine Lösung ihrer Probleme am ehesten durch Einigkeit und gemeinsame Anstrengungen finden können. Sie hat eine große politische Bedeutung, weil sie die neue amerikanische Regierung in die Lage versetzt, mit ihrem Energiesparprogramm die Demokratien insgesamt zu stärken und zu einer noch engeren Zusammenarbeit anzuregen.

Unsere internationale Energiestrategie muß aber auch *Maßnahmen zur Sicherung des Weltwährungssystems enthalten, um es vor dem Auseinanderbrechen zu bewahren.*

Die Ölkrise wird zwei auf lange Zeit wirksame Konsequenzen haben; in den OPEC-Ländern wird sich ein massiver Petrodollar-Überschuß ansammeln, und die reichen und armen Ölverbraucher werden die durch den hohen Ölpreis entstandenen ernsten Zahlungsbilanzschwierigkeiten überwinden müssen. Wir müssen daher unbedingt etwas gegen die Gefahr der Instabilität unternehmen, die entweder dadurch entstehen kann, daß eines oder mehrere Verbraucherländer ihre Zahlungsbilanz nicht ausgleichen können oder daß die Ölproduzenten ihren Petrodollar-Überschuß manipulieren.

Um diesen Gefahren zu begegnen, hat man in den vergangenen Jahren die Wirksamkeit zweier Maßnahmen untersucht. Die eine bestand in der Schaffung eines finanziellen Unterstützungsfonds in Höhe von 25 Milliarden Dollar, der 1975 von den demokratischen Industrienationen angelegt wurde, um sie in die Lage zu versetzen, sich gegenseitig zu helfen, wenn es im Rahmen der Ölversorgung zu Zahlungsschwierigkeiten kommen sollte. Leider hat der Kongreß der Vereinigten Staaten die Vereinbarungen über diesen Fonds nicht ratifiziert, und zwar als einzige gesetzgebende Körperschaft eines demokratischen Industriestaats. Doch die Verhandlungen über diesen Fonds haben insofern ein wichtiges Ergebnis gezeitigt, als sie der Weltöffentlichkeit deutlich gemacht haben, daß die demokratischen Industrienationen für den Notfall über die Möglichkeit verfügen, ihr Währungssystem zu verteidigen. In den nächsten Tagen werden die bedeutendsten Finanzmächte in Paris zusammenkommen, um über neue Möglichkeiten im Rahmen des internationalen Währungsfonds zu sprechen, den Ländern, die sich mit ihren Zahlungsbilanzen in Schwierigkeiten befinden, zusätzliche Mittel zur Verfügung zu stellen. Dabei würde er sich der umfangreichen Beiträge der OPEC-Mitglieder bedienen und diese Gelder den Kreditnehmern geben, die im eigenen Land ernste Anstrengungen unternehmen, der Inflation zu begegnen und die Importe einzuschränken.

Falls diese Gelder zur Verfügung gestellt werden können, ohne daran die Bedingung zu knüpfen, daß regionale Konflikte gelöst werden müssen, dann kann diese neue Möglichkeit des Internationalen Währungsfonds sehr günstige Auswirkungen haben; entsprechende Vollmachten sollten möglichst rasch erteilt werden. Das wäre ein wichtiger erster Schritt. Man sollte aber auch schon rechtzeitig an eine zweite Tranche denken, die vielleicht weniger starr an die OPEC-Beiträge gebunden sein sollte als die 50 Prozent, über die jetzt gesprochen wird. Wenn sich dabei Schwierigkeiten ergäben oder die Ölproduzenten schwer zu erfüllende politische Bedingungen mit der Kreditgewährung verknüpften, dann müßte man unbedingt an die Wiederbelebung des finanziellen Unterstützungsfonds durch die demokratischen Staaten denken, der ihre Wirtschaftskraft unabhängig von der OPEC schützen und erhalten sollte.

Die Rolle der Entwicklungsländer

Wenn das internationale Gleichgewicht gegen die durch die Energiekrise verursachte Instabilität abgesichert werden soll, dann muß sich die Völkergemeinschaft der Bedürfnisse der Entwicklungsländer annehmen, die selbst nicht mit Erdölvorkommen gesegnet sind. Diese Entwicklungsländer sind 1973 durch die Ölkrise in schwere Bedrängnis geraten. Als Folge der durch die Energiekrise erzeugten Rezession in den Industrieländern stiegen ihre Rechnungen für Ölimporte rapide an, und ihre Exportchancen verringerten sich wesentlich. Heute bemühen sie sich verzweifelt um einen Fortschritt auf eine hoffnungsvollere Zukunft hin, aber die Aussichten, dieses Ziel zu erreichen, sind sehr viel schlechter geworden. In der Zeit von 1973 bis 1975 haben sich die Auslandsschulden dieser Länder von 67 Milliarden auf 117 Milliarden Dollar fast verdoppelt. Die hohen Energiekosten, die ihre Hoffnungen und Pläne für eine rasche Weiterentwicklung zunichte machen könnten, müssen gesenkt werden. Die Entlastung der ärmeren Entwicklungsländer wäre eine wichtige Aufgabe für die gemeinsamen Anstrengungen der in kurzer Zeit reich gewordenen Ölproduzenten und der demokratischen Industriestaaten. Im einzelnen geht es hier um folgendes:

Wir sollten so rasch wie möglich jede Form der Unterstützung mit Kapital und technischen Mitteln intensivieren, um den Entwicklungsländern beim Ausbau ihrer einheimischen Energieerzeugung zu helfen. In vielen Entwicklungsländern könnten wahrscheinlich beträchtliche Vorkommen an Öl, Kohle und anderen Energieträgern erschlossen werden. Das ist bisher aus Mangel an Kapital und technischen Möglichkeiten, die für die moderne Energiegewinnung notwendig sind, nicht möglich gewesen.

Das Weltwährungssystem hat bemerkenswerte Leistungen vollbracht, indem ein Teil des Überschusses an Petrodollars in die bedürftigen Entwicklungsländer geleitet worden ist. Jetzt ist es jedoch Zeit, ihre Verschuldung abzubauen und den Zufluß staatlicher, auf längere Zeit gewährter Kredite zu verstärken. Die für die Entwicklungshilfe zur Verfügung stehenden Beträge der Weltbank und anderer internationaler Finanzinstitute müssen erhöht werden.

Letztlich lassen sich die Zahlungsprobleme der Entwicklungsländer nur durch eine Intensivierung des Handels lösen. Wir müssen uns gegen die Rückkehr zum Protektionismus wehren und die in Tokio begonnenen Handelsgespräche zu Ende führen, wenn wir den ärmeren Nationen dieser Welt bessere Möglichkeiten schaffen wollen, ihre Entwicklungsvorhaben auf eine dauerhafte Basis zu stellen.

Die Rolle der Ölproduzenten

Alle hier genannten Aufgaben verlangen die gemeinsamen Anstrengungen der Ölproduzenten und der demokratischen Industrienationen. Damit komme ich zum vierten und vielleicht schwierigsten Element jeder internationalen Energiestrategie, zur Rolle der Ölproduzenten im Rahmen der internationalen Energiepolitik. Natürlich müssen die demokratischen Länder ihre Wirtschaften vor den Risiken bewahren, die ein Konflikt mit sich bringen könnte. Wenn wir jedoch alles unternehmen, um möglichst unabhängig von wirtschaftlichem Druck und Drohungen zu werden, dann müssen wir dafür sorgen, daß solche Entwicklungen nicht unvermeidlich werden. Im Gegenteil, die gegenwärtige Lage ist von der gegenseitigen wirtschaftlichen und politischen Abhängigkeit der energieerzeugenden Länder und der Energieverbraucher gekennzeichnet. Die Herausforderung für eine schöpferische Diplomatie in den vor uns liegenden Jahren liegt darin, daß es ihr gelingen muß, aus der Gegenseitigkeit der Interessen eine stabile und fruchtbare Beziehung auf lange Sicht zu schaffen.

Welches sind diese beiderseitigen Interessen?

Offensichtlich brauchen die Erzeuger zunächst Märkte für ihr Öl. Ein Verfall der Wirtschaften der demokratischen Industrienationen reduziert das Wirtschaftswachstum auf der ganzen Welt und den Energiebedarf. 1975 war die Marktlage als Folge der Rezession bei den demokratischen Industrienationen so schlecht, daß einige Produzenten, die ehrgeizige Entwicklungsprogramme verfolgten, in Schwierigkeiten gerieten und sich nach Möglichkeiten umsahen, ihren Überschuß an Öl trotz der von der OPEC beschlossenen Produktionsbeschränkungen zu verkaufen.

Zweitens haben die Produzenten ein Interesse an der finanziellen Stabilität der demokratischen Industrienationen, denn schließlich können sie nur hier ihre Gewinne produktiv investieren. Die Weltwirtschaft kann eine Rezession, wie wir sie 1973 erlebt haben, nicht ohne schwere Nachteile für die ölerzeugenden Länder ertragen. Unter den gegenwärtigen Voraussetzungen würde eine Weltwirtschaftskrise massive Auswirkungen auf die Ölproduzenten haben, weil ihre Investitionen in Übersee dadurch gefährdet wären.

Drittens kann nur die industrialisierte Welt die Technologien, das Kapital, die Ausbildung und die Verwaltungstechniken liefern, die die Ölproduzenten brauchen, um ihre Wirtschaften zu entwickeln. In einem Klima der Konfrontation hätten die Regierungen und die Öffentlichkeit in der industrialisierten Welt kaum eine Veranlassung, solche Programme zu unterstützen.

Viertens müssen viele Ölproduzenten um ihre eigene Stabilität und Sicherheit bangen. Die Zusammenarbeit mit dem Westen erhöht ihre Sicherheit. Es wird ihnen nichts daran liegen, Bindungen aufzugeben und sich damit den Machenschaften habgieriger und feindlicher Länder auszuliefern. Sie haben deshalb ein starkes politisches Interesse an der Freundschaft der demokratischen Industriestaaten.

So kann den meisten Ölproduzenten nichts an einer Konfrontation liegen. Wenn sie begreifen, was in ihrem eigenen Interesse liegt, dann ist es für sie außerordentlich wichtig, daß die demokratischen Industriestaaten ihre Energieprobleme lösen können. Einige der aufgeklärteren OPEC-Länder gehören daher paradoxerweise zu den energischen Befürwortern des Energiesparens. Sie wissen, daß sie von dem entscheidenden Rohstoff nur eine begrenzte Menge zur Verfügung haben, und es liegt ihnen sehr viel daran, diese Einnahmequelle möglichst lange zu erhalten. Sie wollen die mit dem Verkauf des Öls erzielten Gewinne verwenden, um ihre Wirtschaften zu entwickeln und auf eine breitere Basis zu stellen. Einige glauben sogar, die Ölreserven der Welt seien zu wertvoll, um zur Energieerzeugung verbraucht zu werden, und sie sind bestrebt, ihre eigenen Ölvorräte in neuen petrochemischen Industrien zu verarbeiten, um damit die eigene wirtschaftliche Entwicklung voranzutreiben.

So liegen das Energiesparen und der Abbau des Bedarfs an importiertem Öl im Westen auf die Dauer ebenso sehr im Interesse der Ölproduzenten wie in unserem. Das spiegelt den fundamentalen Realismus, der darin besteht, daß die endgültige »Lösung« des Weltenergieproblems in einer blühenden und eng verflochtenen Weltwirtschaft liegt, die den wirtschaftlichen Fortschritt in allen Regionen durch den ungehinderten Handel, den Austausch technischen und administrativen Wissens und die internationale Zusammenarbeit fördert.

Beim Aufbau einer solchen Welt haben die Industrienationen die Verpflichtung, Rücksicht auf das legitime Streben der Entwicklungsländer und der Ölproduzenten nach einer Sicherung ihrer Einkünfte und des Wirtschaftswachstums zu nehmen. Die Entwicklungsländer und die Ölproduzenten ihrerseits müssen erkennen, daß wirtschaftlicher Druck oder Erpressung auf diejenigen, die solche Taktiken anwenden, zurückschlagen werden. Die Vereinigten Staaten würden als die stärkste Wirtschaftsmacht der Welt in einem Wirtschaftskrieg weniger geschädigt werden als andere. Doch ein solcher Wirtschaftskrieg ließe sich mit dem offenen Wirtschaftssystem nicht vereinbaren, das den Wohlstand in der Welt und in unserem Lande gefördert hat. Und es entspräche auch nicht den amerikanischen Grundwerten und den Hoffnungen des amerikanischen Volks auf eine Welt des Friedens, des Mitgefühls, des wirtschaftlichen Fortschritts und der Gerechtigkeit. Damit ist eine Lösung der Zusammenarbeit auf dem Energiesektor eng mit dem Problem der allgemeinen Weltordnung verbunden. Die Vereinigten Staaten haben keine wichtigere Aufgabe, als ihre Kreativität zur Errichtung eines internationalen Systems einzusetzen, das zu erhalten im Interesse aller Nationen liegt, weil sie an seinem Aufbau beteiligt sind und mit allen anderen seine Vorteile genießen. In einer Welt, in der es 150 souveräne Staaten gibt, haben wir ganz einfach keine friedliche Alternative zu einem System der internationalen Zusammenarbeit.

Verbraucher, Erzeuger und Entwicklungsländer sollten aus der Energiekrise die Gefahren eines Wirtschaftskrieges erkennen und begreifen, welche günstigen Aussichten eine blühende und gerechte Weltordnung allen gemeinsam bietet.

Besonders für die Vereinigten Staaten ist dies ein entscheidender Augenblick. Seit einer Generation haben wir unserer Verantwortung entsprochen, das Gleichgewicht der Kräfte zu erhalten und das Bündnis der freien Nationen zu führen. Hinter uns liegt eine Zeit großer Leistungen. Die Energiekrise ist die Herausforderung einer neuen Ära. Republikaner und Demokraten, der Kongreß und die Exekutive, die Privatwirtschaft und die Regierung können an der Erfüllung des großen gemeinsamen Ziels mitwirken, um einer Herausforderung zu begegnen, der wir nicht als Partei, sondern als Nation gegenüberstehen.

Die außergewöhnliche Qualität des amerikanischen Volkes liegt darin, daß sich in ihm technisches Genie und hohe moralische Ideale vereinigen. Wir haben die Möglichkeit, die gegenwärtigen Schwierigkeiten auf dem Energiesektor zu überwinden und aus der Krise Fortschritte auf dem Wege zur Verwirklichung unserer traditionellen Ziele des Friedens, der Zusammenarbeit, der Gerechtigkeit und des Fortschritts zu machen, in eine Zukunft, in der alle Nationen und Völker an der Freiheit und dem Wohlstand teilnehmen sollen, mit denen wir gesegnet sind.

Kontinuität und Wandel in der amerikanischen Außenpolitik

Arthur-K.-Salomon-Vorlesung vom 19. September 1977 an der Graduate School of Business Administration, New York University, New York City

Ihre Bitte, Ihnen eine »umfassende Darstellung« der gegenwärtigen amerikanischen Außenpolitik vorzutragen, stellt mich vor ein Dilemma – eine schwierige Wahl zwischen Ihrem Interesse am Thema auf der einen Seite und den Erfordernissen der Verantwortlichkeit auf der anderen. Trotz meiner sprichwörtlichen Bescheidenheit könnte ich versucht sein, mit Ihnen darüber zu spekulieren, wie ich mich in dieser oder jener taktischen Lage verhalten hätte, wenn ich während der vergangenen acht Monate noch im Amt gewesen wäre. Wer aber die Verantwortlichkeiten eines hohen Amtes getragen hat, kennt nur zu gut die Komplexität, die Widersprüchlichkeiten und die Sorgen, die damit verbunden sind, die politische Richtung einer Nation in einer turbulenten Periode zu bestimmen. Die neue Regierung hat das Recht, ihre eigene politische Linie zu entwickeln, ohne von anderen dabei gestört oder irritiert zu werden. Acht Monate sind schließlich nur ein kurzer Augenblick im Leben von Nationen.

Präsident Carter und Außenminister Vance stehen vor heiklen und wichtigen Verhandlungen, die mehrere Wochen in Anspruch nehmen werden, und zwar mit der Sowjetunion über die Begrenzung der strategischen Rüstung, mit den Außenministern der Länder im Nahen Osten über den Frieden in jener Schlüsselregion und mit anderen führenden Politikern, die an der Generalversammlung der Vereinten Nationen teilnehmen, über die verschiedensten komplexen Fragen. Die Hoffnungen *aller* Amerikaner begleiten sie. Ein Erfolg der Regierung bei ihren Bemühungen um Frieden und Fortschritt wird auch ein Erfolg der Nation sein. Jeder Rückschlag dieser Bemühungen würde das Leben und den Wohlstand aller Amerikaner belasten. Wenn ein Seiltänzer komplizierte Schritte auf dem Hochseil vollführt, dann wäre es falsch – um nicht zu sagen lebensgefährlich –, wenn ein Zuschauer aus seinem Sitz tief unten ihm zuriefe, er setze seinen Fuß auf die falsche Stelle.

Ich möchte Ihnen daher heute etwas über das philosophische Fundament sagen, das taktischen Entscheidungen zugrunde liegt, über das Wesen und den Sinn des Zweiparteiensystems in unserer Demokratie, über die Herausforderung, in einer komplexen Welt moralische Werte und besonders die Menschenrechte zu vertreten, und über die Beziehungen von Fragen wie etwa der Menschenrechte zu anderen Problemen, also über das Problem der sogenannten Verknüpfung.

Das Wesen des Zweiparteiensystems

Die Welt bewundert Amerika dafür, daß es sich in so erstaunlicher Weise von der Agonie Vietnams und der durch Watergate aufgelösten Verfassungskrise erholt hat. Nachdem wir das Trauma dieser schweren Belastungen überwunden haben, blühen unsere demokratischen Institutionen, die öffentlichen Debatten werden mit Überzeugungskraft geführt, unsere Wirtschaft expandiert, und wir sind stolz auf unser Land. Das hat unsere Freunde überall in der Welt ermutigt, denn sie wissen vielleicht sogar besser als wir, welche Bedeutung das Selbstvertrauen Amerikas in seiner Führungsrolle für sie hat.

Diese Führungsrolle ist keine esoterische Angelegenheit für Spezialisten und sollte das auch nicht sein; sie ist das Instrument, mit dem die Nation ihren eigenen Interessen dient und ihre höchsten Ziele verfolgt, und sie wirkt sich auf alle anderen Nationen aus. 30 Jahre haben die Vereinigten Staaten das Gleichgewicht der Kräfte in der Welt, den Zusammenhalt der Demokratien, die Gesundheit der Weltwirtschaft, die Wachstumsaussichten in Afrika, Asien und Lateinamerika und die Hoffnung auf Frieden überall in der Welt aufrechterhalten.

In vielen Krisen haben wir gelernt, daß Unruhen, die Tausende von Kilometern von uns entfernt entstehen, das Leben von Amerikanern bedrohen oder die Prosperität Amerikas in Gefahr bringen können. Der Nahostkrieg von 1973 hat uns schließlich militärisch alarmiert. Das sechs Monate dauernde Ölembargo kostete die Vereinigten Staaten eine halbe Million Arbeitsplätze und zehn Milliarden Dollar des Sozialprodukts; es gab den Anstoß für eine gefährliche Wirtschaftsrezession in diesem Land und in der ganzen Welt. Die darauf folgende plötzliche Erhöhung des Ölpreises auf das Vierfache hat den gesamten Preisindex um mindestens fünf Prozentpunkte ansteigen lassen und zu der schlimmsten Inflation beigetragen, die wir seit dem Zweiten Weltkrieg erlebt haben. Wir haben die hohe Wachstumsrate und die relativ niedrige Inflationsrate, deren wir uns vor 1973 erfreuten, noch nicht wieder erreicht.

Heute, da die erbitterte Leidenschaft der außenpolitischen Debatte während der vergangenen zehn Jahre, wie wir hoffen, hinter uns liegt, ist es Zeit, sorgsam zu überlegen, welches unsere Grundvorstellungen von der Welt, in der wir leben, sind.

Unsere außenpolitischen Schwierigkeiten werden oft als das Erbe des Vietnam-Krieges bezeichnet. Aber die schwere Prüfung, die uns in Vietnam auferlegt wurde, war keine Ursache, sondern nur ein Symptom. Die späten sechziger Jahre, die Jahre des Vietnam-Kriegs, bezeichneten das Ende der Periode, in der Amerika allen anderen Nationen unendlich weit überlegen war, als wir alle Probleme allein und ausschließlich mit eigenen Mitteln bewältigen konnten, als amerikanische Initiativen ohne ernste Debatten akzeptiert wurden, als wir annehmen durften, unsere innenpolitischen Erfahrungen wie etwa der *New Deal* seien automatisch das Vorbild für die wirtschaftliche Entwicklung und den politischen Fortschritt in anderen Ländern. Vor allem aber bezeichneten diese Jahre das Ende der Ära, in der wir uns noch vorstellen konnten, jedes Problem ließe sich ein für allemal lösen, und daß einmal gefundene Lösungen uns erlauben würden, unsere Bemühungen auf internationaler Ebene zu beenden. Vietnam war eine Katharsis. Es hat uns gelehrt, daß unsere Stärke zwar groß ist, aber doch ihre Grenzen hat, daß unser Einfluß zwar wesentlich ist, aber nur wirksam sein kann, wenn wir unsere Prioritäten und die Welt begreifen, in der wir leben.

150 Jahre lang haben wir uns aufgrund unserer geographischen Lage und des Reichtums der Vereinigten Staaten den Luxus erlauben können, solange zu warten, bis eine Bedrohung unerträglich wurde, bevor wir etwas unternahmen. Wir haben immer die Möglichkeit gehabt, unser Zögern vor dem Eingreifen durch den massiven Einsatz physischer Stärke zu kompensieren. Wir konnten anderen die Bürde der täglichen Entscheidungen überlassen, von denen es abhing, ob die Welt oder sogar wir selbst in Krieg oder Frieden, in Sicherheit oder Furcht leben sollten. Uns blieb es erspart, die ständigen Ängste um die möglichen Folgen unausweichlicher Entscheidungen durchmachen zu müssen, denen sich andere Nationen immer wieder ausgesetzt sahen, um ihr Überleben und die von ihnen vertretenen Werte zu sichern. Wie keine andere Nation in der Geschichte konnten wir dem Dilemma ausweichen, Ideal und praktisches Leben miteinander zu versöhnen und dringend Notwendiges mit beschränkten Mitteln zu erreichen.

Die Zeit nach dem Zweiten Weltkrieg war eine bemerkenswert schöpferische Periode in der amerikanischen Außenpolitik. Aber unsere Initiativen wurden ausdrücklich als zeitlich begrenzte Maßnahmen zur Wiederherstellung des notwendigen Gleichgewichts der Kräfte gerechtfertigt. Der Marshall-Plan, unsere Bündnisverpflichtungen in Übersee und unsere weltweiten Wirtschaftsprogramme waren konzipiert als Gegenmaßnahmen gegen zeitweilige Notstände, nach deren Überwindung wir uns nicht mehr auf die Dauer weltpolitisch zu engagieren brauchten.

Wir leben heute in einer anderen Welt als die Generation vor uns. Die geographische Lage garantiert nicht mehr unsere Sicherheit. An die Stelle des Kernwaffenmonopols der Vereinigten Staaten ist das Gleichgewicht in der Nuklearrüstung getreten, denn jetzt verfügen auch andere Staaten über diese Waffen. Die Vereinigten Staaten sind heute ebenso verwundbar wie jede andere Nation. Das Überleben aller Völker ist heute durch die Kernwaffen in einer Weise bedroht, wie dies in der ganzen Menschheitsgeschichte noch nie der Fall gewesen ist.

In der Weltwirtschaft sind alle Nationen voneinander abhängig. Unser Wohlstand hängt in gewissem Maß von den Entscheidungen über die Rohstofflieferungen, die Preise und die Investitionen in fernen Ländern ab, deren politische Vorstellungen nicht unbedingt mit den unseren übereinstimmen.

Und die Struktur der zwischenstaatlichen Beziehungen hat sich fundamental verändert. 1945 haben sich 51 Nationen zusammengeschlossen und die Vereinten Nationen geschaffen. Heute besteht diese Körperschaft aus fast 150 Nationen – von denen uns viele ideologisch feindlich gegenüberstehen. Ebenso wie zwei Weltkriege die auf Europa hin orientierte und während der vergangenen zweihundert Jahre gültige Weltordnung erschüttert haben, ist auch das nach dem Kriege entstandene System der Bipolarität des Kalten Krieges zerbrochen – und an seiner Stelle muß eine neue Weltordnung geschaffen werden.

Die Verantwortlichkeit der Vereinigten Staaten ist zunehmend gewachsen. Ohne unseren Beitrag zur internationalen Sicherheit kann der Friede nicht bewahrt werden. Ohne unsere konstruktive Beteiligung an der Weltwirtschaft kann es keine Hoffnung auf wirtschaftlichen Fortschritt geben. Ohne unsere Hingabe an das Ideal der menschlichen Freiheiten sind die Aussichten auf Freiheit in der Welt in der Tat sehr gering.

Zum erstenmal in der amerikanischen Geschichte haben wir weder die Möglichkeit, die Welt zu beherrschen, noch können wir unseren Verpflichtungen gegenüber dieser Welt ausweichen. In Zukunft wird unser Land durch die Realitäten gezwungen sein, sich weltpolitisch zu engagieren, und das nicht mehr nur freiwillig tun dürfen. Amerika muß heute lernen, Außenpolitik zu treiben, wie andere Nationen das früher getan haben – mit Geduld, Feingefühl, Phantasie und Ausdauer.

Der großen Herausforderung, der wir uns heute gegenübersehen, können wir daher nicht nur mit unseren materiellen Möglichkeiten begegnen, sondern vor allem mit entschlossener Zielstrebigkeit und klaren philosophischen Vorstellungen. Gerade weil wir nicht mehr warten können, bis die Lage zu gefährlich wird, wird sie sich uns unklar darstellen, solange wir sie noch meistern können. Die Verträge über den Panama-Kanal mußten zum Beispiel nicht deshalb ratifiziert werden, weil es in Panama eine akute Gefahr gab, sondern weil es notwendig war, einer geschlossenen Front *aller* lateinamerikanischen Länder zuvorzukommen, die sich dagegen richten konnte, daß die Vereinigten Staaten – wie sie glaubten – den Versuch unternehmen wollten, mit Gewalt einen nicht gerechtfertigten Zustand aufrechtzuerhalten. Unsere Sicherheit ist vor zwei Jahren in Angola nicht direkt bedroht worden, aber es bestand auf lange Sicht die Gefahr, daß die Sowjets überall auf der Welt mit den Kräften ihrer Marionetten intervenierten, um in örtlichen Konflikten die Lage zu ihren Gunsten zu beeinflussen. Das Argument für eine verständnisvolle amerikanische Haltung im Nord-Süd-Dialog besteht nicht darin, daß man den zugegebenermaßen schwächeren und weniger entwickelten Nationen nachgeben müsse, sondern daß es notwendig sei, eine Polarisierung der Welt zu verhindern, bei der die kleine Minderheit der Reichen in einem Ozean der Armut und des Hasses isoliert wäre.

Ein Paradox in der heutigen Welt besteht darin, daß wir, wenn wir warten, bis diese Gefahren zur Realität werden, die Möglichkeit verlieren werden, etwas dagegen zu unternehmen. Solange wir für unser kreatives Handeln noch einen weiten Spielraum haben, werden die Tatsachen wahrscheinlich unklar und widersprüchlich sein. Sobald wir jedoch alle Tatsachen kennen, ist es oft zu spät zum Handeln. Das ist das Dilemma, in dem sich der Staatsmann eines Landes befindet, das gezwungen ist, sich in der Weltpolitik zu engagieren – und besonders eines Landes, das eine führende Rolle übernehmen will.

Amerika kann sich deshalb nicht mehr den Luxus erlauben wie früher zwischen brütendem Isolationismus und Kreuzzugsideen hin- und herzuschwanken, die es zum Eingreifen veranlaßten. Unsere größte außenpolitische Herausforderung liegt darin, eine weltpolitische Rolle für die Vereinigten Staaten zu konzipieren, die auf lange Sicht vom amerikanischen Volk getragen werden wird. Ein dramatisches Hin- und Herschwanken zwischen Begeisterung und

Resignation müssen wir unbedingt vermeiden. Unsere Verantwortung hat keine Grenzen, und es besteht die Gefahr, daß wir uns nicht energisch genug engagieren. Wir müssen unsere Einstellung gegenüber weltpolitischen Fragen ändern und uns nicht mehr nur periodisch, sondern ständig mit diesen Fragen beschäftigen. Wir müssen uns von der Vorstellung trennen, es gäbe für jedes Problem eine ein für allemal gültige Lösung, und erkennen, daß jede »Lösung« nur der Auftakt für eine neue Reihe von Problemen ist.

In diesem Zusammenhang erfordert das außenpolitische Handeln die klare Ausgewogenheit zwischen Kontinuität und Wandel. Das ist für unsere Demokratie nicht leicht. Unser Zweiparteiensystem, das durch unsere Verfassung begründete System der Ausgewogenheit und Gewaltenteilung, unser Grundsatz, die Öffentlichkeit an den politischen Vorgängen zu beteiligen, begünstigen die Neigung, vereinfachte Antworten zu geben, in Nostalgie zu resignieren oder sich moralisch überlegen zu fühlen.

Aber dennoch ist unser freies und offenes politisches System auch unsere größte Kraftquelle. Die Tatsdache, daß die Parteien einander nach freien Wahlen in der Regierungsverantwortung ablösen können, garantiert die ständige Erneuerung, das Wirksamwerden neuer Ideen und frischen Blutes im Leben unserer Nation. Das alles steht im schroffen Gegensatz zu den Gerontokratien, von denen die kommunistische Welt beherrscht wird. In diesen Systemen gibt es keinen durch das Gesetz geregelten Prozeß für die Ablösung der politischen Führer. Es ist kein Zufall, daß die Stagnation ihrer überalterten Führerschicht Hand in Hand mit einer lähmenden Bürokratie und intellektueller Sterilität geht und daß diese Eintönigkeit nur in gewissen Zeitabständen durch Krisen unterbrochen wird, die durch die Frage nach der Nachfolge ausgelöst worden sind.

Das Problem *unserer* Gesellschaft ist im großen und ganzen viel erfreulicher. Die Sicherung der Kontinuität im Rahmen eines Prozesses der ständigen Erneuerung verwandelt das Zweiparteiensystem von einem Schlagwort in einen Imperativ.

Selbstverständlich appellieren alle Regierungen früher oder später an den Geist des Zweiparteiensystems. Das liegt zum Teil daran, daß sie mit der Zeit sehr ähnliche Vorstellungen von den Grundinteressen der Nation entwickeln wie ihre Vorgänger, zum Teil aber auch daran, daß das Zweiparteiensystem ein guter Schutz vor übertriebener Kritik sein kann. Die jeweilige Regierungspartei neigt natürlicherweise dazu, *jede* Kritik als übertrieben anzusehen. Ich kenne diese Neigung aus Erfahrung, denn ich habe ihr selbst nachgegeben. Aber die Tatsache, daß die Berufung auf das Zweiparteiensystem auch taktische Vorteile bringt, ändert nichts daran, daß wir für die übrige Welt eine Nation sind, die nur eine Regierung haben kann.

Und wir sind keine *beliebige* Nation. Unser Land kann nicht alle vier oder alle acht Jahre sein ganzes außenpolitisches Konzept über Bord werfen - oder vorgeben, es zu tun -; in diesem Fall würde Amerika selbst zu einem großen Unsicherheitsfaktor in der Welt werden. Wir müssen begreifen, daß politische Führer im Ausland, die sich bei ihren Programmen unsere Politik zur Richtschnur nehmen, ihre innenpolitische Position auf unsere Beständigkeit gründen. Radikale Kursänderungen schaden der Stabilität von Regierungen, mit denen uns eine enge Freundschaft verbindet. Wenn man feststellt, daß diese Kursänderungen vor allem wegen ihrer innenpolitischen Wirkungen vorgenommen werden, wenn unsere Wahlen auch die Stabilität ausländischer Regierungen gefährden können, dann wird keine Nation freiwillig und gern mit uns zusammenarbeiten. Natürlich würde eine Außenpolitik, die der Kontinuität den absoluten Vorrang gibt, mit der Zeit durch die Ereignisse überholt werden und zur Erstarrung führen. Eine neue Regierung wird selbstverständlich nicht gewählt, weil man von ihr erwartet, daß sie die Politik ihrer Vorgänger in jeder Hinsicht fortführt. Aber jeder Wandel in unserer Politik sollte als Reaktion auf neue Gegebenheiten und nicht als ein Wandel um seiner selbst willen angesehen werden. In diesem Sinne haben unsere Kritiker die Verpflichtung, dafür zu sorgen, daß unsere außenpolitischen Diskussionen die Meinungsverschiedenheiten über substantielle Fragen zum Ausdruck bringen und nicht im parteipolitischen Interesse oder aus taktischen Überlegungen geführt werden, um kluge Ratschläge zu geben, wenn es schon zu spät ist.

Wenn unsere Außenpolitik richtig konzipiert ist, muß sie Ausdruck fundamentaler nationaler Ziele und nicht persönlicher Vorurteile sein. Weder die Regierung noch die Opposition sollten die vorhandenen Differenzen hochspielen, um sich in der Debatte Vorteile zu verschaffen. Beide haben die Verpflichtung, deutlich zu sagen, daß unsere Außenpolitik ein gemeinsames nationales Anliegen ist. Daneben könnte ich sagen, daß es für das Zweiparteiensystem günstiger wäre, wenn jede neue Regierung der Versuchung widerstehen könnte, so zu tun, als erneuerten sich alle vier Jahre die Einsichten, die Kreativität und das moralische Bewußtsein der Verantwortlichen. Die Geschichte darf auch nicht umgeschrieben werden, um dem Parteienstreit gegenüber einem ernsthaften Dialog auf nationaler Ebene den Vorrang zu geben.

Wenn die Regierung dem nationalen Interesse dienen will, dann verdient sie die volle Unterstützung aller, denen die Zukunft des Landes am Herzen liegt. Sie hat wichtige Aufgaben zu bewältigen. Die neue Regierung hat die Verantwortung übernommen, als auf den meisten Gebieten der Außenpolitik Fortschritte erzielt worden waren, die zu gewissen Hoffnungen berechtigten, und zwar im Nahen Osten, bei den SALT-Verhandlungen und in den Beziehungen zu den industrialisierten Staaten und den Entwicklungsländern. Doch auf allen diesen Gebieten sind noch große Schwierigkeiten zu überwinden und gewaltige Anstrengungen erforderlich, um eine neue internationale Ordnung herbeizuführen. Wir befinden uns auf einem Wege, dessen Ziel keine einzelne Regierung für sich erreichen kann, an dessen Beginn die klare Erkenntnis der Realitäten steht und dessen Ziel ein besseres und friedlicheres Leben für kommende Generationen ist.

Moral und Pragmatismus in der amerikanischen Außenpolitik

In diesem Sinne möchte ich mich jetzt einem der Grundprobleme der Außenpolitik zuwenden, der ständigen Spannung zwischen Moral und Pragmatismus. Immer wenn die Vereinigten Staaten gezwungen waren, ihre gewaltige Macht einzusetzen, haben sich die Amerikaner auch veranlaßt gesehen, ihr Gewissen zu erforschen, sich zu fragen, wie ihre Außenpolitik moralischen Zielen dienen könnte. Wie kann Amerika auf dem Gebiet des humanitären Fortschritts ein Vorbild und ein Vorkämpfer der Gerechtigkeit in einer Welt sein, in der die endgültigen Entscheidungen oft davon abhängen, welche Nation die stärkste ist? Wie können wir unsere politischen Ziele mit den Mitteln versöhnen, an unseren Grundwerten festhalten und dennoch überleben? Wie ist es möglich, unsere Existenz *und* unsere Grundwerte zu bewahren? Während der vergangenen 200 Jahre haben die Vereinigten Staaten immer wieder vor diesem moralischen und intellektuellen Dilemma gestanden.

Seit der Zeit der Unabhängigkeitserklärung sind die Amerikaner davon überzeugt gewesen, daß ihr Land gegenüber der übrigen Welt einen moralischen Auftrag hat. Die Vereinigten Staaten sind von Männern und Frauen geschaffen worden, die sich bewußt bestimmten politischen und moralischen Grundsätzen verpflichtet fühlten, von denen sie glaubten, sie hätten eine universale Bedeutung. So ist es also nicht verwunderlich, wenn Santayana erklärt: »Amerikaner zu sein bedeutet schon eine moralische Verpflichtung.« Andererseits hat man seit Tocqueville beobachtet, daß wir ein pragmatisches Volk sind, über einen gesunden Menschenverstand verfügen, eine undogmatische, undoktrinäre Nation mit einem Sinn für das Praktische und dem Instinkt für das Erreichbare. Wir haben unsere Grundwerte – Gerechtigkeit, Freiheit, Gleichheit und Fortschritt – als Begriffe definiert, die die Freiheit des einzelnen in den Vordergrund stellen. Dabei bemühen wir uns darum, jedem möglichst weitgehend materielle und geistige Freiräume zu schaffen und niemandem ein standardisiertes Verhaltensschema oder bestimmte Dogmen und Glaubenssätze aufzuzwingen.

Diese Dualität unseres Wesens steht *nicht* im Widerspruch zur Realität. Denn in der Außenpolitik dürfen sich bei uns die Moral und die Macht nicht feindlich gegenüberstehen. Jede ernstzunehmende Außenpolitik muß mit der Sicherung des Überlebens beginnen. Das Überleben hat eine praktische Notwendigkeit. Eine Nation überläßt es niemals freiwillig anderen, ihre Zukunft zu bestimmen. Wenn eine Großmacht ihre Sicherheit vom Wohlwollen anderer abhängig macht, dann verzichtet sie auf eine eigene Außenpolitik. Jede seriöse Außenpolitik beginnt deshalb mit der Bewahrung des Gleichgewichts der Kräfte – im Rahmen eines gewissen Handlungsspielraums und der Fähigkeit, die Ereignisse und Zustände zu beeinflussen. Ohne diese Fähigkeit ist eine Nation dazu verurteilt, sich auf bedeutungslose Aussagen und Gesten zu beschränken.

Aber ebenso kann unsere Nation ihre Politik nicht nur auf ihre Stärke stützen. Wenn wir von unserer Tradition und den Grundwerten unseres Volkes ausgehen, dann würde einer Politik, der es nur um die Manipulation der Macht geht, jede Überzeugungskraft und Folgerichtigkeit fehlen, und die Öffentlichkeit würde ihr die Unterstützung versagen.

Deshalb sind unsere Beziehungen zur übrigen Welt immer dann am fruchtbarsten gewesen, wenn wir Idealismus und Pragmatismus vereinigt haben, und zwar seit der Zeit, da unsere Gründungsväter die Rivalitäten der europäischen Monarchien manipulierten, bis zu der Periode nach dem Zweiten Weltkrieg, als wir uns darum bemühten, unsere Unabhängigkeit zu sichern und mit schöpferischen amerikanischen Initiativen große demokratische Experimente wagten, wie etwa den Marshall-Plan. Unsere jüngsten Bemühungen um eine Begrenzung der strategischen Rüstung, um den Frieden im Nahen Osten und Südafrika, um die Öffnung gegenüber China und um die Herstellung neuer internationaler Wirtschaftsbeziehungen auf der Basis der gegenseitigen Abhängigkeit haben ebenfalls moralischen und pragmatischen Zielen gedient und können nur weitergeführt werden, wenn wir moralische Überzeugung und praktische Klugheit miteinander verbinden.

Die Frage der Menschenrechte

Im Rahmen solcher Überlegungen spielt die Frage der Beziehungen zwischen den Menschenrechten und der Außenpolitik eine außerordentlich wichtige Rolle. Die Welt muß wissen, welche Haltung unser Land einnimmt. Doch das darf uns nicht genügen. Wir müssen wissen, wie wir unsere Überzeugung durchsetzen und die Verwirklichung der Menschenrechte *zugleich* mit unseren anderen außenpolitischen Zielen fördern können.

Das Problem und seine Bedeutung sind nicht neu: Während der Amtsperioden der beiden letzten amerikanischen Regierungen ist die Zahl der jüdischen Auswanderer aus der Sowjetunion von jährlich 400 im Jahr 1968 bis 1973 auf 35 000 gestiegen. Das war das Ergebnis einer zielstrebigen Politik im Rahmen unserer Bemühungen um eine Verbesserung der Beziehungen zwischen den Vereinigten Staaten und der Sowjetunion.

Durch die Vermittlung der Vereinigten Staaten konnte der mutige sowjetische Dissident Bukowski 1976 gegen den in Chile inhaftierten chilenischen kommunistischen Parteiführer ausgetauscht werden. Das war jedoch nur einer von zahlreichen Fällen, die nicht öffentlich bekanntgegeben worden sind, weil wir uns die Möglichkeit offenhalten wollten, in Härtefällen auch weiterhin zu vermitteln.

Während der gleichen Zeit ist es den diplomatischen Bemühungen Amerikas gelungen, Hunderte von Gefangenen aus Gefängnissen überall in der Welt zu befreien.

Die amerikanische Außenpolitik der letzten zehn Jahre hat dazu beigetragen, daß die Grundsätze der Menschenrechte in der Schlußakte der Konferenz von Helsinki über Sicherheit und Zusammenarbeit in Europa aufgenommen wurden, die die unverzichtbare politische und rechtliche Grundlage dafür bietet, in den Ost-West-Beziehungen auch in Zukunft die Frage der Menschenrechte zu behandeln.

Außerdem haben wir uns darum bemüht, die Arbeit der Menschenrechtskommission der Vereinten Nationen wirksamer zu gestalten und der Menschenrechtskommission der Organisation Amerikanischer Staaten ein höheres Ansehen und eine größere Bedeutung zu verschaffen. Gemeinsam mit anderen demokratischen Staaten haben wir eine Menschenrechtspolitik entwickelt und bestimmte Schritte unternommen, um dafür zu sorgen, daß internationale Institutionen sich intensiver als bisher mit der Frage der Menschenrechte beschäftigen.

Die bedeutende Leistung unserer gegenwärtigen Regierung liegt nicht darin, daß von ihr der Impuls für die Durchsetzung der Menschenrechte ausgegangen wäre, sondern daß sie, ohne vom Erbe Vietnam und Watergates belastet zu sein, die Gelegenheit ergriffen hat, diese Politik mit größerer Deutlichkeit zu formulieren. Ziel der Carter-Regierung ist es gewesen, dem amerikanischen Volk nach Überwindung des durch Vietnam und Watergate erzeugten Traumas das Gefühl zu geben, daß sich unser Land mit neuer Kraft für bestimmte Ideale einsetzt, damit die Amerikaner sich auch in Zukunft mit Stolz und Selbstvertrauen aktiv an der Gestaltung des Lebens in der Welt beteiligen können.

Nachdem ich selbst die amerikanische Außenpolitik in einer Periode innerer Spaltungen und der Selbstzerfleischung geführt habe, begrüße ich diesen neuen Ansatz und unterstütze seine Ziele. Der Präsident hat die Quelle des amerikanischen Patriotismus, des Idealismus, der Einigkeit und der Hingabe zum Sprudeln gebracht, die für unser Land ebenso lebenswichtig ist wie für die übrige Welt. Er hat die Aufmerksamkeit der Öffentlichkeit auf eine der größten Nöte unserer Zeit gelenkt.

Das moderne Zeitalter hat der Menschheit Wohltaten beschert, von denen früher niemand zu träumen wagte – in der Medizin, im wissenschaftlichen und technologischen Bereich und auf dem Gebiet der Kommunikation. Aber in unserer Zeit sind auch neue Werkzeuge für die Unterdrückung der Menschen geschaffen worden, und es gibt neue Anlässe für innenpolitische Spannungen und Auseinandersetzungen. Der Terrorismus und erbitterte ideologische Auseinandersetzungen haben die Bande des gesellschaftlichen Zusammenhalts gelockert, und das Verlangen nach einer Wiederherstellung der Ordnung, manchmal sogar auf Kosten der Freiheit, hat nur zu oft dazu geführt, daß die fundamentalen Grundsätze menschlichen Wohlverhaltens verletzt wurden.

Das moralische Grundproblem jeder Regierung ist es immer gewesen, das richtige und wirksame Gleichgewicht zwischen Freiheit und Autorität zu finden. Wenn die Freiheit zur Anarchie ausartet, wird der einzelne Mensch zum Opfer der Willkür, der Brutalität und der Unberechenbarkeit bestimmter Kräfte. Das zeigen die Auswüchse des Terrorismus selbst in den humansten Gesellschaften. Doch wenn das Verlangen nach Ordnung stärker wird als alle anderen Gesichtspunkte, ist der Mensch nicht mehr das Ziel, sondern nur noch das Mittel, das Werkzeug eines unpersönlichen Apparats. Die Menschenrechte sind elementarer Bestandteil eines sinnvollen Lebens, und die Bewahrung der Menschenwürde ist das höchste Ziel jeder zivilisierten Regierung. Die Achtung vor den Rechten des einzelnen Menschen ist in den Gründungsdokumenten fast jeder Nation dieser Welt festgeschrieben. Sie gehört seit langer Zeit als selbstverständlicher Begriff in das tägliche Leben unserer Bürger.

Die im Zweiten Weltkrieg begangenen obszönen Greueltaten, mit denen der Mensch systematisch geschändet, entwürdigt und vernichtet wurde, haben der Welt sehr lebendig und unauslöschlich vor Augen geführt, welche ungeheure Bedeutung die Menschenrechte besitzen und welche Herausforderung sie darstellen. Um solche

Greuel unmöglich zu machen und eine moralische Autorität zu schaffen, die auf internationaler Ebene wirksam sein kann, wurden nach jenem Kriege neue Institutionen ins Leben gerufen und neue Rechtsmaßstäbe gesetzt – weltweit im Rahmen der Vereinten Nationen und in dieser Hemisphäre im Rahmen eines gestärkten interamerikanischen Systems.

Immerhin gibt es aber auch noch heute Praktiken der Einschüchterung, des Terrors und der Brutalität, die manchmal von außerhalb und manchmal im Inneren der betroffenen Länder ihren Ursprung haben, und daran erkennen wir, einen wie weiten Weg wir noch gehen müssen, bevor die Völkergemeinschaft von sich sagen kann, sie sei wirklich zivilisiert. Deshalb hat auch der bekannte junge Senator aus New York, Moynihan, sicher recht, wenn er ausdrücklich erklärt, die Menschenrechte sollten nicht nur ein humanitäres Programm darstellen, sondern ein *politischer* Bestandteil der amerikanischen Außenpolitik sein.

Denn der Unterschied zwischen Freiheit und Totalitarismus ist nichts Vorübergehendes oder Zufälliges; er ist ein moralischer Konflikt elementaren historischen Ausmaßes, der unserem Zeitalter eine besondere Bedeutung gibt und heute eine besondere Gefahr darstellt. Unser Eintreten für die Menschenrechte erinnert uns daran, weshalb unser Wettbewerb mit den totalitären Systemen eine so grundsätzliche und lebenswichtige Bedeutung für die Menschheit hat. Es gibt für uns keinen Grund, in heuchlerischer Weise mit doppeltem Maß zu messen, wie das zunehmend bei den Vereinten Nationen geschieht, wo kleine Tyranneien uns wegen unserer angeblichen moralischen Schwächen schmähen. In dieser Frage befinden wir uns nicht in der Defensive und haben auch keine Ursache dafür. Der Dichter Archibald MacLeish schreibt: »Die Sache der Freiheit des Menschen ist heute das eine große revolutionäre Anliegen.«

Doch während die Menschenrechte ein wesentlicher Bestandteil unserer Außenpolitik sein müssen, lassen sich auf diesem Gebiet über einen längeren Zeitraum nur dann Erfolge erzielen, wenn wir die Gefahren und Unsicherheiten auf dem Wege zur Verwirklichung unserer Ideale richtig abschätzen.

In erster Linie muß jede Außenpolitik an ihren praktischen Erfolgen gemessen werden. Walter Lippmann hat einmal geschrieben: »In den auswärtigen Beziehungen ist – wie bei allen anderen Beziehungen – erst dann die Richtung gefunden, wenn Verpflichtungen und Macht ins Gleichgewicht gebracht worden sind.«

Natürlich hat das Eintreten für die Menschenrechte schon als solches eine politische und sogar strategische Bedeutung. Wenn es aber zur Entscheidung kommt, dann wird ein bloßes Bekenntnis dazu nicht genügen. Wenn wir unsere Menschenrechtspolitik zu verallgemeinern versuchen, um sie unterschiedslos und gleichmäßig auf alle Länder anzuwenden, dann könnten wir nur allzu leicht in die Rolle des Weltpolizisten hineingeraten – und das wird das amerikanische Volk wahrscheinlich nicht unterstützen. Mindestens werden wir dann eine Frage beantworten müssen, die mit uns befreundete Regierungen stellen könnten: Wie und in welchem Ausmaß werden wir ihnen helfen, wenn sie in Schwierigkeiten geraten, weil sie unseren Grundsätzen gefolgt sind? Und wir werden sagen müssen, welche Sanktionen wir gegen weniger freundlich gesonnene Regierungen ergreifen wollen, die mit unserer Politik nicht übereinstimmen.

Wenn wir uns andererseits darauf beschränken, Absichtserklärungen abzugeben, ohne sie in konkretes Handeln mit klaren Ergebnissen umzusetzen, riskieren wir es zu zeigen, daß wir in Wirklichkeit machtlos sind, und erwecken den Eindruck, daß wir die verraten, denen wir mit unserer Menschenrechtspolitik angeblich helfen wollen. In diesem Fall könnten unfreundliche Regierungen versucht sein, um so härter gegen ihre Dissidenten vorzugehen, um die Nutzlosigkeit unserer Erklärungen zu demonstrieren. In gewissem Maß ist das schon in der Sowjetunion geschehen.

Wir können diesem Dilemma auch nicht ausweichen, wenn wir behaupten, es gäbe keine Verbindung zwischen einem Verhalten, das die Menschenrechte berücksichtigt, und unserer Haltung im Hinblick auf andere außenpolitische Probleme – indem wir, wie man das technisch ausdrücken würde, die Menschenrechte aus anderen Zusammenhängen »ausklammern«. Denn das würde bedeuten, daß für die Verletzung der Menschenrechte kein Preis zu zahlen sei und sie keine Folgen nach sich zöge. So würde unser Bekenntnis zu den Menschenrechten zur bloßen Phrase – abgekoppelt von unserer Außenpolitik, in konkreten Fällen nicht durchsetzbar und deshalb kompromittiert. Es ließe sich auch denken, daß wir versuchten, unsere Wertvorstellungen nur gegenüber schwächeren Ländern in Lateinamerika oder Asien durchzusetzen, von denen viele eine Außenpolitik treiben mögen, die unseren Vorstellungen entspricht. Daraus würde der Widerspruch entstehen, daß unsere Haltung im Hinblick auf die Menschenrechte um so fester und kompromißloser wäre, je schwächer die betreffende Nation ist und je weniger sie auf der internationalen Bühne bedeutet.

Zweitens müssen wir, gerade weil das Eintreten für die Menschenrechte eine starke politische Waffe ist, besonders darauf achten, daß wir bei der Anwendung dieser Grundsätze nicht alle moralischen Trennungslinien verwischen. Wir müssen zwischen den Regierungen, die allgemeine ideologische Ansprüche stellen, und Ländern unterscheiden, die in der Praxis nicht alle demokratischen

Grundsätze befolgen – entweder wegen innerer Unruhen, einer Bedrohung von außen oder weil dies ihrer nationalen Tradition entspricht –, die aber auch nicht behaupten, einer gewachsenen historischen Tradition zu folgen, oder die Relevanz unserer Vorstellungen für die Allgemeinheit bestreiten. In der heutigen Welt sind es die totalitären Systeme, die die Rechte der Menschen am systematischsten und massivsten haben unterdrücken können.

In den letzten Jahrzehnten hat sich kein totalitäres Regime in eine Demokratie verwandelt. Mehrere autoritäre Regime – wie etwa in Spanien, Griechenland und Portugal – haben es getan. Wir müssen deshalb moralisch zwischen dem aggressiven Totalitarismus und anderen Regierungen unterscheiden, die trotz all ihrer Unvollkommenheiten versuchen, dem Druck oder der Subversion von außen Widerstand zu leisten, und die damit dazu beitragen, das Gleichgewicht der Kräfte zum Besten aller freien Völker zu bewahren. Unsere Menschenrechtspolitik ist verpflichtet, die besondere internationale und innenpolitische Situation der Regierungen zu berücksichtigen, die für unsere Sicherheit wichtig sind und die Sicherheitsinteressen der freien Welt wahrnehmen. Natürlich gibt es Verletzungen der Menschenrechte, die sich durch keine wirkliche oder angebliche Notwendigkeit rechtfertigen lassen. Es gibt aber auch reale Bedrohungen, denen Nationen ausgesetzt sind, und zwar entweder durch den Terrorismus im eigenen Land wie in Argentinien oder durch mögliche Aggressionen von jenseits der Grenzen wie im Iran oder in Korea. Dazu dürfen wir nicht vergessen, daß die Alternative zu gewissen Regierungen, die den Totalitarismus mit autoritären Methoden bekämpfen, nicht die Demokratie und die stärkere Rücksichtnahme auf die Menschenrechte ist, sondern eine noch stärkere Unterdrückung, Brutalität und ein größeres Leiden der Bevölkerung. Es wäre der Gipfel der Ironie, wenn wir gegenüber totalitären Staaten resignieren wollten, um uns gegen diejenigen zu wenden, die unsere Freunde sein könnten und bei denen die Aussicht besteht, daß sie sich in eine humanere Richtung entwickeln.

Schließlich müssen wir darauf achten, daß die Verflechtung der Menschenrechte durch uns nicht von unseren politischen Gegnern manipuliert wird, um Länder zu isolieren, deren Sicherheit für die Zukunft der Freiheit wichtig ist, auch wenn ihre innenpolitischen Praktiken das Niveau unserer Maßstäbe nicht erreichen. Die Zusammensetzung der Menschenrechtskommission der Vereinten Nationen, zu der eine Reihe von Staaten gehört, deren Menschenrechtspraktiken höchst zweifelhaft sind, bietet für die Behandlung dieser Frage in den Vereinten Nationen keine besonders guten Aussichten. Die Regierung von Kuba und anderen kommunistischen Ländern und die autoritativen Regime in manchen Entwicklungsländern haben nicht die moralische Berechtigung, andere Nationen international zur Rechenschaft zu ziehen. Wir sollten nicht zögern, das offen auszusprechen.

Drittens muß man befürchten, daß die Frage der Menschenrechte, wenn sie nicht mit großer Weisheit behandelt wird, dem amerikanischen Isolationismus neuen Auftrieb geben könnte. Das würde die Absicht unserer Regierung vereiteln, dieses Problem auch dafür zu benutzen, die Unterstützung für eine fortwährende Beteiligung der Vereinigten Staaten an der Weltpolitik zu mobilisieren. Daß die Menschenrechtsfrage ein eigenes Leben entwickeln könnte, und zwar ohne Rücksicht auf die klaren Erkenntnisse der Regierung, welche Ziele hier verfolgt werden müssen und welche Grenzen uns gesetzt sind, zeigt sich bereits in einigen Entwicklungen innerhalb des amerikanischen Kongresses.

Eine verzerrte oder mißverstandene Menschenrechtspolitik kann Basis und Rechtfertigung für einen modernen Isolationismus werden. Was manchen als wertvoller Anstoß zum verstärkten Widerstand gegenüber der Herausforderung durch den Kommunismus erscheint, kann von anderen dazu benutzt werden, jenen Unterschied zwischen den totalitären Regimen und denjenigen zu verwischen, die ihnen Widerstand leisten; es kann zur Gleichgültigkeit gegenüber der Beteiligung der europäischen kommunistischen Parteien an der Regierungsmacht führen und die für die internationale Sicherheit notwendigen Beziehungen empfindlich stören, die wir dringend brauchen, um das geopolitische Gleichgewicht zu bewahren. Man kann immer einen Vorwand dafür finden, fast jedem befreundeten Land gerade in dem Augenblick die Hilfe zu versagen, in dem es am ernstesten von außen bedroht wird. Wenn es konservativen Kräften gelingt, die Bindungen zu Nationen mit Linksregierungen zu lösen, und ein liberaler Block die Beziehungen zu rechtsorientierten Nationen aufgibt, dann könnte es geschehen, daß wir auf alle konstruktiven auswärtigen Beziehungen bis auf diejenigen zu einer Handvoll demokratischer Industrienationen verzichten müßten. Das Ergebnis könnte ironischerweise die Bedeutungslosigkeit der Vereinigten Staaten für andere Nationen der Welt sein. Eine auf moralische Empfehlungen gestützte Politik, die dazu führte, daß die Vereinigten Staaten auf ihre Rolle in der Welt verzichten, würde mit Sicherheit ungezählte Millionen zu größerem Leiden, größeren Gefahren oder Verzweiflung verdammen.

Viertens, und das ist die wichtigste Erkenntnis, sollten wir nie vergessen, daß der Schlüssel für eine erfolgreiche Außenpolitik der Sinn für die richtigen Proportionen ist. Einige der folgenschwersten Fehler in unserer Außenpolitik sind begangen worden, wenn wir nicht mehr das Gleichgewicht zwischen unseren Interessen und unseren Idealen wahren konnten, und zwar, wenn wir uns zu stark engagiert oder auf eine aktive Rolle verzichtet haben. Unter dem Banner moralistischer Schlagworte haben wir uns vor fünfzehn Jahren in Abenteuer gestürzt, die unser Land spalteten und unsere Stellung in der Welt untergruben. Wenige Jahre später demonstrierten junge Leute vor dem Weißen Haus mit Särgen und Kerzen und beschuldigten ihre Regierung der Kriegstreiberei. Man behauptete, die Führung der Vereinigten Staaten mische sich zu stark und sogar mit imperialistischen Absichten in die inneren Angelegenheiten anderer Länder ein. Noch einige Jahre später wurde die Regierung angegriffen, weil sie angeblich unsere ethischen Grundwerte auf dem Altar der Entspannung opfere und sich *zu wenig* um die innenpolitischen Verhältnisse in anderen Ländern kümmere. Weder wir noch die übrige Welt können solche extremen Schwankungen vertragen.

In dieser Periode der amerikanischen Verantwortlichkeit muß unsere Menschenrechtspolitik die legitimen Absichten und das verantwortliche Engagement des amerikanischen Volkes stärken. Sie kann das nur leisten, wenn sie im Kontext einer realistischen Beurteilung der Weltlage dargestellt wird und nicht als Zaubermittel für die Lösung der Schwierigkeiten und Unzulänglichkeiten, mit denen die Menschheit heute zu kämpfen hat.

Unsere Regierung hat sicher recht, wenn sie erklärt, die Menschenrechte seien ein legitimes und anerkanntes Thema für das Gespräch auf internationaler Ebene. Sie sind Gegenstand internationaler Rechtsnormen, und zwar vor allem als Folge amerikanischer Initiativen durch Regierungen beider Parteien. Doch zugleich müssen wir erkennen, daß wir der Sache des Friedens auch dienen, wenn wir die internationale Sicherheit stärken und die Bindungen zu anderen Ländern festigen, die ihre Unabhängigkeit gegen Aggressionen von außen verteidigen und darum ringen, der Armut im eigenen Lande Herr zu werden, auch wenn ihre inneren Strukturen sich von den unseren unterscheiden.

Wir können es uns nicht leisten, eines dieser Probleme den anderen unterzuordnen. Moral ohne Sicherheit ist wirkungslos; Sicherheit ohne Moral ist bedeutungslos. Die richtigen Beziehungen und das richtige Verhältnis zwischen diesen beiden Gesichtspunkten herzustellen, ist vielleicht die profundeste Herausforderung für unsere Regierung und unsere Nation.

Alles deutet darauf hin, daß in der Regierung der Vereinigten Staaten die Rhetorik und die Handlungsfähigkeit immer mehr ins Gleichgewicht gebracht werden. In einer bedeutsamen Rede in Athens, Georgia, hat Außenminister Vance am 30. April 1977 sehr klug gesagt, daß »eine Entscheidung, ob und wie man für die Sache der Menschenrechte etwas unternimmt, davon abhängt, daß man sich sorgfältig informiert und ein ausgewogenes Urteil fällt. Keine mechanistische Formel führt zu einer automatisch richtigen Antwort.«

Die Verknüpfung außenpolitischer Fragen

Daß die Ziele unserer Menschenrechtspolitik unauflöslich mit anderen außenpolitischen Zielen verknüpft sind, ist ein Beispiel für ein umfassenderes, praktisch universales Phänomen, das wir gegenwärtig in der ganzen Welt beobachten können. Außenpolitische Probleme sind wie nie zuvor miteinander »verknüpft«. Eine folgerichtige, zusammenhängende und moralische Außenpolitik hat das Verständnis der Welt, in der wir unsere Ziele verfolgen, zur Voraussetzung.

Das Konzept der Verknüpfung *(linkage)* – der Gedanke, wir sollten unsere Politik mit einem klaren Verständnis davon, wie sich Veränderungen in einem Teil des internationalen Systems auf andere Teile auswirken, entwerfen und durchführen – wurde zunächst 1969 im Rahmen der Beziehungen zwischen den Vereinigten Staaten und der Sowjetunion formuliert. Wir gingen davon aus, daß eine Einzelbehandlung von Problemen, bei der wir wichtige Fragen bestimmten Bereichen zuordneten, die sowjetischen Führer in der Überzeugung bestärken könnte, es wäre ihnen möglich, sich auf einem Gebiet die Vorteile der Zusammenarbeit zu verschaffen und es als Sicherheitsventil zu benutzen, während sie an anderer Stelle einseitige Vorteile anstreben könnten. Wir waren überzeugt, daß eine solche Politik zur Katastrophe führen müsse.

Die pragmatische Tradition des amerikanischen politischen Denkens ist so stark, daß das Konzept der Verknüpfung in weiten Kreisen heftig diskutiert wurde, als sei es eine Marotte einer besonderen Gruppe von Politikern, die sich zu diesem Vorgehen entschlossen hätten und jetzt ihren Willen durchsetzen wollten.

Aber eine Verknüpfung gibt es in zwei Formen; erstens wenn verantwortliche Politiker bei Verhandlungen zwei Verhandlungsziele miteinander verknüpfen und den einen Verhandlungsgegenstand als Druckmittel gegenüber dem anderen verwenden; zweitens ergibt sich die Verknüpfung aus der Realität, weil in einer Welt, in der alle Nationen voneinander abhängig sind, die Maßnahmen einer Großmacht unbedingt zueinander in Beziehung stehen und Folgen haben, die über die gegenwärtig behandelte Frage oder die sie betreffende Region hinausgehen.

Von diesen beiden Begriffen der Verknüpfung hat der letztere die bei weitem größere Bedeutung. Er besagt praktisch, daß wesentliche

Veränderungen in der Politik oder im Verhalten in einer Region oder im Hinblick auf eine bestimmte Frage unbedingt auch andere und umfassendere Gegebenheiten beeinflussen werden.

Unsere Politik gegenüber der Sowjetunion kann nicht isoliert von unseren Beziehungen zu China behandelt werden; unsere Beziehungen zu China können andererseits nur soweit fruchtbar sein, wie wir das geopolitische Gleichgewicht in der ganzen Welt bewahren, denn daran mißt die Volksrepublik China unsere politische Bedeutung. Wenn Amerika in einem Teil der Welt wie etwa in Südostasien oder in Afrika seine Machtlosigkeit beweist, dann hat das eine unmittelbare Auswirkung auf unsere Glaubwürdigkeit in anderen Teilen der Welt wie etwa im Nahen Osten. Unsere Politik gegenüber Rhodesien und Namibia wird ohne Zweifel die Aussichten auf eine friedliche Entwicklung in Südafrika mitbestimmen und umgekehrt. Unsere Haltung gegenüber Korea kann nicht von unseren Interessen in Japan und China getrennt werden, und die Maßnahmen, die wir hier ergreifen, müssen sich dort auswirken. Der Beschluß zur B-1 war die Folge komplexer, mühsamer finanzieller und technischer Überlegungen. Ich will hier nicht über den Wert und das Gewicht dieser Überlegungen reden, aber im Zusammenhang mit den Gesprächen über die Beschränkung der strategischen Rüstung SALT stellte der Beschluß über die B-1 ein unilaterales Zugeständnis dar, für das es keine Gegenleistung gab. Unsere Menschenrechtspolitik muß also auch auf anderen Gebieten unserer nationalen Politik eine Bedeutung haben – oder sie ist bedeutungslos.

Das richtige Verständnis für das Prinzip der Verknüpfung ist, kurz gesagt, das gleiche wie ein strategischer Gesamtüberblick. Wenn wir diesen Gesichtspunkt nicht beachten, dann tun wir das auf eigene Gefahr. Die Verknüpfung ist Teil der realen Welt. Die Wechselbeziehungen unserer Interessen über Einzelprobleme und Staatsgrenzen hinweg bestehen ohne Rücksicht auf die Zufälle der Zeit oder der Persönlichkeiten. Sie sind keine Angelegenheit, zu der man sich bekennen oder die man mit dem Willen beeinflussen könnte, sondern sie gehören zu den Realitäten des Lebens. Man kann solche Wechselbeziehungen auch nicht durch einen politischen Akt aufheben. Wenn wir ein gültiges Konzept für die amerikanische Außenpolitik haben sollen, dann müssen wir begreifen, daß der Wert einzelner Aktionen nur im großen Zusammenhang beurteilt werden kann.

Wie Sie wissen, unterstütze ich Präsident Carter entschieden in seinem Ringen um die Ratifizierung der Panama-Kanal-Verträge. Ich tue das, weil ich sie für richtig halte, aber auch wegen der weitreichenden Folgen eines Verzichts auf die Ratifizierung, die weit über Panama hinausgehen würden. Eine Niederlage bei der Abstimmung über die Verträge würde die internationale Autorität des Präsidenten schon zu Beginn seiner Amtszeit schwächen. Die Freunde und Gegner der Vereinigten Staaten überall auf der Welt würden den Eindruck gewinnen, daß unser Land nicht in der Lage sei, eine Vereinbarung einzuhalten, die in einem Zeitraum von 13 Jahren von vier Präsidenten aus beiden politischen Parteien ausgehandelt worden ist; daß die Vereinigten Staaten nicht erkennen könnten, welches Interesse sie selbst an einer Zusammenarbeit in der westlichen Hemisphäre haben, und daß Gefühlsschwankungen und bürokratische Starrheit im mächtigsten Land der Welt zu einem unzuverlässigen Verhalten geführt hätten.

Das Prinzip der Verknüpfung ist den Amerikanern nicht vertraut, denn sie betrachten die Außenpolitik traditionsgemäß als ein episodisches Unternehmen. Unsere bürokratischen Organisationsformen, die unsere Verwaltung auf regionale und funktionale Behörden verteilen, und natürlich unsere akademische Tradition der Spezialisierung fördern die Tendenz, jedes Problem der dafür zuständigen Behörde zuzuordnen oder es in eine bestimmte Schublade zu stecken. Darüber hinaus führt der amerikanische Pragmatismus dazu, daß jede Frage für sich untersucht wird. Wir sind geneigt, die Probleme einzeln zu behandeln, als existierten sie nur abstrakt, und wir bringen nicht die notwendige Geduld auf, können nicht den geeigneten Zeitpunkt abwarten und haben nicht das notwendige Verständnis für die politische Komplexität, die so oft entscheidend wichtig für die Lösung der Probleme ist. Wir neigen dazu, unsere moralische Haltung durch die Proklamation bestimmter Absichten zu dokumentieren, sind aber weniger bereit, die Konsequenzen unseres Handelns in einer ihrem Wesen nach vielschichtigen Welt zu tragen.

Die Erkenntnis der Bedeutung des Prinzips der Verknüpfung – der strategischen Gesamtschau für unsere künftige Außenpolitik – führt uns wieder dorthin zurück, wo wir begonnen haben. Wir brauchen Geduld, Kontinuität und vor allem nationale Einigkeit bei der Gestaltung unserer auswärtigen Beziehungen. Die Regierung, die Opposition und die Öffentlichkeit müssen gemeinsam diese Verantwortung tragen. Die moderne Außenpolitik in ihrer ganzen Komplexität läßt rasche Erfolge nicht erwarten. In der Innenpolitik werden neue Entwicklungen durch die Dauer des legislativen Prozesses in einen bestimmten zeitlichen Rahmen gestellt. Dramatische Initiativen können hier die einzige Möglichkeit sein, ein neues Programm auf den Weg zu bringen. In der Außenpolitik verlangen die wichtigsten Initiativen eine geradezu akribische Vorbereitung. Die Erfolge können unter Umständen erst nach Monaten oder Jahren sichtbar werden.

Deshalb dürfen wir von der neuen Regierung keine raschen Erfolge, geschweige denn eine ganze Kette solcher Erfolge erwarten. Auch sollte die Regierung nicht danach streben, wenn sie Enttäuschungen oder Schlimmeres vermeiden will. Wenn die Außenpolitik ein architektonisches Unternehmen sein soll, dann ist sie die Kunst, ein Bauwerk zu errichten, das auf Dauer angelegt ist. Dazu müssen Beziehungen gepflegt werden, und wir müssen politische Schritte unternehmen, die Zahl unserer Optionen vermehren, aber den Handlungsspielraum unserer potentiellen Gegner einengen. Hier bedarf es des Zusammenhalts, den nur die nationale Einigkeit bewirken kann, einer starken Führung und politischer Methoden und Strukturen, die der Erkenntnis entsprechen, daß wir alle – die Regierung wie auch die Opposition – Teil eines permanenten nationalen Strebens sind.

Unser Land kann seinen Idealen nicht besser dienen, als wenn es der Welt hilft, den Weg aus einer Ära der Furcht in eine Zeit der Hoffnung zu finden. Mit unserem alten Idealismus und unserer neuen Reife haben wir die Gelegenheit, die Hoffnungen und die Bedürfnisse einer friedlichen Welt zu erfüllen. Vor hundert Jahren hat Abraham Lincoln erklärt, keine Nation könne Bestand haben, die halb versklavt und halb frei sei. Damit hat er das Gewissen der Nation geweckt. Mit einer Kombination aus hohem Idealismus und hartem Pragmatismus hat er die Freiheit dieser Nation bewahrt. Mit ähnlicher Hingabe können wir – in einer Welt, die »halb versklavt und halb frei« ist, in unserer Zeit Vorkämpfer und Verteidiger der Sache der Freiheit sein.

Golda Meir

Eine Laudatio

Ansprache bei der Verleihung des Stephen Wise Award an Golda Meir am 13. November 1977, kurz vor der historischen Reise Anwar Sadats nach Jerusalem

Wir haben heute das Privileg, ein außergewöhnliches menschliches Wesen in unserer Mitte zu begrüßen. Golda Meir hat ihr Volk in der Stunde der Not mit Weisheit und Mut geführt und einem Abschnit der Geschichte ihren Stempel aufgedrückt.

Ich habe Golda Meir immer bewundert und geliebt – für ihre Stärke, für ihre Weisheit und für ihre Menschlichkeit. Ihr Leben ist ein Zeugnis nicht nur der Geschichte eines einzelnen Menschen, sondern der Bestimmung eines Volkes. Es ist gekennzeichnet durch den Glauben, der gewöhnliche Männer und Frauen zu Idealisten gemacht und sie in eine Wüste geführt hat, um eine historische Vision zur Wirklichkeit werden zu lassen. Es ist gekennzeichnet durch die Seelenstärke der Überlebenden des Holocaust, die entschlossen sind, nie wieder die letzte Entscheidung über ihr Schicksal anderen zu überlassen. Und es war durchdrungen von dem Mitgefühl und der Menschlichkeit, die aus dem Leid von Jahrtausenden geboren sind, und von der tiefen intuitiven Erkenntnis, daß der Mensch das Maß aller Dinge ist.

Wir lieben Golda, weil ihre Grundwerte über ihr eigenes Volk hinaus Gültigkeit haben. Sie sprechen vom Wert der ganzen Menschheit. Sie erinnern uns daran, daß das fundamentale Streben nach Freiheit und Gerechtigkeit und der Dienst am Menschen für das jüdische Volk nicht seine endgültige Erfüllung gefunden hat, bevor diese Werte für alle Männer und Frauen verwirklicht sind, und daß sie andererseits für die Menschheit nicht gewonnen werden können, wenn sie nicht für das jüdische Volk gewonnen sind.

Golda weist uns immer wieder auf die Grundwerte hin. Sie beschämt die Eigensüchtigen und Zweitrangigen. Sie spiegelt ein universales Gewissen – das Verlangen nach einer Welt, in der die Schwachen durch eine allgemeingültige Ordnung geschützt sind, wo das Recht nicht ein Werkzeug für die Herrschaft der Mächtigen ist und wo der Frieden auf echtem Vertrauen und Versöhnung ruht.

Wir alle wissen, daß die Geschichte erklären wird, ihre Amtszeit als Premierminister sei ein Wendepunkt gewesen. Mit ehrfurchtgebietender Kühnheit hat sie ihr Volk durch eine Periode tragischer kriegerischer Verwicklungen geführt und mit bewundernswertem Weitblick entscheidende Verhandlungen mit Ägypten und Syrien eingeleitet, die man später – und davon bin ich überzeugt – als den Beginn des Weges zum wirklichen Frieden bezeichnen wird.

Ich habe den Vorzug gehabt, während einiger Phasen dieses Vorgangs mit Golda zusammenzuarbeiten. Ich möchte Ihre Intelligenz nicht dadurch beleidigen, daß ich behaupte, es sei immer einfach gewesen, mit Golda umzugehen. Sie hat nichts getan, um Abba Eban zu widerlegen, der gesagt hat, Israelis bezeichneten die hundertprozentige Zustimmung zu ihrer Auffassung als Objektivität. Wenn es dazu kam, daß ich ihren Auffassungen nicht vollkommen zustimmen konnte, hat sie mich mit der Empörung überschüttet, die ihr für die Zurechtweisung eines starrköpfigen Lieblingsneffen angemessen erschien. Meine Frau pflegt zu sagen, während der Debatten zwischen Golda und mir sei sie Zeugin einiger der besten dramatischen Aufführungen geworden, die sie je gesehen hat.

Aber ich bin stolz darauf, daß wir uns am Schluß immer haben einigen können – nicht widerwillig, nicht als Ergebnis einer Kraftprobe, sondern in der gemeinsamen Erkenntnis, daß die Sicherheit Israels für alle freien Völker ein moralischer Imperativ ist. Wir haben stets beide die Überzeugung vertreten, daß ein gerechter Friede kein erzwungener Friede sein kann. Ein gerechter Friede muß ein Frieden sein, den die Beteiligten akzeptieren und an dessen Erhaltung sie ein vitales Interesse haben. Und deshalb ist die Art des Friedensschlusses als solche fast ebenso wichtig wie das Ergebnis der Friedensverhandlungen. In jeder Phase müssen die Parteien das Gefühl haben, es sei ihre Entscheidung und nicht die eines Dritten, die zu diesem Ergebnis geführt hat.

Wir sind hier während einer neuen Diskussion über den Frieden im Nahen Osten zusammengekommen. Angesichts der Tatsache, daß ich selbst mehr als acht Jahre aktiv an der Gestaltung der Außenpolitik teilgenommen habe, hielt ich es nicht für richtig, mich nach Januar dieses Jahres an Gesprächen über allgemeine taktische Fragen zu beteiligen. Ich möchte aber diese Gelegenheit wahrnehmen, um mich über einige allgemeine Grundsätze zu äußern.

Erstens darf niemals bezweifelt werden, daß der Abschluß eines Friedens erstrebenswert ist. Kein Volk hat mehr darunter gelitten, daß es nicht in Frieden leben konnte, als das Volk von Israel, in dessen Land der Boden mit dem Blut seiner Pioniere getränkt ist und dessen Existenz von keinem seiner Nachbarn anerkannt wird. Kein Volk ist sich deutlicher der Tatsache bewußt, wie zerbrechlich und wie kostbar die gegenseitige Rücksichtnahme ist, die es ermöglicht, daß Menschen und Nationen als zivilisiert bezeichnet werden dürfen.

Kein Volk hat tiefer erkannt, daß die Moral mehr sein muß als eine Theorie – sie muß ein unveränderlicher Maßstab für das Verhalten der Menschen sein. Und keine Gruppe von Männern und Frauen hat klarer erkannt, daß der Friede letzten Endes nicht durch politische Absprachen, sondern durch das Gewissen der Menschheit bewahrt werden kann. Die Geschichte ist oft grausam und selten logisch, und doch sind die klügsten Realisten diejenigen, die wissen, daß das Schicksal wirklich durch menschlichen Glauben und menschlichen Mut gestaltet wird. Diese Qualitäten haben es ermöglicht, daß der Staat Israel geboren wurde. Dieser Geist und dieser Stolz müssen von allen Freunden Israels gefördert werden, denn sie sind schließlich die Garantie für die Zukunft dieses Landes.

Aber Glaube und Mut genügen nicht. Die Menschen in Israel haben es zu oft erlebt, wie wenig man sich auf die erklärten Absichten anderer verlassen kann, um das Schicksal der Nation solchen Zusagen und Beteuerungen anzuvertrauen, so aufrichtig und ehrlich sie auch gemeint sein mögen. Ein dauerhafter Friede muß sich auf dem Interesse aller Beteiligten gründen, und damit der Friede sicher ist, muß Israel stark genug sein, um seine Zukunft mit eigenen Kräften zu schützen.

Zweitens darf man auch die Absichten und Ziele der Regierung der Vereinigten Staaten nicht in Zweifel ziehen. Kein Präsident würde bewußt die Zukunft Israels aufs Spiel setzen. Auch würde er niemals darauf eingehen, Israels Zukunft aus irgendwelchen weltpolitischen Überlegungen zu gefährden. Soweit ich Präsident Carter, Außenminister Vance und ihre wichtigsten Berater kenne, bin ich davon überzeugt, daß diese Regierung die Sicherheit Israels niemals bewußt in Gefahr bringen wird. Es besteht aber immer die Gefahr, daß im guten Glauben getroffene Maßnahmen unbeabsichtigt zu nicht vorausberechneten Konsequenzen führen. Sollte es jemals zu solchen Fehleinschätzungen kommen, dann würde Israel entweder völlig isoliert, oder die Außenpolitik geriete plötzlich in eine Sackgasse. Die Kunst der Diplomatie ist es, die Ereignisse sorgsam voranzutreiben und so zu gestalten, daß sich die ursprünglichen Absichten verwirklichen lassen, damit weder die Vereinigten Staaten noch Israel vor eine so krasse und unmögliche Entscheidung gestellt werden. Eine Koordination der Politik Israels und der Vereinigten Staaten ist deshalb dringend erforderlich.

Die Perspektiven einer Großmacht und eines kleinen Landes können sich gelegentlich voneinander unterscheiden. Die Vereinigten Staaten sind ungeheuer stark; die Sicherheit Israels ist viel leichter gefährdet. Die Vereinigten Staaten können es sich leisten, gelegentlich diplomatische Fehler zu begehen, weil wir sie durch die Verdoppelung unserer Anstrengungen wiedergutmachen können. Aber die politische Führung in Israel kann sich keine Experimente leisten; für sie gibt es jeweils nur die Möglichkeit für einen einzigen Versuch. Wenn sie die Lage falsch beurteilt, riskiert sie das Überleben der Nation. Wir schulden dem israelischen Volk deshalb das Verständnis für die besonderen Umstände, in denen es lebt, und zwar um so mehr, als dieses Land seit seiner Gründung nur den Krieg oder die Kriegsgefahr kennt. Zugleich müssen die Israelis die Bedeutung des Friedens im Nahen Osten für die Vereinigten Staaten und die westliche Welt begreifen, die allein die Sicherheit Israels garantieren können.

Viertens ist das wichtigste politische Ziel natürlich eine Gesamtlösung. Aber eine realistische Betrachtungsweise zwingt uns zu erkennen, daß sich dieses Ziel nur erreichen läßt, wenn ungeheuer komplexe Fragen gelöst werden und sich alle Beteiligten mit gleicher Entschlossenheit für den Frieden einsetzen. Der Weg dorthin wird notwendigerweise auch sehr lang sein. Während wir daher nach einer Gesamtlösung suchen, müssen wir darauf achten, daß wir nicht andere Möglichkeiten übersehen, Spannungen abzubauen und den Völkern im Nahen Osten die Gelegenheit zu geben, gegenseitiges Vertrauen zu entwickeln. Wir dürfen auch den unversöhnlichsten Elementen in diesem Raum nicht mit einem Veto entgegentreten. Wir dürfen es nicht zulassen, daß fremde Mächte für eine Auffassung werben, die jede Mäßigung ablehnt.

Fünftens gibt es Strukturen, die ihre eigene Dynamik entwickeln, die nicht durch formelle Erklärungen oder abstrakte Überlegungen durchsichtiger gemacht werden kann. Ein palästinensischer Staat am Westufer des Jordan muß für Jordanien und für Israel zum Element der Instabilität werden. Seine Gründung würde die Krise verstärken und nicht lösen. Ein solcher Staat würde mit Sicherheit Ziele verfolgen, die mit der Ruhe im Nahen Osten nicht vereinbar sein können – gleichgültig, welche Zugeständnisse oder Garantien ausgehandelt werden. Es kann kein Zufall sein, daß während der 20 Jahre arabischer Herrschaft in jenem Gebiet kein Versuch unternommen worden ist, einen solchen Staat zu gründen.

Sechstens muß jedes Friedensabkommen Garantien enthalten. Sie müssen aber sehr sorgfältig und mit der klaren Erkenntnis, wo ihre Grenzen liegen, ausgearbeitet werden. Aus der Geschichte sollten wir gelernt haben, daß Garantien als solche *kein* Ersatz für die Sicherheit sind. Man sollte von keiner Nation verlangen, daß sie darauf verzichtet, die Erfordernisse für ihre Sicherheit selbst zu nennen. Es muß sichergestellt werden, daß die Garantien keiner anderen Macht den Vorwand liefern können, sich ständig in die Angelegenheiten dieses Gebiets einzumischen. Im Hinblick auf die bilateralen Vereinbarungen zwischen den Vereinigten Staaten und Israel besteht die Gefahr, daß es im Rahmen der Ratifizierung zu einer Debatte kommt, die in paradoxer Weise die Freundschaft und enge Zusammenarbeit belastet, die uns seit einer Generation so sehr genützt haben. Kurz gesagt, Garantien erfordern sorgfältige Überlegungen und Prüfungen. Im günstigsten Fall erhöhen sie die Sicherheit, können sie aber nicht erzeugen.

Siebentens ist zu sagen; wie man auch über den Nutzen eines Beginns der Verhandlungen auf einer Genfer Konferenz denken mag, man hat sich bis heute schon so sehr darum bemüht, daß die Genfer Konferenz inzwischen zum Prüfstein der Friedensaussichten geworden ist. Alle Beteiligten haben deshalb ein Interesse am Zustandekommen einer solchen Konferenz. Zugleich müssen wir erkennen, daß die Einberufung dieser Versammlung in Genf zwar ein bedeutendes Ereignis sein wird, ihr Wert in erster Linie aber an eine Verfahrensfrage geknüpft ist. Vor uns werden komplexe Verhandlungen über Grenzen, die Verpflichtung zum Frieden, Sicherheitsmaßnahmen und andere Probleme liegen, bei deren Erörterung sich die Weisheit und der aufrichtige gute Wille aller Beteiligten erweisen müssen.

Die Lösung dieser Probleme kann nicht den Zwängen einer Konferenz allein überlassen bleiben; es ist nicht zu früh, um schon jetzt mit den Beteiligten darüber zu sprechen. Wir können nicht bis zur Genfer Konferenz warten, um alle schwierigen Fragen zu lösen, die ein weites Feld umfassen, und zwar von der Vertretung der Untergruppierungen auf der Hauptkonferenz bis zur konkreten Definition des Friedens selbst. Besonders was Israel betrifft, ist es mit unserer historischen Beziehung unvereinbar, so bedeutsame Fragen in einer Atmosphäre zu behandeln, in der wir uns selbst bestimmte Termine gesetzt haben. Und es wird den arabischen Führern, die die Weisheit und den Mut besessen haben, den Weg zum Frieden zu beschreiten, nichts helfen, wenn wir Erwartungen wecken, die sich nicht erfüllen lassen.

Eine Genfer Konferenz wird nur insoweit erfolgreich sein, wie Israel und die Vereinigten Staaten den aus Furcht, Beschwichtigung, wütendem Protest und besänftigenden Gemeinplätzen bestehenden

Zyklus beenden und sich an die Ausarbeitung eines gemeinsamen konkreten Plans machen können. Das erfordert auf der einen Seite das Verständnis für die Sorgen eines Volkes, dessen Leiden in der Geschichte den Verzicht auf ein eigenes Urteil ausschließen, dessen Märtyrer jedoch dafür garantieren, daß das Bemühen um den Frieden zwar schmerzlich, aber voller Hingabe und aufrichtig sein wird.

Ich bin davon überzeugt, daß die Probleme, die heute die Schlagzeilen liefern, lösbar sind. Soweit ich mich an der Lösung der Nahostfrage beteiligt habe, ist es uns trotz aller gelegentlichen Meinungsverschiedenheiten immer wieder gelungen, mit unseren Freunden in Israel eine gemeinsame Position zu entwickeln. Während der Amtszeit Goldas als Premierminister und der ihrer überaus fähigen Nachfolger sind Maßnahmen getroffen worden, die uns darauf hoffen lassen, jetzt noch größere Fortschritte erzielen zu können. Ich bin überzeugt, die gegenwärtige israelische Regierung wird auf diesem Gebiet nicht weniger leisten. Nach meinen Erfahrungen hat Israel niemals eine Möglichkeit ausgeschlagen, Fortschritte in Richtung auf eine endgültige Regelung zu machen oder um des Friedens willen Risiken auf sich zu nehmen. Ich zweifle nicht daran, daß wir einen bereitwilligen, wenn auch schwierigen Gesprächspartner finden werden, wenn es in diesem Gespräch um Sachfragen und nicht nur um Verfahrensfragen geht, und ich glaube an den Erfolg auf der Suche nach konkreten Ergebnissen, wenn sich die Verhandlungen nicht nur auf theoretische Erörterungen beschränken. Das jüdische Volk hat nicht deshalb Jahrtausende überlebt, weil es ihm in der Stunde der Not an Weitblick gefehlt hat. Und das amerikanische Volk ist im Lauf seiner Geschichte nicht die Hoffnung der Menschheit gewesen, weil es moralische Werte taktischen Erfordernissen untergeordnet hätte.

Wir sollten daher unsere Kontroversen beenden und uns der Zukunft zuwenden. Und Golda, die wir heute ehren, ist mit ihrer Wachsamkeit, ihrer Hingabe und grenzenlosen Treue das Symbol für alles, dessen wir hier bedürfen, und das gibt uns die Gewißheit, daß wir Erfolg haben werden.

Golda ist eine Idealistin ohne Illusionen. Sie glaubt an die Stärke und sehnt sich zugleich mit Herz und Seele nach Frieden. Golda war eine leidenschaftliche Verhandlungspartnerin und verfügte als Frau über eine ungeheure Überzeugungskraft. Aber wenn sie einem ihr Wort gab, dann konnte man sich absolut darauf verlassen. Sobald sie sich zu einem Entschluß durchgerungen hatte, auch wenn er schwierig und schmerzlich war, hat sie ihn mit großem Mut und außergewöhnlichen Fähigkeiten durchgesetzt. Dabei hat sie großartige Führungsqualitäten und staatsmännische Weisheit bewiesen. Und ich bin stolz, sagen zu dürfen, daß sie mir eine treue Freundin war und geblieben ist.

Heute wird sie mit Recht vom amerikanischen Kongreß geehrt, an dessen erster Sitzung sie 1918 in Philadelphia als zwanzigjährige Delegierte aus Milwaukee teilgenommen hat. Niemand verkörpert besser den unbezwingbaren Geist ihres Volkes als sie. Niemand wird so allgemein bewundert und geliebt. Wir sind es Golda schuldig, eine Welt zu errichten, in der Mütter nicht mehr um die Zukunft ihrer Kinder bangen müssen, in der ein Holocaust nur noch ein unbegreifliches Schrecknis aus der Vergangenheit sein wird, in der das Ringen der Generation von Golda seinen Sinn gefunden haben wird in einer Welt, wo alle Völker endlich ohne Furcht zusammenleben und alle ihre Kräfte für konstruktive Aufgaben einsetzen.

Sehen Sie, Golda, was Sie mir erlaubt haben; ich durfte eine lange Rede halten, ohne ungeduldig unterbrochen zu werden, wie das lange Zeit in jenem kleinen Arbeitszimmer in Ihrer Wohnung mein Schicksal gewesen ist, wo wir so viele Stunden zugebracht haben, die zu meinen wertvollsten Erinnerungen gehören werden.

Heute bleibt mir nur noch eines zu sagen: Golda, Sie haben uns inspiriert. Mögen Sie noch lange leben, denn Ihr Leben ist das Symbol für unseren Ruhm und unsere Ehre.

Es ist für mich eine große persönliche Ehre, Golda Meir auf das Podium zu bitten, um ihr dieses bescheidene Zeichen unserer großen Zuneigung zu übergeben, die Stephen-Wise-Medaille.

Auf der Medaille lesen wir: »Golda Meir: Für ein Leben, das der tapferen und inspirierenden Führung des jüdischen Volkes geweiht ist.«

»Zum Erfolg verurteilt«

Anwar Sadat und der Nahe Osten

Essay in »Time«, 2. Januar 1978, anläßlich der Wahl von Anwar Sadat zum Mann des Jahres durch das Nachrichtenmagazin »Time«

Auf einer kahlen Anhöhe bei Giseh, etwa fünf Kilometer außerhalb von Kairo, liegt ein kleines Ferienhaus, das gelegentlich von Präsident Sadat aufgesucht wird. Das Auffallendste an diesem Gebäude ist eine geräumige Veranda mit einer Aussicht auf die Pyramiden. Die Umrisse dieser massiven, sich aneinanderlehnenden Dreiecke verändern sich unaufhörlich im Spiel des Lichts und der Schatten. Diese Bauwerke sind zugleich schlicht und monumental. Sie haben den Elementen und der Zerstörungswut des Menschen seit unendlich langer Zeit widerstanden, und ihre Entstehung liegt so weit zurück, wie unsere geschichtliche Erinnerung reicht.

An keinem anderen Ort der Welt wird der Mensch durch ein Menschenwerk so zur Demut gezwungen. In diesem Meer aus Sand, das vom grünen Nil-Tal durchschnitten wird, dem der Blick des Menschen über Hunderte von Kilometern entlang einer dünnen, geraden Linie folgt, gibt es kein Monument der Natur, das ihm seine Bedeutungslosigkeit als Individuum bewußtmacht. Die meisten atemberaubenden Wahrzeichen, die wir hier sehen, sind von Menschenhand errichtet, haben die Zeit überdauert und trotzen der menschlichen Vergänglichkeit. Die imposanten Bauten der Ägypter erinnern ihn an die Endlichkeit menschlicher Maßstäbe und den weiten Horizont menschlichen Hoffens und Strebens im Lauf einer langen Geschichte.

Vielleicht hat Anwar Sadat auf dieser Veranda gesessen, als er den Entschluß für seine Reise nach Jerusalem faßte – der so einfach und doch so ehrfurchtgebietend war wie die Pyramiden selbst. Wir wissen, daß israelische und ägyptische Unterhändler nun schon zwei

Wochen in einem alten Hotel nicht weit von diesem Ferienhaus zusammensitzen. Es entspricht dem Geist einer Landschaft, wo Fata Morgana und Wirklichkeit ineinander übergehen, daß diese Unterhändler einen Status besitzen, der dafür sorgt, daß keine wesentlichen Fortschritte erzielt werden können, bevor sich Premierminister Begin und Präsident Sadat in Ismailia getroffen haben. Aber schon die Tatsache, daß sich israelische Diplomaten in Kairo aufhalten, ist ein Symbol für die in der arabischen Öffentlichkeit herrschende Stimmung; deutliche Demonstrationen sind wichtig, ob sie nun spontan erfolgen oder von den Regierungen ausgehen. Zwei große Völker sind einander als Gleichberechtigte begegnet. Beide haben im Lauf der Jahrtausende gelitten und sich trotz aller Leiden behauptet. Für beide ist das Streben nach Dauer ein Grundzug ihres Charakters. Die Ägypter haben das in ihrer Architektur zum Ausdruck gebracht, die Juden in ihrem Gesetz, das ihre moralische Haltung bestimmt. Nun haben sich beide auf den Weg begeben, um die Dauerhaftigkeit dort zu verwirklichen, wo sie am schwersten zu erreichen ist, in einem dauerhaften Frieden.

Und wir dürfen sogar darauf hoffen, daß diese beiden vom Ewigkeitsgedanken besessenen Nationen ihre Träume verwirklichen werden. Die große Kühnheit des Entschlusses von Sadat stellt alle kleinlichen Spekulationen aus jüngster Vergangenheit ebenso in den Schatten, wie die künstlichen Berge, die Pyramiden, den einzelnen vor ihnen stehenden Menschen zur Bedeutungslosigkeit schrumpfen lassen. Bei diesem Vorhaben lassen sich gelegentliche Mißerfolge nicht vermeiden. Die Verhandlungen werden schwierig sein, aber die Verhandlungspartner haben sich zum Erfolg verurteilt.

Man muß sich an die Lage vor zwei Monaten erinnern. Damals ging es nur um die Vorbereitungen für eine Genfer Konferenz. Aber sowohl Ägypten als auch Israel waren gegenüber dieser Konferenz skeptisch. Wichtige Verfahrensfragen ließen sich nicht lösen. Dabei ging es um die Zahl der Teilnehmer an der Plenarsitzung und die Arbeitsgruppen, die Beteiligung der Palästinenser und die Rolle der Sowjetunion. Nachdem die Debatte über die Verfahrensfragen in eine Sackgasse geraten war, wären die Verhandlungen wahrscheinlich ohnedies ins Stocken gekommen, wenn die Unvereinbarkeit der öffentlich erklärten entgegengesetzten Standpunkte deutlich geworden wäre. Alle diese schwer zu lösenden Probleme kamen hier zusammen.

Es bestand die Gefahr, daß die radikalsten Elemente schon bei den Vorbereitungsarbeiten für die Konferenz ihr Veto einlegen würden, denn ohne sie war an einen Fortschritt nicht zu denken. Aber auch die Sowjetunion würde gegen jede verständige und gemäßigte Lösung ihr Veto einlegen können. Dabei würde sich Israel isoliert fühlen und aus Furcht vor einem erzwungenen Frieden die weitere Mitarbeit verweigern. Ein Fortschritt in Genf ließ sich daher nur erzielen, wenn die Vereinigten Staaten Israel soweit unter Druck setzten, wie dies unter den in Amerika gegebenen innenpolitischen Verhältnissen wahrscheinlich nicht möglich gewesen wäre. Für uns bestand das Risiko, zwischen die gegnerischen Fronten zu geraten; die arabische Seite konnte uns beschuldigen, wir hätten uns nicht energisch genug durchgesetzt, und die israelische konnte uns vorwerfen, sie unter übermäßigen Druck gesetzt zu haben. Während nun alle Beteiligten von unserem Verhalten enttäuscht gewesen wären, hätte die Sowjetunion immer mehr an Einfluß gewonnen. Ägypten, das sich von allen arabischen Ländern am entschlossensten für den Frieden eingesetzt hatte, wurde so behandelt, als sei es nur irgendeines der beteiligten Länder, und geriet jetzt in die Gefahr, zur Untätigkeit verurteilt zu werden und unter einer Vielzahl von unqualifizierten Beschuldigungen die Kontrolle über sein eigenes Schicksal zu verlieren. Solche Überlegungen müssen Präsident Sadat durch den Kopf gegangen sein, als er sich entschloß, das Genfer Schauspiel nicht mehr mitzumachen, das inzwischen ebenso kompliziert wie belanglos geworden war, und auf den Kern des Problems zuzusteuern – auf die psychologische Kluft, die Israelis und Araber seit der Gründung des jüdischen Staates trennte.

Für das jüdische Volk wiederholte sich eine Ironie der Geschichte, denn nachdem es jahrhundertelang verfolgt und ausgestoßen worden war, sah es sich jetzt wieder in dem Augenblick zu einer Existenz im Ghetto der internationalen Isolation verbannt, da es einen eigenen Staat errichtet hatte. Die Araber, deren Stolz durch die Gründung Israels verletzt war und die von Anfang an die Auffassung vertreten hatten, daß Israel arabisches Territorium besetzt habe, hatten sich geweigert, die Existenz des jüdischen Staates anzuerkennen. Damit entstand ein fast unlösbares Problem: Israel sah seine Sicherheit in rein geographischen Zugeständnissen als Preis einer Legitimität, die die Diplomatie in juristische Formeln ummünzte, die so fein gesponnen waren, daß sie fast jede Bedeutung verloren. Bis zu einem gewissen Punkt konnten Vermittler in dieser Lage helfen und die Grundlage für eine Verständigung schaffen. Aber keine Nation und kein politischer Führer werden je mit Sicherheit wissen, ob der Bericht eines Vermittlers über die Auffassung der Gegenpartei der Wirklichkeit entspricht oder der Leichtgläubigkeit und den Lieblingsvorstellungen des Vermittlers selbst. Allein die Tatsache, daß ein Vermittler notwendig war, weil direkte Gespräche abgelehnt wurden, zeigte deutlich, welches Mißtrauen das ganze Problem belastete, und steigerte außerdem dieses Mißtrauen.

Wenn Präsident Sadat nun nach Jerusalem ging, dann durchschlug er damit den Gordischen Knoten der Vorurteile von Generationen; jetzt konnte die Bevölkerung von Israel selbst erkennen, wieviel ihm an einem Frieden gelegen war, und er selbst konnte das Trauma einer Nation erleben, die, solange sie existierte, nichts als den Krieg kannte. Sadat hatte mit seiner Auffassung recht, daß der Kern des Problems ein psychologischer war. Dadurch, daß er das Wesen dieses Konflikts begriff, hatte Sadat mehr für eine Lösung aller offenen Fragen getan, als durch die Kriege und Verhandlungen in den vergangenen 30 Jahren erreicht worden war. Die Lage im Nahen Osten läßt sich heute auf eine relativ einfache Formel bringen.

Es gibt keine Alternative zu den Verhandlungen zwischen Sadat und Begin. Das Genfer Verhandlungsforum ist tot. Das hat auch nicht sehr viel zu bedeuten. Hier hätte man bestenfalls ein Unentschieden erreichen können, oder es wäre zu einer erzwungenen Regelung gekommen, und in beiden Fällen hätte sich der Einfluß der Sowjetunion verstärkt. Wenn es Sadat und Begin nicht gelang, Lösungen zu finden, hätten Diplomaten auf niedrigerer Ebene am Verhandlungstisch in der Schweiz später kaum einen Erfolg haben können. Kurz gesagt, ein Scheitern jetzt würde später unbedingt zum Konflikt führen. Israel wäre wieder ins Ghetto gedrängt, und Ägypten stünde vor einem neuen Krieg, den das ägyptische Volk fürchtet.

Wenn es keine Alternativen gibt, dann wirkt das auf die Klarheit der Gedanken oft wie ein Wunder. Wir dürfen daher mit wesentlichen Fortschritten rechnen. Die Genfer Konferenz könnte später von Nutzen sein, wenn die Verhandlungsergebnisse ratifiziert werden sollen, und ein Forum für andere Mächte sein, die sich unter Umständen noch an den Verhandlungen beteiligen werden.

Eine Vereinbarung zwischen Ägypten und Israel beeinträchtigt nicht die Möglichkeit für eine Gesamtlösung, sondern ist die Voraussetzung dafür. Es ist niemals darum gegangen, entweder eine Gesamt- oder eine Teillösung zu finden, sondern es kam darauf an, entweder mit einer Teillösung den ersten Schritt zu tun oder gar keine Lösung zu finden. Ein Schritt in Richtung auf den Frieden ist besser als die Fortdauer des Konflikts, und zwar um so mehr, als sowohl Präsident Sadat als auch Premierminister Begin entschlossen sind, eine Gesamtlösung herbeizuführen.

Eine Vereinbarung zwischen Ägypten und Israel sollte Grundsätze enthalten, die sich auch auf die anderen Beteiligten anwenden lassen. Sadat und Begin sind zu klug, um Fortschritte in den Beziehungen zwischen Ägypten und Israel nicht auf Prinzipien zu gründen, die einen weiteren Anwendungsbereich haben. Sie wissen aus der Geschichte, daß ein dauerhafter Friede im Lauf der Zeit alle Parteien einschließen muß und daß diese Parteien ihn nur unterstützen können, wenn sie an den Friedensverhandlungen beteiligt werden. Der Tag wird kommen, an dem die arabischen Führer, die heute die Initiative von Sadat verurteilen, dankbar dafür sein werden, daß die größte arabische Nation die Belastung auf sich genommen hat, als erste die schwierigste Entscheidung für den Frieden zu treffen. Durch die Lösung des psychologischen Problems hat Ägypten es jetzt ermöglicht, die anderen den Frieden im ganzen Nahen Osten noch verzögernden Hindernisse aus dem Weg zu räumen. Deshalb ist es so wichtig, die ägyptischen Friedensverhandlungen substantiell und symbolisch mit der Palästinenserfrage zu verknüpften. Zugleich wird es vielleicht gerade in dieser Frage, wo Mißtrauen und Haß so tief sitzen, am besten sein, zunächst nur eine allgemeine Linie festzulegen und die Details späteren Verhandlungen zu überlassen.

Nachdem ich den Vorzug gehabt habe, eng mit dem Präsidenten von Syrien zusammenzuarbeiten, bin ich überzeugt, daß er einen wirklichen Frieden nicht ablehnen wird. Angesichts der turbulenten Geschichte Syriens und seiner innenpolitischen Schwierigkeiten sowie im Lichte seines Selbstverständnisses als der Nation, die den wahren arabischen Nationalismus verkörpert, hat Präsident Assad versucht, den Weg zu Verhandlungen offenzuhalten. Darin sollte man ihn unterstützen.

Die gegenwärtigen Verhandlungen werden der Prüfstein für die sowjetische Politik sein. Wenn die Sowjetunion wirklich an einem Nachlassen der Spannungen überall in der Welt interessiert ist, wird sie die Entwicklung zum Frieden im Nahen Osten nicht behindern und nicht auf eine offizielle Teilnahme an den Verhandlungen drängen, die schon auf dem Wege sind und zu denen sie keinen Beitrag leisten kann. Die Sowjetunion hat bei einer friedlichen Lösung des Konflikts nichts zu verlieren. Eine Normalisierung der Lage im Nahen Osten sollte es vielmehr allen Ländern ermöglichen, auf der Grundlage der Gleichberechtigung ihre Rolle in der Weltpolitik zu spielen. Wenn die Sowjetunion auf eine Verhärtung der Gegensätze hinarbeitet, dann kann der Grund nur entweder gekränkte Eitelkeit oder der Versuch sein, Spannungen zu erzeugen, um die Voraussetzungen für eine sowjetische Einmischung zu schaffen. Es gibt keinen Anlaß, dieser Eitelkeit zu schmeicheln, und es liegt im Interesse aller Nationen, sich einer Einmischung durch die Sowjetunion zu widersetzen.

Wenn der jetzt in Gang gekommene Prozeß Fortschritte macht – und das ist wahrscheinlich, auch wenn wir gelegentlich Rückschläge erleben werden –, dann werden die Amerikaner aller Richtungen und Parteien jede Ursache haben, stolz zu sein. Wir haben für die Aufrechterhaltung eines militärischen Gleichgewichts gesorgt, das eine militärische Lösung verhindert hat. Unsere Nation hat, weil beide Seiten ihr vertrauten, eine Verhandlungsführung ermöglicht, die ihren Höhepunkt mit dem Durchbruch zur historischen Reise von Sadat erlebt hat. Präsident Carter hat die auf die Initiative von Sadat folgenden Ereignisse mit Weisheit und Hingabe behandelt und seine Hilfe angeboten, auf die Verhandlungen selbst aber keinen Einfluß genommen.

Unsere besondere Anerkennung verdient natürlich der mutige Präsident von Ägypten, der es gewagt hat, die psychologischen Vorurteile einer Generation zu zerschlagen. Sie gebührt dem mutigen Premierminister von Israel, der die Bedeutung einer einzigartigen historischen Gelegenheit erkannt hat, und unser Dank sollte allen Völkern im Nahen Osten gelten, deren unausgesprochene Hoffnungen, Gebete und Opfer das den Frieden fördernde Klima erzeugt haben. Es paßt offenbar gerade in diese Zeit um die Jahreswende, daß die karge Region des Nahen Ostens, in dessen weiten, einsamen Räumen die Wiege von drei großen Religionen gestanden hat, wieder zum Brennpunkt der edelsten Hoffnungen der Menschheit geworden ist.

Lehren aus der Vergangenheit

Ein Gespräch mit Walter Laqueur

Abgedruckt in »The Washington Quarterly«, Januar 1978

Laqueur: Ihre wissenschaftlichen Arbeiten über die Geschichte der Diplomatie im 19. Jahrhundert sind natürlich bekannt. Jetzt arbeiten Sie an Ihren Memoiren. Mit welchen besonderen Problemen haben Sie es bei Ihrer Beschäftigung mit zeitgeschichtlichen Themen zu tun? Um genauer zu sein; welches sind nach Ihrer Ansicht die Hauptschwierigkeiten des Historikers, der sich mit der Geschichte der Gegenwart beschäftigt und anders als Sie nicht an der Gestaltung der Ereignisse mitgewirkt hat, die er schildern will?

Kissinger: Ich kenne die Schwierigkeiten sehr gut, die die Historiker dabei haben werden, unsere heutige Periode historisch richtig zu interpretieren. Im 19. Jahrhundert war die Verständigung zwischen den Diplomaten und ihren Regierungen sehr schwierig, und deshalb mußten die Regierungen begrifflich sehr klare Instruktionen formulieren; die Diplomaten ihrerseits waren gezwungen, die hinter ihren Aktionen stehende Philosophie zu erläutern. Die Teilnehmer am Wiener Kongreß konnten zum Beispiel nicht täglich taktische Anweisungen darüber bekommen, wie sie die Verhandlungen führen sollten. Deshalb können die Historiker die zum Glück nicht sehr umfangreichen Dokumente lesen und sich einen Eindruck davon verschaffen, was die einzelnen Akteure erreichen wollten. Heute verfügen wir über ein Kommunikationssystem, das einen sofortigen Meinungsaustausch ermöglicht. Regierungen und Botschafter müssen nicht ausführlich erläutern, weshalb gewisse Dinge geschehen. Die Anweisungen sagen dem Diplomaten sehr oft ganz einfach, was er auf einer bestimmten Sitzung zu erklären habe. Die Folge ist, daß sich eine ungeheure Menge von Material ansammelt, die ein Historiker allein nicht lesen kann. Die Instruktionen gehen über so viele verschiedene Kanäle hinaus und werden so vielfältig klassifiziert, daß es für jemanden, der an den Vorgängen nicht beteiligt war, fast unmöglich ist, zu erkennen, was wichtig und was periphär war, was geschrieben wurde, um die Bürokratie zu beruhigen, was aufgezeichnet wurde, um später veröffentlicht zu werden, und welche Anweisungen wirklich befolgt werden sollten.

Eine zweite Folge ist die, daß diese Dokumente keine zutreffende Vorstellung von den Ideen und Gefühlen der Teilnehmer vermitteln. Das wird es bei künftigen Historikern und Staatsmännern ungeheuer erschweren, unsere Aufzeichnungen so zu benutzen, wie es die Historiker früher getan haben. Ob das der Staatskunst Nachteile bringen wird, muß man abwarten, denn die Praxis der Diplomatie läßt sich weder aus historischen noch aus anderen Texten erlernen.

Laqueur: Es bereitet dem Historiker also Schwierigkeiten, sich ein rechtes Bild von der zeitgenössischen Außenpolitik zu machen. Damit erhebt sich die umgekehrte Frage, über die endlos und ergebnislos diskutiert worden ist: Ist die Erfahrung aus der Geschichte für den Staatsmann in jedem Fall von Nutzen?

Kissinger: Die Außenpolitik ist eine Kunst und keine exakte Wissenschaft; sie ist etwas, das zu begreifen gewisse Professoren große Schwierigkeiten haben. Andererseits erfordert das außenpolitische Handeln in jedem Fall das Verständnis für vergleichbare Situationen. Wir können solange über die Begriffe »Gleichgewicht der Kräfte« oder »Legitimität« oder »die Wirkung der Persönlichkeit« sprechen, wie wir wollen, und doch wird alles, was wir darüber wissen, in jedem neuen konkreten Fall bedeutungslos sein, wenn wir nicht begriffen haben, welches die Elemente der Macht sind, was Legitimität bedeutet und welche Einflüsse die Strukturen auf die Ereignisse haben können. Das erfordert Intuition, die man sich zum Teil beim Studium der Geschichte erwerben kann, die sich aber andererseits nicht definieren läßt.

Laqueur: Mit anderen Worten, der Staatsmann bemüht sich um die Lösung der gleichen Art von Fragen wie der Wissenschaftler, aber ohne die Möglichkeit, seine Probleme in aller Ruhe zu analysieren. Es trifft aber auch zu, daß der Staatsmann Schwierigkeiten mit der Verifizierung haben kann. In den meisten Fällen muß er über die Realitäten, mit denen er umzugehen hat, Vermutungen anstellen. Wenn das so ist, von welchen Grundsätzen sollte er sich bei der außenpolitischen Analyse leiten lassen und welche Fallgruben muß er vor allem zu vermeiden suchen?

Kissinger: Ja. Der Staatsmann muß über eine ganze Reihe von Dingen sein Urteil abgeben, deren reale Existenz er nicht beweisen kann, während er urteilt. Er hat es mit anderen Einheiten (etwa Nationen, Regionen, Gruppen, Institutionen und Kontinenten) zu tun, die seinem Willen nicht unbedingt unterworfen sind, und deshalb muß er zu erkennen suchen, in welchem Verhältnis die Fähigkeiten der anderen Seite zu ihren Absichten stehen. Der Staatsmann kann seinem Dilemma dadurch ausweichen, daß er immer den guten Willen seines Verhandlungspartners voraussetzt. Wenn sich diese Beurteilung jedoch als falsch erweist, kann er einen Entschluß gefaßt haben, der sich nicht mehr rückgängig machen läßt. Deshalb muß es ein Ziel der Staatskunst sein, die Bedeutung der Absichten der anderen Seite durch eigene Aktionen möglichst zu verringern.

Theoretisch mag es den Anschein haben, daß es besser sei, die Politik auf die Fähigkeiten der anderen Seite einzustellen als auf ihre Absichten. Wenn man das jedoch bis zum äußersten treibt, dann führt es zu einer Politik, die die Herrschaft oder Vorherrschaft der eigenen Seite anstrebt. Um absolut sicher zu sein, daß die andere Seite einem nicht schaden kann, muß man für ihre absolute Ohnmacht sorgen. Die absolute Sicherheit für die eine Seite bedeutet notwendigerweise die absolute Unsicherheit für alle anderen. So könnte zum Beispiel die so häufig geführte Debatte über die Frage, ob die Absichten der Sowjetunion defensiv oder offensiv seien, völlig belanglos werden. Die Schlüsselfrage ist vielleicht nicht nur, ob sich ein Land bedroht fühlt, sondern was ihm das Gefühl der Sicherheit zurückgeben kann. Wenn sich ein Land nur deshalb sicher fühlt, weil alle seine Nachbarn zu schwach sind, um es zu bedrohen, dann wird seine Außenpolitik darauf gerichtet sein, die Vorherrschaft zu erringen, welches auch die Motive dafür sein mögen. Defensive Motive können also durchaus zu einer aggressiven Außenpolitik führen.

Jeder Staatsmann muß zu erkennen suchen, in welchem Verhältnis Fähigkeiten und Absichten zueinander stehen. Er kann sich nicht vollkommen auf den guten Willen eines anderen souveränen Staates verlassen. Er kann seine Politik nicht allein auf physische Überlegenheit stützen, denn wenn er nicht ein Weltreich errichten will, dann wird diese Haltung nur dazu führen, daß seine Feinde sich gegen ihn vereinigen und ihn zu dem Versuch veranlassen, eine zynische und gefährliche Politik des »teile und herrsche!« zu verfolgen oder eine ähnliche Haltung einzunehmen. Die strukturelle Problematik der Außenpolitik liegt deshalb darin, daß man versuchen muß, eine relative Sicherheit zu erreichen – und damit auch die relative Unsicherheit aller Beteiligten. Daneben müssen gewisse vernünftige Wertmaßstäbe gefunden werden, damit die Beteiligten nicht ständig versuchen, das internationale Gleichgewicht zu stören.

Ob diese Grundsätze angewendet werden, hängt davon ab, welches Selbstverständnis eine souveräne Einheit entwickelt hat, was die souveränen Einheiten einander antun können und was sie einander antun wollen. Um die Jahrhundertwende vom 18. zum 19. Jahrhundert, als der Feudalismus durch das System der Nationalstaaten abgelöst wurde, hat sich ein sehr bedeutungsvoller Wandel im internationalen System vollzogen. Jeder feudale Herrscher sah sich bedroht, gleichgültig, wie milde seine Herrschaft war, gleichgültig, welche Absichten er hatte, weil sich das Konzept der legitimen politischen Einheit verändert hatte. Das gleiche geschah am Ende der Kolonialzeit. Sicherlich haben sich nicht alle diese Kolonien in jeder Periode ihrer Geschichte unterdrückt gefühlt. Ein paar tausend Briten hätten Indien ohne die Unterstützung eines wesentlichen Teils der Bevölkerung nicht kolonisieren können. Der Wandel in den Wertvorstellungen, der den Kolonialismus als unerträglich erscheinen ließ, wurde zum Teil von den Kolonisatoren selbst herbeigeführt, und man darf nicht vergessen, daß im 18. Jahrhundert niemand etwas mit dem Begriff einer indischen Nation hätte anfangen können. Die von den Kolonisatoren mitgebrachten Ideen haben die Begriffe von der legitimen Autorität verändert und deshalb eine revolutionäre Situation für die britische Herrschaft in Indien herbeigeführt. Das gleiche ist in vielen anderen Teilen der Welt geschehen. Wenn sich die Vorstellung von einer legitimen Einheit verändert, dann wird man automatisch eine Veränderung des internationalen Systems und eine Zeit der Unruhen erleben; das ist eines der Probleme der heutigen Zeit.

Das zweite Problem liegt darin, was Nationen einander antun können. Im 18. Jahrhundert hatte die Frage, ob China gegenüber dem Westen feindlich eingestellt sei oder umgekehrt, keine Bedeutung. Es gab keine Möglichkeit für einen Konflikt größeren Ausmaßes. Das eine Gebiet verfügte nicht über die technischen Mittel, seinen Willen dem anderen aufzuzwingen. Die einzelnen Regionen der Welt trieben ihre Außenpolitik daher praktisch isoliert voneinander und auch ohne einander wirklich zu kennen. So sind im Osten und im Westen völlig verschiedene außenpolitische Grundvorstellungen entstanden. In Europa lag das außenpolitische Handeln in den Händen einer Gruppe mehr oder weniger gleich starker souveräner Staaten, die sich um ein Gleichgewicht der Kräfte bemühten. In Asien drehte sich die ganze Außenpolitik um einen Staat mit Vormachtstellung, ein Land, das die ganze Region aufgrund seiner kulturellen und physischen Überlegenheit beherrschte und das niemals an ein Gleichgewicht der Kräfte denken mußte, wie man es im Westen verstand. Und heute treibt zum Beispiel China eine ganz andere Außenpolitik als der Westen.

Schließlich gehört zu jeder Analyse der Außenpolitik natürlich auch die Bewertung der Absichten anderer politischer Einheiten: Wie *wollen* sie aufeinander einwirken? Dahinter stehen aber die fundamentaleren Dimensionen der Analyse, von denen ich eben gesprochen habe.

Laqueur: Jeder Journalist, der etwas gründlicher auf Sie eingehen und über Ihre Leitgedanken berichten will, erwähnt, wie ungeheuer viel Sie Metternich verdanken. Wir können sogar von einer regelrechten Metternich-Renaissance sprechen. Ich habe den Verdacht, Sie werden darüber gar nicht sehr glücklich sein. Doch so außerordentlich interessant die Periode auch sein mag, in der Metternich gewirkt hat, schließlich hat er es im Rahmen eines internationalen Systems getan, das schon vor langer Zeit aufgehört hat zu bestehen.

Kissinger: Die Schwierigkeit der »Metternich-Theorie« liegt leider darin, daß ich eigentlich ein Buch über Bismarck schreiben wollte, und ich habe nur angefangen, über Metternich zu schreiben, um ihn Bismarck gegenüberzustellen und verständlich zu machen, welches politische Erbe Bismarck übernehmen mußte. Meine Arbeit über Metternich wurde so ausführlich, und ich habe mich inzwischen mit so vielen anderen Dingen beschäftigen müssen, daß ich nicht mehr dazu gekommen bin, das Buch über Bismarck zu beenden, das heute erst zur Hälfte geschrieben ist und als Artikel veröffentlicht wurde. Es ist deshalb einfach nicht wahr, daß ich so stark von Metternich beeinflußt worden bin, der unter ganz anderen Voraussetzungen gewirkt hat.

Diese Periode hat jedoch eine Reihe von Aspekten, die mich faszinierten. Unter anderem ist es damals gelungen, ein internationales System zu schaffen, das 100 Jahre seine Gültigkeit behielt und damit bedeutend mehr geleistet hat als die nachfolgenden Systeme. Paradoxerweise hat man bei der Schaffung der Nachfolgesysteme jedesmal erklärt, man wolle damit einen dauerhaften Frieden garantieren, aber man hatte Glück, wenn der Friede eine Generation währte. Die Staatsmänner, die auf dem Wiener Kongreß Frieden schlossen, glaubten, sie hätten Glück, wenn der Friede zehn Jahre dauern würde – und er dauerte 100 Jahre. Das zeigt, daß Staatsmänner nicht immer die besten Propheten sind.

Die Periode Metternichs war durch eine Reihe von Elementen gekennzeichnet, die es auch in späteren Zeiten gegeben hat; Hunderte von Feudalstaaten schlossen sich zu größeren nationalen

Einheiten zusammen, und das hatte zur Folge, daß die traditionellen Machtverhältnisse materiell und konzeptionell umgestellt werden mußten. Wie immer in revolutionären Perioden bestanden die nun gefundenen neuen Formen neben den alten weiter. Als der Vorstoß Napoleons nach Rußland scheiterte, stellte sich die Frage nach einem neuen Krieg, denn plötzlich erschien es möglich, die Vorherrschaft Frankreichs zu brechen.

In Amerika hat immer die Auffassung geherrscht, Krieg und Frieden seien voneinander unabhängige Elemente der Politik. Man führt Krieg, besiegt den Feind, schließt dann Frieden und hat damit die Garantie für ein glückliches Leben bis in alle Ewigkeit. Der Unterschied zwischen dieser romantischen Vorstellung und der Haltung der Staatsmänner nach Beendigung der napoleonischen Kriege ist sehr auffallend. Am Ende der Zweiten Weltkriegs schrieb General Bradley in seiner Autobiographie in sehr scharfem Ton, die Briten seien vom Balkan und Südeuropa besessen. Er sagt, dort gäbe es zwar militärisch nicht viel zu gewinnen, wo es jedoch den Briten an militärischen Zielen mangelte, suchten sie nach politischen Möglichkeiten – als wäre es ein Sakrileg, im Kriege politische Ziele zu verfolgen.

Am Ende der napoleonischen Kriege ergab sich eine Schwierigkeit, die sich mit den Schwierigkeiten am Ende des Zweiten Weltkriegs recht gut vergleichen läßt. Als die russischen Armeen nach Mitteleuropa vordrangen, wurden sie zu einem beherrschenden Faktor in der europäischen Politik; je größere Gebiete sie besetzten, desto stärker wurde ihr Einfluß auf die Gestaltung des Friedens. Als sich das Ende des Zweiten Weltkriegs näherte, hat praktisch niemand diesem Problem Beachtung geschenkt, und die Nachkriegswelt ist, wie wir wissen, durch die Entscheidungen über die Festlegung der Demarkationslinien und die politische Kontrolle in militärisch besetzten Gebieten entscheidend beeinflußt worden. Wir haben 30 Jahre gebraucht, um auf dem europäischen Kontinent ein gewisses Gleichgewicht herzustellen, und selbst danach ist es noch notwendig, amerikanische Streitkräfte in Europa zu stationieren, um dieses Gleichgewicht aufrechtzuerhalten.

Die Hauptakteure auf dem Wiener Kongreß wollten es nicht zulassen, daß irgendwelche militärischen Operationen durchgeführt wurden, ohne daß man damit bestimmte politische Ziele verfolgte. Sie führten keinen Krieg mit dem Ziel der bedingungslosen Kapitulation; sie führten einen Krieg, in dem sich Rußland mit einer bestimmten politischen Struktur einverstanden erklären mußte, und das war der Preis für das weitere militärische Vorrükken der Russen. Nach dem Krieg wurden dadurch die Möglichkeiten Rußlands eingeschränkt, seinen Willen durchzusetzen. Zwar ist das keine sehr glorreiche Methode, Krieg zu führen, aber diese Methode hat den bedeutenden Vorteil, daß die auf einen Krieg folgenden Vereinbarungen mit den Kriegshandlungen der Beteiligten verknüpft werden.

Laqueur: Es lassen sich über die Beziehungen zwischen Legitimität, Gleichgewicht und Frieden interessante Überlegungen anstellen, aber ich bin überzeugt, Sie werden mir zustimmen, wenn ich sage, daß die moderne Periode in der Geschichte der Diplomatie bei Bismarck beginnt.

Kissinger: Sie haben recht.

Ohne uns mit den Einzelheiten seines politischen Wirkens zu beschäftigen, können wir sagen, daß Bismarck davon überzeugt war, ein internationales System stütze sich ausschließlich auf das Gleichgewicht der Kräfte. Die Beschränkungen, die dem Staatsmann durch die allgemeine Beachtung der Legitimitätsgrundsätze auferlegt waren, sowie die Überzeugungen, die sich im 18. Jahrhundert entwickelt hatten, empfand er als einen unangenehmen Ballast. Jeder Staat sollte die Freiheit besitzen, seine Politik nach seinen eigenen Vorstellungen vom nationalen Interesse einzurichten. Bei richtiger Einschätzung würde der Staatsmann begreifen, daß der Stärke seiner Nation Grenzen gesetzt sind, und das würde zu einer maßvollen außenpolitischen Linie führen. Doch zugleich setzte dieser Staat seine ganze Energie dafür ein, das Gleichgewicht der Kräfte zu erhalten. Mit einer ungewöhnlich geschickten und äußerst gemäßigten Außenpolitik gelang es Bismarck, ein geeintes Deutsches Reich zu schaffen und den Frieden über etwa 40 Jahre zu erhalten, und zwar sogar noch nach dem Zerfall des vorangegangenen Systems.

Im Gegensatz zu der verbreiteten Meinung ist die Außenpolitik, die sich allein auf das Gleichgewicht der Kräfte stützt, die allerschwierigste. Sie erfordert vor allem eine immer richtige Einschätzung der Machtverhältnisse. Zweitens verlangt sie die absolute Rücksichtslosigkeit; der Staatsmann muß bereit sein, Freundschaft, Loyalität und alle anderen Rücksichten dem nationalen Interesse zu opfern. Drittens erfordert sie eine innenpolitische Struktur, die diese Strategie zuläßt, wenn nicht sogar unterstützt. Viertens darf der Staat, der diese Politik verfolgt, keine dauernden Freunde und keine dauernden Feinde haben, denn sobald es einen ständigen Feind gibt, wird die Handlungsfreiheit eingeschränkt.

Nachdem Deutschland Frankreich 1871 besiegt hatte, verlangten die deutschen Generäle die Annexion von Elsaß-Lothringen. Das veranlaßte Bismarck zu dem Ausspruch: »Ich habe viel mehr erreicht, als ich in diesem Kriege für wünschenswert hielt.« Er hatte recht. Frankreich wurde zum »Erzfeind« Deutschlands, und die Handlungsfreiheit Deutschlands wurde wesentlich eingeschränkt. Das Unsinnige des deutschen Sieges lag darin, daß er neben der deutschen Einigung, die jetzt erfolgte, gerade die strukturellen Gefahren heraufbeschwor, die Bismarck hatte vermeiden wollen. Ein vereinigtes Deutschland bedeutete für alle seine Nachbarn eine Gefahr; seine bloße Existenz zwang sie, sich in einem Bündnis zusammenzuschließen. Die deutsche Führung versuchte nun, »zuverlässig« zu sein und eine folgerichtige Außenpolitik zu treiben, aber das erhöhte nur die Schwierigkeiten, denn je starrer die deutsche Politik wurde, desto fester schlossen sich die Nachbarn Deutschlands zusammen.

Das alles ist wichtig für das Verständnis der großen Tragödie in der Geschichte des Westens, des Ausbruchs des Ersten Weltkriegs. Die ungeheuren blutigen Verluste, die Zerstörung von materiellen und menschlichen Werten und der Zerfall praktisch aller politischen Systeme, die in diesen Krieg hineingezogen wurden, waren durch nichts gerechtfertigt. Er war durch eine Verknüpfung unglücklicher Umstände entstanden. Das Auftreten der neuen Großmacht des Deutschen Reiches innerhalb des internationalen Systems hatte das Gleichgewicht der Kräfte ins Wanken gebracht. Das war ebenso unvermeidbar wie heute im Fall des Machtzuwachses der Sowjetunion. Wenn ein Land innerhalb relativ kurzer Zeit einen gewaltigen Machtzuwachs erhält, dann sehen sich alle anderen Mitglieder des Systems veranlaßt, ihre Politik der neuen Lage anzupassen. Wenn dieses Land nur eine mittelmäßige Führung hat, die sich der Folgen ihres Vorgehens nicht bewußt ist, kann die Lage außer Kontrolle geraten. Bismarcks System des Gleichgewichts der Kräfte setzte voraus, daß jede Generation in Europa bedeutende Staatsmänner hervorbrachte. Nun sind jedoch die meisten Staatsmänner nur mittelmäßig, und der Erste Weltkrieg ist nicht durch böse Absicht, sondern durch die Fehleinschätzungen mittelmäßiger Politiker entstanden. Die politischen Führer in Europa haben nicht begriffen, daß ihr System allzu leicht zur Konfrontation führen konnte. Keiner von ihnen war sich der Tatsache bewußt, daß ein Krieg mit modernen Waffen furchtbare Zerstörungen anrichten würde. Keiner von ihnen hat damit gerechnet, daß ihre militärischen Vorbereitungen zu einem Krieg führen würden, der mindestens ganz Europa in Mitleidenschaft ziehen mußte. Keiner von ihnen hatte daran gedacht, daß ein solcher Konflikt vier Jahre dauern könnte.

Alle europäischen Länder hatten aus der Geschichte Folgerungen gezogen, die es immer wahrscheinlicher werden ließen, daß es zur Katastrophe kommen würde. So glaubten die Österreicher zum Beispiel, Serbien ließe sich mit Sardinien vergleichen und müsse ausgeschaltet werden, bevor es den ganzen Balkan organisierte. Alle Staaten trafen ihre militärischen Vorbereitungen gemäß ihrem individuellen Geschichtsverständnis, und am Schluß wurde die politische Vernunft durch die militärischen Entscheidungen überspielt.

Daraus läßt sich eine Lehre ziehen, und sie betrifft das Gleichgewicht der Kräfte. Ein Gleichgewicht ist unerläßlich – heute vielleicht sogar in noch größerem Maß als zu Zeiten von Bismarck –, aber wenn das Gleichgewicht der Kräfte Selbstzweck wird, dann führt es zur Selbstzerstörung. Ein schwaches Land wird zum Spielball von Kräften, die außerhalb seines Einflußbereichs liegen, aber ein Land, das seine Entscheidungen nur nach militärischen Gesichtspunkten trifft, wird in Abenteuer verwickelt, die unvorhersehbare Folgen zeitigen. Aus dem Zweiten Weltkrieg müssen wir lernen, was geschieht, wenn ein einzelnes Land durch seine überlegene Stärke zum Angriff veranlaßt wird, aber wir müssen auch aus dem Ersten Weltkrieg lernen, denn damals war der Krieg die Folge des Gleichgewichts der Kräfte, weil niemand dieses Gleichgewicht politisch beherrschte und es in den Dienst der Außenpolitik stellte.

Laqueur: Was war, wenn wir heute zurückblicken, der Sinn des Ersten Weltkriegs (wenn es überhaupt einen Sinn gegeben hat), und auf welche Weise stellt er einen »Wendepunkt« dar, wie Sie eben gesagt haben?

Kissinger: Wenn der Erste Weltkrieg überhaupt einen Sinn gehabt hat, dann lag er darin, daß er die Vorherrschaft Deutschlands beendet hat; aber der Friedensvertrag von Versailles hat die Expansion Deutschlands mehr begünstigt als die weltpolitische Lage vor Kriegsausbruch. Vor dem Kriege lag Deutschland zwischen Frankreich auf der einen und Rußland auf der anderen Seite, und Großbritannien beherrschte die Meere. Nach dem Friedensschluß war Deutschland von schwachen Nachfolgerstaaten umgeben, deren innenpolitische Kraft sich kaum abschätzen ließ. Keiner dieser Staaten konnte Deutschland Widerstand leisten. Darüber hinaus gehörte Rußland – die Sowjetunion – nicht mehr zum europäischen System, und die schwachen Staaten fürchteten die Sowjetunion mindestens ebenso sehr wie Deutschland. Kurz gesagt, die Diplomaten hatten die Struktur der Nachkriegswelt zu wenig berücksichtigt.

Die Folge war, daß die Wachsamkeit der Franzosen die einzige Hoffnung für den europäischen Frieden war. Der Friede konnte erhalten werden, wenn Frankreich bereit war, sofort zu reagieren, und Deutschland auf die Dauer militärisch machtlos blieb. Frankreich hatte die Verpflichtung übernommen, auf lange Sicht die Rolle des Polizisten in Europa zu übernehmen. Aber Frankreich hatte im Krieg zwei Millionen junger Menschen verloren, fünf Prozent seiner Bevölkerung, und war nicht in der Lage, diese Aufgabe zu bewältigen. Großbritannien war noch weniger bereit, Deutschland in Schranken zu halten, weil die Engländer traditionsgemäß die schwächeren Kontinentalstaaten gegen die stärkeren unterstützten und instinktiv dazu neigten, Deutschland gegenüber Frankreich den Vorzug zu geben. Angesichts dieser politischen und militärischen Schwierigkeiten bauten die Franzosen die Maginot-Linie und sorgten so dafür, daß Deutschland früher oder später die Vorherrschaft in Europa zurückgewinnen mußte. Die Einhaltung der in Versailles ausgehandelten Friedensbedingungen ließ sich nur durch eine offene Strategie der Franzosen erzwingen, und damit, daß sich die Franzosen hinter die Maginot-Linie zurückzogen, forderten sie die Deutschen auf, nach Osten zu expandieren. Wie wir alle wissen, brachte der Versailler Friedensvertrag den Deutschen schwere Nachteile und mußte in Deutschland auf leidenschaftliche Ablehnung stoßen, aber darauf kommt es hier nicht an. Das Kernproblem liegt darin, daß Staatsmänner die strukturellen Zusammenhänge und das Interesse an der Wahrung des Gleichgewichts der Kräfte im falschen Licht sehen können. Als Hitler die politische Macht in Deutschland übernahm, hatte er verhältnismäßig leichtes Spiel. Er brauchte nur das Rheinland zu besetzen und dort Truppen zu stationieren, und Osteuropa lag wehrlos vor ihm. Als Frankreich nach der Besetzung des Rheinlandes nichts unternahm, war alles vorüber. Wenn man die strukturelle Seite des Problems betrachtet, dann war es nur noch eine Frage der Zeit, daß Österreich, die Tschechoslowakei und Polen den Deutschen in die Hände fielen – und eine gemäßigte deutsche Führung hätte die Herrschaft über diese Gebiete auch erlangen können, ohne daß es zu einem Weltkrieg gekommen wäre. Diese ganze Entwicklung war die Folge der Versailler Vereinbarungen, die Frankreich eine Bürde auferlegten, die es nicht tragen konnte.

Laqueur: Und dann kam der Zweite Weltkrieg und mit ihm ein neuer »Wendepunkt«. Doch ebenso wie im Ersten Weltkrieg dachten damals nur wenige Menschen – wenn überhaupt irgend jemand – an die Struktur des Friedens, der diesem Kriege folgen würde, sondern man machte sich allerhöchstens unbestimmte Vorstellungen von Freundschaft, gegenseitigem Vertrauen und all den anderen edlen Gefühlen, von denen in den programmatischen Reden während eines Krieges – etwa über die Vereinten Nationen und verwandte Themen – gesprochen wird. Wenn das nun zutrifft, welche »Lehren« müssen wir aus der jüngsten geschichtlichen Periode ziehen?

Kissinger: Nach dem Zweiten Weltkrieg war das Problem der deutschen Vorherrschaft erledigt, aber anstelle des Deutschen Reiches hatte ein anderes, ungeheuer großes Land seinen Einfluß bis in das Zentrum Europas ausgedehnt. Im Gegensatz zur Zeit des Wiener Kongresses hat kein Staatsmann – vielleicht mit Ausnahme von Churchill – während des Krieges daran gedacht, was nach dem Kriege geschehen würde. Die Amerikaner wollten nicht über die Nachkriegsperiode sprechen, solange der Konflikt andauerte. Wir waren entschlossen, unsere Politik nach dem Kriege auf Vertrauen zu gründen und mit jedermann auszukommen. Die Siegerstaaten im Zweiten Weltkrieg sollten in der Nachkriegsperiode zusammenarbeiten. Ich weiß nicht, ob man etwas anderes getan haben könnte; wir werden es wahrscheinlich nie wissen. Wir wissen aber, daß man das Problem der Struktur des dann geschlossenen Friedens praktisch unbeachtet gelassen hat, bis die Sowjetarmee im Zentrum Europas stand. Als Osteuropa fest in der Hand der Kommunisten war, gab es zum erstenmal in der Geschichte Europas nicht mehr die Möglichkeit, die politische und militärische Macht Rußlands mit europäischen Kräften auszugleichen.

Neben der plötzlichen Ausweitung der russischen Vorherrschaft war eine Lage entstanden, in der die Elemente der Macht einander nicht mehr entsprachen. Früher hatte es fast immer eine direkte Beziehung zwischen wirtschaftlichen, politischen und militärischen Kräften gegeben. Es kam nur sehr selten vor, daß ein Land wirtschaftlich stark, militärisch aber sehr schwach war. Nach dem Kriege ist es möglich geworden, militärisch sehr stark zu sein, dabei aber nur über relativ geringe wirtschaftliche Kräfte zu verfügen. Es ist auch – wie im Fall von Japan – möglich, wirtschaftlich sehr stark und militärisch schwach zu sein.

Was kann man aus der Nachkriegsepoche lernen? Man kann nicht lernen, was man gegen die 1973 im Nahen Osten entstandene Krise unternehmen muß, aber man *kann* etwas aus den strukturellen Problemen lernen, die ich gestreift habe. In jeder Periode müssen wir feststellen, welche dieser strukturellen Probleme relevant sind. Die Geschichte ist kein Kochbuch, das irgendwelche Rezepte enthält. Sie lehrt uns durch Analogien und zwingt uns dazu, solche Analogien zu erkennen, wenn das überhaupt möglich ist. Die Geschichte gibt uns ein Gefühl für die Bedeutung von Ereignissen, sie lehrt uns aber nicht, welche Ereignisse im einzelnen besonders wichtig sind. Es ist unmöglich, hier ein konzeptionelles Schema zu finden und es mechanisch auf die jeweilige Lage anzuwenden. Man kann gewisse Grundsätze entwickeln und bestimmte Begriffe formulieren, aber es ist unmöglich vorauszusagen, wie diese Grundsätze und Begriffe zu konkreten Situationen passen werden.

Es ist in gefährlicher Weise arrogant zu glauben, daß sich eine erfolgreiche Außenpolitik gestalten ließe, ohne etwas darüber zu wissen, wie andere Generationen mit vergleichbaren Problemen fertig geworden sind – welche Kompromisse sie schließen mußten, wo sie die Lage am zutreffendsten beurteilt haben und wie beschränkt der Blick der Menschen in die Zukunft ist, und zwar auch der fähigsten unter den günstigsten Voraussetzungen. Wir neigen immer wieder zu der Auffassung, es sei eine historische Tragödie, wenn sich unsere Erwartungen nicht erfüllen; aber wenn wir die Geschichte studieren, müssen wir feststellen, daß es zu den verheerendsten Tragödien gekommen ist, wenn die Wünsche der Menschen in Erfüllung gingen – und es sich dann herausstellte, daß es die falschen Wünsche waren.

Nelson Rockefeller

In Memoriam

Nachruf für Nelson Rockefeller zu dessen Beisetzung
am 2. Februar 1979

Daß Nelson Rockefeller tot ist, erschüttert uns, und wir können es uns fast nicht vorstellen. Wir hielten ihn für unzerstörbar, so überzeugend waren seine Energie, seine menschliche Wärme und sein tiefer Glaube an die dem Menschen innewohnende Güte. 25 Jahre lang ist er mein Freund, mein älterer Bruder, meine Inspiration und mein Lehrer gewesen.

Ich habe Nelson Rockefeller kennengelernt, als er Berater des Präsidenten war und mich unmittelbar nach Abschluß meines Studiums aufforderte, im Rahmen eines Expertengremiums mitzuarbeiten, das er einberufen hatte, um Überlegungen zur Zukunft der Vereinigten Staaten anzustellen. Damals kam er ins Zimmer, klopfte jedem auf die Schulter, nannte uns bei unseren Vornamen, soweit er sie kannte, wirkte dabei aber trotz seiner Freundlichkeit recht reserviert. Uns alle verzauberte dieser Mann, der uns als Verkörperung der Macht erschien; wir alle wollten ihn mit unserem praktischen Wissen beeindrucken und taktische Ratschläge dafür geben, wie sich die Ereignisse manipulieren ließen. Nachdem wir uns geäußert hatten, verschwand das Lächeln aus seinem Gesicht, und sein Blick nahm den verschlossenen Ausdruck an, der zeigte, daß er sich jetzt den Dingen zuwandte, auf die es ankam. »Was Sie mir sagen sollen«, sagte er, »ist nicht, wie man am geschicktesten manövriert. Sie sollen mir sagen, was recht ist.«

Was ist recht? Für Nelson Rockefeller war das die entscheidende Frage, so naiv wie tiefgründig, beschämend und erhebend. Es war die Definition seiner Integrität. All das ist heute 25 Jahre her. Als ich am vergangenen Freitagabend angerufen wurde, hatte ich das Gefühl, unsere Beziehung stehe erst am Anfang. Und jetzt war sie schon zu Ende.

Wer nicht den Vorzug gehabt hat, die selbstlose Zuverlässigkeit Nelsons zu erleben, seine unerschöpfliche Gedankentiefe, kann sich nicht vorstellen, wie verlassen wir uns heute fühlen. Und doch möchten wir mit niemandem tauschen; seine Freundschaft wird, solange wir leben, für uns die höchste Auszeichnung sein.

Er hat unser Leben mit seinem Geist durchdrungen. Er ist immer standhaft gewesen. Er war ungeheuer stolz auf die Leistungen seiner Familie, seiner Freunde und seiner Mitarbeiter. Er hat von ihnen als Gegenleistung nur verlangt, daß sie ihr Bestes gaben, ihm ihr Vertrauen schenkten, ihre Mitmenschen liebten und hohe Ansprüche an sich selbst und die Ziele stellten, die sie verfolgten.

Im Charakter von Nelson Rockefeller vereinigten sich denkbar große Kontraste. Er war überschwenglich und doch zurückhaltend, gesellig und einsam, fröhlich und pflichtbewußt; er konnte sich ganz dem Augenblick hingeben, war aber dennoch irgendwie von der Ewigkeit angerührt. Er konnte seine Überzeugungen mit äußerster Härte vertreten, aber er achtete die Meinung anderer. Er konnte streng, aber niemals kleinlich sein, zielstrebig, aber niemals mißgünstig. Seine Feinde waren die Nachlässigen und Mittelmäßigen.

Nelson hat es verstanden, das Leben zu genießen. Nichts war ihm zu gering. Mit der gleichen Begeisterung stellte er die Möbel im Zimmer eines Freundes um, renovierte Albany und beschäftigte sich intensiv mit der Zukunft der Nation. Er liebte Kaviar und Hot dogs. Er verstand es, Feste zu feiern, unternahm Vergnügungsreisen und freute sich daran, neue Bekanntschaften zu machen. Und er liebte die Kunst; nicht um des ästhetischen Gefühls willen, sondern weil die Kunst den geistigen Horizont des Menschen erweitert.

Er war ein edler Mensch, der seine eigene Kraft einsetzte, aber nie eine Gegenleistung verlangte. Keiner von uns hat es je erlebt, daß er sich über etwas beklagte, denn er behielt seine Sorgen für sich und teilte nur seine Inspirationen mit anderen Menschen. Er hielt sich für so vom Schicksal begünstigt, daß er glaubte, nicht das Recht zu haben, andere mit Zweifeln und Sorgen zu belasten, die auch einem so starken Mann wie ihm nicht erspart bleiben. Das war eine außergewöhnliche Bürde, die ihm im Lauf der Zeit immer mehr zu schaffen gemacht hat, auch wenn er es niemals zugegeben hätte. Nelson war wirklich seines Bruders Hüter.

Nelson war es nicht gegeben, die Quelle seiner Motivationen mit glatten Worten zu erläutern. Man mußte ihn schon gut kennen, um die feinen Andeutungen zu verstehen, mit denen er sich mitteilte – die leisen Hinweise, das fast unmerkliche Augenzwinkern und die kaum hörbaren Worte, mit denen er ausdrückte, wie stark er an einer

Sache oder am Schicksal eines anderen Menschen beteiligt war. Er war ein Künstler. Gelegentlich setzte er einen durch das plötzliche Aufflammen einer tiefen Einsicht in Erstaunen und konnte seinen Gesprächspartner dabei sogar erschrecken.

Ich kenne keine andere im öffentlichen Leben wirkende Persönlichkeit, die so tief über geistige Fragen nachgedacht hat. Die Vorstellung, daß alle Menschen Brüder seien und in Gott ihren gemeinsamen Vater hätten, war für Nelson kein Klischee; sie war für ihn der Aufruf zum Handeln und die motivierende Kraft seines Lebens. Er praktizierte seinen Glauben, aber er war zu bescheiden, um ihn zu predigen. Er kämpfte gegen die Ungerechtigkeit, tat alles für die Gleichberechtigung, hielt es aber für unangebracht, lautstark zu protestieren. Er half denen, die ins Unglück geraten waren, aber er hielt es für erniedrigend, Akte der christlichen Nächstenliebe an der Öffentlichkeit bekanntwerden zu lassen.

So untypisch er auch scheinen mochte, Nelson Rockefeller war der Inbegriff alles Amerikanischen. In anderen Nationen gehören utopische Ideale in eine glückliche Vergangenheit, die sich nicht zurückholen läßt; für den Amerikaner liegen die Ideale unmittelbar hinter dem Horizont. Man muß mit Amerikanern zusammenarbeiten – nicht ihnen zuhören –, wenn man erleben will, woran sie glauben. Man mußte mit Nelson Rockefeller zusammenarbeiten, um seine ungebrochene Stärke, sein pragmatisches Genie und seinen durch nichts zu erschütternden Optimimus zu spüren. Hindernisse waren da, um überwunden zu werden; durch Schwierigkeiten ergaben sich neue Chancen. Er konnte sich nicht vorstellen, daß sich ein Fehler nicht gutmachen ließe oder daß ein ehrenhaftes Ziel unerreichbar sei. Selbstmitleid, Jähzorn oder Ressentiments waren ihm fremd.

Er war der geborene Führer. In jedem Jahrzehnt hatte Nelson ein neues Projekt; er regte den Bau des Rockefeller Center und die Gründung eines Museums für primitive Kunst an, er versammelte die Fachleute der Nation, um die Probleme künftiger Jahrzehnte zu analysieren, das akademische Bildungssystem auszubauen, die Hauptstadt seines Staates nach neuen Plänen umzubauen, die Probleme Lateinamerikas zu erforschen, festzustellen, welches unsere schwierigsten Entscheidungen seien, und das Energieproblem zu lösen. Sein Glaube an die Vernunft, an die Demokratie und an die Kraft der menschlichen Persönlichkeit kannte keine Grenzen. Niemals blickte er zurück. Oft wirkte er distanziert, weil er schon in einer Zukunft lebte, welche die meisten von uns noch nicht begriffen hatten.

Er liebte seine Familie und er liebte sein Land. Nach seiner Vorstellung waren beide eng miteinander verbunden. Es ist keine einfache Sache, in einer egalitären Gesellschaftsordnung mit großem Reichtum und großer Macht geboren zu werden. Aber er war stolz auf sein Erbe, das er als Herausforderung an Ehre und Pflicht verstand. Er war zutiefst davon überzeugt, daß seine moralischen Verpflichtungen ein Privileg seien. Wenn er diente, dann betrachtete er das nicht so, als täte er anderen einen Gefallen damit, sondern diese anderen erwiesen ihm eine Ehre, wenn sie ihm erlaubten zu helfen.

Und ebenso wie er bedingungslos an die Verpflichtung seiner Familie glaubte, ihrem Land zu dienen, war er auch überzeugt, daß es die Pflicht des Landes sei, sich seiner Grundwerte würdig zu erweisen, indem es der Menschheit die Botschaft der Hoffnung auf Freiheit brachte. Skeptiker mögen über seinen Glauben an die moralische Mission Amerikas lächeln. Aber Zyniker bauen keine Kathedralen.

Er brachte den Präsidenten seines Landes jeden Respekt entgegen, auch wenn er ihre Auffassungen nicht teilte. Als Patriot bemühte er sich darum, ihnen ihre Bürde zu erleichtern. Er zuckte zusammen, wenn jemand in seiner Gegenwart abfällig über diejenigen sprach, die nach seiner Meinung die Verantwortung für unsere Zukunft trugen und damit für die Hoffnungen der Menschheit. Eine der wenigen Gelegenheiten, bei denen er mit mir ungeduldig wurde, ergab sich vor mehr als 15 Jahren, als ich bei Präsident Kennedy gewesen war und Nelson berichtete, ich hätte dem Präsidenten gesagt, was ich an einer bestimmten politischen Maßnahme auszusetzen hätte. Nelson fragte mich, ob ich einen besseren Vorschlag machen könnte. Als ich das verneinte, tadelte er mich: »Sie dürfen nie vergessen, daß ein Präsident mit Problemen zugedeckt wird. Ihre Pflicht ist es, Lösungen vorzuschlagen.«

Nelson wäre stolz zu wissen, daß zwei Präsidenten ihn durch die Teilnahme an diesem Gottesdienst geehrt haben. Die Freundlichkeit Präsident Carters, der trotz all seiner Pflichten die Zeit gefunden hat, die Familie Rockefeller durch mehrere Gesten über diesen großen Verlust zu trösten, hätte ihn gerührt, aber am meisten hätte es Nelson bewegt, daß der Präsident gesagt hat, seine Nation habe die Liebe und Hingabe Nelsons verstanden und gewürdigt. Er wäre dem Präsidenten Ford dankbar, dem er seine aufrichtige Zuneigung entgegengebracht und als Vizepräsident mit selbstloser Hingabe gedient hat. Er hat die Zyniker widerlegt, die glaubten, die engen Grenzen, die ihm in seinem Amt gesetzt waren, hätten ihn verärgert, als er nach der Hälfte seiner Amtszeit zurücktrat, ohne in der aufopferungsvollen Wahrnehmung seiner Verantwortlichkeiten nachzulassen. Nelsons Ehrgeiz bestand darin, zu *dienen*, und nicht darin, etwas zu *sein*.

Man hat viel darüber geredet und geschrieben, wie enttäuscht

Nelson gewesen sei, weil er nicht Präsident geworden war. Damit wird dieser Mann mißverstanden. Daß er nicht Präsident geworden ist, war nach meiner Auffassung eine Tragödie für unser Land. Was wäre er für ein großer Präsident geworden! Um wie vieles hätte er uns reicher gemacht! Welch ungewöhnliche Kombination von Stärke und Menschlichkeit, Entschlossenheit und Weitblick! Und doch habe ich nie ein einziges enttäuschtes Wort von ihm gehört. Wie bei allen seinen Vorhaben hat er sich energisch um dieses Amt bemüht; als diese Bemühungen jedoch nicht zum Erfolg führten, stellte er sich neue Aufgaben – ungebrochen, energisch und unermüdlich.

In gewissem Sinne war es irgendwie unvermeidlich, daß er das höchste Amt in unserer Nation nicht bekleiden durfte, ja, es stand sogar eine edle Regung hinter seinem großen Verzicht. Und auch hier ist das, was man sich in diesem Zusammenhang erzählt, falsch. Es war nicht so, daß er nicht Präsident geworden ist, *obwohl* er ein Rockefeller war, sondern *weil* er es war. Seine ganze Erziehung ließ ihn vor dem Gedanken zurückschrecken, das Volk, dem er dienen wollte, könnte den Eindruck gewinnen, er verfolge ein persönliches Ziel. Als ein vom Schicksal so begünstigter Mensch glaubte er, nicht das Recht zu haben, persönliche Ansprüche zu stellen. Und so scheute dieser großartige Wahlkämpfer und aufrichtige Menschenfreund sich davor, die Delegierten persönlich anzusprechen, um sie für sich zu gewinnen. Er bewarb sich um das Amt, indem er der Nation das überzeugendste Bild von ihrer Zukunft und die besten Methoden, diese Zukunft zu gestalten, darzustellen suchte. Er hatte einen rührenden Glauben an die Kraft der Ideen. Doch das entspricht nicht ganz den lautstarken Wahlkampfmethoden in unserem Land, die mehr auf Persönlichkeiten als auf Programme eingestellt sind.

Und doch ist es sehr oft Nelson selbst gewesen, der das Regierungsprogramm ausgearbeitet hat, das später von anderen in die praktische Politik umgesetzt wurde. Sehr oft hat er die intellektuellen Vorarbeiten für Neuerungen geleistet. Ständig erinnerte er die führenden Männer und Denker der Nation an ihre Verantwortung und verlangte von ihnen, sich mit allen Kräften für die Zukunft der Vereinigten Staaten einzusetzen. Das Schicksal hat es gewollt, daß er mit den von ihm entworfenen Programmen, den Grundwerten, für die er eintrat, und mit der Arbeit für die Männer und Frauen, deren Leben sich dadurch veränderte, unserer Gesellschaft wie ein Namenloser seinen Stempel aufgedrückt hat.

Nelson war sich niemals ganz sicher, genug getan zu haben, um die ererbten moralischen Verpflichtungen zu erfüllen. Die Persönlichkeiten, die sich heute hier versammelt haben, sind das beste Zeugnis dafür, wie gut ihm das gelungen ist. Parlamentarier und Diplomaten, bekannte und geachtete Persönlichkeiten und schlichte Bürger, Amerikaner und Ausländer, Vertreter aller Glaubensrichtungen, Rassen und Nationen sind gekommen, um seinen so umfassenden Leistungen, dem weiten Horizont seines Geistes und vor allem der Größe seines Herzens ihre Ehrerbietung zu erweisen. Daß hier so viele hervorragende Persönlichkeiten zusammengekommen sind, würde Nelson davon überzeugen, daß seine Freunde ihn – der dafür zu bescheiden war – besser kannten als er selbst. Er würde spüren, wieviel er für das öffentliche Leben und die Ehre seines Landes getan hat.

Ich habe in diesen Tagen viel an meinen edlen Freund gedacht, und dabei ist mir bewußt geworden, daß seine Rolle in unserer Gesellschaft für die Rolle Amerikas in der Welt symbolisch gewesen ist. Wie er sind auch wir gewöhnlich stark; wie er sind wir Idealisten und haben Schwierigkeiten, uns zu artikulieren. Wäre er noch unter uns, dann würde er uns sagen: Blickt nicht zurück! Die Zukunft stellt uns vor erregende neue Aufgaben. Fürchtet euch nicht und schämt euch nicht eurer Stärke; haltet sie nicht zurück, aber mißbraucht sie auch nicht; sie ist keine Bürde, sondern der Segen Gottes, der uns die Möglichkeit gibt, uns der Tyrannei zu widersetzen, die Freien zu verteidigen, den Armen zu helfen, den Unglücklichen Hoffnung zu geben und auf dem Wege der Gerechtigkeit und des Mitgefühls weiter voranzuschreiten.

In seinen Mußestunden sprach Nelson nicht von der Macht, sondern von der Liebe. Damit meinte er nicht das sentimentale, anspruchsvolle Gefühl, das in so vielen Fällen Ausdruck der Selbstsucht ist. Bei ihm war es vielmehr die Güte des innerlich Starken, ein umfassendes Gefühl, von dem nur diejenigen es wagen dürfen zu sprechen, die wirklich im Frieden mit sich selbst leben.

In den letzten Jahren habe ich oft bei Sonnenuntergang mit ihm auf der Veranda gesessen, von der aus man seinen geliebten Hudson River überblickt. Dabei habe ich mehr gesprochen als er, aber er hatte das tiefere Verständnis. Und während die Skulpturen auf dem Rasen in der Abenddämmerung heraufleuchteten, saß Nelson Rokkefeller gelegentlich mit halbgeschlossenen Augen da, den suchenden Blick auf einen fernen Horizont gerichtet. Dann sagte er, weil ich innerlich darauf wartete, vor allem aber, weil er von diesem Gefühl durchdrungen war:

»Vergessen Sie das nie, die größte Kraft in dieser Welt ist die Liebe.«

Zur Lage im Iran

Ein Interview

Zweiter Teil eines Interviews mit »The Economist«; veröffentlicht am 10. Februar 1979

Sehen Sie eine Beziehung zwischen den Ereignissen im Iran und einem Mangel an sowjetischer Zurückhaltung oder amerikanischer Entschlossenheit, von denen Sie (am 3. Februar) gesprochen haben?

Niemand kann behaupten, die Unruhen, die zur Abreise des Schah geführt haben, seien auf ein Eingreifen der Sowjetunion zurückzuführen. Aber wer einen Felssturz verursacht, muß auch für das verantwortlich gemacht werden, was von den Felsbrocken angerichtet wird, die er nicht selbst geworfen hat. Nach meiner Auffassung hat das sowjetische Vorgehen in Äthiopien, Südjemen und Afghanistan gemeinsam mit der allgemeinen Vorstellung, daß der geopolitische Einfluß der Vereinigten Staaten sich verringert hat, diejenigen demoralisiert, für die die Zusammenarbeit mit den Vereinigten Staaten im Mittelpunkt des Interesses stand; ihre Entschlossenheit, gegen potentielle Revolutionäre vorzugehen, ist unterminiert worden. Welche Ausmaße das angenommen hat und in welchen Grenzen sich diese Entwicklung vollzieht, das ist natürlich eine Frage der Spekulation.

Haben Sie – wir haben es mit Sicherheit getan – die inneren Spannungen im Iran und das Ausmaß der Ablehnung des Schah durch die Bevölkerung unterschätzt?

Es ist ein sehr großer Fehler, wenn man in einer revolutionären Situation die Erscheinungen auf dem Höhepunkt der Unruhen als konstante Faktoren behandelt. Ein sichtbarer Verfall der Autorität erzeugt anarchistische Haltungen und gefährliche Tendenzen, die unter anderen Voraussetzungen vielleicht nicht in Erscheinung getreten wären. Die Geschichte zeigt uns, daß oft gefährlich aussehende Unruhen am Schluß nicht zum Erfolg geführt haben. 1968 wurde Frankreich einen Monat durch die Studentenrevolte paralysiert, die innerhalb eines Jahres spurlos versickerte.

Im Iran gab es ein Potential für Unruhen – zum Teil erzeugt durch die Modernisierung des Landes –, das vielleicht nicht richtig eingeschätzt wurde. Daß es sich zu einer Revolution entzündete, ist die Folge zahlreicher, erst in letzter Zeit entstandener und im wesentlichen unvorhersehbarer Faktoren. Es hat nicht so kommen müssen.

Sind die Vorkommnisse in Frankreich nicht eine sehr bezeichnende Parallele? In Frankreich war der Wendepunkt erreicht, als de Gaulle den Mittelstand um sich scharte. Dem Schah ist es nicht gelungen, den Mittelstand für sich zu gewinnen, und das ist eine Entwicklung, mit der wir – und damit sprechen wir hier nur von uns – nicht gerechnet hatten und aus der man schließen könnte, daß seine Freunde – wie etwa Sie als sein persönlicher Freund, solange Sie im Amt waren – ihn dazu ermutigt haben könnten, sich eine Anhängerschaft in dem, wie sich herausgestellt hat, sehr schweigsamen Mittelstand auf breiterer Basis zu schaffen. Der französische Mittelstand hat sich im Gegensatz dazu sehr lautstark zu Wort gemeldet.

Man darf nicht vergessen, daß sich die Lage im Iran soziologisch ganz wesentlich von der in Frankreich unterscheidet. Die fundamentalen Schwierigkeiten ergaben sich nicht daraus, daß der Schah rückständig gewesen wäre, sondern daß er sein Land modernisieren wollte. Die Mehrheit seiner Gegner waren nach westlichen Maßstäben nicht »fortschrittlich«. Im Vergleich mit den reaktionären Nachbarländern war er jedoch wirklich ein fortschrittlicher Herrscher. In allen europäischen Ländern hat der Übergang vom Feudalismus zum modernen Staat viel länger gedauert, und dabei ließ sich eine deutlich spürbare politische Instabilität doch nicht vermeiden. Man darf daher nicht so tun, als sei die Modernisierung ein einfaches Unternehmen.

Zweitens stimme ich dem Argument zu, daß wir alle im Hinblick auf den Iran zu wenig auf den Grundsatz geachtet haben, daß ein politischer Aufbau mit dem wirtschaftlichen Aufbau Hand in Hand gehen sollte. Hier haben weniger die Nachrichtendienste versagt als der Planungsapparat. Seit Jahrzehnten hat man die »fortschrittliche« Auffassung vertreten, eine wirtschaftliche Weiterentwicklung werde mehr oder weniger automatisch die politische Stabilität bewirken; eine Hebung des Lebensstandards werde die Unzufriedenheit verringern. Man glaubte, in der wirtschaftlichen Entwicklung läge automatisch eine Art Stabilisierungsfaktor.

Das hat sich ganz eindeutig als falsch erwiesen. Es wäre wahrscheinlich klüger gewesen, wenn sich der Schah darauf konzentriert hätte, die politische Entwicklung der wirtschaftlichen Entwicklung im Iran anzupassen. Vielleicht hätten wir den Schah dazu drängen sollen, obwohl ich nicht sagen kann, ob wir gewußt hätten, was wir ihm raten sollten. Aber daß dies nicht geschehen ist, hat nur zu den Anfängen eines Aufruhrs geführt, der sich ohne weiteres in Richtung auf die Schaffung einer konstitutionellen Monarchie hätte entwickeln können. Und wenn man sich damit Zeit gelassen hätte, dann wäre es wenigstens mit den erklärten Zielen des Schah nicht unvereinbar gewesen.

Was die schwelende Unruhe zur Revolution werden ließ, war das Zusammentreffen der Modernisierung, des Mangels an politischem Vorstellungsvermögen des Schah, der amerikanischen Politik, der Demonstration amerikanischer Schwäche und der Angriffe gegen amerikanische Institutionen, die von jenen Ländern als für ihr Überleben unabdingbar notwendig angesehen wurden. Im übrigen war es auch die Folge eines höchst ungeschickten taktischen Vorgehens in dieser Lage.

Damit meinen Sie die doppeldeutigen Zusagen für eine Unterstützung durch die Vereinigten Staaten?

Unsere Hilfszusagen hatten keine praktischen Folgen, und ihr konkreter Inhalt schloß immer Vorbehalte ein, die in der Tat jene Elemente ermutigen konnten, die die Unruhen schürten.

Doch trotz der Beschränkungen, die der amerikanischen Außenpolitik auferlegt sind, unter anderem durch den Kongreß, und mit denen sie es selbst besonders in den letzten zwei oder drei Jahren Ihrer Amtszeit zu tun gehabt haben, wie haben diese konkreten Maßnahmen der Vereinigten Staaten ausgesehen?

Als wir erklärten, wir unterstützten den Schah, war das nur die Bekanntgabe einer allgemeinen politischen Linie. Als wir jedoch konkrete Vorschläge machten, empfahlen wir Maßnahmen wie die Bildung einer Koalitionsregierung und eine allgemeine Liberalisierung. Solche Vorschläge trieben den Schah, der sich unserer Unterstützung auch weiterhin versichern wollte, in Richtungen, die seine Schwierigkeiten nur noch vermehrten.

Die fundamentale Herausforderung einer Revolution liegt im folgenden. Kluge Regierungen beugen Revolutionen dadurch vor, daß sie rechtzeitig Zugeständnisse machen; ja die klügsten Regierungen sehen die Anpassung an die jeweilige Lage nicht als Zugeständnis an, sondern als Teil eines natürlichen Prozesses, bei dem sie im Lauf der Zeit immer mehr von der Öffentlichkeit unterstützt werden. Wenn eine Revolution aber erst in Gang gekommen ist, lassen sich die revolutionären Kräfte nicht mehr durch Zugeständnisse mäßigen. Wenn eine Revolution ausgebrochen ist, kommt es vor allem darauf an, die Autorität wiederherzustellen. Die Zugeständnisse, mit denen man die Zuspitzung der Lage noch vor einem Jahr hätte verhindern können, haben den Desintegrationsprozeß jetzt nur beschleunigt. Zugeständnisse kann man machen, *nachdem* die Autorität wiederhergestellt ist.

Wenn sich Freunde der Vereinigten Staaten in einer schwierigen und gespannten Lage befinden, können wir nicht plötzlich die Notwendigkeit dieser Freundschaft leugnen und diese Freunde zur Annahme eines innenpolitischen Programms zwingen, das sehr klug und weitsichtig gewesen wäre, wenn sie es zwei Jahre früher freiwillig begonnen hätten, und das sechs Monate später vielleicht wieder gute Erfolge verspräche. Wenn wir versuchen, in unserer Politik die geopolitischen Notwendigkeiten außer acht zu lassen, um mitten in einer Krise die Verfechter der Menschenrechte bei uns zu besänftigen, dann steuern wir damit direkt auf die Katastrophe zu. Im Idealfall sollte ein Land Revolutionen dadurch unmöglich machen, daß es zur richtigen Zeit die richtigen Zugeständnisse macht. Ich wünschte, das wäre im Iran geschehen. Da es aber versäumt wurde, konnte die Lage nicht mehr dadurch gerettet werden, daß man mitten in einer Revolution unüberlegte Zugeständnisse machte.

Aber unter Berücksichtigung der Einschränkungen, denen ein amerikanischer Präsident unterworfen ist, welche praktischen Maßnahmen hätte er ergreifen können, um dem Schah oder irgendeiner anderen Regierung begreiflich zu machen, daß die Vereinigten Staaten in der Lage seien, eine solche Regierung wirksam zu unterstützen?

Ich würde glauben, einer der Gründe für die immer stärkere Demoralisierung des Schah waren seine durchaus begründeten Zweifel daran, daß wir ihn wirklich unterstützen würden. Er verfügte in der Tat über die Mittel, energischer Widerstand zu leisten, als er es getan hat. Und er hat sich entschlossen, diese Mittel nicht einzusetzen, weil er im Hinblick auf unsere Absichten Zweifel gehabt haben muß. Sicherlich haben die von ihm öffentlich empfohlenen Maßnahmen ihre zwei Seiten gehabt. Der sogenannte amerikanische progressive Konsens reagiert auf fast jede politische Krise im Ausland mit dem Vorschlag, eine Koalitionsregierung zu bilden. Während des Vietnam-Krieges sind wir jahrelang mit Vorschlägen für eine vietnamesische Koalitionsregierung bombardiert worden, die heute absurd klingen, wenn man erkennt, daß die in Hanoi herrschende Gruppe völlig außerstande war, anderen auch nur den geringsten Anteil an der politischen Macht zuzugestehen.

Was diesen Glauben, eine Koalitionsregierung könne die Probleme lösen, so widersinnig macht, ist die Tatsache, daß wir ihn nicht praktizieren. In einem Land wie den Vereinigten Staaten, in dem die Unterschiede zwischen den Parteien nicht so gravierend sind, hält man die Berufung eines Mitglieds der Oppositionspartei in ein technisches Kabinett für so ungewöhnlich, daß sie eine Sensation wäre. Doch in revolutionären Situationen setzen sich die Vereinigten Staaten immer wieder für eine solche Lösung ein, an der sich Parteien beteiligen sollen, die einander in Straßenschlachten bekämpfen und umbringen, weil sie sich nicht über die Mindesterfordernisse für ein friedliches Zusammenleben einigen können. Soweit ein solcher Vorschlag ernstgenommen wird, interpretiert man ihn entweder als einen klugen Schachzug mit dem Ziel, die gegenwärtige Regierung zu schwächen, oder als Beispiel dafür, daß uns jedes Verständnis für die wirklichen Probleme fehlt.

Aber wir leben in einer Welt, in der sich alle Länder, über die wir sprechen, sehr schnell entwickeln, und wo ein Kommunikationssystem besteht, in dem Nachrichten in Sekunden übermittelt werden können. Dazu steigt das Bildungsniveau sehr viel rascher als noch vor 40 Jahren. Wir leben in einer Welt, wo die Herrschenden, die den Vereinigten Staaten genehm sind, wie Sie das wahrscheinlich ausdrücken würden, auch dazu erzogen sein sollten, eine eigene Klasse von Politikern zu schaffen (wenn sie es nicht aus eigener Initiative getan haben).

Der Übergang vom Feudalismus zu unseren modernen Gesellschaftsformen hat die unausweichliche Folge gehabt, daß eine grundbesitzende herrschende Klasse vernichtet wurde, an deren Stelle eine herrschende Klasse getreten ist, die aus Technokraten, Managern und Kapitalisten besteht. Das ist ein sehr schwieriger und komplexer Vorgang. Im übrigen ist das nicht dasselbe wie der Übergang vom Absolutismus, wo es nur *einen* Herrscher gab, zur Gleichberechtigung aller Bürger. Das sind zwei ganz verschiedene Fragen, und ich habe das Empfinden, wir im Westen haben sie nicht gründlich genug durchdacht. Auch ich kenne die Lösung dieses fundamentalen Problems nicht so gut wie das Problem selbst.

Angesichts der sozialen Unruhen, zu denen es in einer Situation, wie Sie sie eben beschrieben haben, wahrscheinlich kommen muß, glauben Sie, daß die Frage der Menschenrechte im politischen Programm der Vereinigten Staaten eine entscheidende Rolle spielen wird oder nicht? Nehmen wir den Iran.

Wenn wir mit einer solchen Entwicklung rechnen müssen, dann kann eine vernünftige Menschenrechtspolitik hilfreich sein. In revolutionären Situationen kann man damit unter Umständen auch Öl ins Feuer gießen. Im Iran hat unsere Menschenrechtspolitik zur Instabilität beigetragen. Und sie hatte die paradoxe Wirkung, daß fast jede Regierung, soweit ich es voraussehen kann, in den nächsten ein oder zwei Jahren weniger freiheitlich, weniger fortschrittlich sein und die Menschenrechte mit weniger großem Ernst praktizieren wird als die Regierung, die sie abgelöst hat.

Glauben Sie, daß die vielen Kritiker an der CIA und der Nachrichtenbeschaffung durch sie im Iran wirklich gerecht urteilen? Wenn so viele Menschen durch die Ereignisse im Iran überrascht worden sind, ist es nicht überraschend, daß sich auch die CIA hat überraschen lassen?

Was wir im Iran erlebt haben, ist nicht in erster Linie eine Angelegenheit des Nachrichtendienstes. Wir haben die Auswirkungen einer raschen wirtschaftlichen Entwicklung falsch eingeschätzt. Als sich dann aus Unruhen eine Revolution entwickelte, mußten viele verschiedene politische Fragen beurteilt werden. Ich bedaure jedenfalls, daß die CIA in den vergangenen Jahren so geschwächt worden ist, und heute müssen wir den Preis dafür bezahlen – und zwar nicht nur im Iran.

Glauben Sie, daß sich das bei dieser Gelegenheit nachteilig ausgewirkt hat?

Die Schwächung der CIA wirkt sich in drei Richtungen aus. Erstens werden die Analytiker vorsichtiger. Zweitens haben wir uns praktisch der Möglichkeit beraubt, verdeckt zu operieren. Das ist besonders in Gebieten gefährlich, wo es zwischen einer militärischen Intervention und dem normalen diplomatischen Verkehr eine weite Grauzone gibt. Drittens hat sie sich auf das psychologische Gleichgewicht ausgewirkt. Ich würde sagen, daß die Gegner der Vereinigten Staaten in einem Land wie dem Iran noch vor fünf Jahren eine amerikanische Reaktion gefürchtet hätten. Sie hätten die Möglichkeiten der CIA vielleicht überschätzt und geglaubt, wir würden einen Angriff gegen die politische Struktur eines so engen Verbündeten einfach nicht hinnehmen. Die verschiedenen durch den Kongreß durchgeführten Untersuchungsverfahren – die im übrigen kaum irgendwelche Übergriffe festgestellt haben – hatten jedoch zur Folge, daß praktisch alle unsere Operationsverfahren in solchen Einzelheiten offengelegt wurden, so daß unsere Gegner heute sehr genau wissen, was wir unternehmen können und was nicht. Die vom Kongreß beschlossenen Restriktionen haben uns noch stärker die Hände gebunden. Allein die Tatsache, daß mit diesen Untersuchungen der Nimbus zerstört wurde, der sich um die CIA gebildet hatte, ist ein psychologisches Handicap.

Nachdem wir die Entwicklung im Iran erlebt haben, die jetzt hinter uns liegt, können wir heute in drei anderen Fällen etwas unternehmen oder erreichen; zunächst in Saudi-Arabien und der Golfregion?

Im ersten Teil unseres Gesprächs am 3. Februar haben wir über die Gefahren, denen wir in den achtziger Jahren ausgesetzt sein werden, nur im Hinblick auf die Ost-West-Beziehungen gesprochen. Eine gründliche Untersuchung würde zeigen, daß sich das Ost-West-Problem gegenwärtig durch historisch bedeutsame Vorgänge in vielen Teilen der Welt kompliziert, und dazu gehören auch die Golfregion und Saudi-Arabien, die in mancher Hinsicht nichts mit dem Ost-West-Konflikt zu tun haben.

In Saudi-Arabien und der Golfregion haben wir es heute mit zwei besonderen Problemen zu tun. Eines ist die zunehmende Erkenntnis der potentiellen Bedeutungslosigkeit amerikanischer Macht gegenüber den Gefahren, denen sich diese Länder vermutlich ausgesetzt sehen werden. Sie müssen sich darüber Gedanken machen, daß die Vereinigten Staaten aus den verschiedensten Gründen nachteilige geopolitische Veränderungen zulassen, wenn nur der Anschein erweckt werden kann, diese Veränderungen seien die Folge einer innenpolitischen Umstrukturierung. Das zweite Problem ist der soziale Wandel, der durch die riesigen Einkünfte aus dem Ölexport ausgelöst wird. Diese beiden Faktoren sind natürlich eng miteinander verknüpft und stehen in einer Wechselbeziehung.

Die gegenwärtige Lage in Saudi-Arabien und der Golfregion wird heute entscheidend durch die Entwicklung der Lage im Iran beeinflußt, und zwar objektiv durch den Zustand, in den der Iran geraten ist, und mittelbar durch die Folgerungen, die hinsichtlich des Einflusses der Vereinigten Staaten auf die Probleme der am meisten betroffenen Länder gezogen werden.

Ob es uns gefällt oder nicht, wir haben den Schah 37 Jahre als unseren engsten Verbündeten in diesem Gebiet angesehen. Er hat sein Amt auf das sichtbare Drängen Amerikas zur Verfügung gestellt. Wenn wir nun erklären, wir hätten keine andere Wahl gehabt, dann ist das für unsere bedrohten Freunde kein Trost, denn sie interessieren sich nicht für unsere Motive, sondern für unsere Leistungen. Wenn sie zu der Überzeugung kommen sollten, daß wir sie in kritischen Situationen ähnlich behandeln könnten, werden sie sich jetzt an Moskau oder Bagdad wenden. Wir müssen sie deshalb irgendwie davon überzeugen, daß unsere Politik ihnen das Überleben in einer Struktur garantiert, die ihrem Selbstverständnis entspricht.

Darüber hinaus werden die Ereignisse im Iran auf jeden Fall das Gleichgewicht der Kräfte in dieser Region verändern. Jede neue iranische Regierung wird sich zunächst in erster Linie mit innenpolitischen Problemen beschäftigen müssen. Das Gleichgewicht wird sich dadurch zugunsten radikaler Kräfte verändern, und zwar auf eine Art, die wir heute noch nicht voraussagen können. Die bloße Existenz eines geeinten und starken Iran hat den Irak daran gehindert, in der Golfregion eine aggressive Politik zu treiben. Auch unter den denkbar günstigsten Voraussetzungen wird der Iran noch Jahre brauchen, um die Ruhe im eigenen Lande einigermaßen wiederherzustellen. Der Irak und andere radikale Staaten gewinnen dadurch größere Handlungsfreiheit. Länder wie die Emirate – die die Möglichkeit haben, die Wirtschaft der demokratischen Industriestaaten zu lähmen – werden sich stärker bedroht fühlen und versuchen, sich anzupassen.

Wir können uns von diesen Schwierigkeiten nicht befreien, wenn wir auf die Rolle des Weltpolizisten verzichten. Natürlich hat der

Ausdruck »Polizist« keinen sehr guten Klang. Doch unbestreitbar ist die Herstellung des Gleichgewichts der Kräfte im weitesten Sinne eine Art Polizeiaktion, die bestrebt ist, friedlichen Ländern das Gefühl der Ohnmacht zu nehmen und Aggressoren an verantwortungslosem Handeln zu hindern. Dieser Verantwortlichkeit können wir nicht ausweichen. Deshalb sind wir zu einer Reihe politischer Maßnahmen gezwungen. Wir brauchen die sichtbare Präsenz amerikanischer Stärke im Indischen Ozean, zum Teil als Ersatz für den Machtverlust des Iran. Wir müssen ein politisches Programm entwickeln, dem die Saudis und andere bedrohte Länder vertrauen können und das trotz der unvermeidlichen politischen und sozialen Veränderungen soviel politische Stabilität garantiert, daß eine legitime Regierung sich durchsetzen kann. Auf keinen Fall dürfen wir Fehlschläge in einem Gebiet als Alibi dafür benutzen, daß wir darauf verzichten, in einem anderen politisch tätig zu werden.

Gehört zu den Dingen, die die Vereinigten Staaten tun sollten, nach Ihrer Ansicht auch die Bereitschaft, militärische Macht einzusetzen, um ein bestimmtes Regime an der Macht zu halten?

Diese Möglichkeit dürfen wir gegenüber der Öffentlichkeit nicht ausschließen – auch wenn sie nur für den äußersten Notfall in Frage kommt. Da ich selbst als Außenminister an der Gestaltung der Außenpolitik teilgenommen habe, weiß ich, wie ungeheuer kompliziert es ist, wirksame politische Maßnahmen zu entwerfen. Es gibt nur wenige Staatsdiener, vor denen ich eine größere Hochachtung habe als vor Außenminister Vance. Ich weiß auch, daß kein Außenminister behaupten darf, er habe die taktische Lösung für eine Situation, wo der Erfolg von den allersubtilsten Nuancen abhängig ist. Ich würde deshalb sagen, daß Ihre Fragen zwar sehr wichtige Themen berühren, auch wenn meine Antworten unbefriedigend sind.

Während meiner Amtszeit habe ich gelernt, daß es zwischen der öffentlichen Diskussion und den Verantwortlichkeiten des Staatsmannes oft keine Übereinstimmung gibt. Journalisten verlangen Antworten; der Staatsmann ist in erster Linie dafür verantwortlich, die richtigen Fragen zu stellen. Wenn es von Bürokratien gefordert wird, geben sie oft viel bessere Antworten als der politische Führer; er jedoch muß die Kraft haben, den Kurs zu steuern, den die fundamentalen Erfordernisse ihm vorschreiben. Es ist nicht seine Aufgabe, als Wunderknabe komplizierte technische Fragen zu beantworten, sondern er soll die politische Richtung bestimmen.

Doch in der Praxis des modernen politischen Lebens in Amerika – und Sie könnten sagen, daß das auch zur Zeit des Hitler-Krieges für Roosevelt gegolten habe – mußte der Staatsmann auch die Zustimmung des amerikanischen Volkes und des amerikanischen Kongresses haben. So subtil und nuanciert seine Wünsche auch sein mögen, wird er sonst ...

Ohne Frage; aber weder der Kongreß noch das amerikanische Volk werden hinter ihm stehen, wenn er nicht deutlich sagt, welches ihr Problem ist. 1940 bestand die große Mehrheit des amerikanischen Volkes aus Isolationisten. Und doch ist es Roosevelt gelungen, der öffentlichen Meinung über die Gefahr des Nazismus die Augen zu öffnen. Es ist besser, sich die Mühe zu machen und dabei zu scheitern, als politische Entschlüsse von Meinungsumfragen abhängig zu machen. Das führt in jedem Fall zur Katastrophe. Denn die Öffentlichkeit wird dem politischen Führer sein Versagen nicht verzeihen, auch wenn es die Folge der Erfüllung der angeblichen Wünsche dieser Öffentlichkeit ist. Hinter Chamberlain stand nach München sicher die große Mehrheit der britischen Bevölkerung, aber wegen der Folgen der Münchener Vereinbarungen ist er 18 Monate später gestürzt.

Das zweite besondere Problem, das ich mit der Kette von Ereignissen in Beziehung setzen will, von der Sie gesprochen haben, ist die Türkei. Glauben Sie, daß die Vereinigten Staaten etwas gegen die schon heute instabile Lage in der Türkei unternehmen können (und auch hier haben wir den Vorteil, daß wir im Iran gewisse Erfahrungen gesammelt haben)?

Lassen Sie mich dazu drei Dinge sagen. Erstens begann die Abkehr der Türkei vom Bündnis, wenn man die Angelegenheit vom Standpunkt des Außenpolitikers betrachtet, während der Amtszeit der vorigen Regierung, als der Kongreß verlangte, wir sollten die Türkei damit bestrafen, daß wir ihr gegen jede geopolitische Vernunft ein Embargo auferlegten. Ironischerweise erreichten wir damit nicht einmal das unmittelbar vor uns liegende Ziel, eine Lösung auf Zypern herbeizuführen. Zweitens, ich bin dafür, der Türkei zu helfen. Wenn irgendwelche Sondermaßnahmen notwendig sein sollten, um zu verhindern, daß die Türkei in ein Chaos gestürzt wird, dann bin ich dafür. Wir brauchen aber nicht so sehr Sondermaßnahmen, sondern müssen vielmehr die anderen Länder davon überzeugen, daß wir die großen Entwicklungstendenzen beherrschen. So sollten die Vereinigten Staaten, die heute mit dem innenpolitischen Zerfall des Iran konfrontiert sind, sich nicht verzweifelt nach Möglichkeiten umsehen, an anderer Stelle etwas zu tun. Im sogenannten Nordverbund brauchen wir eine klare Haltung im Hinblick auf unsere Absichten und Fähigkeiten; nur dann hat ein sofortiges Notprogramm einen Sinn.

Während die Vereinigten Staaten und das Bündnis in einer solchen Region offenbar eine gemeinsame Strategie entwickeln müssen, scheinen Sie sagen zu wollen, es sei notwendig, die Autorität der Regierung in dem jeweiligen Lande zu festigen. Würden Sie dafür sein, daß im Iran – und wenn sich die Lage zuspitzt, in der Türkei – die Autorität in dem Sinne wiederhergestellt wird, wie es in Pakistan geschehen ist?

Ich glaube, in der Türkei sind wir von einer solchen Situation weit entfernt.

Und im Iran?

Im Iran muß man die Tendenz der dort real wirksamen Kräfte analysieren. Die Hauptkräfte im Iran sind die Armee, die echten und nicht echten religiösen Gruppen, wie sie von Chomeini vertreten werden, die Nationale Front und die Radikalen, die die Streiks organisieren und, wie ich glaube, auf diese oder jene Weise von kommunistischen Organisationen aufgehetzt (oder ermutigt) werden. Wenn ich die Frage beantworten soll, welche politische Linie die einzelnen Gruppen verfolgen werden, dann würde eine Koalition zwischen der Nationalen Front und der Armee unseren Wünschen eher entgegenkommen als fast jede andere Gruppierung.

Aber damit unterschätzen Sie die sehr konkreten Auswirkungen in mehreren Ländern, über die wir im Zusammenhang mit dem Islam gesprochen haben. In Pakistan ist die Armee die führende Kraft, die eine sehr strenge Form des Islam vertritt. Wäre es nicht besser, zwischen dem Islam und der Armee eine Brücke zu bauen, um durch das Bündnis dieser beiden Kräfte die Autorität im Iran wiederherzustellen?

Offen gesagt weiß ich zu wenig über die taktische Lage im Iran, um hier einen Vorschlag machen zu können.

Der dritte Fragenkomplex, der entscheidend durch die Vorgänge im Iran berührt wird, ist das Abkommen von Camp David und die daraus folgenden Entwicklungen. Die Unterzeichnung des Abkommens von Camp David ist schon davon beeinflußt worden. Wir kennen amerikanische Stimmen, die sagen, nach dem Umsturz im Iran seien die Friedensvereinbarungen von Camp David bedeutungslos geworden. Würden Sie auch so weit gehen?

Nein, ich würde nicht so weit gehen. Ich glaube, die Vereinbarungen von Camp David sind in jedem Fall viel besser als ein Scheitern der Verhandlungen. Und deshalb unterstütze ich energisch die Bemühungen unserer Regierung und die allgemeine Tendenz der Regierungspolitik im Hinblick auf Camp David. Doch der Erfolg von Camp David wird wesentlich durch die Haltung beeinflußt, die wir in der Frage einnehmen, die Sie mir zur Politik gegenüber der Golfregion und Saudi-Arabien gestellt haben. Die Politik Saudi-Arabiens oder auch Jordaniens gegenüber Camp David wird sich danach richten, wie diese Länder die Kraft der radikalen Tendenzen in dieser Region beurteilen, und ob sie glauben, daß wir diese zügeln können.

Keine Art der Verknüpfung des Problems des Westufers des Jordan mit dem ägyptischen Vertrag oder irgendwelchen anderen Problemen, die heute noch umstritten sind, kann etwas gegen die fundamentalen Auswirkungen des Konflikts zwischen den Gemäßigten und Radikalen bewirken oder es uns abnehmen, nach den Ereignissen im Iran zur Stabilisierung der Lage und Wiederherstellung des Gleichgewichts etwas zu tun. Mit anderen Worten, noch vor ein paar Jahren konnte unsere Politik gegenüber den arabischen Ländern und Israel als Symbol der amerikanischen Strategie und politischen Vorherrschaft in jener Region angesehen werden. Die Vereinbarungen zwischen Israel und Ägypten sind jetzt die Eintrittskarte für die Beschäftigung mit anderen und noch fundamentaleren Problemen. Das Scheitern der Verhandlungen zwischen Ägypten und Israel hätte katastrophale Auswirkungen gehabt. Doch der Erfolg als solcher ist, so groß seine Bedeutung auch sein mag, nur ein Baustein.

Könnte man nicht auch anders argumentieren, wie Mohamed Heikal es vor einigen Tagen im britischen Fernsehen getan hat; daß nämlich die radikalen Staaten wie der Irak, den Sie eben als radikal bezeichnet haben, und Syrien bis zu den Verhandlungen von Camp David auf dem Wege gewesen seien, sich zu mäßigen? Nachdem der Iran nun ausgeschaltet ist und der Irak und Syrien in diesem Raum die führende Rolle übernommen haben, könnte sich die Tendenz zur Mäßigung im Irak und in Syrien vielleicht wieder verstärken, wenn die Vereinbarungen von Camp David sich als wirkungslos erweisen?

In der gegenwärtigen Lage müßte das Scheitern von Camp David als Zeichen dafür angesehen werden, daß die Vereinigten Staaten und alle, die sich hinter die Vereinigten Staaten gestellt haben, nicht in der Lage sind, die Ereignisse zu beeinflussen. Das würde keineswegs zur Mäßigung führen, sondern dem Radikalismus ungeheuren Auftrieb geben, was dazu führen müßte, daß die Vereinigten Staaten ihre Schlüsselstellung in jenem Gebiet verlieren. Ich halte die Analyse von Heikal für falsch, wenn er sagt, der Irak und Syrien hätten ihren gemäßigten Kurs wegen Camp David aufgegeben. Wenn die Lage im Iran stabil geblieben und es in Camp David zu einem raschen und überzeugenden Abschluß gekommen wäre, und damit meine ich die Verwirklichung der hier angestrebten Ziele, dann hätte sich alles ganz anders entwickelt. Vielleicht hätte sich Syrien sogar diesen Bestrebungen angeschlossen, wenn auch erst nach einiger Zeit. Was im Hinblick auf Syrien (und vielleicht auch auf den Irak) notwendig ist, das ist eine Ausgewogenheit der politischen Motive, die deutlich zeigen soll, daß wir im Nahen Osten immer noch ein entscheidender Faktor sind. Wenn wir dort den Einfluß verlieren, können arabisch-israelische Verhandlungen den Vormarsch des Radikalismus nicht aufhalten.

Heute kommt es nicht mehr so sehr darauf an, weshalb einige Amerikaner Camp David keine besondere Bedeutung beimessen, weil Israel in der gegenwärtigen Phase der offensichtlichen Schwäche der Vereinigten Staaten den Eindruck haben muß, der Verlust von Sinai mit seinen Ölfeldern und des Zu-

gangs zum iranischen Öl sei ein Stück Papier nicht wert – und diese Amerikaner glauben, daß Israel die Unterzeichnung der Vereinbarungen von Camp David hintertreibt.

Ja, aber Israel muß das gegen die Möglichkeit abwägen, daß es im amerikanischen Kongreß und in der amerikanischen Öffentlichkeit an Sympathie verlieren wird, wenn es für das Scheitern verantwortlich gemacht werden sollte. Ich habe den Eindruck, daß Israel bereit ist, das Abkommen mit Ägypten zu unterzeichnen. Das größte Hindernis, das dem Abschluß entgegensteht, ist die Furcht Israels davor, was am Westufer des Jordan geschehen könnte. Vielleicht war es falsch, im Kontext des Vertrags mit Ägypten zu sehr auf die Einzelheiten einer Regelung der Verhältnisse am Westufer einzugehen.

Lassen Sie uns zu unserem Hauptthema zurückkehren. Am 3. Februar haben wir davon gesprochen, die Russen könnten sich auf lange Sicht eingekreist fühlen, es wäre aber möglich, daß sie sich in den achtziger Jahren gewisse Vorteile verschaffen. Haben Sie den Eindruck, daß sich die Geschichte auf lange Sicht zu ihren Gunsten entwickeln wird, oder meinen Sie, daß der Westen die besseren Aussichten hat?

Grundsätzlich ist die Geschichte natürlich neutral, und sehr viel hängt davon ab, welche Anstrengungen man unternimmt. Denkt man an die materiellen Mittel, an die gesellschaftlichen und wirtschaftlichen Tendenzen, dann würde ich glauben, daß das sowjetische System historisch die schlechteren Chancen hat. In dieser Hinsicht sind unsere Zukunftsaussichten die besseren. Und deshalb sind für die achtziger Jahre entscheidende Entwicklungen zu erwarten. Es steht uns eine kritische Zeit bevor, weil es für den möglichen Zusammenschluß der demokratischen Länder vor allem an der Organisationsstrategie und am Organisationswillen fehlt. Wenn diese Elemente gestärkt werden könnten, dann geriete die Sowjetunion geopolitisch in eine sehr schwierige Lage und würde durch die Verfalls- und Auflösungstendenzen innerhalb des sowjetischen Systems schwer bedroht, auch wenn es vielleicht noch ein Jahrzehnt dauern wird, bis sich diese Tendenzen entwickeln. Aus all diesen Gründen werden die Gefahren Anfang der achtziger Jahre zunehmen, es kann aber auch eine Zeit günstiger Gelegenheiten werden. Alles hängt davon ab, wie wir auf das reagieren, was sich schon heute deutlich abzeichnet.

Vertrag zur Begrenzung der strategischen Rüstung (SALT II)

Erklärung vor dem Ausschuß für Auswärtige Beziehungen des Senats des Vereinigten Staaten vom 31. Juli 1979

In seinem Aufsatz *Zum Ewigen Frieden* schreibt der Philosoph Immanuel Kant, es gebe zwei Wege zum Weltfrieden; er werde entweder nach einer Reihe von mit immer größerer Heftigkeit geführten Kriegen eintreten oder als Folge der moralischen Einsicht, wenn die Nationen der Welt auf den mit den Mitteln der Gewalt ausgetragenen Konkurrenzkampf verzichten, der zur Selbstzerstörung führen müsse. Wir stehen heute vor dieser Entscheidung. Zum erstenmal in der Geschichte verfügen zwei Nationen über die Mittel, sich gegenseitig und der ganzen Menschheit Schäden zuzufügen und Zerstörungen zu bewirken, die das zivilisierte Leben auf dieser Erde praktisch beenden würden. Andererseits stehen ihnen aber auch unvergleichliche Möglichkeiten für die Zusammenarbeit zur Verfügung, um die Wunder der Technik zum Wohl der Menschen einzusetzen.

Die Beziehungen zwischen den Vereinigten Staaten und der Sowjetunion haben unmittelbare Auswirkungen auf die Hoffnungen und Befürchtungen der ganzen Menschheit. Beide Länder verfügen über ein gewaltiges Kernwaffenarsenal. Sie vertreten völlig gegensätzliche Vorstellungen von der Gerechtigkeit, und ihre Zukunftserwartungen gehen in ganz verschiedene Richtungen. Nach der Ideologie der sowjetischen Führer genügt es nicht, das von ihnen bevorzugte Gesellschaftssystem im eigenen Lande zu praktizieren; sie streben danach, ihm in der ganzen Welt zum Durchbruch zu verhelfen. Deshalb kommt es zwischen der Sowjetunion und den Vereinigten Staaten in Gebieten, die beiden wichtig erscheinen, zu Konflikten. Wir sind nicht bereit, die Interessen unserer Verbündeten aufs Spiel zu setzen. Sowjetische Verbündete wie Vietnam und

Kuba sind in der Lage, von sich aus Krisen zu erzeugen, und werden nur allzu oft von Moskau dazu ermutigt.

Der Friede, nach dem wir streben, muß deshalb eine solidere Grundlage haben als die Hoffnung auf Verständigung oder die Furcht vor einer Weltkatastrophe. Unsere Friedensbestrebungen setzen ein militärisches und geopolitisches Gleichgewicht voraus. Man hat jedoch in Amerika auf die Erhaltung des Gleichgewichts der Kräfte nie einen besonderen Wert gelegt. Doch gerade das ist die Voraussetzung für die Sicherheit und auch für den Fortschritt. Wenn wir nur daran denken, einen Konflikt zu vermeiden, und unsere militärische Stärke vernachlässigen, wird das internationale System auf Gnade und Ungnade denen ausgeliefert sein, die bereit sind, am rücksichtslosesten vorzugehen. Wenn das Bestreben, die andere Seite zu beschwichtigen, zur einzigen Operationsbasis der Politik wird, riskieren wir, daß Kriegsdrohungen zu einer Waffe werden, mit der andere uns erpressen können. Unsere Verbündeten und unsere ethischen Grundwerte würden auf die Dauer gefährdet. Das Verlangen nach Frieden würde zur Karikatur und am Schluß zur bloßen Beschwichtigung führen. Wie sollen wir nach der Erhaltung des Friedens *und* der Durchsetzung unserer moralischen Grundsätze streben? Wie sollen wir einen Krieg mit Kernwaffen vermeiden, ohne uns durch Drohungen mit dem Einsatz von Kernwaffen erpressen zu lassen? Das ist das Hauptproblem unseres Zeitalters.

Die Vereinigten Staaten müssen gleichzeitig an drei Fronten vorgehen:

Erstens müssen wir ein militärisches Gleichgewicht herstellen, das Angriffe gegen unsere Freunde oder Verbündeten, gegen unsere eigenen vitalen Interessen oder im äußersten Fall gegen uns selbst ausschließt.

Zweitens haben wir nicht nur die Pflicht, die nackte Aggression zu verhindern, sondern wir müssen auch grundsätzlich dafür sorgen, daß politischer oder wirtschaftlicher Druck und die Erpressung durch militärische Drohungen oder terroristische Aktionen nicht zu entscheidenden Faktoren in der Weltpolitik werden. Das geopolitische Gleichgewicht muß aufrechterhalten bleiben, denn sonst würden im Westen feindliche radikale Kräfte einen solchen Auftrieb bekommen, daß man den Eindruck gewönne, ihnen gehöre die Zukunft, und gegen diese Entwicklung sei nichts mehr zu unternehmen.

Drittens müssen wir auf der Grundlage eines so erreichten und bewahrten Gleichgewichts bereit sein, Möglichkeiten für eine echte friedliche Koexistenz zu suchen. Nachdem sich die Großmächte davon überzeugt haben, daß sie einander nicht beherrschen können, müssen sie sich zur Mäßigung und schließlich zur Zusammenarbeit entschließen. Die Kreativität einer vielgestaltigen Welt und ein friedlicher Wettbewerb können die Grundlage für einen in der Geschichte der Menschheit einmaligen Fortschritt werden. Ein stabiles Gleichgewicht ist die aussichtsreichste und vielleicht einzige Basis für die Kontrolle und schließliche Reduzierung der Massenvernichtungswaffen.

Diese Forderungen werden sehr oft mit der Alternative konfrontiert. Aber das Verlangen nach Sicherheit und die Bemühungen um den Frieden sind untrennbar miteinander verbunden; eines läßt sich ohne das andere nicht erreichen. Keine Demokratie darf darauf setzen, daß ein Konflikt die Lösung bringen könnte. Unsere Regierung wird in ihrem Widerstand gegen die Bedrohung unserer vitalen Interessen nur dann unterstützt werden, wenn die Öffentlichkeit davon überzeugt ist, daß eine Konfrontation unvermeidlich war. Unser Volk hat das Recht, von seiner Regierung zu erwarten, daß sie alle Möglichkeiten ausschöpft, einen echten Frieden zu bewahren. Auch unsere Verbündeten werden das von uns verlangen.

Der neue Vertrag (SALT) stellt mich vor ein besonders komplexes Problem. Als Universitätsprofessor habe ich an akademischen Gesprächen über militärische Grundsatzfragen und eine Strategie teilgenommen, deren Grundlage die ersten Initiativen für eine Rüstungskontrolle waren. Ich habe mich 1972 an dem Entwurf der ersten SALT-Vereinbarungen beteiligt. Ich habe 1974 an den Vereinbarungen von Wladiwostok teilgenommen, mit denen der erste Durchbruch zu SALT II gelang. Ich habe bei den Verhandlungen im Januar 1976, die dem Abschluß einer Vereinbarung sehr nahegekommen sind, eine wichtige Rolle gespielt. Schon seit langer Zeit setze ich mich persönlich dafür ein, die Aufrüstung mit strategischen Kernwaffen zu beschränken. Als Historiker bin ich mir der Lehren bewußt, die wir aus dem Zweiten Weltkrieg ziehen müssen, der sich zu einem Weltkonflikt entwickelt hat, weil die Demokratien es versäumt haben, das Gleichgewicht der Kräfte zu wahren. Wir dürfen aber auch die Tragödie des Ersten Weltkriegs nicht vergessen, als es auch *trotz* eines bestehenden Gleichgewichts der Kräfte zur Katastrophe kam, weil die Technik und die Rivalitäten sich der Kontrolle durch die Staatsmänner entzogen.

So darf man SALT nicht isoliert von allen anderen Gegebenheiten betrachten. Es ist nur ein Element in unserer gesamten nationalen Sicherheitspolitik und muß im Zusammenhang des globalen Gleichgewichts gesehen werden, dessen Ausdruck diese Vereinbarungen sind oder das es fördern soll. Ich muß deshalb leider sagen, daß der vorliegende Vertrag zu einer Zeit ernster Gefahren für unsere nationale Sicherheit und das globale Gleichgewicht zur Ratifizierung ansteht. Das militärische Gleichgewicht beginnt sich in bedrohlicher

Weise in allzu vielen wichtigen Rüstungsbereichen zuungunsten der Vereinigten Staaten zu verschieben. Die Sowjetunion verwendet in einem bisher noch nicht dagewesenen Ausmaß fremde Streitkräfte in Afrika, im Nahen Osten und in Ostasien, und radikale Kräfte sowie terroristische Organisationen, die von den Freunden Moskaus unterstützt werden, gefährden den Frieden überall auf der Welt, und deshalb leben wir heute in einer Zeit tiefgreifender Umwälzungen. Wir haben die schmerzliche Erfahrung machen müssen, daß wir allein nicht die Aufgabe eines Weltpolizisten übernehmen können. Doch weder unsere ethischen Grundwerte noch unsere Sicherheit erlauben es, daß die Sowjetunion sich in zunehmend stärkerem Maß in die Entwicklungen überall auf der Welt einmischt. Während sich die Vereinigten Staaten darum bemühen, die im Vietnam-Krieg davongetragenen Wunden auszuheilen, bedrohen radikale Kräfte die regionale Stabilität und versuchen, gemäßigte Regierungen, die mit dem Westen befreundet sind, mit Gewalt zu stürzen. Wenn sich diese Entwicklungen fortsetzen, dann stehen wir vor der ernüchternden Aussicht, daß die Welt allmählich außer Kontrolle geraten wird, während unsere relative militärische Stärke abnimmt, unsere vitalen wirtschaftlichen Interessen von Erpressung bedroht werden und die feindlichen Kräfte so rasch zunehmen, daß wir ihrer nicht mehr Herr werden können, während die Zahl der mit uns befreundeten Nationen schrumpft.

Wenn ich mich nun dem Ihnen vorliegenden Vertrag zuwende, dann darf ich mit allem Respekt sagen, daß der Senat dafür verantwortlich ist, die Frage unserer nationalen Sicherheit im größeren Zusammenhang zu untersuchen. Der Senat könnte jetzt wenigstens damit beginnen, die für uns ungünstige Entwicklung hinsichtlich des militärischen Gleichgewichts aufzuhalten und der Sowjetunion verständlich zu machen, daß wir ein ständiges Eingreifen in die regionalen Machtverhältnisse und die Ermutigung subversiver und terroristischer Gruppen als unvereinbar mit jeder Art der Koexistenz ansehen. Wenn wir das nicht deutlich sagen, dann wird SALT zu einem Betäubungsmittel, einer Art Flucht aus der Verantwortung. Ich werde im Verlauf meiner Ausführungen noch spezifische Vorschläge machen und sagen, wie wir uns nach meiner Auffassung im einzelnen zu diesem Problem verhalten sollten.

Die Verschiebung des strategischen Gleichgewichts

Die grundlegenden technischen Fakten über das gegenwärtige militärische Gleichgewicht sind diesem und anderen Ausschüssen in allen Einzelheiten vorgetragen worden. Lassen Sie mich zunächst auf die unseren Interessen entgegenstehenden wesentlichen Verschiebungen des gesamten strategischen Gleichgewichts während der letzten 15 Jahre eingehen.

In den ersten 25 Jahren nach dem Zweiten Weltkrieg waren die militärischen Kräfteverhältnisse relativ klar zu überblicken. Die Sowjetunion war auf dem eurasischen Kontinent an Bodentruppen immer überlegen; wir waren sowohl mit unseren strategischen Waffen als auch mit dem regional einzusetzenden taktischen Kernwaffenarsenal weit voraus. Die Reichweite der Sowjetunion ging nur so weit, wie motorisierte Verbände marschieren konnten, das heißt, grob gesagt, bis in die benachbarten europäischen Gebiete und eine begrenzte Strecke nach China hinein. Afrika, der größte Teil des Nahen Ostens und sogar Südostasien lagen jenseits des potentiellen Einsatzraumes stärkerer sowjetischer Kräfte. Dazu waren die Gebiete, die von sowjetischen Bodentruppen bedroht werden konnten, durch drei Faktoren geschützt:

erstens durch die amerikanische Überlegenheit mit strategischen Kernwaffen, die die Sowjetunion militärisch lähmen oder wenigstens einen sowjetischen Gegenschlag auf ein vertretbares Niveau reduzieren konnten, während noch genügend Reserven einsatzbereit bleiben, um industrielle Ziele anzugreifen;

zweitens durch die starke Überlegenheit bei den sogenannten taktischen Kernwaffen, die an der Peripherie des sowjetischen Gebiets stationiert waren;

und drittens in Europa durch starke amerikanische und verbündete Bodentruppen, die es wenigstens sehr wahrscheinlich machten, daß ein sowjetischer Angriff mit konventionellen Streitkräften den nuklearen Gegenschlag der Vereinigten Staaten auslösen würde.

So überrascht es nicht, daß es während der ersten 20 Jahre nach dem Krieg gelungen ist, mit den größeren Krisen – in Berlin, Korea und auf Kuba – fertig zu werden, weil das Risiko für Moskau zu groß war, über einen bestimmten Punkt hinauszugehen.

Dieser Zustand wird sehr bald nicht mehr bestehen. In den sechziger Jahren begann sich das militärische Gleichgewicht zu verschieben – zunächst fast unmerklich, so groß war unsere Überlegenheit –, und diese Entwicklung hat sich in den letzten Jahren zusehends beschleunigt. Es ist unbedingt notwendig, daß wir ohne Illusionen die sich daraus ergebenden gefährlichen Tendenzen erkennen. Und es ist entscheidend wichtig, daß wir beginnen, etwas dagegen zu unternehmen.

Seit 15 Jahren hat die Sowjetunion ihre nuklearen Streitkräfte ständig ausgebaut. 1965 bestand das sowjetische strategische Arsenal aus etwa 220 interkontinentalen Fernlenkwaffen (ICBM) und

100 von U-Booten zu startenden Fernlenkgeschossen (SLBM). 1968 war dieses Arsenal auf 860 ICBM und mehr als 120 SLBM angewachsen. Wir hatten den Bau unserer strategischen Kernwaffen 1967 bei einem Bestand von 1054 ICBM und 656 SLBM eingestellt. Mitte der siebziger Jahre hatten uns die Sowjets mit der Zahl der Abschußrampen eingeholt. Es stellte sich heraus, daß unsere Nachrichtendienste die sowjetischen Rüstungsvorhaben unterschätzt hatten. Im Gegensatz zu den illusionären Vorstellungen der Öffentlichkeit haben die Sowjets ihr Arsenal in einem Maße ausgebaut, das unsere Nachrichtendienste als das für uns ungünstigste bezeichneten, nicht aber soweit, wie sie es für »am wahrscheinlichsten« hielten.* Als die Sowjets uns eingeholt hatten, setzten sie, wie die Regierung Johnson erwartete, die Aufrüstung mit Fernlenkwaffen fort, bis der Weiterbau auf dem Niveau eingefroren wurde, das in den SALT-Vereinbarungen vom Mai 1972 als oberste Grenze bezeichnet wird. Anschließend wendeten sich die Sowjets energisch der qualitativen Verbesserung ihrer Fernlenkwaffen zu.

Unser Problem liegt nun nicht nur in der großen Zahl der Sprengköpfe bei den sowjetischen ICBM, sondern vor allem im Unterschied der Waffentypen, deren Bau auf beiden Seiten besonders vorangetrieben wird. In den sechziger Jahren beschlossen die Vereinigten Staaten einseitig, ihre strategischen Streitkräfte vor allem mit leichten, aber sehr treffsicheren ICBM auszurüsten. Dazu kamen die weniger leicht vom Gegner auszuschaltenden, aber auch weniger treffsicheren SLBM und die vielseitiger verwendbaren, aber leichter zu bekämpfenden bemannten Bombenflugzeuge. Die Sowjets entschieden sich für die entgegengesetzte Strategie und konzentrierten sich vor allem auf den Bau schwerer, vom Boden aus zu startender Fernlenkwaffen, die eine viel stärkere Sprengladung befördern konnten. Doch mit der Verfeinerung der sowjetischen Technologie mußte sich die Überlegenheit an Zahl und Sprengkraft auswirken. Denn die vom Boden aus zu startenden ICBM werden wahrscheinlich immer die größte Treffsicherheit haben und damit die wirkungsvollste strategische Waffe sein. Dazu eignen sich diese Waffen am besten für einen raschen Angriff gegen die militärischen Ziele der anderen Seite. Mit anderen Worten, die Sowjets haben mit der Modernisierung ihrer ICBM ihre Rüstung in erster Linie auf Waffen eingestellt, die einen sofortigen Gegenschlag ermöglichen. Unsere strategischen Streitkräfte bestehen im Gegensatz dazu vor allem aus mit Verzögerung reagierenden Kräften, wie den von Flugzeugen aus zu startenden Marschflugkörpern. Die Asymmetrie in der Kapazität beider Seiten, die militärischen Ziele des Gegners zu

* Siehe Albert Wohlstetter, »Is There a Strategic Arms Race?« *Foreign Policy*, 15 (Sommer 1974), 3–20; »Rivals, But No ›Race‹«, Foreign Policy, 16 (Herbst 1974), 48–81.

vernichten, hat sich aus diesem Grund mit jedem Jahr verstärkt.

Heute ist man sich allgemein darin einig, daß die Sowjets mit der Verbesserung der Treffsicherheit und der Technologie der Sprengköpfe 1982 in der Lage sein werden, alle unsere vom Boden aus zu startenden ICBM vom Typ Minuteman zu zerstören. Ob dieses Potential jemals zum Einsatz kommen wird oder nicht – und ich halte das für unwahrscheinlich –, es kehrt die strategische Gleichung, auf die wir unsere Sicherheit und die unserer Freunde während des größten Teils der Nachkriegsperiode gestüzt haben, um und revolutioniert die strategische Lage.

Diese Umkehrung des strategischen Gleichgewichts wirkt sich für uns noch nachteiliger aus, weil die Sowjets ihre Luftstreitkräfte und Fernlenkwaffen in einem vergleichbaren Maß ausgebaut haben und damit der amerikanische Vorsprung auf dem Felde der regionalen taktischen Kernwaffen verlorengeht. Die Sowjetunion hat eine sehr große Zahl neuer Fernlenkwaffen mit einer Reichweite von 3200 Kilometern – die SS-20 – eingesetzt, die einen Mehrfachsprengkopf haben, der aus drei in verschiedene Richtungen zu lenkenden Sprengladungen besteht. In den achtziger Jahren werden einige 100 mit Überschallgeschwindigkeit fliegende Backfire-Bomber alle in der Peripherie der Sowjetunion liegenden Gebiete abdecken können (zunächst berücksichtigen wir nicht ihre Einsatzmöglichkeit für interkontinentale militärische Aufgaben). Wir sehen uns daher einer sowjetischen Überlegenheit bei den taktischen, im Einsatzgebiet stationierten Kernwaffen gegenüber. Das Ungleichgewicht wird durch die Tatsache demonstriert, daß wir einem Teil unserer strategischen Streitkräfte – U-Booten vom Typ Poseidon – die Aufgabe übertragen mußten, Ziele zu decken, die die NATO bedrohen. Im Kriegsfall werden wir daher wahrscheinlich entweder über zu wenige strategische Waffen verfügen können, oder es wird uns an taktischen Kernwaffen fehlen.

Das alles hat sich so entwickelt, während die sowjetische Überlegenheit mit konventionellen Streitkräften gewachsen ist und sich die Reichweite der sowjetischen Waffen durch die rapide Entwicklung ihrer Kriegsflotte und Langstreckenflugzeuge, die Einrichtung sowjetischer Basen in Ländern wie Südjemen und Vietnam und großer sowjetischer Waffendepots in Ländern wie Libyen und Äthiopien gewaltig vergrößert hat, womit die Sowjetunion in der Lage sein wird, ihre eigenen Truppen oder die Streitkräfte ihrer Verbündeten rasch an die schon an Ort und Stelle lagernden Waffen zu verlegen. Zugleich nimmt die Schlagkraft unserer Seestreitkräfte ab, und die Zahl der uns zur Verfügung stehenden überseeischen Flottenstützpunkte wird immer kleiner.

Es ist in der Geschichte nur sehr selten vorgekommen, daß eine Nation einen so radikalen Wandel im militärischen Gleichgewicht so passiv hingenommen hat. Wenn wir etwas dagegen unternehmen wollen, dann müssen wir zunächst erkennen, daß wir uns freiwillig in eine so entscheidend ungünstige Lage gebracht haben. Sie ist *nicht* das Ergebnis von SALT; sie ist die Folge von im Lauf der vergangenen 15 Jahre getroffenen einseitigen Entscheidungen, einer strategischen Doktrin, die wir in den sechziger Jahren entwickelt haben, und deren Ursachen die tragischen innenpolitischen Spaltungen nach dem Vietnam-Krieg und die Entscheidungen der gegenwärtigen Regierung gewesen sind. Alle diese Entscheidungen sind einseitig getroffen worden und hätten daher vermieden werden können. Nicht schlaue sowjetische Unterhändler haben uns zu diesem Verhalten veranlaßt. Wir haben uns durch unsere eigenen Beschlüsse, Theorien und die innenpolitischen Schwierigkeiten in diese Lage bringen lassen. Es liegt daher in unserer Macht, sie zu korrigieren.

In den sechziger Jahren galt in den Vereinigten Staaten die strategische Doktrin mit der bescheidenen Bezeichnung »gesicherte Vernichtung«. Danach war die Abschreckung solange garantiert, wie wir die Fähigkeit besaßen, einen vorausbestimmten Prozentsatz der sowjetischen Bevölkerung und Industriekapazität zu vernichten. Die Strategie wurde dabei zu einem technischen Problem, zu einer wirtschaftlichen Analyse, die im wesentlichen von der Stärke der gegnerischen Kräfte abhängig war. Solange eine genügend große Zahl unserer Waffen übrigblieb, um die in der Theorie vorausberechnete Zerstörung anzurichten, sollte die Abschreckung wirken; unsere militärische Leistungsfähigkeit war im wesentlichen unabhängig von der Bedrohung, mit der wir es zu tun hatten; die Verwundbarkeit von Teilen unserer Streitkräfte – wie etwa unserer ICBM – fiel solange nicht ins Gewicht, wie genügend nukleare Sprengköpfe übrigblieben, um der Sowjetunion vernichtende Schläge beizubringen, die für sie »inakzeptabel« waren.

Diese Doktrin setzte nicht nur die weiterbestehende technologische Überlegenheit der Sowjets voraus, sie ließ auch die psychologischen Hemmnisse außer acht, die der Durchführung einer solchen Strategie im Wege standen. Die nach dieser Doktrin entwickelten Zielpläne ließen einem Präsidenten in einer Krise keine anderen Alternativen als die Massenvernichtung oder die Kapitulation. Diese Strategie war sogar zur Zeit unserer Überlegenheit moralisch anfechtbar. Sobald jedoch das strategische Gleichgewicht erreicht wurde, wäre sie das Rezept für den Selbstmord auf beiden Seiten.

Das Entstehen einer neuen Lage im Hinblick auf die strategischen

Kernwaffen hätte uns dazu zwingen müssen, unsere Vorstellungen von den zu bekämpfenden Zielen zu überdenken und unsere Aufmerksamkeit wieder den taktischen Kernwaffen und dem Gleichgewicht der konventionellen Streitkräfte zuzuwenden. Zu unserem Unglück wurden alle unsere Verteidigungsprogramme gerade in dem Augenblick, als ein solches Umdenken dringend notwendig gewesen wäre, im Rahmen der erbitterten innenpolitischen Debatte um Vietnam systematisch angegriffen. Auf der einen Seite verschlang der Vietnam-Krieg so hohe Summen, daß für die Modernisierung unserer Streitkräfte nicht genügend Geld übrigblieb. Aber noch ausschlaggebender war der Umstand, daß die massiven Angriffe gegen das Verteidigungsbudget und die militärischen Programme auch die größeren Projekte in Gefahr brachten, die sich noch finanzieren ließen und in den Etat eingeplant waren. Man behauptete, die neuen Waffen seien überflüssig und Symptome einer Militärpsychose; wir würden mit einer solchen Rüstung unsere Mittel verschwenden und uns selbst in noch größere Gefahr bringen. »Eine Neuordnung der nationalen Prioritäten« war das Schlagwort jener Zeit; mit anderen Worten, der Rüstungsetat sollte zusammengestrichen werden. Das Programm für die ABM wurde mit nur einer Stimme Mehrheit gebilligt, konnte aber dann nicht voll durchgezogen werden, weil es Schwierigkeiten bei der Finanzierung gab. Auch beim Bau des Transportflugzeugs C-5A, das später im Nahostkrieg von 1973 einen Alliierten gerettet hat, gab es wiederholt Finanzierungsschwierigkeiten. Das einzige strategische System, das uns zur Verfügung stand, um die zahlenmäßige Überlegenheit der Sowjets auszugleichen, die MIRV, wurde in den siebziger Jahren immer wieder angegriffen. Paradoxerweise waren es gerade diejenigen, die sich wegen des Rüstungswettlaufs die größten Sorgen machten, die die blutrünstigsten strategischen Vorstellungen entwickelten, weil sie hofften, dadurch eine Stärkung oder Vermehrung unserer strategischen Streitkräfte umgehen zu können.

In dieser Atmosphäre haben die Bemühungen, die strategische Rüstung wenigstens auf dem gleichen Stand zu halten wie in den sechziger Jahren, bis zum Ende des Vietnam-Kriegs die Energie der Regierungen verbraucht. Es war außerordentlich schwierig, die notwendigen Mittel für neue Programme zu beschaffen. Das Günstigste, was Anfang der siebziger Jahre erreicht werden konnte, war die Umstellung der bisherigen strategischen Doktrin, mit der die Fernlenkwaffen jetzt nicht mehr gegen die Zivilbevölkerung, sondern gegen militärische Ziele gerichtet werden sollten. (Aber paradoxerweise führte die Tatsache, daß wir immer weniger in der Lage waren, einer Strategie des Vergeltungsschlages zu folgen, dazu, daß wir bei der Auswahl der zu bekämpfenden Ziele ein sehr hohes Risiko eingingen, weil sie sich auf eine geringere Zahl von Zielen beschränken mußte und niemand mehr sagen konnte, in welcher Phase der Einsatz dieser Waffen beendet werden müsse.)

Nach Beendigung unserer Beteiligung am Vietnam-Krieg konnte man endlich darangehen, neue Programme für den Bau strategischer Waffen zu entwerfen, und zwar für den bemannten strategischen Bomber B-1, der 1978 in Dienst gestellt werden sollte, für die MX-ICBM zur Fertigstellung bis 1983, für das mit Fernlenkwaffen auszurüstende U-Boot Trident, mit dessen Einsatzbereitschaft man im Jahr 1979 rechnete, und in den achtziger Jahren für verschiedene Varianten von Marschflugkörpern. Mit diesem ganzen Arsenal würden sich die Optionen der Vereinigten Staaten vermehren, und einige dieser Waffen würden uns erneut die Möglichkeit für einen Gegenschlag geben.

Doch die gegenwärtige Regierung hat alle diese Programme entweder gestrichen, verzögert oder die Bauzeit in die Länge gezogen, so daß wir jetzt nur noch damit rechnen können, daß das U-Boot Trident, mit dem wir nur geringe Möglichkeiten für einen Gegenschlag hätten, zur Zeit des vorgesehenen SALT-Vertrages einsatzfähig sein kann. Außerdem wurde sogar die Minuteman-Produktion eingestellt. Wir verfügen daher nicht einmal über einen Notbehelf, auf den wir zurückgreifen könnten, wenn wir plötzlich und unerwartet in Bedrängnis gerieten. Wir stehen den Herausforderungen der ersten achtziger Jahre mit Streitkräften gegenüber, die in den sechziger Jahren aufgestellt worden sind. Nur in vier der vergangenen 15 Jahre sind wir in der Lage gewesen, neue Programme zu entwickeln, aber die meisten von ihnen sind seit 1977 auf Eis gelegt.

Zudem wird eine Korrektur dieser Situation noch schwieriger werden, wenn die Regierung beabsichtigen sollte, zur Strategie der »gesicherten Zerstörung« zurückzukehren. In seiner Botschaft zur Lage der Union am 23. Januar diesen Jahres hat Präsident Carter erklärt, »nur eines unserer relativ schwer verwundbaren Poseidon-U-Boote . . . führt eine genügende Anzahl von Sprengköpfen mit, um jede große oder mittlere Stadt in der Sowjetunion zu zerstören«.

Aber diese Binsenwahrheit zeigt nur sehr deutlich unser strategisches Dilemma und löst die Probleme nicht. Auch nach Abschluß des SALT-Abkommens werden wir Anfang der achtziger Jahre im günstigsten Fall in der Kapazität unserer strategischen Streitkräfte ein Stärkeverhältnis erreicht haben, das es uns erlaubt, der Zivilbevölkerung hohe Verluste beizubringen, wir werden aber viel zu schwach sein, um die am Boden stationierten Fernlenkwaffen der anderen Seite anzugreifen und zu zerstören. Unsere Minuteman-Raketen haben nicht genügend Sprengköpfe, und die einzelnen Sprengköpfe sind auch mit einer zu schwachen Sprengladung versehen, um die sowjetischen ICBM mit einem Angriff auszuschalten; die uns gegenwärtig zur Verfügung stehenden strategischen Kräfte bedrohen weniger als die Hälfte der sowjetischen ICBM. *Alle* unsere ICBM werden jedoch in den achtziger Jahren durch die größere Zahl sowjetischer Fernlenkwaffen und durch die erhöhte Treffgenauigkeit der am Boden stationierten strategischen Waffen der Gegenseite bedroht sein.

Da unsere moderne militärische Doktrin und Strategie viel mehr auf die strategischen Streitkräfte ausgerichtet sind, als dies bei den Sowjets der Fall ist, würde sogar eine Ausgewogenheit des gesamten Rüstungspotentials die nach dem Krieg konzipierte Sicherheitspolitik und die geopolitische Struktur revolutionieren. Doch in Wirklichkeit ist die Lage viel ungünstiger. Meine Hauptsorge ist nicht die zunehmende Verwundbarkeit unserer am Boden stationierten Streitkräfte – auch hier muß Abhilfe geschaffen werden –, sondern die zunehmende Unverwundbarkeit der sowjetischen Bodenstreitkräfte. Die abschreckende Wirkung unserer strategischen Waffen zur Verteidigung unserer Verbündeten wird laufend abnehmen; unsere strategischen Streitkräfte werden die Sowjetunion mit Sicherheit nicht mehr daran hindern können, regional zu intervenieren, und dieses sowjetische Potential wird durch das wachsende Übergewicht auf dem Gebiet sowjetischer taktischer Kernwaffen und die Fähigkeit der Sowjets, Truppenverschiebungen zu Wasser und in der Luft durchzuführen, ständig erhöht, denn damit werden die Möglichkeiten für den Einsatz sowjetischer konventioneller Streitkräfte unendlich erweitert und ihre Überlegenheit noch mehr gefestigt.

Ich möchte wiederholen, daß es im Rahmen dieser Ausführungen nicht notwendig ist, darüber zu diskutieren, ob die Sowjetunion wirklich das Risiko eines Krieges globalen Ausmaßes eingehen würde; es wäre schon schlimm genug, wenn sich die sowjetische Bereitschaft, in regionalen Konflikten Risiken auf sich zu nehmen, erhöhte. Und ich glaube, das ist das mindeste, womit wir für die Zukunft rechnen müssen. Die Seite, die ihre Interessen nur verteidigen kann, wenn sie mit der gegenseitigen Massenvernichtung der Zivilbevölkerung droht, wird allmählich in die strategische und deshalb schließlich auch geopolitische Lähmung abgleiten. Um es ganz deutlich zu sagen, die Folge ist, daß absichtlich oder unabsichtlich herbeigeführte regionale Konflikte in den achtziger Jahren zunehmend außer Kontrolle zu geraten drohen, wenn wir nicht energisch etwas für die Umkehrung der gegenwärtigen Tendenzen unternehmen. Wir dürfen auf keinen Fall länger zusehen, wie unsere für die regionale Verteidigung eingesetzten Kräfte ständig schwächer werden, wie sich das Gleichgewicht auf dem Gebiet der taktischen

Kernwaffen zu unseren Ungunsten verlagert, wie unsere am Boden stationierten strategischen Streitkräfte der Zerstörung durch überlegene gegnerische Kräfte ausgesetzt sind und wie die sowjetischen ICBM kaum noch ausgeschaltet werden können, ohne uns in eine äußerst gefährliche Lage zu begeben. Dem relativen Kräfteverfall *muß* in dramatischer Weise Einhalt geboten werden.

Doch eine noch größere Bedeutung hat eine strategische Doktrin, mit der die folgenden Fragen beantwortet werden können:

1. Wie werden wir in den achtziger Jahren unsere nationale Sicherheit bewahren, wenn wir es auf jedem entscheidend wichtigen militärischen Gebiet mit für uns ungünstigen Entwicklungen zu tun haben?

2. Wie werden wir den Verpflichtungen gegenüber unseren Verbündeten nachkommen, wenn wir nicht über eine starke Kapazität zum Gegenschlag verfügen, wenn die strategische Ausgewogenheit bestenfalls auf schwachen Füßen steht und sich das Kräfteverhältnis bei den taktischen Kernwaffen zu unseren Ungunsten verschiebt?

3. Wie werden wir unsere vitalen Interessen in Gebieten wie dem Nahen Osten schützen, während das Potential unserer konventionellen Streitkräfte, unsere Möglichkeiten, Truppen auf dem Luftwege zu verlegen, und die Schlagkraft unserer Seestreitkräfte nachlassen?

4. Was können wir gegen eine globale Erpressung unternehmen?

Unsere Sicherheit und die Sicherheit all derer, die sich auf uns verlassen, ist abhängig von unserer Reaktionsfähigkeit. Mit jedem Tag, an dem wir es versäumen, uns mit dieser Frage zu beschäftigen, wird die Gefahr für uns größer.

Der Senat kann daher den SALT-Vertrag nicht in einem Vakuum behandeln; er muß sich gleichzeitig darum bemühen, das militärische und geopolitische Gleichgewicht wiederherzustellen. Kein verantwortlicher politischer Führer kann es wünschen, mit den heute für uns gegebenen militärischen Möglichkeiten in die achtziger Jahre zu gehen. Das und nicht der von diesem Problem isolierte SALT-Vertrag ist die wichtigste Frage, der wir uns stellen müssen.

SALT im Kontext der amerikanischen Strategie

Die Idee der Rüstungskontrolle entwickelte sich Ende der fünfziger und Anfang der sechziger Jahre. Den dazu führenden Überlegungen lag die unbestreitbare Tatsache zugrunde, daß thermonukleare Waffen und interkontinentale Fernlenkwaffen dem historischen Problem der militärischen Rivalität eine neue Gefahrendimension hinzugefügt hatten. In der Vergangenheit konnte man argumentieren,

Waffen seien mehr ein Symptom als eine Ursache für Spannungen. Es ist in der Tat schwierig, ein historisches Beispiel für die Klischeevorstellung zu finden, daß ein Wettrüsten zum Kriege führt. (Was den Ersten Weltkrieg ausgelöst hat, waren die Mobilmachungspläne und nicht die verstärkte Aufrüstung.) Aber heute im Atomzeitalter verfügen wir über Waffen mit einer noch nie dagewesenen Zerstörungskraft; wir können sie sehr rasch über die Kontinente hinweg einsetzen, und alle Beteiligten sind im höchsten Maße durch einen Überraschungsangriff gefährdet. In dieser neuen, beispiellosen Situation kommt man augenscheinlich unweigerlich zu dem Schluß, daß die Seite, deren Vergeltungskapazität am stärksten gefährdet ist, in Krisensituationen so reagieren müsse, daß damit die allgemeine Katastrophe wahrscheinlicher wird; ein Land, das seine strategischen Streitkräfte nicht gegen einen Angriff schützen kann, könnte auch gegen seinen Willen zum ersten Schlag getrieben werden, weil es den Angriff des Gegners nicht abwarten will, den es nicht überleben würde. Ende der fünfziger Jahre hat einer der besten Kenner der Abschreckungsstrategie, Albert Wohlstetter, richtig erkannt, daß das von Churchill so bezeichnete »Gleichgewicht des Schreckens« in gefährlicher Weise labil ist. Durch die Rüstungskontrolle hat man versucht, diese Gefahr durch Maßnahmen zu umgehen und nach Möglichkeit auszuschalten, die die »Kapazität für den zweiten Schlag« jeder Seite steigern würden, das heißt, die Fähigkeit, mit Sicherheit einen Vergeltungsschlag zu führen und damit den Anreiz und die Kapazität für einen Überraschungsangriff herabzusetzen.

Diese Analyse war im wesentlichen richtig. Gleichzeitig kombinierte man diese neue Militärdoktrin - nach der man glaubte, die Unverwundbarkeit des Gegners erhöhe die Stabilität - mit der Vorstellung von der »gesicherten Zerstörung« in der Absicht, eine Theorie der »Minimalabschreckung« zu finden, nach der wir angeblich die durch die Stärke der sowjetischen Streitkräfte erzeugte Bedrohung nicht zu berücksichtigen brauchten. Selbst die Theoretiker der Rüstungskontrolle, die der Aufrechterhaltung des strategischen Gleichgewichts einen großen Wert beimaßen, begriffen nur verschwommen, daß die von ihnen angestrebte strategische Stabilität eine strategische Revolution bedeutete. Denn sie würde, wenn sie sich erreichen ließe, die Gefahren auf Ebenen der Gewalt unterhalb der Grenze des allgemeinen Einsatzes von Kernwaffen wesentlich erhöhen. Wenn man in Krisensituationen nicht mehr fürchten mußte, sie würden zum Kriege mit dem Einsatz aller verfügbaren Mittel führen, mußte man damit rechnen, daß es um so wahrscheinlicher zu solchen Krisen kommen würde. Deshalb würde auch die strategische Stabilität (gar nicht zu reden von der sowjetischen Überlegenheit) von uns neue größere militärische Anstrengungen auf regionaler Ebene verlangen, denn andernfalls bedeutete es für uns eine erhebliche politische Schwächung. Vor allem aber hat man irrtümlich angenommen, die Sowjets verträten die gleiche Auffassung. In Wirklichkeit deutete nichts darauf hin, daß die sowjetischen strategischen Planer – und das waren fast nur Militärs – den akademischen Feinheiten der amerikanischen strategischen Theorie zustimmten. Wie Verteidigungsminister Harold Brown gesagt hat, wird unsere einseitige Zurückhaltung augenscheinlich nicht von den Sowjets honoriert: »Wir haben festgestellt, wenn wir Waffen bauen, dann bauen sie sie auch; wenn wir den Bau der Waffen einstellen, bauen sie weiter . . .«* Als einem der Architekten von SALT schreibt mir mein Gewissen vor, darauf hinzuweisen, daß SALT – entgegen allen bisherigen Hoffnungen – die Sowjetunion nicht veranlaßt hat, das Tempo im Wettlauf um die strategische Überlegenheit zu verlangsamen, sondern daß sie es in gewissem Sinne sogar noch erhöht hat. Die Sowjets haben hart und erfolgreich gearbeitet, um die Kapazität ihrer am Boden stationierten ICBM für einen ersten Schlag zu erhöhen, obwohl wir uns zurückgehalten haben, und zwar ohne Rücksicht auf SALT. Anfang der siebziger Jahre hat die Regierung, der ich angehörte, versucht, mit SALT ihr aufrichtiges Bemühen um eine Verringerung der Spannungen zu demonstrieren und damit die Zustimmung der Öffentlichkeit zu einer starken nationalen Verteidigung zu gewinnen. Bis zu einem gewissen Grade ist uns das gelungen. Wir würden aber nicht die richtigen Schlüsse ziehen, wenn wir nicht auch zugäben, daß SALT entgegengesetzte Auswirkungen auf die Bereitschaft einiger Kongreßmitglieder, wichtiger Publizisten und sogar Regierungsbeamten gehabt hat, die nicht der Tatsache ins Auge sehen wollen, daß die Sowjetunion auch weiterhin rücksichtslos aufrüstet.

Mit den neuen Waffensystemen sind schon seit langer Zeit die traditionellen Vorbehalte der Befürworter der »Mindestabschreckung« widerlegt worden, diese Waffensysteme seien nutzlos (weil wir schon über eine »Overkill-Kapazität« verfügten). Jetzt wurden sie auch von Rüstungskontrollexperten angegriffen, weil sie die Aussichten auf ein Zustandekommen von SALT gefährdeten. Man könnte sogar viele neue Programme mit dem Argument durch den Kongreß bringen, daß man sie bei den Verhandlungen als Druckmittel benutzen wollte, nicht aber, weil wir sie wirklich brauchen. Einige Regierungen haben sich dieses Arguments bedient und erklärt, sie seien notwendig, um mit dem Verzicht auf sie bei den Verhandlungen Zugeständnisse der anderen Seite zu erwirken. Dem Pentagon ist es schwergefallen, sich für Programme zu begeistern – oder

* Aussagen des Außenministers Brown vor dem Senatsausschuß für Auswärtige Angelegenheiten, 9. Juli 1979.

die Mittel dafür bereitzustellen –, die von vornherein als bedeutungslos bezeichnet wurden. Sehr bald hat sich die Sowjetunion ganz bewußt an diesem Spiel beteiligt; von den ABM bis zu den Marschflugkörpern haben die Sowjets systematisch versucht, mit SALT unsere militärische und technologische Entwicklung aufzuhalten. Sie haben sich darum bemüht, unsere innenpolitische Auseinandersetzung anzuheizen und mit ihrer eigenen Propaganda den innenpolitischen Druck gegen die neuen Waffensysteme zu verstärken.

Die Theorie, daß neue amerikanische Waffen die Aussichten auf eine wirksame Rüstungskontrolle schwächten, verbreitete sich trotz aller Gegenbeweise. Als Präsident Johnson 1967 vor Beginn des ABM-Programms dem sowjetischen Premierminister Kossygin in Glassboro vorschlug, beide Seiten sollten auf ABM verzichten, lehnte Kossygin das verächtlich als eine der lächerlichsten Ideen ab, die er je gehört habe. 1970, nachdem die Nixon-Regierung das Ringen um die Finanzierung der AMB knapp gewonnen hatte, weigerten sich die sowjetischen SALT-Unterhändler, über irgend etwas anderes als die ABM zu sprechen, und es erforderte die größten Anstrengungen, um während der Verhandlungen die entscheidend wichtige Verknüpfung zwischen der Begrenzung der Offensiv- und der Defensivrüstung festzustellen. Im Gegensatz dazu haben weder der Verzicht auf die B-1 durch die gegenwärtige Regierung noch die Verlängerung des Programms für den Bau der MX oder die Verlangsamung des Trident-Programms die SALT-Verhandlungen beschleunigen oder die Bedingungen günstiger gestalten können.

Die SALT-Verhandlungen haben immer vor dem Hintergrund des bestehenden strategischen Kräfteverhältnisses stattgefunden und müssen in diesem Zusammenhang gesehen werden.

Zu den Verhandlungen über SALT I ist es als Folge der Debatte über die ABM in den sechziger Jahren gekommen. Hier ging es darum, ob die Vereinigten Staaten dem sowjetischen Beispiel folgen und eine Abwehr gegen offensive Fernlenkwaffen aufbauen sollten, oder ob sie versuchen sollten, ein derartiges neues Wettrüsten dadurch zu verhindern, daß bestimmte Begrenzungen mit der UdSSR ausgehandelt wurden. Nach einer längeren Verzögerung der Verhandlungen durch die Sowjets, die feststellen wollten, ob der Kongreß das ABM-Programm nicht von sich aus ablehnen würde, ohne daß die Sowjetunion Gegenleistungen erbringen müßte, begannen die SALT-Verhandlungen im November 1969. Fast von Anfang an wurde deutlich, daß die Sowjets *nur* den Bau des Systems einschränken wollten, das wir als *einziges* System bauten – die ABM. In dem Vertrag über die ABM von 1972 kamen beide Seiten überein, sich praktisch gegenüber Angriffen mit Fernlenkwaffen vollkommen wehrlos zu machen. Es wurde nur eine symbolische Zahl von ABM-Stellungen auf jeder Seite zugelassen (aus Finanzierungsgründen verzichteten wir schließlich ganz darauf). Praktisch handelten wir gegen unsere überlegene ABM-Technologie die Einstellung der zahlenmäßigen Vermehrung der sowjetischen Offensivstreitkräfte ein.

Die Wiederherstellung der Ausgewogenheit auf dem kritischen Gebiet der strategischen Offensivkräfte erwies sich als ungeheuer schwierig, vor allem als Folge der einseitigen Beschlüsse aus den sechziger Jahren, mit denen unsere Programme für ICBM und SLBM 1967 eingefroren wurden. Wie ich schon sagte, haben die Sowjets die Vereinigten Staaten 1970 zahlenmäßig überholt, und in dieser Waffenkategorie verfügten wir über nichts, was wir der anderen Seite hätten anbieten können. Mit unserem einzigen aktiven Programm rüsteten wir unsere am Boden und auf See stationierten Fernlenkwaffen mit Mehrfachsprengköpfen (MIRV) aus. Das sowjetische Aufrüstungsprogramm war zahlenmäßig so stark und die Opposition im Kongreß gegen vergleichbare amerikanische Programme so unnachgiebig, daß das Verteidigungsministerium im Juli 1970 und dann wieder im Januar 1972 darauf drängte, beide Seiten sollten den Bau von Offensivwaffen für eine Zeit von fünf Jahren einfrieren, vor allem, um das Tempo der sowjetischen Aufrüstung zu drosseln und uns die Möglichkeit zu geben, die Sowjets einzuholen.

Die erste SALT-Vereinbarung über Offensivwaffen war daher ein getreues Abbild des bestehenden Kräfteverhältnisses und brachte keine Veränderungen. Die Zahl der amerikanischen und sowjetischen am Boden und auf See stationierten Fernlenkwaffen wurde auf die Dauer von fünf Jahren eingefroren. Die UdSSR wurde durch das Zahlenverhältnis in dem Maße begünstigt, wie sie innerhalb des zehn Jahre dauernden uneingeschränkten Wettrüstens vorangekommen war. Wegen unseres MIRV-Programms waren die Vereinigten Staaten für die Zeit der Übergangsvereinbarungen und darüber hinaus im Hinblick auf die Anzahl der Sprengköpfe wesentlich im Vorteil. Wenn die Kritiker später behauptet haben, SALT I habe den Sowjets ungleiche Zahlen »gegeben«, dann ging das am Kern der Sache vorbei. Was den Sowjets die zahlenmäßige Überlegenheit verschafft hat, war nicht SALT I, sondern es waren die einseitigen amerikanischen Entscheidungen in den sechziger Jahren, den Bau strategischer Waffen einzustellen, und dann die als Folge des Vietnam-Krieges gegen den Verteidigungsetat geführten Angriffe im Kongreß und in der Öffentlichkeit. Die SALT-Vereinbarungen von 1972 haben keinem amerikanischen Offensivprogramm Beschränkungen auferlegt. Durch sie wurde das zahlenmäßige Anwachsen der sowjetischen strategischen Streitkräfte zum Halten gebracht. Wir erhielten damit die Gelegenheit aufzuholen, was wir dadurch zu erreichen suchten, daß wir die Entwicklung der B-1 weitertrieben, die 1978 einsatzfähig sein sollte. Außerdem war die Fertigstellung des Trident-U-Boots und der dazugehörigen Fernlenkwaffe für 1979, der Fernlenkwaffe MX für 1983 und einer Anzahl verschiedener Marschflugkörper für den Beginn der achtziger Jahre vorgesehen.

Aber die simple Übergangsvereinbarung von SALT I konnte sich nicht mit der rapiden Entwicklung der Technologie beschäftigen und hat auch nicht den Eindruck vermitteln wollen, das zu tun. Eine Modernisierung schon vorhandener Waffen war erlaubt, und beide Seiten entwickelten auf diesem Gebiet neue Programme. Die Vereinigten Staaten finanzierten ihr MIRV-Programm, und die Sowjets entwickelten eine neue Generation von ICBM. Dabei gingen sie an die äußerste Grenze der Bestimmungen von SALT I, die einen Umbau »leichter« in »schwere« Fernlenkwaffen bestimmten Einschränkungen unterwarfen. Es waren diese größeren Fernlenkwaffen (die SS-17, 18 und 19), die nun sehr rasch mit MIRV ausgerüstet wurden, und zwar mit einer potentiell viel höheren Treffgenauigkeit, die den Sowjets zum erstenmal in der Geschichte die Möglichkeit boten, einen ersten Schlag gegen unsere am Boden stationierten Fernlenkwaffen zu führen.

Diese Entwicklungen, durch die unser ganzes ICBM-System gefährdet wurde, veranlaßten uns, komplexe, aber schließlich fruchtlose Verhandlungen mit dem Ziel aufzunehmen, für das sowjetische Potential mit Fernlenkwaffen auf lange Sicht ein möglichst niedriges Limit im Hinblick auf die Menge und die Qualität zu erreichen. Eine Zeitlang hatten wir den Eindruck, daß die Verhandlungen zum Ziel führen könnten, aber dann scheiterten sie als Folge des Zusammenbruchs der Autorität unserer Exekutive nach Watergate. Nach dem Rücktritt von Präsident Nixon erschien es klüger, den Faden einer einfacheren Vereinbarung aufzunehmen, nach der wenigstens die numerische Ausgewogenheit sichergestellt werden konnte, um dann so rasch wie möglich bei SALT III in die viel schwierigere Behandlung der qualitativen Faktoren einzutreten (Treffgenauigkeit der Fernlenkwaffen, Sprengkraft, Anzahl der Sprengköpfe, Begrenzungen für die Versuche mit neuen Waffen usw.). Deshalb drängte Präsident Ford im November 1974 in Wladiwostok darauf, eine Vereinbarung zu treffen, mit der die obere Grenze der Aggregate festgelegt werden sollte, und die Sowjetunion stimmte unserem Vorschlag zu. In einer Rahmenvereinbarung wurde festgelegt, daß beide Seiten jeweils nur über 2400 Fernlenkwaffen und strategische Bomber verfügen sollten, und in einem Übereinkommen, das bis

1985 gelten sollte, wurde bestimmt, daß jede Seite auch die gleiche Zahl von MIRV besitzen dürfte, und zwar jeweils 1320.

Die Regierung Ford hatte zunächst gehofft, ein Vertrag, mit dem die Vereinbarungen von Wladiwostok in Kraft gesetzt werden würden, könnte 1975 abgeschlossen werden. Aber zwei neue Probleme verzögerten die Gespräche. Das erste war das sowjetische Verlangen, die Marschflugkörper ganz zu verbieten, soweit sie eine größere Reichweite als 600 Kilometer hätten. Das zweite Problem war die amerikanische Gegenforderung, das sowjetische Flugzeug »Backfire« sollte als schweres Bombenflugzeug gekennzeichnet und deshalb in die Gesamtzahl der durch SALT zahlenmäßig begrenzten Waffensysteme aufgenommen werden. Wie nicht anders zu erwarten, kam es bei den Gesprächen zu einer Verknüpfung dieser beiden Systeme. Während des ganzen Jahres 1975 und bis Anfang 1976 machten sowohl die Vereinigten Staaten als auch die Sowjetunion Vorschläge für die Lösung dieser Streitfragen. Grundsätzlich war die Regierung Ford bereit, die Reichweite und Zahl *einiger* Marschflugkörper zu begrenzen, *vorausgesetzt,* die Sowjets erbrachten eine Gegenleistung und limitierten in vergleichbarer Weise den Bau des »Backfire-Bombers«. Im Januar 1976 waren wir einem Kompromiß in diesem Sinne sehr nahe, mit dem auch die in Wladiwostok ausgehandelte obere Grenze von 2400 auf »unter 2300« hätte gesenkt werden können.

Zwei Ereignisse verhinderten den Abschluß der Verhandlungen. Zunächst erhoben sich nach der Verlegung von 25 000 kubanischen Söldnern nach Angola ernste Zweifel an den sowjetischen Motiven, und in den Vereinigten Staaten entstand eine ganz neue Debatte über die Beziehungen Amerikas zur Sowjetunion. Dazu überzeugten die bevorstehenden amerikanischen Präsidentschaftswahlen Präsident Ford davon, daß es am besten wäre, SALT nicht zu einem Wahlkampfthema zu machen und deshalb mit dem Abschluß der Verhandlungen bis nach den Wahlen zu warten.

Mit der Amtseinführung der neuen Regierung kam es, wie nicht anders zu erwarten, zu einer neuen Einschätzung der Lage. Mit dem ersten im März 1977 an Moskau gerichteten Vorschlag wurde die bisherige Verhandlungsgrundlage aufgegeben. Die amerikanische Regierung legte einen ganz neuen Vorschlag vor, der sofort zurückgewiesen und dann auch zurückgezogen wurde. Beide Seiten wendeten sich früheren Vorschlägen zu und verwendeten mehr als zwei Jahre darauf, die Vereinbarungen zu verfeinern. Indessen veränderten sich die Voraussetzungen für die Vereinbarungen täglich durch technologische Neuerungen, das Tempo der sowjetischen Aufrüstung und den einseitigen Verzicht auf den Bau größerer amerikanischer Waffensysteme oder die Verzögerung ihrer Fertigstellung.

Das alles veränderte das strategische Kräfteverhältnis in gefährlicher Weise zu unseren Ungunsten.

Daraus ergeben sich drei Schlußfolgerungen: Die Unausgewogenheiten, denen wir heute gegenüberstehen und um die sich so viele Menschen Sorgen machen, sind im wesentlichen durch einseitige amerikanische Entscheidungen und nicht im Rahmen der SALT-Verhandlungen entstanden. Das ist wichtig, wenn wir über die Bestimmungen des SALT-Vertrages nachdenken. In keiner Verhandlung kann man durch diplomatisches Geschick das erreichen, was wir nicht durch einseitige Bemühungen zu erreichen bereit gewesen sind.

Zweitens kann SALT allein keine Ausgewogenheit bewirken; in einem SALT-Vertrag können nur gegenwärtige Tendenzen ratifiziert werden. SALT kann kein Ersatz für Verteidigungsprogramme sein. Wenn wir hinter unseren eigenen Aktionen zurückbleiben, beinhaltet SALT das Risiko des Fortbestehens der Unausgewogenheit. Es liegt jedoch an uns, ob wir es soweit kommen lassen wollen; und das zu vermeiden, muß das dringlichste Anliegen des Senats sein.

Drittens kann SALT III nicht einfach eine Fortsetzung der vorangegangenen Entwicklung sein. Ein solcher Vertrag muß ausdrücklich mit unserem strategischen Langzeitprogramm in Übereinstimmung gebracht werden. Die Regierung und der Kongreß müssen sich über unsere Verhandlungsgrundsätze klarwerden, und wir müssen uns mit unseren Verbündeten darüber einigen, *bevor* wir uns an den Verhandlungstisch setzen.

Der Wiener Vertrag: Wie wirkt er sich auf das strategische Kräfteverhältnis aus?

Wir müssen heute danach fragen, welchen Einfluß die Vereinbarungen von SALT II auf die strategische Kräfteverteilung haben. Die Vereinbarungen setzen sich aus drei Dokumenten zusammen:

Der bis Ende 1985 laufende Vertrag selbst würde die Gesamtzahl der Abschußrampen für ICBM und SLBM (dieser Begriff ist allerdings nicht genau definiert) begrenzen; dazu die Zahl der schweren Bombenflugzeuge, die mit MIRV ausgerüsteten Fernlenkwaffen und die am Boden stationierten und mit MIRV ausgerüsteten Flugkörper. Er sagt auch, wie die mit MIRV ausgerüsteten Fernlenkwaffen und die mit aus der Luft gestarteten Marschflugkörpern ausgerüsteten schweren Bombenflugzeuge gezählt werden sollen.

Das zweite ist ein Protokoll, nach dem Marschflugkörper, die nicht von schweren Bombenflugzeugen in den Einsatz gebracht werden, nur eine Reichweite bis zu 600 Kilometern (oder 350 Meilen) haben dürfen, und das Protokoll verbietet Versuche mit und die Anwendung von mobilen ICBM. Das Protokoll soll am 31. Dezember 1981 auslaufen.

Das dritte Dokument enthält eine Reihe von Grundsätzen, nach denen die Verhandlungen für SALT III geführt werden sollen.

Jede gerechte und objektive Analyse muß die positiven Aspekte der SALT-II-Vereinbarungen anerkennen. Die Festlegung einer oberen Grenze von 2250 wird die Sowjets zwingen, sich von 250 strategischen Systemen zu trennen, darunter auch von einigen modernen, während sie uns das Recht gibt, zahlenmäßig aufzuholen. Die zugelassene Anzahl für am Boden stationierte sowjetische MIRV (820) liegt etwa um 100 unterhalb der Höchstzahl, die die Sowjets ohne SALT wahrscheinlich zu bauen beabsichtigten. Es sind auch gewisse Einschränkungen für Versuche mit Fernlenkwaffen vereinbart worden. Es gibt Begrenzungen für die Zahl der Sprengköpfe bei den ICBM und ein Verbot, mehr als eine »neue« ICBM zu entwickeln. Zum erstenmal gibt es eine Grundvereinbarung zu Informationen über die sowjetischen Streitkräfte. Die für das Zählen der Sprengköpfe bei den MIRV getroffenen Vereinbarungen erleichtern die Behandlung dieses Problems.

Bedauerlicherweise berührt keine dieser durchaus realen Verbesserungen die ernste strategische Lage, von der ich gesprochen habe und die unbedingt korrigiert werden muß. Der Vertrag verringert nicht die sowjetische Kapazität für den ersten Schlag gegen unsere am Boden stationierten Kräfte und verbessert auch nicht unsere Fähigkeit, einen ersten Schlag zu überleben. Er verringert auch nicht die den Sowjets darüber hinaus verbleibende Kapazität für die Vernichtung ziviler Ziele in den Vereinigten Staaten. Und er fördert auch nicht die Möglichkeit der Vereinigten Staaten, die Kapazität unserer strategischen Kräfte für Angriffe gegen militärische Ziele zu erhöhen, ja, diese Kapazität wird sich unter Umständen sogar verringern.

Natürlich werden die Sowjets nach 1981 dazu verpflichtet sein, die Gesamtzahl ihrer Abschußrampen um etwa 250 zu verringern. Aber das neue Limit von 2250 wird die Fähigkeit der Sowjets, unsere ICBM-Stellungen zu zerstören oder verheerende Zerstörungen in den Vereinigten Staaten anzurichten, nicht reduzieren. Die Verringerung der Anzahl sowjetischer Fernlenkwaffen hat für unser strategisches Problem keine Bedeutung. Denn unsere Sicherheit wird durch Sprengköpfe und nicht durch Abschußrampen gefährdet, und die Gesamtzahl der sowjetischen ICBM-Sprengköpfe wird sich zur Zeit der Unterzeichnung von SALT II von 2200 auf 6000 erhöht haben, und zwar auch nach dem vorgesehenen Abbau der überzähligen sowjetischen Abschußrampen. Die Gesamtzahl der sowjetischen Sprengköpfe (einschließlich der SLBM) wird 1985 in die Nähe von 12000 kommen, während es zur Zeit der Unterzeichnung von SALT noch 8000 waren. (Wenn die Sowjets aufs Ganze gingen, dann könnten sie sogar in den erlaubten neuen, am Boden stationierten Fernlenkwaffen 8000 mit MIRV ausrüsten.) Darüber hinaus wird das Gesamtgewicht für die Sprengladungen der Fernlenkwaffen der Sowjets sich von etwa 6 Millionen Pfund zur Zeit der Unterzeichnung von SALT I auf 7 Millionen Pfund bei der Unterzeichnung von SALT II und auf 9 Millionen Pfund (im Vergleich zu unseren 2,5 Milionen) im Jahr 1985 steigen. Und 1982 werden die Sowjets für ihre Fernlenkwaffen die annähernd gleiche Treffgenauigkeit erreicht haben wie wir. Das wird in der Praxis dazu führen, daß sich die Zahl der Sprengköpfe verringert, die auf unsere ICBM-Silos gerichtet sein *müssen,* womit eine größere Anzahl der immer zahlreicher werdenden sowjetischen Sprengköpfe für andere Ziele frei wird.

Die vereinbarte Höchstzahl liegt allerdings um etwa 200 über den 2060 einsatzbereiten Systemen, über die *wir* heute verfügen. Wir haben daher einen beachtlichen Raum für die Vervollständigung unseres Arsenals mit Systemen, die mit Einfachsprengköpfen ausgerüstet sind. Doch angesichts der Einstellung des Projekts für den Bau des Bombenflugzeugs B-1, der Verzögerung der Auslieferung von MX und des langsamen Fortschreitens der Trident-Produktion gibt es fast keine Möglichkeit für die Vereinigten Staaten, die erlaubte Anzahl von 2250 zu erreichen, es sei denn, 10 ältere Polaris-U-Boote (mit 160 Fernlenkgeschossen) bleiben auch weiterhin im Dienst. Dagegen wird sich unsere Flotte wahrscheinlich wehren, weil der Unterhalt dieser U-Boote sehr kostspielig ist und die darauf stationierten Waffen nur eine geringe Reichweite haben. Praktisch werden die Vereinigten Staaten daher insgesamt über weniger Aggregate verfügen als die Sowjetunion.

Die Begrenzung der am Boden stationierten und mit MIRV ausgerüsteten Abschußrampen auf 820, die um etwa 100 unterhalb des wahrscheinlichen sowjetischen Programms liegt, ist zwar positiv einzuschätzen, hat aber für unser Grundproblem ebenso keine Bedeutung. Die Sowjetunion kann unsere am Boden stationierten ICBM mit etwa der Hälfte der durch den Vertrag zugelassenen am Boden stationierten MIRV zerstören. Danach würden noch mehr als 300 sowjetische, am Boden stationierte und mit MIRV bestückte Abschußrampen, 380 auf See stationierte, mit MIRV bestückte Systeme und etwa 500 Systeme mit Einzelsprengköpfen, also mehr als 5000 Sprengköpfe übrigbleiben, die auf unsere Zivilbevölkerung und unsere Industrie gerichtet werden könnten. (Wenn wir dagegen unsere *gesamten* am Boden stationierten Kräfte gegen die sowjetischen ICBM-Silos einsetzten, könnten wir nur weniger als die Hälfte zerstören.)*

Die Bedrohung unserer strategischen Waffen und des gesamten strategischen Kräfteverhältnisses wird auch nicht durch die Bestimmung verringert, nach der während der Gültigkeitsdauer des Vertrags nur eine begrenzte Zahl von Fernlenkwaffen neu gebaut werden dürfen. Diese Bestimmung sollte den Vereinigten Staaten die Bereitstellung der MX erlauben, einer für die Sowjetunion verhältnismäßig neuen Fernlenkwaffe, und die Modernisierung schon vorhandener Fernlenkwaffen zulassen, womit ihr Volumen um fünf Prozent in jeder Richtung vergrößert werden dürfte. Zwar wird hier zum erstenmal eine qualitative Einschränkung verfügt, aber diese Einschränkungen haben auf das sowjetische Programm kaum eine praktische Auswirkung, und zwar um so weniger, als die Grundvoraussetzungen nicht genau definiert zu sein scheinen. Die Aussagen von Angehörigen der Regierung scheinen zu bestätigen, daß von dieser Bestimmung kein uns bekanntes sowjetisches Programm berührt wird.

Kurz gesagt, der Vertrag von Wien wird das strategische Gleichgewicht nicht verbessern. Während der Geltungsdauer des Vertrags werden die Sowjets ihre Kapazität für den Gegenschlag gegen unsere ICBM vervollständigen. Das wird genau in der Zeitspanne geschehen, in der wir am meisten gefährdet sind. Man kann natürlich einwenden, daß die Zahlenrelationen ohne einen Vertrag noch ungünstiger sein würden. Aber aus der Analyse können wir entnehmen, daß die Sowjets alles tun dürfen, was sie in vorhersehbarer Zukunft zum Ausbau ihrer für den Gegenschlag vorgesehenen Kräfte und ihrer Reserven brauchen.

Aber ich muß noch einmal wiederholen: Wahrscheinlich wird *jeder* SALT-Vertrag die bestehenden strategischen Verhältnisse ratifizieren. Die SALT-Unterhändler können nicht bewirken, was unsere militärischen Programme – aus welchen Gründen auch immer – ver-

* Obwohl die genehmigte Gesamtzahl der am Boden stationierten MIRV um etwa 300 höher ist als die Zahl der gegenwärtig uns zur Verfügung stehenden, können wir unsere am Boden stationierten MIRV nicht wesentlich vermehren, denn der Vertrag bestimmt außerdem, daß nur 1200 Flugkörper mit MIRV bestückt werden dürfen. Wir könnten daher die Zahl unserer am Boden stationierten Fernlenkwaffen nur erhöhen, wenn wir die Zahl der auf U-Booten stationierten verringerten. Diese Bestimmung wird uns außerdem zwingen, entweder ein Poseidon-Boot (oder 14 Minutemen III) außer Dienst zu stellen, wenn das siebente Trident-U-Boot auf die ersten Versuchsfahrten geht, und zwar wahrscheinlich 1983. Wenn das achte und das neunte Trident-U-Boot vor Dezember 1985 einsatzfähig sein sollten, müßten drei Poseidon-Boote, 48 Minutemen III oder eine entsprechende Kombination von Fernlenkwaffen und Trägern außer Dienst gestellt werden.

nachlässigt haben. Die Sowjets werden sich mit einseitigen Beschränkungen nie einverstanden erklären. Wenn wir die strategische Ausgewogenheit wünschen, dann müssen wir aufrüsten, bis das Gleichgewicht hergestellt ist. Wenn uns an einem SALT-Vertrag gelegen ist, mit dem das Gleichgewicht hergestellt wird, müssen wir die strategischen Tendenzen umkehren. Durch keine Bestimmung des Wiener Vertrages wird die Notwendigkeit verringert, in den Vereinigten Staaten entschlossen nachzurüsten. Vielmehr zeigt die bei den SALT-Verhandlungen erkennbar gewordene Lage, wie dringend notwendig eine solche Nachrüstung ist.

Wenn man gerecht sein will, dann muß man darauf hinweisen, daß das gleiche auch auf die von der vorigen Regierung ausgearbeiteten Bestimmungen von SALT II zutraf. Es gibt aber dennoch drei wesentliche Unterschiede: Erstens das Tempo, mit dem die sowjetische Technologie vorangekommen ist, war unerwartet hoch (in Wladiwostok hat man noch damit gerechnet, daß unsere Minuteman-Stellungen erst nach 1985 von einem Gegenschlag der Sowjets getroffen werden könnten). Zweitens, der einseitige Verzicht oder die Verzögerung bei fast allen amerikanischen strategischen Programmen, die wir von der Carter-Regierung übernommen haben, lassen die sowjetische Bedrohung nur noch ernster erscheinen. Drittens hat sich die sowjetische geopolitische Offensive in Afrika, dem Nahen Osten und Südostasien seither wesentlich intensiviert. Doch um eine Zweiparteienlösung zu ermöglichen, bin ich bereit zuzugeben, daß das Problem, mit dem wir es zu tun haben, auch durch Umstände entstanden ist, die mindestens 15 Jahre zurückliegen.*

Das Neue und für mich Beunruhigende am vorliegenden Vertrag sind seine negativen Auswirkungen auf das Gleichgewicht der Kräfte bei den taktischen Kernwaffen, die auf den geplanten Kriegsschauplätzen eingesetzt sind. Die Produktion des sowjetischen »Backfire-Bombers« ist auf nicht mehr als 30 Stück im Jahr beschränkt, aber das ist nur eine mündliche Absprache außerhalb des Vertrages und des Protokolls. Man hat über die Einsatzmöglichkeiten des »Backfire-Bombers« diskutiert und gefragt, ob das Flugzeug,

* Bei mindestens einer Gelegenheit habe ich zu der gegenwärtigen Ambivalenz beigetragen. Nach sehr anstrengenden Verhandlungen im Juli 1974 habe ich auf einer Pressekonferenz eine Antwort gegeben, die ich heute bedaure: »Was, in Gottes Namen, ist strategische Überlegenheit?« fragte ich damals. »Was ist ihre Bedeutung . . . angesichts dieser Zahlen? Was tun Sie damit?« Meine Worte waren Ausdruck der Erschöpfung und Abgespanntheit und nicht der Analyse. Wenn beide Seiten das Gleichgewicht halten, dann wird ein Wettrüsten natürlich vergeblich, und SALT hat seine Bedeutung, weil es auf die Stabilität hinwirkt. Wenn wir aber einseitig aus dem Rennen aussteigen, werden wir es wahrscheinlich nach einiger Zeit mit jüngeren sowjetischen Führern zu tun bekommen, die sich fragen werden, was sie mit einer strategischen Überlegenheit bewirken können.

ohne aufgetankt zu werden, die Vereinigten Staaten angreifen könnte. Es besteht kein Zweifel daran, daß es alle unsere Verbündeten ebenso wie China und die Seewege nach Eurasien bedroht. Daneben entwickelt die Sowjetunion eine große Zahl von SS-20 mit einer Reichweite von 3600 Kilometern, die mit drei MIRV-Sprengköpfen bestückt sind. Ebenso wie der »Backfire-Bomber« läßt sich auch die SS-20 auf eine interkontinentale Reichweite umrüsten – das Flugzeug mit Zusatztanks oder durch Nachtanken in der Luft, die SS-20 durch Hinzufügen einer nächsten Raketenstufe, und damit entspräche diese Waffe der schon getesteten mobilen SS-16. Zwar verbietet SALT einen solchen Ausbau der Systeme, er läßt sich aber nicht leicht verifizieren; immerhin besteht hier ein Ausweichpotential für den Fall, daß der Vertrag gebrochen oder nicht genau eingehalten wird.

Die Vereinigten Staaten haben diesen Waffen zunächst nur die Marschflugkörper entgegenzusetzen. Bei den durch die Regierung Ford geführten Verhandlungen sind die für Marschflugkörper vorgeschlagenen Einschränkungen von vergleichbaren Einschränkungen für den »Backfire-Bomber« abhängig gemacht worden. Man wollte die Anzahl der Marschflugkörper mit einer Reichweite von mehr als 600 Kilometern in ähnlicher Weise begrenzen wie die Zahl der »Backfire-Bomber«. Andererseits verbietet das Protokoll jedoch die Bereitstellung von am Boden oder auf See stationierten und an Flugzeugen angebrachten Marschflugkörpern mit einer Reichweite von mehr als 600 Kilometern mit Ausnahme solcher, mit denen schwere Bombenflugzeuge bestückt sind, und zwar auch dann, wenn sie konventionelle Sprengköpfe haben. Das gleiche Protokoll verbietet den Bau mobiler ICBM-Abschußrampen und Versuche mit solchen Rampen, obwohl die Sowjets bereits ein mobiles System (die SS-16) getestet haben und wir eine vergleichbare Waffe weder getestet noch entwickelt haben.

Die Bestimmungen des Protokolls legen besonders im Hinblick auf Marschflugkörper ausschließlich amerikanischen Programmen Beschränkungen auf und keinem einzigen sowjetischen Programm. Sie sind in der Tat ein einseitiger Verzicht der Vereinigten Staaten auf den Einsatz einer von diesen entwickelten Waffe. Das Protokoll limitiert auch zum erstenmal amerikanische Waffen, die in erster Linie das nukleare Kräfteverhältnis auf dem Gefechtsfeld bestimmten, was wichtige Interessen unserer Verbündeten berührt, und räumt als Gegenleistung Beschränkungen ein, die im günstigsten Fall in erster Linie für die Vereinigten Staaten eine Bedeutung haben. Das ist etwas, was wir bisher konsequent und prinzipiell während der ganzen zehn Jahre abgelehnt haben, in denen SALT-Verhandlungen geführt worden sind. Das ist ein gefährlicher Präzedenzfall.

Zugunsten des Protokolls werden zwei Argumente vorgebracht: Erstens sei es notwendig gewesen, die Zustimmung der Sowjetunion zu den Limitierungen im Gesamtvertrag zu gewinnen, und zweitens seien das keine wirklichen Zugeständnisse, denn das Protokoll werde 1981 auslaufen, und vorher würden wir über keine Marschflugkörper mit einer größeren Reichweite als 600 Kilometer verfügen. Das sind keine folgerichtig aufeinander abgestimmten Überlegungen; wenn das Protokoll nichts einschränkt, was wir vor Ende 1981 tun können, und dann ausläuft, weshalb bestehen dann die Sowjets so sehr darauf?

Sie tun es, weil sie die Geschichte der Moratorien und Protokolle sehr gut kennen. Sie sind sich des Umstandes bewußt, daß solche »vorläufigen« Vereinbarungen in fast keinem Fall nach Ablauf der Geltungsdauer aufgekündigt werden, besonders wenn am Ende dieser Zeit Verhandlungen stattfinden. Mindestens werden die Bedingungen des Protokolls der Ausgangspunkt für die folgende Verhandlungsrunde sein. Die Sowjets werden dann die Möglichkeit haben, ein scheinbares Zugeständnis anzubieten – zum Beispel die Reduzierung der in SALT ausgehandelten Gesamtzahl von 2150 (was sie, wie wir wissen, akzeptieren können, denn in einer Verhandlungsphase haben sie schon jetzt diesen Vorschlag gemacht), oder diese Zahl könnte sogar noch niedriger angesetzt werden. Andererseits können sie damit drohen, die Verhandlungen abzubrechen. Werden wir dann darauf bestehen, die Entwicklung der Marschflugkörper weiter zu verfolgen, ohne die wir drei Jahre ausgekommen sind? Und wenn wir das Moratorium verlängern, dann werden wir für unsere Verbündeten wichtige Kapazitäten im Einsatzgebiet für eine relativ geringe Reduzierung der Bedrohung gegen uns aufgegeben haben.

Dieser Mangel des Protokolls ließe sich durch einen Zusatz des Senats, wie er vorgeschlagen worden ist, oder durch einen Vorbehalt nicht beheben, in dem erklärt wird, daß die Gültigkeitsdauer des Protokolls ohne Zustimmung des Senats nicht verlängert werden darf. Ein solcher Zusatz bedeutete von vornherein, daß das Protokoll mit seinen die eine Seite begünstigenden Bestimmungen verlängert werden könnte, und zwar mit Zustimmung des Senats. Das wird es um so mehr erschweren, größere Summen für den Bau von Marschflugkörpern freizubekommen, der jeden Augenblick durch eine Verlängerung des Protokolls eingestellt werden könnte.* Wenn

* Offenbar hat die Flotte praktisch die Entwicklung von gegen Landziele gerichteten Marschflugkörpern praktisch aufgegeben – eine Aufgabe, die man während der Amtszeit des Präsidenten Ford für so wichtig gehalten hat, daß die Joint Chiefs of Staff 1976 ihre Zustimmung zu einer Vereinbarung verweigerten, die diese Kapazität nicht schützte.

das Protokoll darüber hinaus zur Verlängerung ansteht, und zwar unabhängig von einer im größeren Zusammenhang stehenden Berücksichtigung des strategischen Gleichgewichts, dann wäre die Versuchung, es wirklich zu verlängern, wahrscheinlich sehr groß.

Um zusammenzufassen: Ich habe gegen das Protokoll ernste Bedenken. Was den Vertrag betrifft, so bin ich der Auffassung, daß seine Bestimmungen unsere strategische Lage nicht verbessern, sie verhindern aber auch nicht ihre Korrektur während der verbleibenden sechs Jahre seiner Geltungsdauer. Zweifellos verlangt er von uns gewisse Einschränkungen, zum Beispiel durch das Verbot »schwerer« Fernlenkwaffen für die Vereinigten Staaten, wie auch das Protokoll für die Dauer des Jahres 1981 noch den Bau aller mobilen Fernlenkwaffen verbietet. Aber ich glaube, der Senat kann sich mit diesen Fragen noch während der Verhandlungen über die Ratifizierung beschäftigen. (Die Frage der »schweren« Fernlenkwaffen ist nach meiner Auffassung besonders wichtig für die Periode *nach* dem Auslaufen des Vertrages, denn wir könnten vor 1985 ohnedies keine derartigen Waffen bauen, und bis dahin sollte das System MX unsere unmittelbaren Bedürfnisse befriedigen.)

Jetzt kommt es vor allem darauf an, daß wir gemeinsam hinter dem stehen, was unbedingt notwendig ist. Die Ratifizierung von SALT – oder die Ablehnung von SALT – ist nur sinnvoll, wenn sie uns veranlaßt, alles für unsere nationale Verteidigung und Sicherheit zu tun. Das Urteil des Senats zum Wiener Vertrag sollte nach meiner Ansicht davon ausgehen, was geschehen wird, um die bestehende Lage zu verbessern, und welche internationale Wirkung die Ratifizierung oder die Ablehnung haben werden.

Lassen Sie mich daher auf den umfassenderen politischen Kontext dieser SALT-Vereinbarungen eingehen.

Das geopolitische Problem

Die Sowjetunion

Die furchtbare Bedrohung, die von den modernen Waffen ausgeht, und die Friedenssehnsucht aller Völker zwingen uns zur friedlichen Koexistenz. Kein demokratischer Führer verdient das Vertrauen der Öffentlichkeit, wenn er nicht mit allen Mitteln versucht, die Gefahren einer nuklearen Weltkatastrophe zu verringern und die nationalen Energien für die Lösung der zahlreichen dringenden Probleme der Menschheit freizumachen. Die Versuchung ist ungeheuer groß, die gemeinsame Verpflichtung zum Frieden als ein Band zwischen uns und der Sowjetunion zu betrachten. Es sollte so sein und muß eines Tages so sein, wenn wir den Weltuntergang vermeiden wollen. Wir können aber nicht mit gutem Gewissen behaupten, es gäbe Anzeichen dafür, daß es schon heute soweit sei.

In einer viel zu kurzen Zeitspanne in den Jahren 1972 und 1973 konnte man den Eindruck haben, daß die von uns geübte Zurückhaltung in der Außenpolitik Früchte trüge. SALT I war begleitet von einer durch die Vereinigten Staaten und die Sowjetunion unterzeichneten Grundsatzerklärung. Sie sprach davon, wie notwendig es sei, auf eine Konfrontation zu verzichten, erhob die unabdingbare Forderung nach beiderseitiger Zurückhaltung, lehnte jeden Versuch ab, Spannungen zum einseitigen Vorteil auszunutzen, und verzichtete auf den Anspruch beider Seiten, in irgendeiner Region der Welt einen besonderen Einfluß zu nehmen. Diese Grundsätze waren natürlich nur eine allgemeine Willenserklärung, nicht aber Inhalt eines Vertrages. Sie setzten Maßstäbe, nach denen sich das Verhalten der Sowjetunion beurteilen ließ. Die Strategie der Entspannungspolitik bestand darin, die Beachtung dieser Maßstäbe durch eine Kombination positiver Anregungen für ein konstruktives Verhalten und entschlossener Reaktionen gegenüber Abenteuern zu fördern. Grundsätze, über die man sich in Moskau geeinigt hatte, waren ein Verhaltensmuster, gegen das die Sowjetunion nur zum eigenen politischen Schaden verstoßen konnte. Ob die Sowjetunion jemals die Absicht gehabt hat, sich danach zu richten, oder ob sie durch den Zusammenbruch der Autorität unserer Exekutive nach Watergate (der beiden Seiten einen Teil der Handlungsfreiheit genommen hat und den Eindruck erweckte, sie müßten nicht mehr die Folgen ihrer Fehlleistungen tragen) auf einen abenteuerlichen Kurs getrieben wurde, oder ob eine Kombination all dieser Faktoren dafür verantwortlich gewesen ist, wird man nie genau wissen.

Doch welches auch die Ursache gewesen sein mag, es ist eine Tatsache, daß die Sowjetunion nach 1975 einen beispiellosen Angriff gegen das internationale Gleichgewicht der Kräfte unternommen hat. Im gleichen Jahr haben wir die Entsendung kubanischer Kampftruppen nach Angola erlebt, die, von den Sowjets finanziert, von sowjetischen Flugzeugen transportiert und von der Sowjetunion politisch unterstützt, schließlich eine Stärke von 40000 Mann erreichten. 1977 unternahmen sowjetische Flugzeuge und Piloten Verteidigungsaufgaben von Kuba aus, um die kubanische Luftwaffe für Operationen in Afrika freizumachen, und 1977 gingen weitere kubanische Truppen nach Äthiopien. Ostdeutsche Militärberater und Angehörige des Nachrichtendienstes der DDR haben sich den Kubanern in ganz Afrika und im Nahen Osten angeschlossen. Es hat zwei militärische Invasionen nach Zaire gegeben – und wir müsen sogar mit einer dritten rechnen. Es ist in Afghanistan und im Südjemen zu kommunistischen Staatsstreichen gekommen, und Kambodscha wurde von Vietnam besetzt, und zwar nach dem Abschluß eines Freundschaftsvertrages zwischen der Sowjetunion und Vietnam, mit dem Hanoi während seiner Aggression der Rücken gedeckt werden sollte. Aus sowjetischen Waffendepots in Libyen und Äthiopien werden Aufständische in ganz Afrika versorgt. Der Sturz des Schah im Iran hatte viele Ursachen, aber mit Sicherheit haben die Demoralisierung einer Gruppe prowestlicher führender Politiker und die fortschreitende Zunahme des sowjetischen Einflusses in den Nachbarregionen, gegen die nichts unternommen wurde, auch dazu beigetragen.

Das ist noch nicht alles. Mit kommunistischen Geldern unterstützte, mit kommunistischen Waffen ausgerüstete und von kommunistischen Instruktoren ausgebildete terroristische Organisationen werden systematisch als Instrumente einer antiwestlichen Politik eingesetzt, die mit uns befreundete Länder auf mehreren Kontinenten bedroht. Natürlich stehen sie nicht alle unter der Kontrolle Moskaus, aber jemand, der einen Steinschlag ausgelöst hat, kann sich nicht um seine Verantwortung drücken, indem er behauptet, nicht den Stein, den er geworfen habe, hätte die Menschen getötet, die bei dieser Katastrophe umgekommen seien. Solche Taktiken, verstärkt durch eine sowjetische Aufrüstung, die das strategische, regionale und konventionelle Gleichgewicht schwer bedroht, sind mit den Begriffen der Entspannung oder der Koexistenz nicht vereinbar.

Es gibt Stimmen, die behaupten, der Abschluß der SALT-Verhandlungen sei notwendig, wenn wir nicht riskieren wollten, in die Phase des Kalten Krieges zurückzufallen. Das ist ein seltsames Argument. Wie wir das gegenwärtige Verhalten der Sowjets auch bezeichnen wollen – als »Kalten Krieg« oder als Opportunismus –, ihm muß Einhalt geboten werden, wenn es für eine Koexistenz oder Zusammenarbeit zwischen Ost und West noch eine Möglichkeit geben soll. Kein politischer Führer dient seinem Volk, wenn er so tut, als ließe sich eine annehmbare Weltlage allein durch SALT erreichen. Der gegenwärtige Zustand ist *nicht* annehmbar und er darf nicht fortbestehen.

Auf dem Wiener Gipfel hat es keinen Fortschritt in Richtung auf eine deutliche Verständigung mit der Sowjetunion über die Schlüsselfrage der politischen Zurückhaltung gegeben. Natürlich ist es nicht möglich, innerhalb von nur drei Tagen alle in Afrika, dem Nahen Osten oder Südostasien anstehenden Probleme zu lösen. Der Senat kann auch nicht die Verantwortung dafür übernehmen, SALT solange hinauszuschieben, bis all diese schwierigen Fragen gelöst sind; dazu bedarf es intelligenter und geduldiger diplomatischer Bemühungen und des entschlossenen Widerstandes gegen jeden Versuch, uns unter Druck zu setzen. Es wäre aber wichtig gewesen, wenigstens symbolisch zum Ausdruck zu bringen, welches die alles andere überschattende politische Herausforderung unserer Zeit ist. Der wirkliche Beweis für eine Verbesserung der Beziehungen, für die ehrliche Abwendung vom Kalten Krieg, muß in einer deutlichen Mäßigung der sowjetischen Außenpolitik zum Ausdruck kommen. Die Weigerung der Sowjets in Wien, über dieses Thema auch nur zu sprechen, und die wiederholte Erklärung von Breschnew, die Sowjetunion sei verpflichtet, die sogenannten »Freiheitskämpfer« zu unterstützen, sind in der Tat besorgniserregend.

Hier geht es um eine tiefgreifende Grundsatzfrage hinsichtlich der Beziehungen zwischen den Vereinigten Staaten und der Sowjetunion, die sowohl ihre philosophische als auch ihre praktische Seite hat. Kann man den Frieden allein durch eine Rüstungsbeschränkung bewahren? Oder bedarf die Struktur des Friedens auch einer geopolitischen Dimension? Ist es möglich, die Einzelverhandlungen nur um der dabei behandelten Themen willen fortzusetzen, oder muß es eine Beziehung zwischen all den verschiedenartigen und einander beeinflussenden Aktionen der Supermächte auf dem Felde der Außenpolitik geben? Um sich eines Ausdrucks zu bedienen, der im Verlauf der Kontroversen in letzter Zeit immer wieder gefallen ist: Sollte es eine »Verknüpfung« *(linkage)* der Probleme geben oder nicht?

Wenn wir versuchen, die Beziehungen zwischen den Vereinigten Staaten und der Sowjetunion auf bestimmte Sachgebiete aufzuteilen und jeweils in besondere Schubladen zu stecken, dann gehen wir nach meiner Ansicht das Risiko ein, die sowjetischen Führer in dem Glauben zu bestärken, sie könnten die Ost-West-Zusammenarbeit auf einem Gebiet als Sicherheitsventil benutzen, während sie auf einem anderen versuchen, sich einseitige Vorteile zu verschaffen. Unsere Regierung hat diese Art der Verknüpfung für eine persönliche Exzentrizität früherer Regierungen gehalten und sich deshalb dazu entschlossen, die *linkage* »abzuschaffen«. Die SALT-Verhandlungen wurden um ihrer selbst willen weitergeführt, ohne daß wir uns davon beeindrucken ließen, daß kubanische Truppen in Äthiopien standen und ostdeutsche Söldner in Mozambique, daß in Afghanistan und im Südjemen kommunistische Staatsstreiche stattgefunden hatten oder daß die Sowjetunion Freundschaftsverträge wie etwa mit Vietnam als Vorspiel für die Besetzung von Kambodscha, schloß.

Daraus ergeben sich mehrere Fragen. Vor allem ist es unmöglich, die einfache Realität »abzuschaffen«, daß die Interessen der beiden Supermächte in einer großen Zahl von Problemen und in vielen Gebieten aufeinanderstoßen. Wenn man versucht, das zu tun, dann wird man fast gezwungen, sich ausschließlich mit dem Thema zu beschäftigen, das eine Lösung zu versprechen scheint, wie etwa SALT. Doch damit erlaubt man den Sowjets, das Tempo der Verhandlungen zu bestimmen und so das Risiko der eigenen Aggressivität zu verringern. Außerdem wird durch eine solche Haltung das Problem, über das verhandelt wird, zu stark belastet. Wenn SALT das ganze Gewicht der Ost-West-Beziehungen tragen soll, dann kann das nur allzu leicht zur Flucht vor der Wirklichkeit führen, und die Verhandlungen müssen angesichts solcher zu hohen Belastungen schließlich scheitern.

Kein vernünftiger Mensch würde behaupten, nichts sollte entschieden werden, bevor alle Probleme gelöst sind; aber SALT sollte nicht zur Geisel jeder vorübergehenden politischen Spannung in einer Welt werden, die sich ständig verwandelt. Was wir brauchen, ist die allgemeine Anerkennung der Tatsache, daß alles, was die großen Nuklearmächte in einer Welt, in der wir alle voneinander abhängig sind, tun, sich gegenseitig beeinflußt und Folgen hat, die über das jeweilige Einzelproblem oder die Region, die es unmittelbar betrifft, hinausgeht. Wenn es sich zeigt, daß die Vereinigten Staaten in einem Teil der Welt machtlos sind, dann untergräbt das unsere Glaubwürdigkeit und deshalb die Stabilität in anderen Regionen. Wenn gegen unsere Freunde auf Veranlassung der Sowjetunion oder der von ihr abhängigen Staaten Druck ausgeübt wird, dann kann das nicht durch andere Verhandlungen wie etwa SALT ausgeglichen werden. Wenn wir diese Tatsachen nicht beachten, dann reizen wir die andere Seite nur zu neuen Abenteuern. Es ist sicher keine Herausforderung, wenn wir die Sowjetunion auffordern, Rüstungsbeschränkungen mit außenpolitischer Mäßigung zu verbinden.

Wenn wir uns in dieser Weise darum bemühen, die Probleme miteinander zu verkoppeln, dann sorgen wir dafür, daß keine Vereinbarung isoliert bleibt, durch eine nächste Krise gefährdet werden könnte oder sich in ein Beruhigungsmittel verwandelt, mit dem der Westen eingeschläfert werden soll, während der Abenteuerlust der anderen Seite keine Grenzen gesetzt sind.

Ich bin bereit einzugestehen, daß es nachteilige Folgen für die Ost-West-Beziehungen hätte, wenn eine Vereinbarung, über die drei amerikanische Regierungen über einen Zeitraum von sieben Jahren verhandelt haben, nicht ratifiziert würde, und daß dabei eine Krisenatmosphäre entstehen könnte, in der wir weder bei unserer eigenen Öffentlichkeit noch bei unseren Verbündeten auf Verständnis stoßen würden. Das ist zweifellos eines der überzeugendsten Argumente für die Ratifizierung. Aber der Senat wird auch berücksichtigen wollen, daß eine isolierte Behandlung von SALT das Risiko birgt, in der Sowjetunion einen falschen Eindruck zu erwecken.

Moskau kann nicht beides tun; es kann nicht ständig das Schlagwort von der Entspannung im Munde führen und dabei in Wirklichkeit das geopolitische Gleichgewicht systematisch untergraben. Wir sollten die SALT-Debatte dazu verwenden, eine Entscheidung zu erzwingen. Der Senat wird es der Sowjetunion klarmachen wollen, daß der Expansionismus den Frieden bedroht und daß die Koexistenz vor allem von einer mit Mäßigung geführten Außenpolitik abhängig ist, für die der Senat einige Kriterien definieren sollte.

Auf lange Sicht liegt das auch im sowjetischen Interesse, denn der gegenwärtige Kurs würde früher oder später mit Sicherheit zur Konfrontation führen. Unser Land wird es wahrnehmen, wenn wir vor einer Niederlage stehen, und wenn es das tut, wird es sich dagegen wehren. Die Politik der unzureichenden Verteidigungsanstrengungen, des schrittweisen Verfalls unserer militärischen Leistungsfähigkeit und der teilweisen Hinnahme des sowjetischen Expansionismus muß korrigiert werden – auf der Grundlage der Zusammenarbeit beider Parteien und im Zusammenwirken der Regierung und des Kongresses.

Die Sorgen unserer Verbündeten

Alle unsere Verbündeten haben erklärt, die Ratifizierung des Wiener Vertrages unterstützen zu wollen. Doch ihre Zustimmung ist die Folge einer Reihe von Faktoren, von denen das Einverständnis mit den Vertragsbedingungen der am wenigsten bedeutsame ist. Alle Verbündeten sind von unserer Regierung aufgefordert, wenn nicht sogar unter Druck gesetzt worden, ihre Zustimmung zu erklären. In einigen Fällen haben die Sowjets sogar das gleiche getan. Mit einer Weigerung würden diese Länder ihre Beziehungen zu beiden Supermächten wegen einer sehr komplexen technischen Frage gefährden, über die sieben Jahre verhandelt worden ist. Wenn der Vertrag als Folge ihres Widerstandes nicht zustande käme, dann befänden sich unsere Verbündeten in der peinlichen Lage, *beide* Supermächte gegen sich zu haben. Einigen Regierungen ist es besonders unangenehm, sich der innenpolitischen Kritik ausgesetzt zu sehen, die ihnen vorwerfen könnte, »die Entspannung zu gefährden« – besonders wenn es um einen Vertrag geht, von dem die Vereinigten Staaten schon erklärt haben, er sei mit der Sicherheit des Westens vereinbar. Einige Verbündete wollen sich ihre eigenen Optionen für eine individuelle Entspannungspolitik und die Intensivierung des Ost-West-Handels offenhalten. Andere fürchten, ihr Einspruch könnte die für sie lebenswichtige Zusammenarbeit mit den Vereinigten Staaten auf dem Gebiet der Verteidigung gefährden (auch wenn sie sich um die Klauseln des Vertrags Sorgen machen, in denen es um das Verbot der Umgehung der Vertragsbestimmungen geht). Einige spüren, daß sich das militärische Gleichgewicht verschieben wird, sind sich unseres Kurses nicht sicher, wollen ihrer Bevölkerung keine politischen Opfer abverlangen, versuchen, die ihnen drohenden Gefahren dadurch zu verringern, daß sie sich mit der Sowjetunion verständigen, und sind uns auf dem Weg nach Moskau einen Schritt voraus. Alle möchten nicht zu einer weiteren Schwächung der Autorität der amerikanischen Exekutive beitragen und sind mit Recht davon überzeugt, daß ihre Sicherheit unabhängig von ihren Auffassungen über die Details des Vertrages schließlich von der Selbstsicherheit und Glaubwürdigkeit des amerikanischen Präsidenten abhängig ist. Ohne Zweifel wird das Vertrauen der Europäer zu einer amerikanischen Regierung, die ihnen sieben Jahre versichert hat, sie wisse, was sie tue, erschüttert werden, wenn die Regierung den Vertrag nicht ratifiziert.

Die Zustimmung unserer Verbündeten muß aber doch im Zusammenhang mit einer tiefgreifenden Ambivalenz gesehen werden. Besonders unsere Verbündeten in der NATO fürchten eine Zunahme der Spannungen, sie haben aber auch große Sorgen um das militärische Ungleichgewicht auf dem europäischen Kontinent, das durch die Ratifizierung der gegenwärtigen strategischen Gegebenheiten besonders deutlich wird. Die verantwortlichen Führer wissen, daß die Basis ihrer Sicherheit durch die Abnahme unserer strategischen Überlegenheit ausgehöhlt wird, sie fürchten aber andererseits, für entscheidende Verteidigungsanstrengungen nicht die genügende innenpolitische Unterstützung zu haben, besonders wenn die Haltung der Vereinigten Staaten auf diesem Gebiet nicht klar definiert ist. Sie möchten nicht den Eindruck erwecken, dem Abschluß von SALT II im Wege zu stehen, aber der unvermeidbare Abschluß der SALT-III-Vereinbarungen erhöht ihre Unsicherheit, denn schon jetzt steht auf der Tagesordnung von SALT III eine Begrenzung für die regional einzusetzenden taktischen Kernwaffen.

Es besteht deshalb die Gefahr, daß die Vereinigten Staaten von unseren Verbündeten gleichzeitig dafür verantwortlich gemacht werden könnten, daß sie die Entspannung gefährden, der Sicherheit nicht genügend Aufmerksamkeit schenken, den sowjetischen Koloß provozieren und die Verteidigung der freien Welt in Frage stellen. Das ist während der ganzen Nachkriegsperiode so gewesen. Die führende Rolle der Vereinigten Staaten darf nicht von einer Meinungsumfrage bei unseren Verbündeten abhängig gemacht werden, bei der sich immer zeigen wird, daß hier die verschiedensten und oft nicht zu vereinbarenden Motive zum Ausdruck kommen. Unsere Führungsrolle wird durch die amerikanische Bereitschaft bestätigt, deutlich zu sagen, was wir unter der Sicherheit des Westens verstehen und wie wir sie schützen wollen. Kein anderes Land und keine

Gruppe von Ländern, so eng diese Länder auch miteinander verbunden sein mögen, können uns diese Bürde abnehmen. Wenn wir hier versagen, werden es uns unsere Verbündeten nicht verzeihen.

Empfehlungen

Damit kehren wir zu unserem ursprünglichen Problem zurück. Der Senat befindet sich in der anormalen Lage, aufgefordert zu werden, er solle einen Vertrag ratifizieren, der im wesentlichen unsere geopolitischen und Sicherheitsbelange nur am Rande berührt, dessen simple Ratifizierung oder simple Ablehnung jedoch tiefgreifende und gefährliche symbolische Wirkungen haben würden. Wollten wir eine in sieben Jahren ausgehandelte Vereinbarung nicht ratifizieren, so würden wir damit das internationale Vertrauen zu unserer Fähigkeit aufs Spiel setzen, unsere eigenen Interessen zu erkennen oder die einzelnen Ministerien unserer Regierung zum gemeinsamen Handeln zu veranlassen. Es trifft aber auch zu, daß es früher oder später zu einer Panik kommen muß, wenn die für die Sicherheit der freien Welt verantwortliche Macht ihrer Aufgabe nicht gerecht wird. Wenn der Senat daher über die Ratifizierung berät, muß er die für uns in diesem Zusammenhang möglichen Gefahren in seine Überlegungen einbeziehen:

Erstens, wie kann der Senat konkrete Schritte unternehmen, um das militärische Gleichgewicht wiederherzustellen?

Zweitens, wie kann er mit den sich aus dem Vertrag und dem Protokoll ergebenden besonderen Problemen fertig werden?

Drittens, wie kann der Senat der Sowjetunion verständlich machen, daß weitere Versuche, das globale Gleichgewicht zu stören, nicht hingenommen werden?

Persönlichkeiten, deren Analyse ich respektiere, empfehlen dringend, den Vertrag durch Zusätze zu ergänzen, die es ermöglichen werden, diese Ziele zu erreichen. Es handelt sich dabei um Zusätze, die in zwei verschiedene Kategorien gehören. Die erste Kategorie würde keine neuen Verhandlungen mit der Sowjetunion erfordern. Hier sollte entweder die Interpretation des Senats von der Bedeutung unklarer Bestimmungen des Vertrags zum Ausdruck kommen, oder unser Unterhändler sollte angewiesen werden, nach welchen Kriterien weitere Verhandlungen zu führen seien. Der Senat sollte jedoch auch mißtrauische Verbündete über unsere Absichten bei der Anwendung der Bestimmungen des SALT-Vertrages unterrichten, zum Beispiel über die Frage des Verbots der Umgehung solcher Bestimmungen. Bei der zweiten Kategorie von Ergänzungen würde es sich um Korrekturen des Textes handeln. Diese Ergänzungen *würden* die Wiederaufnahme von Verhandlungen über die Wiener Verträge erfordern und wiederum in zwei Kategorien eingeteilt werden müssen. Erstens ginge es dabei um eine Veränderung des strategischen Kräfteverhältnisses während der Laufzeit des Vertrages, wenn zum Beispiel eine Verringerung des Gewichts der Sprengladungen sowjetischer Kernwaffen oder der Verzicht auf schwere Fernlenkwaffen gefordert wird. Mit der zweiten Art von Zusätzen würden wir die »Gleichstellung« verlangen, wie etwa das Recht Amerikas auf den Besitz von 308 schweren Fernlenkwaffen. Diese Forderung kann während der Laufzeit des Vertrages nicht mehr erfüllt werden und würde daher nur die Bestätigung eines Grundsatzes darstellen und nicht einen Beitrag zur Wiederherstellung des strategischen Gleichgewichts. Die einzigen Zusätze, die sofort etwas bewirken würden, müßten sich auf den Kern des Problems beziehen. Damit würde die sowjetische Kapazität für den Gegenschlag gegen unsere ICBM ausgeschaltet (wenn wir zum Beispiel eine drastische Reduzierung des Gewichts der Sprengladungen verlangten). Die Sowjets würden solche Zusätze mit an Sicherheit grenzender Wahrscheinlichkeit ablehnen. Sie könnten nur darauf eingehen, nachdem wir unsere Kräfte wirklich gestärkt haben, was sich wiederum durch den Umstand verzögern könnte, daß die Verhandlungen noch nicht abgeschlossen sind. Wenn wir uns während der Verhandlungen an die festgelegten Begrenzungen hielten, dann würde sich das strategische Kräfteverhältnis laufend zu unseren Ungunsten verschieben. Das könnte damit enden, daß weder SALT zustande kommt, noch unsere Verteidigungskapazität gestärkt wird.

Nach gründlichen Überlegungen bin ich zu dem Schluß gekommen, daß ich eine Ratifizierung nur unter den folgenden Voraussetzungen empfehlen kann:

Erstens muß die Ratifizierung mit einem Verteidigungsprogramm gekoppelt werden, das sowohl vom Kongreß als auch vom Präsidenten getragen wird und als Dringlichkeitsprogramm die ernsten Gefahren für uns beseitigt, die das gegenwärtige militärische Kräfteverhältnis mit sich bringt.

Zweitens sollte die Ratifizierung von Zusätzen begleitet werden, die keine neuen Verhandlungen erforderlich machen, Unklarheiten im Vertragstext beseitigen, die Bedeutung des Protokolls definieren, genau festlegen, was die Nichtumgehung der Vertragsbedingungen bedeutet und die Richtlinien für Nachfolgeverhandlungen festlegen.

Drittens muß die Ratifizierung von einer energischen Willenserklärung des Senats im Hinblick auf die Verknüpfung von SALT und dem geopolitischen Verhalten der Sowjetunion begleitet sein.

Dieses Vorgehen würde die negativen Konsequenzen eines Scheiterns der SALT-Verhandlungen vermeiden. Aber die Ratifizierung darf nicht zum Selbstzweck werden. Nach meiner Auffassung läßt sie sich nur rechtfertigen, wenn die Regierung der Vereinigten Staaten bereit ist, unser Land zu einen, indem sie ihre Entschlossenheit demonstriert, unsere militärische Stärke und das geopolitische Gleichgewicht zurückzugewinnen. Das scheint mir der Sinn dessen zu sein, was Senator Nunn neben anderen Persönlichkeiten vorgeschlagen hat, und es ebnet den Weg für eine von beiden Parteien getragene Entscheidung zu dieser Frage.

Die Wiederherstellung des militärischen Gleichgewichts

Was die militärischen Programme betrifft, so empfehle ich mit allem Respekt, daß der Senat seine Zustimmung zur Ratifizierung des Wiener Vertrages und die Empfehlungen dazu *nur* gibt, nachdem die Regierung einen ergänzenden Verteidigungsetat und ein revidiertes Fünfjahresprogramm für die Nachrüstung vorgelegt hat, das einige der von mir genannten Schwächen korrigiert, und nachdem der Kongreß dieser Vorlage zugestimmt und begonnen hat, die dafür notwendigen Mittel freizumachen. Die Sitzungspause des Kongresses ermöglicht die Vorbereitung eines solchen Programms, das als Teil des normalen Haushaltsplans schon weit vorangekommen sein sollte. Wenn die Regierung ein solches Programm während dieser Sitzungsperiode des Kongresses noch nicht vorlegen kann, empfehle ich dem Senat, seine Empfehlungen und seine Zustimmung auf den Zeitpunkt zu verschieben, zu dem das neue militärische Programm vorgelegt und in der folgenden Sitzungsperiode des Kongresses autorisiert worden ist. Ich würde meine Zustimmung auch anderen Methoden nicht versagen, mit denen das gleiche erreicht werden kann, vorausgesetzt, daß sie keine Widersprüche enthalten und die klare Verpflichtung der Exekutive und der Legislative darstellen.

Die Erklärung, daß die Exekutive beabsichtigt, mit dem Bau neuer Waffensysteme wie der MX fortzufahren, genügt nicht, um die Gefahren zu bannen, denen wir ausgesetzt sind, oder die politischen und psychologischen Entwicklungen, die die unmittelbar vor uns liegende Zukunft erheblich gefährden, in eine neue Richtung zu führen. Auch die Prozentzahlen der vorgesehenen Erhöhung der Verteidigungsausgaben, wie etwa die mit der NATO vereinbarten drei Prozent, haben sich nicht als ausreichend erwiesen, weil nicht klar festgelegt worden ist, von welchen Grundbeträgen wir ausgehen sollen und wie die Inflationsrate dabei zu rücksichtigen ist. Ich fürchte, wenn die Beratungen über das Verteidigungsprogramm nach der Ratifizierung von SALT stattfinden, könnte die Debatte über die beabsichtigte Nachrüstung Korrekturen verhindern oder zu einer so großen Verzögerung führen, daß diese Nachrüstung jede Bedeutung verliert, und zwar um so mehr, als die Regierung augenscheinlich keine klare Vorstellung davon hat, wie notwendig die Stärkung unserer Verteidigungskapazität ist. Ich denke dabei an den Verzicht auf das Bombenflugzeug B-1, den mit Kernkraft angetriebenen Flugzeugträger und die Neutronenbombe, an die Einstellung der Produktion der Minuteman III und an die Verzögerung der Programme für die MX, für Trident und die Marschflugkörper. Nach der Ratifizierung muß man damit rechnen, daß die Sowjets ihre Bemühungen verstärken werden, uns durch Propaganda unter Druck zu setzen. Dabei werden sie sich besonders gegen jedes System für den Einsatz der MX wenden, die für uns lebenswichtig sind. Schließlich werden auch die Zweifel unserer Verbündeten im Hinblick auf die Sicherheitslage und besonders auf die regional einzusetzenden taktischen Kräfte wachsen.

Hier geht es nicht darum, das Verlangen der Konservativen nach verstärkten Anstrengungen für die Verteidigung mit den Überlegungen der Liberalen in Richtung auf eine Reduzierung der Verteidigungsausgaben auszugleichen. Es geht vielmehr darum, was unser Land braucht, um seine Sicherheit auf lange Sicht zu bewahren. Die Entscheidung liegt beim Präsidenten und beim Kongreß. Nachdem wir der Verteidigung 15 Jahre lang nicht den ihr zukommenden Stellenwert eingeräumt haben, wird es Zeit, über einen langen Zeitraum hinaus alles zu unternehmen, um zu verhindern, daß ein für uns bedrohliches Ungleichgewicht entsteht. Zu dem Verteidigungsprogramm gehören unbedingt der beschleunigte Ausbau einer Gegenschlagkapazität durch MX und Trident II, der Luftabwehr gegen »Backfire«, Sofortmaßnahmen zur Wiederherstellung des Gleichgewichts bei den taktischen Kernwaffen und zur Erhöhung unseres Potentials bei der regionalen Verteidigung einschließlich der beschleunigten Modernisierung und des Ausbaus unserer Flotte. Unser laufendes Fünfjahresprogramm weist in allen diesen Kategorien Mängel auf. Ich kann daher die Ratifizierung *nur unter der Bedingung* empfehlen, daß ein neues Programm entwickelt und eine strategische Doktrin entworfen werden, die durch Kongreßbeschluß eine bindende Form bekommen.

Die Joint Chiefs haben ausgesagt, die erforderlichen raschen Verbesserungen bei der Nachrüstung erforderten für wenigstens die folgenden fünf Jahre mehr als eine reale Zunahme der Verteidigungsausgaben um fünf Prozent. Wenn die Regierung dieser Lagebeurteilung nicht zustimmen sollte, müßte sie die Beweislast für die Richtigkeit ihrer Auffassung tragen.

Klärung des Inhalts von Vertrag und Protokoll

Ich möchte dem Senat empfehlen, neben diesen militärischen Programmen seine Empfehlungen und seine Zustimmung von der Aufnahme folgender Zusätze abhängig zu machen. Keiner dieser Zusätze erfordert neue Verhandlungen mit der Sowjetunion.

Erstens sollte das Protokoll, was die Marschflugkörper betrifft, nicht über das Jahr 1981 hinaus verlängert werden. Der Senat sollte verlangen, daß diese besonderen Begrenzungen dem Kongreß *nur* als Teil einer Vereinbarung vorgelegt werden dürfen, die das Gleichgewicht auf dem Gebiet der regional einzusetzenden taktischen Kernwaffen sicherstellt. Insbesondere dürfen den amerikanischen taktischen Waffen keine Beschränkungen auferlegt werden – wie etwa den Marschflugkörpern –, wenn nicht sowjetische Waffen mit vergleichbaren Aufgaben ähnlichen Beschränkungen unterworfen werden. Damit wird ein gewisses Gleichgewicht zwischen den Marschflugkörpern einerseits und dem »Backfire-Bomber« sowie der SS-20 andererseits hergestellt.

Zweitens sollte der Senat im einzelnen verlangen, daß die Vereinigten Staaten im Rahmen von SALT III berechtigt sein müssen, *jedes* der Sowjetunion bei den neuen Verhandlungen zugestandene Waffensystem zu verwenden, es sei denn, die Sowjets erklären sich zu einer Kompensation bereit, indem sie auf ein etwa gleichartiges Waffensystem verzichten, das uns zugestanden wird. Damit könnte das Ungleichgewicht bei den schweren Fernlenkwaffen in diesem Rahmen – von SALT III – ausgeglichen werden, denn dann hätten wir die reale Möglichkeit, solche Waffen zu produzieren.

Drittens müßte die Nichtumgehungsklausel vom Senat dahingehend interpretiert werden, daß sie die Zusammenarbeit mit unseren Verbündeten im Hinblick auf die Technologie für die Modernisierung ihrer Streitkräfte nicht behindert. Die Weitergabe keiner uns zur Verfügung stehenden Technologie sollte verboten werden.

Schließlich empfehle ich auch, daß der Senat die Einhaltung der SALT-Vereinbarungen alle zwei Jahre überprüft, insbesondere daraufhin, wie sich diese Einhaltung verifizieren läßt.

Die Behandlung des geopolitischen Problems

Am Schluß empfehle ich dem Senat mit allem Respekt, der Sowjetunion aus Anlaß der Ratifizierung deutlich zu sagen, daß dieses Land einer friedlichen Koexistenz zustimmt oder sie vielmehr für dringend erforderlich hält, wenn sie Ausdruck einer echten Stabilität, einer Ausgewogenheit in der Rüstung und der politischen Mäßigung ist. Wir sind bereit, alles für eine wirksame Kontrolle und Verringerung der Rüstungsanstrengungen zu tun. Wir sind jedoch nicht bereit, Ausflüchte hinzunehmen, und können unsere Verständigungspolitik nicht fortsetzen, wenn Moskau sich entscheidet, diese Politik dazu auszunutzen, die sowjetische Vorherrschaft herbeizuführen. In der Erklärung, mit welcher der Senat seine Empfehlungen und seine Zustimmung zum Ausdruck bringt, sollten die folgenden Grundsätze enthalten sein:

Ein Mangel an politischer Zurückhaltung wird die Fortführung von SALT ernsthaft gefährden.

Nach Auffassung des Senats schließt das die sowjetische Unterstützung oder Förderung von Interventionen durch militärische Kräfte ein, die von mit der Sowjetunion befreundeten Staaten zur Verfügung gestellt werden. Ebenso ist damit die Verwendung sowjetischer Streitkräfte auf dem Territorium von Verbündeten der Sowjetunion wie Kuba gemeint, mit der kubanische Streitkräfte für den Einsatz in Afrika freigemacht werden. In diese Kategorie gehören auch die Unterstützung, die Finanzierung oder die Ermutigung durch ein Mitglied des Warschauer Pakts von Gruppen und Aktivitäten mit dem Ziel der Unterminierung von Regierungen, mit denen die Vereinigten Staaten befreundet sind, oder das Schüren regionaler Konflikte.

Die Regierung sollte aufgefordert werden, dem Senat jedes Jahr einen Bericht darüber vorzulegen, wie weit die Sowjetunion diesen Forderungen nachkommt.

Der Senat sollte alle zwei Jahre ein Urteil darüber abgeben, ob die Sowjetunion diese Kriterien beachtet hat oder nicht. Für den Fall, daß dies nicht geschehen ist, sollte der Senat darüber abstimmen, ob die zu diesem Zeitpunkt geführten SALT-Verhandlungen fortgesetzt werden dürfen oder nicht.

Wenn wir nun unsere strategische Lage in diesem Sinne überdenken, müssen wir schließlich auch noch einen Blick auf das Verfahren der SALT-Verhandlungen werfen. Zwar sind die strategischen Gegebenheiten, von denen ich gesprochen habe, zum großen Teil die Folge einseitiger amerikanischer Entscheidungen, sie spiegeln sich aber auch im SALT-Verfahren, das sie im wesentlichen bestätigt hat. Die Tatsache, daß ich selbst an dieser Entwicklung teilgenommen habe – und auch einen Teil der Verantwortung dafür übernehmen muß –, berechtigt mich, davor zu warnen, die Verhandlungen automatisch weiterlaufen zu lassen. Ich empfehle dringend, sich genau zu überlegen, welche Konsequenzen sich auf lange Sicht daraus ergeben könnten. Es hat in der Zeit nach dem Kriege noch nie größere Meinungsverschiedenheiten und eine größere intellektuelle Verwirrung über die Voraussetzungen für die strategische Stabilität und die Bedeutung der Rüstungskontrolle gegeben als jetzt. Eine neue, gründliche Beurteilung der Lage und eingehende Konsultationen mit unseren Verbündeten sind dringend erforderlich, bevor wir uns mit SALT III beschäftigen, denn dieses neue Verhandlungspaket wird unmittelbar die Interessen unserer Verbündeten berühren und könnte den Zusammenhalt des Bündnisses gefährden.

Schlußbemerkungen

Ich empfehle das hier erläuterte Verfahren, weil es diesem Lande die Möglichkeit gibt, sich den Gefahren zu stellen, die es bedrohen, ohne wichtige Verhandlungen abzubrechen, die sich schon mehr als sieben Jahre hinziehen. Und es ermöglicht uns, geschlossen vorzugehen. Wenn die Regierung dieses Verfahren ablehnt, wird der Senat keine andere Wahl haben, als noch weitergehende Zusätze zu verlangen und damit den Abschluß des Vertrages zu verzögern oder neue Verhandlungen zu erzwingen. Dann werden sich alle diplomatischen Bemühungen höchstwahrscheinlich so lange festfahren, bis sich die Sowjets davon überzeugt haben, daß wir entschlossen sind, das strategische Gleichgewicht wiederherzustellen; das wäre ein indirekter – und nach meiner Ansicht weniger erfolgversprechender – Weg, der, auch wenn er schließlich zum Erfolg führen sollte, mit den gleichen erheblichen neuen Anstrengungen enden würde, unsere lebenswichtigen Sicherheitsbedürfnisse zu befriedigen.

Natürlich wird SALT II, wenn wir den von mir vorgeschlagenen Kurs einschlagen, noch lange nicht die Wende im Wettrüsten bringen, auf die viele von uns gehofft haben, als die Verhandlungen eingeleitet wurden. Wir haben aber zuviel Zeit verloren, haben einseitig auf zu viele Waffensystem verzichtet, die Sowjetunion hat zu viele militärische Abenteuer angeregt, und das geopolitische Kräfteverhältnis ist als Folge sowjetischen Drucks zu stark gefährdet worden, als daß SALT mehr sein könnte als eine Basis, von der, wie man hoffen kann, neue und ernste Anstrengungen ausgehen können, beide Seiten zu einer ausgewogenen Reduzierung ihrer Rüstung zu bewegen. Wir brauchen dringend konkrete Maßnahmen zur Wiederherstellung des globalen Gleichgewichts. In diesem Zusammenhang kann ein ratifizierter SALT-II-Vertrag als Signal für die Fortsetzung der Verhandlungen eine nützliche Rolle spielen, er kann ein Lichtstrahl sein, der den Weg zur echten Koexistenz und Entspannung beleuchtet, und dazu dienen, die gegenwärtigen Spannungen abzubauen. Aber SALT muß zur Sicherheit und darf nicht zur Unsicherheit der Welt beitragen.

In diesem Augenblick ist es unsere Pflicht, das Vertrauen all derer wiederherzustellen, die von uns abhängig sind; das militärische Gleichgewicht zurückzugewinnen und die Rüstungskontrolle in wirksamer Weise mit einer Mäßigung in der Außenpolitik zu verbinden. *Alle* Amerikaner – die Angehörigen beider Parteien – sollten sich an der Erreichung dieser Ziele beteiligen.

Es gibt Menschen, die sich große Sorgen machen und die Ratifizierung von SALT verlangen, aber daran zweifeln, daß die Verteidigungsanstrengungen verstärkt werden sollten. Andere erblicken in SALT ein Hindernis für die Nachrüstung. Man sollte sich ernsthaft darum bemühen, diese Standpunkte zu versöhnen, bevor es zu einer innenpolitischen Konfrontation kommt. Ich bin bereit, mich nach besten Kräften an diesen Bemühungen zu beteiligen.

Nur selten ergibt sich für eine Legislative so deutlich die Gelegenheit, den Kurs der nationalen Politik in eine Richtung zu lenken, die für die Zukunft der Demokratien eine vitale Bedeutung hat. Nach Abschluß des Versailler Vertrages im Jahr 1919 führten Fehlbeurteilungen des Senats *und* der Regierung zu einem Debakel, das die internationale Sicherheit erschütterte und die Welt in eine neue blutige Katastrophe führte. In diesem Augenblick können der Senat und die Regierung uns in eine andere Richtung führen. Sie können unsere nationale Einheit wiederherstellen, die Sicherheit dieser Nation und unserer Verbündeten stärken und konstruktivere Beziehungen zu unseren Hauptgegnern ermöglichen. Darin liegt die Verantwortung Amerikas, wenn wir das Vertrauen und die Hoffnungen der Menschheit nicht enttäuschen wollen.

Die Zukunft der NATO

Eröffnungsansprache auf der vom 1. bis 3. September 1979 in Brüssel abgehaltenen Konferenz, die vom Center for Strategic and International Affairs und von der Georgetown University unter Beteiligung des Atlantic Institute for International Affairs und der Atlantic Treaty Organization veranstaltet wurde

Es ist für mich ein irgendwie eigenartiges Erlebnis, hier in Brüssel auf einer NATO-Tagung in Gegenwart so vieler alter Freunde zu sprechen, die meine Worte als nutzlose Unterbrechung der Gedanken ansehen werden, die sie auf den Sitzungen dieser Konferenz artikulieren und beraten wollen. Wenn ich meinen alten Kollegen, Botschafter de Staercke, hier sitzen sehe, dann fühle ich mich in alte Zeiten zurückversetzt. Er wird auch heute mein Gewissen sein, wie er das schon immer gewesen ist.

Ich glaube, ich spreche für Sie alle, wenn ich dem Außenminister dafür danke, daß uns hier diese ungewöhnliche Gelegenheit gegeben wird.

Am nützlichsten wird es sein, wenn ich zu Beginn der Konferenz über die Sorgen spreche, die ich mir über die Zukunft der NATO mache; über die Probleme, die nach meiner Auffassung eine Lösung erfordern, wenn wir unsere Lebensfähigkeit bewahren und die vor uns stehenden Herausforderungen bewältigen sollen. Seit Anfang der sechziger Jahre hat jede neue amerikanische Regierung bei ihrem Amtsantritt erklärt, sie werde Europa aus einem neuen Gesichtswinkel betrachten, die Lage hier neu beurteilen und nach neuen Lösungen suchen. Bei all diesen Bemühungen haben wir mehr oder weniger bestätigen müssen, was bereits existierte und was in den vierziger und Anfang der fünfziger Jahre geschaffen wurde, wobei das Bündnis gerade so viele Korrekturen erfahren hat, daß es die unendlich ungeduldigen Amerikaner befriedigte, die immer wieder neue Versuche machen müssen, etwas an seiner Architektur zu verändern.

Ohne darauf einzugehen, welche Vorschläge richtig gewesen sind oder ob einige dieser besonderen Empfehlungen notwendig waren, glaube ich, die Tatsache, daß wir Ende der siebziger Jahre mit einem Bündnissystem und einer Struktur der Streitkräfte arbeiten, deren Konzept seit den fünfziger Jahren fast unverändert geblieben ist, zeigt, daß wir von unserem Kapital gelebt haben. Für eine gewisse Zeit mag es ganz angenehm sein, vom Kapital zu leben, aber eines Tages wird der Punkt erreicht, an dem die Realitäten im Vordergrund stehen. Meine vor dieser Versammlung erklärte Auffassung ist es, daß die NATO jetzt an einen Punkt gerät, an dem die strategischen Voraussetzungen, unter denen bisher gearbeitet worden ist, die Struktur der Streitkräfte, die man hier entwickelt hat, und die für alle gültigen Methoden, nach denen man sich bisher gerichtet hat, für die achtziger Jahre nicht ausreichen werden.

In meiner Aussage über SALT in den Vereinigten Staaten habe ich gesagt, wenn sich die gegenwärtige Entwicklung fortsetzt, dann werden die achtziger Jahre für uns alle eine Periode gefährlicher Krisen werden. Wir sind nicht als Folge der Fehler einer einzelnen Regierung an diesen Punkt gelangt. Ebenso wie beide Parteien in den Vereinigten Staaten sich der NATO verpflichtet fühlen, sind die Schwierigkeiten, über die ich vor dieser Versammlung sprechen will – zugegebenermaßen in einer vielleicht übertriebenen Form – erst im Verlauf einer längeren Zeitspanne entstanden, und zwar zum Teil als Folge amerikanischer, zum Teil aber auch als Folge europäischer Auffassungen.

Damit soll jedoch nicht bestritten werden, daß die NATO, gemessen am Wert der hergebrachten Bündnissysteme, ein gewaltiger Erfolg gewesen ist. Es ist nur sehr selten in der Geschichte vorgekommen, daß ein Büdnis zu Friedenszeiten ohne Konflikte eine Generation überdauert hat. Und es liegt im Wesen eines Prozesses, in dessen Rahmen dieses Bündnis erhalten blieb und die Abschrekkung gewirkt hat, daß niemand wird sagen können, warum das gelungen ist. Liegt es daran, daß wir die richtige Politik getrieben haben? Liegt es daran, daß die Sowjetunion nie die Absicht gehabt hat, uns anzugreifen? Liegt es an der Politik der Stärke einiger Länder oder an der Politik der Anpassung anderer Länder? Was ich sage, sollte daher nicht als Kritik an irgendeiner amerikanischen Regierung aufgefaßt werden (auch wenn es vielleicht eine Periode von acht Jahren gegeben hat, in der keine Fehler begangen worden sind), noch will ich die Politik europäischer Nationen kritisieren, sondern die Lage so darstellen, wie sie heute ist.

Die weltpolitische Lage

Zunächst möchte ich mich der strategischen Lage zuwenden. Was das gegenwärtige militärische Kräfteverhältnis betrifft, so ist es die beherrschende Tatsache, daß die NATO-Länder auf jedem wichtigen militärischen Gebiet zurückfallen, vielleicht mit Ausnahme der Seestreitkräfte, wo sich die Lücke zu unseren Gunsten schließt. Noch nie in der Geschichte ist es vorgekommen, daß eine Nation in allen wichtigen Kategorien der Rüstung die Überlegenheit erlangt hat, ohne daß sie versucht hätte, außenpolitisches Kapital daraus zu schlagen. Es ist daher fast sinnlos, darüber zu debattieren, ob es irgendein magisches Datum gäbe, zu dem die Sowjetarmeen in diese oder jene Richtung vorstoßen werden. Ich bin bereit zuzugeben, daß es hier keinen besonderen Generalplan und auch kein vorausbestimmtes Datum gibt; ich halte die heutigen sowjetischen Führer nicht einmal für übermäßig abenteuerlustig. Doch darauf kommt es im Grunde nicht an. In einer so unruhigen Welt, in der wir so rapide Veränderungen erleben, werden sich genügend Gelegenheiten ergeben, bei denen das Schlüsselelement die relative Bereitschaft beider Seiten, ihre Interessen zu begreifen und sie zu verteidigen, sein wird. Ich glaube nicht, daß die Sowjetunion Angola geplant oder die Voraussetzungen dafür geschaffen hat, in Äthiopien zu intervenieren, und es hat auch für den Ausbruch der Revolution in Afghanistan nicht unbedingt einen vorher festgelegten Zeitpunkt gegeben. Aber alle diese Ereignisse haben die allgemeine Stabilität erschüttert. Ich würde eine Politik des Westens für unbedacht halten, die nicht in Rechnung zieht, daß wir es in dem vor uns liegenden Jahrzehnt gleichzeitig mit einem für uns ungünstigen Gleichgewicht der Kräfte, einer Welt voller Unruhen, einer potentiellen Wirtschaftskrise und einem massiven Energieproblem zu tun haben werden. Wenn wir angesichts dieser Aussichten zur Tagesordnung übergehen, dann legen wir unser Schicksal in die Hände anderer und verlassen uns auf die Zurückhaltung derjenigen, deren Ideologie uns mit aller Deutlichkeit zeigt, welche entscheidende Rolle das objektive Gleichgewicht der Kräfte spielt.

Das ist mein Grundthema, das ich jetzt im Hinblick auf bestimmte Einzelfragen behandeln möchte.

Die Verlagerung des strategischen Gleichgewichts

Auch wenn ich mich damit wiederholen sollte, erlauben Sie mir, zunächst noch einmal zu sagen, was ich für den fundamentalen Wandel der strategischen Lage halte, soweit es die Vereinigten Staaten betrifft, um dann über die Konsequenzen zu sprechen, die das für die NATO haben wird.

Als die Organisation des Nordatlantischen Bündnisses geschaffen wurde, besaßen die Vereinigten Staaten eine überwältigende strategische Überlegenheit auf dem Gebiet der Kernwaffen. Das heißt, höchstwahrscheinlich wären wir über eine lange Zeit hinaus in einem mit Kernwaffen geführten Krieg die Sieger gewesen, und zwar mit Sicherheit, wenn wir den ersten Schlag führten, und über einen Zeitraum von zehn Jahren sogar auch, wenn wir einen ersten Schlag mit einem zweiten abzuwehren hätten. Wir waren in der Lage, die strategischen Kräfte der Sowjetunion zu vernichten und jeden möglichen Gegenschlag gegen uns auf ein noch erträgliches Niveau zu reduzieren. Und diese Lage muß für die Sowjetunion noch bedrohlicher ausgesehen haben, als sie uns günstig erschien.

Wenn wir an die Kuba-Krise von 1960 zurückdenken, bei der es um die Stationierung sowjetischer Fernlenkwaffen ging und in der alle verantwortlichen Politiker damals die Möglichkeit eines Weltuntergangs erblickten, dann werden wir fast von einer Art Nostalgie ergriffen, so einfach waren die damals getroffenen Entscheidungen. Zu jener Zeit verfügte die Sowjetunion über etwa 70 weitreichende Fernlenkwaffen, die zum Auftanken zehn Stunden brauchten, und das war länger als die Zeit, die unsere Flugzeuge gebraucht hätten, um von ihren vorgeschobenen Basen die Sowjetunion zu erreichen. Selbst zur Zeit der Nahostkrise von 1973 (ich erinnere an den Alarm) waren wir den Sowjets in der Zahl der Sprengköpfe im Verhältnis von etwa acht zu eins überlegen. Wenn man das mit der heutigen und der voraussichtlichen Lage vergleicht, dann nähern wir uns einem Punkt, an dem es schwierig wird, den amerikanischen strategischen Streitkräften für einen Einsatz mit strategischen Kernwaffen einen klaren militärischen Auftrag zu geben.

In den fünfziger Jahren und noch bis weit in die sechziger Jahre hinein war die NATO durch die Überlegenheit der Schlagkraft der amerikanischen strategischen Waffen geschützt, denn die Vereinigten Staaten konnten die in der Sowjetunion stationierten Waffensysteme zerstören und waren dem Gegner außerdem auf dem Gebiet der taktischen Kernwaffen weit überlegen. Allerdings haben wir – und ich werde noch darauf zu sprechen kommen – niemals eine schlüssige Theorie für die Verwendung taktischer Kernwaffen entwickelt. Es ist die besondere Eigenart aller Nachrichtendienste, die Logik der Entscheidungsprozesse zu überschätzen, die sie analysieren, und deshalb ist es wahrscheinlich, daß die Sowjetunion die Kapazität unserer in Europa stationierten Kernwaffen höher eingeschätzt hat als wir selbst. Jedenfalls waren die Kräfte zahlenmäßig überlegen, und in diesem strategischen Rahmen war auch der Einsatz der alliierten Bodenstreitkräfte auf dem Kontinent geplant.

Niemand bestreitet mehr, daß die Vereinigten Staaten in den achtziger Jahren – und vielleicht schon heute, aber mit Sicherheit in den achtziger Jahren – nicht mehr in der Lage sein werden, einen sowjetischen Gegenschlag gegen die Vereinigten Staaten auf ein erträgliches Niveau zu reduzieren. Man könnte sogar argumentieren, die Vereinigten Staaten befänden sich nicht in einer Lage, in der ein Angriff gegen die strategischen Kräfte der Sowjetunion militärisch vertretbar wäre, weil ein solcher Angriff einen so großen Teil unserer strategischen Waffen verbrauchen würde, daß die Sicherheit unserer übrigen Streitkräfte dadurch nicht wesentlich gestärkt werden könnte.

Seit Mitte der sechziger Jahre haben die strategischen Kräfte der Sowjetunion massiv zugenommen. 1965 verfügten die Sowjets über 220 interkontinentale Fernlenkwaffen, um 1972/1973 waren es etwa 1600. Zunächst verfügten die Sowjets über eine nur sehr geringe Zahl von Fernlenkwaffen, die auf U-Booten stationiert waren, aber 1970 hatte sich ihre Zahl auf 900 erhöht. Und das erstaunliche Phänomen, das den Historikern zu denken geben wird, ist die Tatsache, daß das alles geschehen konnte, ohne daß die Vereinigten Staaten ernsthaft versucht haben, diesen Zustand zu ändern. Ein Grund war, daß er sich nicht so einfach korrigieren ließ; aber ein zweiter Grund war das Entstehen einer Theorie, zu der ich auch selbst beigetragen habe und zu der auch viele, die heute hier am Konferenztisch sitzen, beigetragen haben, nach der die strategische Stabilität als militärischer Aktivposten angesehen wurde, wobei sich die historisch erstaunliche Auffassung entwickelte, die eigene Verwundbarkeit sei ein Beitrag zum Frieden, und die Unverwundbarkeit erhöhe das Kriegsrisiko.

Eine solche Theorie konnte sich nur in einem Land entwickeln und von weiten Kreisen übernommen werden, das sich mit dem Problem des Gleichgewichts der Kräfte als einem historischen Phänomen niemals ernsthaft beschäftigt hat. Und, wenn ich das sagen darf, auch nur auf einem Kontinent, der nach einer Möglichkeit suchte, die Analyse der Gefahren zu vermeiden, von denen er bedroht wurde, und der nach einem einfachen Ausweg suchte. Als die Regierung, der ich angehört habe, ein Programm für den Bau von Flugabwehrwaffen durchführen wollte, das wir von unseren Vorgängern übernommen hatten, wurde sie mit äußerster Heftigkeit von denen angegriffen, die der Auffassung waren, das Programm sei destabilisierend, provozierend und ein Hindernis für die Rüstungskontrolle. Zunächst hatte man den Plan für den Bau der ABM nur durchsetzen können, weil man erklärte, diese Waffen seien notwendig als Schutz gegen die Bedrohung durch China und nicht durch die Sowjetunion. Jedenfalls hat der Kongreß auf mehreren Sitzungen das ABM-Programm systematisch soweit zusammengestrichen, daß schließlich eine eigenartige Koalition zwischen dem Pentagon und den Abrüstungsbefürwortern zustande kam und sich beide gegen die ABM aussprachen. Das Pentagon hielt es für militärisch sinnlos, ein Programm zu finanzieren, das systematisch seiner militärischen Bedeutung beraubt wurde, und die Abrüstungsspezialisten lehnten es ab, weil sie in der strategischen Verwundbarkeit der Vereinigten Staaten einen Aktivposten sahen. Es kann in der Geschichte nicht oft vorgekommen sein, daß man es für eine richtige militärische Doktrin gehalten hat, das eigene Land absichtlich gegnerischen Angriffen auszusetzen.

Heute sind wir wirklich in die Lage geraten, für die unsere Abrüstungsspezialisten so hingebungsvoll gearbeitet haben; wir sind wirklich verwundbar. Außerdem haben wir in den sechziger Jahren damit begonnen, unsere Waffen so zu bauen, daß sie die Waffen der anderen Seite nicht bedrohen können. Nach der strategischen Doktrin von der »gesicherten Vernichtung« wurde der Krieg mit Kernwaffen nicht zu einem militärischen, sondern zu einem technischen Problem. Es ging dabei um theoretische Berechnungen über das Ausmaß der wirtschaftlichen und industriellen Schäden, die man der anderen Seite zufügen müsse. Dabei kam es im wesentlichen nicht darauf an, wie weit die andere Seite aufgerüstet hatte.

Diese allgemeine Theorie erlebte zwei Rückschläge. Der eine war, daß die Sowjets nicht daran glaubten. Der zweite lag darin, daß wir noch nicht eine Rasse von Supermenschen gezüchtet hatten, die diese Theorie in die Tat umsetzen können. Während wir die Kapazitäten für eine »gesicherte Zerstörung« bauen, hat die Sowjetunion Streitkräfte für konventionelle militärische Aufgaben geschaffen, die in der Lage sind, die Streitkräfte der Vereinigten Staaten vernichtend zu schlagen. In den achtziger Jahren werden wir uns daher in einer Lage befinden, in der erstens viele unserer strategischen Kräfte einschließlich aller am Boden stationierten ICBM verwundbar sein werden, und zweitens wird ein so unbedeutender Prozentsatz des sowjetischen strategischen Potentials verwundbar sein, daß es für die Vereinigten Staaten keinen Sinn hätte, sie anzugreifen. Ob das bedeutet, daß die Sowjetunion die Vereinigten Staaten angreifen will oder nicht, spielt in diesem Zusammenhang keine Rolle. Ich möchte nur sagen, daß die durch unsere relative Verwundbarkeit entstandene Veränderung der strategischen Lage für die Vereinigten Staaten eine fundamentalere Bedeutung hat als die totale Verwundbarkeit sie für die Sowjetunion hätte, denn unsere strategische Doktrin gründete sich zunächst erstaunlicherweise – und vielleicht sogar ausschließlich – auf die Überlegenheit unserer strategischen Kräfte. Die Sowjetunion hat sich niemals allein auf die Überlegenheit ihrer strategischen Kapazität gestützt. Für sie hat die lokale und regionale

Überlegenheit stets den Vorrang gehabt. Deshalb ist sogar die Ausgewogenheit an Zerstörungspotential, ja sogar die »gesicherte Zerstörung« für beide Seiten eine Revolution im strategischen Kräfteverhältnis, wie wir es gewohnt waren. Dieser Tatsache müssen wir ins Auge sehen.

Ich habe vor einiger Zeit dringend empfohlen, die Vereinigten Staaten sollten eine eigene Gegenschlagkapazität entwickeln. Unsere Freunde in der NATO haben angesichts der von mir geschilderten Lage immer wieder gefordert, die Vereinigten Staaten sollten noch deutlicher erklären, daß sie ihre Verbündeten auf jeden Fall militärisch unterstützen würden. Und ich habe am Konferenztisch des NATO-Rats in Brüssel und anderswo gesessen und die magischen Worte gesprochen, die eine außerordentlich beruhigende Wirkung hatten und den Ministern erlaubten, nach Hause zurückzukehren und dort zu begründen, weshalb die Verteidigungsausgaben nicht erhöht werden müßten. Und meine Nachfolger haben die gleichen Versicherungen abgegeben.

Doch wenn meine Analyse richtig ist, dann werden diese Worte ihren Wahrheitsgehalt nicht auf unbegrenzte Zeit behalten; und wenn meine Analyse richtig ist, müssen wir uns mit der Tatsache abfinden, daß es in den achtziger Jahren absurd sein wird, die Strategie des Westens auf die Glaubwürdigkeit der Drohung mit gegenseitigem Selbstmord zu stützen.

Man kann von keiner Nation verlangen, daß sie Streitkräfte entwickelt, die keine militärische Bedeutung haben, sondern deren Zweck vor allem in der Vernichtung von Zivilisten besteht, und man kann nicht erwarten, diese Faktoren würden die Entschlossenheit einer Nation im Krisenfall nicht berühren. Wir leben in einer paradoxen Welt, in der es gerade die liberale, humane und fortschrittliche Völkergemeinschaft ist, die die blutrünstigsten Strategien empfiehlt und erklärt, man brauche sich keine Sorgen zu machen, solange wir über die Kapazität verfügen, 100 Millionen Menschen umzubringen.

Gerade diese Haltung führt dazu, daß behauptet wird, wir brauchten uns um die Verwundbarkeit unserer Fernlenkwaffen keine Sorgen zu machen, denn schließlich könnten wir sie doch jederzeit starten, wenn wir durch einen Angriff alarmiert würden. Jeder Soldat auf dieser Konferenz wird Ihnen sagen, daß strategische Fernlenkwaffen auf einen Alarm hin nur gestartet werden können, wenn man die Verantwortung dafür dem sprichwörtlichen »verrückt gewordenen Oberst« überträgt, der die Hauptrolle in so vielen Filmen spielt. Niemand, der unser Regierungssystem einigermaßen kennt, wird glauben, daß unser Präsident es fertigbringt, den Außenminister, den Verteidigungsminister, den Vorsitzenden der Joint Chiefs of

Staff und den Direktor der CIA innerhalb der 15 Minuten zu einer Beratung zusammenzurufen, die uns für eine solche Entscheidung zur Verfügung stehen, geschweige denn einen Befehl erlassen kann, der ebenfalls noch innerhalb dieser 15 Minuten auf dem Dienstweg an die Kommandostellen weitergegeben werden muß. Man kann also dieser Strategie nur folgen, wenn man die Verantwortung einem Truppenbefehlshaber überträgt, der die Möglichkeit haben muß, den Gegenschlag zu führen, wenn er glaubt, daß ein Krieg mit Kernwaffen begonnen hat. Ist das die Welt, in der wir leben wollen? Wird es dahin kommen, wenn wir der Strategie der »gesicherten Vernichtung« folgen?

Und deshalb würde ich sagen – und wenn ich noch im Amt wäre, würde ich es vielleicht nicht sagen –, daß unsere europäischen Verbündeten nicht immer wieder von uns verlangen sollten, ihnen strategische Zusicherungen zu geben, die wir unmöglich ernst meinen können oder denen wir, wenn wir sie ernst meinen, doch nicht folgen werden, weil wir, wenn wir das täten, damit die Vernichtung der Zivilisation riskierten.

Unser strategisches Dilemma wird nicht durch verbale Beteuerungen gelöst, sondern es erfordert eine Umstrukturierung unserer Streitkräfte und eine neue Militärdoktrin. Es hat keinen Sinn, sich über das Nachlassen der amerikanischen Verteidigungsbereitschaft zu beschweren oder diese oder jene amerikanische Regierung zu kritisieren, denn wir stehen vor einer objektiven Krise, aus der wir herausfinden müssen.

Regional einzusetzende taktische Kernwaffen

Der zweite Teil dieses Problems ist das unausgewogene Kräfteverhältnis bei den taktischen Kernwaffen. In den fünfziger und sechziger Jahren haben wir mehrere 1000 Kernwaffen nach Europa verlegt. Wir hatten allerdings keine sehr klaren Vorstellungen davon, was wir mit ihnen tun könnten, aber ich bin überzeugt, der sowjetische Nachrichtendienst hat sich eine Vorstellung davon gemacht, wie diese Kräfte eingesetzt werden sollten. Jedenfalls sind die Sowjets durch ihr Vorhandensein beunruhigt worden. Ein Grund, weshalb wir für diese Waffen keinen klaren Auftrag formuliert haben, war der gleiche, der zur strategischen Theorie der »gesicherten Vernichtung« geführt hat. Lassen Sie uns den Tatsachen ins Auge sehen: Die vorherrschende Auffassung in den Vereinigten Staaten war es, daß nur die Vereinigten Staaten im Fall eines Krieges mit Kernwaffen das Verfügungsrecht über diese Waffen haben dürften, und deshalb mußte man es vermeiden, klar zwischen taktischen und strategischen Kernwaffen zu unterscheiden. Die gleichen Überlegungen, die es verhindert hatten, daß für den Einsatz strategischer Kernwaffen ein klarer Plan entworfen wurde, führten auch dazu, daß die taktischen Kernwaffen keinen eindeutigen militärischen Auftrag erhielten. Diese Lage komplizierte sich noch durch die Tatsache, daß es – und hier darf ich taktlos sein – der geheime Traum aller Europäer war, einen Krieg mit Kernwaffen zu vermeiden und, wenn das nicht möglich sein sollte, einen solchen Krieg über Europa hinweg mit den strategischen Streitkräften der Vereinigten Staaten und der Sowjetunion führen zu lassen. Doch wie das auch sein mag, es ist unbestritten, daß das strategische Ungleichgewicht, das ich für die 80er Jahre vorausgesagt habe, in den 80er Jahren auch von einem regionalen Ungleichgewicht begleitet sein wird. Wie ist es nun möglich, angesichts der deutlich erkennbaren Unterlegenheit bei den konventionellen Streitkräften bei einem so ungünstigen Kräfteverhältnis zu überleben?

Wenn es auf dem europäischen Kontinent keinen Aufmarsch mit taktischen Kernwaffen gibt, dann wird damit die selektive Erpressung unserer Verbündeten vorprogrammiert, die zu Entscheidungen gezwungen werden könnten, die wir nur mit einer Strategie beantworten müßten, die keinen militärischen Wert hat, sondern nur das Ziel, die Zivilbevölkerung des Gegners zu vernichten.

Ich frage jeden von Ihnen, der hier am Konferenztisch sitzt: Wenn Sie Außenminister oder Sicherheitsberater wären, was würden Sie dem Präsidenten der Vereinigten Staaten empfehlen, unter diesen Umständen zu tun? Wie würden Sie die militärische Position der Vereinigten Staaten verbessern? Natürlich könnte der Präsident drohen, auf jeden Angriff mit dem Einsatz aller verfügbaren strategischen Kräfte zu reagieren, aber ist das eine realistische Politik? Es hat keinen Sinn zu sagen, dieses Dilemma zeige, daß die Amerikaner schwach und unentschlossen seien. Dies ist nicht das Problem einer einzelnen Regierung, sondern es ist das Problem der Doktrin, die wir entwickelt haben.

Ich halte es daher für dringend notwendig, daß man den Sowjets ihre Kapazität für einen Gegenschlag mit strategischen Kräften nimmt oder daß die Kapazität für den Gegenschlag der Vereinigten Staaten mit strategischen Kräften rasch erhöht wird. Außerdem ist es notwendig, daß entweder die gegen Europa gerichtete sowjetische nukleare Bedrohung mit taktischen Kernwaffen ausgeschaltet wird (wozu ich keine Möglichkeit sehe), oder daß wir uns sofort darum bemühen, mit taktischen Kernwaffen nachzurüsten. Ebenso wie ich glaube, daß es notwendig ist, unseren strategischen Kräften eine militärisch sinnvolle Aufgabe zuzuweisen und den Gedanken an die sinnlose und demoralisierende Strategie der massiven Vernichtung der Zivilbevölkerung aufzugeben, so ist es dringend erforderlich, daß wir endlich versuchen, einen glaubwürdigen militärischen Auftrag für die taktischen und regional einzusetzenden Kernwaffen zu entwickeln, die wir bauen.

Die Rolle der Bodenstreitkräfte

Und drittens wird es Zeit, zu entscheiden, welche Aufgabe unsere Bodenstreitkräfte auf dem europäischen Kontinent übernehmen sollen. Diese Kräfte sind in den fünfziger Jahren in Europa stationiert worden, als die strategische Überlegenheit der Vereinigten Staaten so groß war, daß wir Europa durch die Drohung mit einem allgemeinen Krieg mit Kernwaffen schützen konnten. Diese Kräfte wurden, wie ich schon oft gesagt habe, in Europa stationiert, um sicherzustellen, daß unsere Reaktion automatisch erfolgen würde. Unsere Streitkräfte standen als Geiseln in Europa. Jedermann war interessiert daran, daß diese Verbände nicht zu stark wurden. Schließlich ergab sich die paradoxe Lage, daß sie viel zu stark waren, um nur die Rolle eines Stolperdrahts zu übernehmen, aber nicht stark genug für die Verteidigung in einem über längere Zeit hinaus mit konventionellen Waffen geführten Krieg. Während der Jahre meiner Amtszeit habe ich versucht zu erfahren, was real mit der Versorgung für 90 Tage gemeint war, die angeblich zur Verfügung stand, und welches die kritischen Minimalanforderungen waren. Ich weiß, daß mein Freund, General Alexander Haig, den ich aufrichtig bewundere, ein gewaltiges Stück Arbeit geleistet hat, um die Lage zu verbessern. Ich würde mich aber dennoch wundern, wenn er meinte, wir könnten heute sagen, unsere Bodenstreitkräfte seien von sich aus in der Lage, sich über eine längere Zeit ohne massive und rasch herangeführte Verstärkungen zu verteidigen.

Die politischen Zusammenhänge

Alles, was ich über die militärische Lage gesagt habe, ließe sich schon sehr schwer korrigieren; aber die Angelegenheit kompliziert sich durch gewisse Theorien, an deren Entstehung ich zweifellos selbst mitgewirkt habe. 1968 entwickelte die NATO in Reykjavik die Theorie – die nach meiner Ansicht völlig falsch ist –, daß das Bündnis sowohl ein Instrument der Entspannung als auch der Verteidigung sei. Ich glaube, das ist einfach nicht richtig. Die NATO verfügt gar nicht über die Mittel, ein Instrument der Entspannung zu sein. So ist es zum Beispiel jedesmal abgelehnt worden, wenn wir versucht haben, den Generalsekretär der NATO zum Unterhändler mit dem Warschauer Pakt zu ernennen. Aber das ist ein zweitrangiges Problem, und die Entspannung ist wichtig. Sie ist wichtig, weil man, wie die Vereinigten Staaten es während des Vietnam-Krieges erfahren haben, in der Demokratie das Risiko des Krieges nicht auf sich nehmen kann, wenn die Öffentlichkeit nicht überzeugt ist, daß man sich dem Frieden verpflichtet fühlt. Entspannung ist wichtig, weil wir das Bündnis nicht zusammenhalten können, ohne unsere Verbündeten davon überzeugt zu haben, daß wir nicht die Konfrontation um ihrer selbst willen suchen. Entspannung ist wichtig, weil ich nicht akzeptieren kann, daß die Demokratien die Friedensliebe ihren Gegnern überlassen müssen. Und Entspannung ist wichtig, damit wir, wenn sich die Konfrontation nicht vermeiden läßt, alle Möglichkeiten so ausgeschöpft haben, bevor wir mit einer Konfrontation vor die Bewährungsprobe gestellt werden.

Aus diesem Grund haben mich diejenigen immer beunruhigt, die erklären, es ginge um die Frage, »Entspannung oder keine Entspannung«. Alle Regierungen im Westen müssen demonstrativ ernste Anstrengungen unternehmen, um die Spannungen zu verringern und über entscheidende Streitpunkte zu verhandeln. Aber im Westen geht es auch noch um mehr. Hier besteht die Tendenz, die Frage nach der Entspannung in einer etwas theatralischen Weise zu behandeln. Mit anderen Worten, die Entspannung wird hier so behandelt, als bestünde sie nicht im Ausgleich nationaler Interessen und in Verhandlungen auf der Grundlage der strategischen Gegebenheiten, sondern als sei sie eine Demonstration des übermäßigen guten Willens, bei der man durch Verständigung einer Nation das Mißtrauen nimmt, die angeblich kein anderes Motiv für einen möglichen Angriff hat. Diese Art, Entspannungspolitik zu treiben, ist eine Art Psychotherapie, ein Versuch, gute persönliche Beziehungen herzustellen, oder das Bemühen, mit dem einzelne politische Führer versuchen, ihre innenpolitische Position dadurch zu festigen, daß sie beweisen, sie hätten besonders enge und daher erfolgversprechende persönliche Beziehungen zu Moskau – was sich für den Westen katastrophal auswirken kann. Eine solche Politik ist das Gegenstück zur Theorie von der »gesicherten Zerstörung«, und zwar in dem Sinne, als sie stets eine Entschuldigung dafür sein soll, daß nicht getan worden ist, was hätte getan werden müssen.

Im Gegensatz zu jeder realistischen Betrachtungsweise hat man behauptet, die ABM würden der Rüstungskontrolle jede Chance nehmen. In Wirklichkeit hat Premierminister Kossygin 1967 Präsident Johnson in Glassboro, New Jersey, gesagt, die Vorstellung, nichts für die Verteidigung zu tun, sei eine der lächerlichsten Ideen, die er je gehört habe. Als wir 1970 ein zwar völlig unzureichendes ABM-Programm entwickelt hatten, war es das einzige Thema, über das die Sowjetunion bei den SALT-Verhandlungen mit uns sprechen wollte. Als wir auf den Bau des B-1-Bombers verzichteten, forderten wir die Sowjets zu einer Gegenleistung auf. Wir warten noch heute darauf. Als wir den Plan, die Neutronenbombe zu bauen, aufgaben, sagte man uns, das entspräche der Stationierung der SS-20. (Wenn das so gewesen ist, dann war es die umgekehrte Entsprechung zur SS-20.) Und heute sagt man uns, wir seien natürlich alle für die Nachrüstung mit taktischen Kernwaffen, müßten uns aber zuerst um neue Verhandlungen bemühen. Ich habe den Bericht eines bekannten amerikanischen Senators gesehen, der neulich aus Moskau zurückgekehrt ist und gesagt hat: »Es ist praktisch sicher, daß die Marschflugkörper stationiert werden und daß die NATO einen eigenen Stationierungsplan verwirklichen wird, wenn nicht bald Verhandlungen über einen neuen Vertrag begonnen werden.« Wenn das unsere Haltung ist, dann brauchen die Sowjets nur mit den Verhandlungen zu beginnen, um uns daran zu hindern, das zu tun, was sie selbst tun, ob nun verhandelt wird oder nicht.

Diese Art der Entspannung führt zur einseitigen Abrüstung des Westens. Ich bin für Verhandlungen über taktische Kernwaffen, aber die Gespräche werden um so eher beginnen, je rascher wir solche taktischen Kernwaffen bauen. Dann können wir auch über die zahlenmäßige Ausgewogenheit oder die Art der Stationierung sprechen. Wir dürfen aber die strategischen Entscheidungen nicht aufschieben, die getroffen werden müssen, damit Verhandlungen zustande kommen. Wir brauchen die Entspannung, aber es muß eine Entspannung auf breiter Front in dem Sinne sein, daß alle in der NATO vereinigten Nationen einer vergleichbaren politischen Linie folgen. Die Illusion, daß gewisse Länder gegenüber der Sowjetunion eine Vorrangstellung gewinnen könnten, ist theoretisch richtig, aber das wäre die beste Methode, das Bündnis zu spalten. Die Illusion, bestimmte Themen könnten für eine besondere Behandlung im Rahmen der Entspannung abgetrennt werden, während der Konflikt auf allen anderen Gebieten weitergeht, verwandelt die Entspannung in ein Sicherheitsventil für die Aggression.

Mir kommt es vor allem darauf an zu sagen, daß wir eine glaubwürdige Strategie brauchen. Wir müssen uns über eine Strategie einigen und unbedingt die notwendige Nachrüstung vollziehen. Wir dürfen nicht mehr zwei oder drei Jahre warten. Wir können, auch wenn unsere politischen Systeme eine solche Politik begünstigen, keine Außenpolitik treiben, mit der wir die innenpolitische Lage in den einzelnen Ländern dadurch zu erleichtern suchen, daß wir so tun, als könnten Einzelvorstöße in Moskau unsere Probleme lösen.

Leider brauchen wir für die Entwicklung von Programmen, wie ich sie dargestellt habe, mehr Zeit, als uns die meisten Amtsperioden der politischen Führer zur Verfügung stellen. Deswegen werden die politischen Führer in allen unseren Ländern in die Versuchung geraten, die Erfolge zu suchen und zu feiern, die dazu führen, daß entweder der einzelne oder eine Region eine andere Art der Entspannung zu verwirklichen suchen. Wie ist es möglich, daß die Staaten, die 70 Prozent des Bruttosozialprodukts der Welt erzeugen, sich nicht auf eine gemeinsame Energiepolitik einigen wollen? Das liegt nicht nur daran, daß es zu einem Schlagwort geworden ist, zu sagen, »wir dürfen keine Konfrontation zulassen«. Wann sind Nationen mit einem massiven wirtschaftlichen Niedergang konfrontiert worden, ohne daß sie bereit waren, diejenigen zu konfrontieren, die wesentlich zu diesem Verfall beigetragen haben? Und schließlich braucht man für eine Konfrontation mindestens zwei Seiten.

Wie ist es möglich, daß im Nahen Osten zwei einander widersprechende Theorien über die Lösung der Probleme gleichzeitig verwirklicht werden? Wie kommt es, daß manchmal Ägypten und die PLO gleichzeitig – wie ich gestehen muß – von unserer Regierung unterstützt werden? Aber im Grunde spielen die Europäer die eine Karte und wir die andere, und damit werden die radikalen und die gemäßigten Elemente gleichzeitig gestärkt. Einer von uns beiden muß im Unrecht sein, und es sind nur Ausflüchte, wenn wir so tun, als arbeiteten wir auf der einen Straßenseite und die Europäer auf der anderen, denn worum es in Europa wirklich geht, ist der Versuch, sich besondere Vorteile zu verschaffen. Und doch befinden wir uns in einer Lage, in der der Markt es nicht erlaubt, sich Sondervergünstigungen zu verschaffen, sondern wo man im Gegenteil erkannt hat, daß das Öl eine politische Waffe ist und sogar die Gemäßigten keinen Grund haben, es *nicht* als politische Waffe zu benutzen.

Ich versuche nicht zu sagen, welches die richtige Antwort ist, aber ich sage, daß die an diesem Tisch vertretenen Nationen sich fragen sollten, ob es die zwei Jahre, in denen jede von ihnen sich besondere Vorteile verschaffen könnte, wert sind, daß eine zehn Jahre dauernde Katastrophe eintritt, mit der wir heute rechnen müssen.

Ich weiß, es gibt viele Einwände. Man könnte einwenden, daß nichts von dem, wovor ich gewarnt habe, unvermeidlich sei, denn es gäbe ja noch China. Und wir kennen schließlich auch den Einwand, daß die Sowjets noch niemals irgendwo geblieben seien, wohin sie vorgestoßen sind, und daß sie selbst die größten Schwierigkeiten hätten. Und schließlich haben wir noch den Einwand, daß wir in der Dritten Welt so große Fortschritte machen können, daß alle unsere anderen Sorgen irrelevant seien.

Ich glaube, die Chinesen haben 3000 Jahre überlebt, weil sie die unsentimentalsten Praktiker des Gleichgewichts der Kräfte sind, weil sie über eine hohe Intelligenz verfügen und sich die wenigsten Illusionen machen. China wird uns nur dann helfen, wenn wir das

Notwendige tun. China wird nicht auf die Barrikaden steigen, die wir als die Opfer der Kräfte, die wir freigesetzt haben, nicht bemannen wollen. Es ist daher gewiß, daß China nur mit uns zusammenarbeiten wird, wenn wir das Gleichgewicht der Kräfte herstellen.

Die Theorie, daß die Sowjets nie dort bleiben, wohin sie vorgestoßen sind, wird erstaunlicherweise von vielen vertreten und mit einem Beispiel belegt: Ägypten. Ich erwähne Somalia in diesem Zusammenhang nicht, weil ich glaube, die Sowjetunion hat Somalia freiwillig aufgegeben, weil sie es gegen einen größeren Klienten austauschen konnte. Und in Ägypten war es in Wirklichkeit so, daß das Kräfteverhältnis diejenigen begünstigt hat, die wir unterstützten und die in drei Kriegen gelernt haben (in zwei von ihnen haben wir uns einer amerikanisch-sowjetischen Konfrontation genähert), daß sie ihre Ziele mit sowjetischen Waffen nicht erreichen konnten. Erst als das bewiesen war, hat sich Ägypten zu seiner Kehrtwendung entschlossen. Wir stehen deshalb wieder vor unserem ersten Problem.

Und was nun die letzte Nostalgie betrifft – das wehmütige Gefühl, das uns beim Anblick des »edlen Wilden« ergreift, der Dritten Welt, die wir auf unsere Seite ziehen wollen: Ich muß gestehen, daß ich nicht sagen kann, wie diese Ideen praktisch verwirklicht werden sollen. Ich muß Ihnen leider gestehen, daß ich zu meiner Amtszeit die Resolutionen der Nationen der Dritten Welt, die jetzt auf Kuba zusammengekommen sind, nie gelesen habe – aber vielleicht hätte ich Ihnen etwas noch Häßlicheres sagen können. Aber ich würde glauben, es sei statistisch nicht möglich, daß die Vereinigten Staaten während der Jahre, in denen diese Nationen der Dritten Welt zusammenkommen, noch nie etwas richtig gemacht hätten. Irgend etwas müssen wir richtig gemacht haben, wenn auch nur rein zufällig. Ich behaupte, niemand, der diese Dokumente durchliest, wird auch nur eine einzige Stelle darin finden, in der anerkannt wird, daß die Vereinigten Staaten auch nur in einer ganzen Nebensächlichkeit das Richtige getan haben. Welches sind die Aussichten für den Fortschritt in einer Welt, wo die Kubaner die Gastgeber für eine Konferenz der blockfreien Nationen sein dürfen?

Für mich ist es Nostalgie und nicht Politik, an die radikalen Elemente in der Dritten Welt zu appellieren und sie aufzufordern, ihre politischen Praktiken zu ändern. Sie können das nicht, weil sie das radikale Element für ihre Verhandlungsposition brauchen, eine Position, die zwischen uns und den Sowjets liegt, und weil die Ideologie dieser Radikalen uns feindlich ist. Paradoxerweise ist es deshalb so, daß sich diese Länder, je mehr wir uns um sie bemühen, desto entschiedener von uns zurückziehen werden.

Ich sage nicht, daß wir uns mit den radikalen Elementen in der Dritten Welt nicht beschäftigen oder daß wir nicht unser Möglichstes für die Dritte Welt tun sollten. Ich sage nur, die Dritte Welt ist nicht unser Alibi und sie ist nicht unsere Ausflucht. Vielleicht werden wir dort nichts verlieren, wir werden dort aber wahrscheinlich auch nichts gewinnen, wenn wir ihre Schlagworte wiederholen.

Schlußbemerkungen

Ich habe nicht beabsichtigt, Ihnen einen deprimierenden Bericht über unsere schwierige Lage vorzulegen, und was ich gesagt habe, soll auch nicht heißen, daß wir keine günstigen Zukunftsaussichten hätten. Ich wollte einfach darauf hinweisen, daß man Krisen herausfordert, wenn man bestimmte Probleme vernachlässigt.

Im 13. Jahr des Bestehens der NATO haben wir einen weiten Weg zurückgelegt und unser Hauptziel erreicht. Wenn wir uns nicht sofort an die Lösung wenigstens einiger der Probleme machen, von denen ich gesprochen habe, dann könnte es zu einer Katastrophe kommen. Und das Unheimliche daran ist die Tatsache, daß es durchaus nicht notwendig ist. Das Unheimliche liegt darin, daß die in diesem Raum vertretenen Nationen ein Bruttosozialprodukt haben, das dreimal so groß ist wie das der Sowjetunion, und eine Bevölkerung, die viermal so groß ist. Die Sowjetunion hat Führungsprobleme, gesellschaftliche Probleme, Minderheitenprobleme; das einzig Positive an der Lage der Sowjetunion ist ihre Fähigkeit, ein starkes militärisches Potential zu entwickeln, und diese Fähigkeit wird sie vielleicht nur über eine begrenzte Zeit bewahren können.

Wenn man daher zehn Jahre in die Zukunft blickt und wir das Notwendige tun, dann haben wir die besten Chancen. Die Herausforderungen, von denen ich hier gesprochen habe, sind kein Anzeichen dafür, daß wir in Schwierigkeiten kommen *müssen,* sondern sie zeigen uns nur, wie sehr wir uns selbst schaden können. Und im Gegensatz dazu kann man sagen, wir haben die einmalige Möglichkeit, unsere Völker für eine gemeinsame Aufgabe zu begeistern und neue positive Programme zu entwickeln, und zwar sogar für Verhandlungen mit dem Osten, wenn wir die richtigen Voraussetzungen dafür schaffen. Man kann es auch anders sagen; unsere Gegner haben ihre Zukunft in Wirklichkeit nicht im Griff. Ihr System und die Verhältnisse in ihren Ländern machen sie in vielfältiger Weise zu Opfern ihrer eigenen Vergangenheit. Wir, die wir hier an diesem Tisch sitzen, sind in der einmaligen Lage, daß wir uns selbst für eine positive Zukunft entscheiden können, wenn wir bereit sind, uns diese Mühe zu machen. Wir sind in der Lage zu sagen, daß es in erster Linie an uns liegt, eine Welt zu schaffen, in der es sich zu leben lohnt.

Zur Kontroverse um den Schah

Verfaßt auf Anregung der Redaktion der »Washington Post«; abgedruckt in der »Washington Post« am 29. November 1979

Nur der Präsident der Vereinigten Staaten kann eine Lösung der gegenwärtigen Krise herbeiführen, und ich glaube, alle Amerikaner, gleichgültig, welcher Partei sie angehören und welche politische Auffassung sie vertreten, schulden ihm ihre Unterstützung und ihre Gebete.

Ich habe den Präsidenten für sein Verhalten in dieser Krise nicht kritisiert. Mit meinen öffentlichen Äußerungen in New York am 7. November, in Dallas am 10. November und in Los Angeles am 11. November habe ich dafür plädiert, daß sich die ganze Nation hinter den Präsidenten stellen sollte. Ein höherer Beamter des Weißen Hauses hat mir am 21. November beim Frühstück gesagt, nach bruchstückhaften Presseberichten könnten die Bemerkungen, die ich in Austin über die außenpolitischen Herausforderungen der achtziger Jahre gemacht habe, falsch interpretiert werden. Darauf machte ich das Angebot, sofort eine Erklärung abzugeben, mich darin für die Unterstützung des Präsidenten in dieser Krise auszusprechen und die Nation zur Einigkeit aufzurufen. (Ich habe sogar vorgeschlagen, Jody Powell sollte diese Erklärung entwerfen.) Mein Angebot blieb unbeachtet.

Inzwischen habe ich gehört und gelesen, daß hohe Beamte des Weißen Hauses erklärt haben, ich hätte mich hinterhältig und unehrenhaft verhalten; ich hätte dem Schah – eigenartigerweise – geraten, er solle sich an unsere Regierung wenden, um zu fragen, ob er in diesem Lande bleiben dürfe oder es verlassen sollte. Und ich hätte darauf gedrängt, ihn hierher zu bringen.

Diese Kampagne erschien mir um so bemerkenswerter, als ich am ersten Tage der Krise den stellvertretenden Unterstaatssekretär Ben Read angerufen und ihm gesagt habe, ich würde die Regierung wegen ihres Verhaltens in der Krise weder während ihrer Dauer noch später kritisieren. Die Regierung könne sich darauf verlassen, daß ich mein äußerstes tun würde, die Krise und ihre Folgen aus dem Parteienstreit herauszuhalten. Die Regierung war sich der Tatsache bewußt, daß ich mich von Anfang an mit Mitgliedern des Kongresses und anderen Politikern in Verbindung gesetzt habe, um sie zu bitten, mit ihren Äußerungen zurückhaltend zu sein. Kurz gesagt, nicht ich habe während einer nationalen Krise eine Kontroverse geschürt.

Was nun meine Beteiligung an den jüngsten Ereignissen betrifft, so begann sie ironischerweise auf Anregung der Regierung. In der ersten Januarwoche 1979 bat mich ein höherer Beamter des Außenministeriums, ihm bei der Suche nach einer Unterkunft für den Schah in den Vereinigten Staaten zu helfen. Man sagte mir, unsere Regierung sei der Auffassung, der Schah müsse den Iran verlassen, wenn die Regierung Bachtiar die Bemühungen des Ajatolla Chomeini überleben sollte, die uneingeschränkte politische Macht zu übernehmen. Wenn ich ein geeignetes Domizil in Amerika finden könnte, würde der Schah vielleicht sein Zögern aufgeben und seine Abreise beschleunigen. Ich bezweifelte die Richtigkeit dieser Analyse, erklärte mich aber bereit, dieser Bitte zu folgen. Dann bat ich David Rockefeller um seine Hilfe. Mr. Rockefeller brachte seine persönliche Sympathie für den Schah zum Ausdruck, sagte aber auch, er würde sich nicht gern an einem Unternehmen beteiligen, das die finanziellen Beziehungen der Chase Manhattan Bank mit Regierungsstellen oder halboffiziellen Institutionen im Iran belasten könnte. Dann wandte ich mich an seinen Bruder Nelson. Mit seiner Hilfe wurde ein geeignetes Domizil gefunden. Eine Woche darauf verließ der Schah den Iran. Zwei Wochen später starb Nelson Rockefeller.

Was David Rockefeller anschließend getan hat, war nicht, wie behauptet worden ist, von wirtschaftlichen Überlegungen bestimmt, sondern richtete sich sogar gegen seine wirtschaftlichen Interessen. Er sah sich dem Vermächtnis seines verstorbenen Bruders verpflichtet, der grundsätzlich die Auffassung vertrat, daß unsere Nation einem loyalen Verbündeten die gleiche Loyalität schuldete. Das war auch meine Auffassung, und sie ist es noch heute.

Weniger als zwei Monate später – Mitte März – bat mich ein anderer höherer Beamter des Außenministeriums, dem Schah, der sich in der Zwischenzeit in Marokko aufgehalten hatte, die Absicht auszureden, ein amerikanisches Visum zu beantragen, bevor sich die Lage in Teheran besser überblicken ließe. Ich weigerte mich empört, das zu tun. Anschließend trat man an David Rockefeller heran. Auch er weigerte sich. Als Rockefeller und ich uns erkundigten, ob unsere Regierung dem Schah helfen werde, in einem anderen Land Asyl zu finden, sagte man uns, man dächte daran, den Schah offiziell zu unterstützen.

Ich hielt das für einen schweren Fehler und bin auch noch jetzt dieser Auffassung.

Seit fast 40 Jahren hat jeder amerikanische Präsident gern die Hilfe des Schah in Anspruch genommen und ihn als einen hochgeschätzten Freund der Vereinigten Staaten bezeichnet. 1947 hat Präsident Truman den Schah für die Unterstützung, die er den Alliierten im Zweiten Weltkrieg gewährt hat, mit der Legion of Merit ausgezeichnet. 1949 lobte der Präsident ihn für seinen »Mut und Weitblick« und seinen »Ernst und seine Aufrichtigkeit im Bemühen um das Wohl seines Volkes«. 1954 hat Präsident Eisenhower den Schah als einen »aufgeklärten Führer« bezeichnet. 1962 erklärte Kennedy, der Schah »identifiziert sich mit den besten Bestrebungen seines Volkes«. 1964 hat Präsident Johnson den Schah als einen »reformistischen Monarchen des 20. Jahrhunderts« gepriesen und 1965 anerkennend von seiner »Weisheit und seinem Mitgefühl ... seinem Verständnis und seinen staatsmännischen Fähigkeiten« gesprochen. 1969 hat Präsident Nixon erklärt, der Schah habe »auf den Gebieten des sozialen, wirtschaftlichen und politischen Fortschritts eine Revolution« in Gang gebracht. 1975 hat Präsident Ford den Schah als »einen der großen Staatsmänner der Welt« bezeichnet. 1977 hat Präsident Carter erklärt, der Iran sei »für die ganze Welt eine sehr stabilisierende Kraft«. Und 1978 hat er den Schah für seine »fortschrittliche Haltung« gelobt, die »die Quelle eines großen Teils der gegen ihn gerichteten Opposition im Iran« sei. Die Zahl solcher Zitate ließe sich beliebig vermehren.

Und diese Aussagen waren inhaltlich richtig. Ich selbst weiß, daß uns der Schah niemals im Stich gelassen hat. Während des Nahostkrieges von 1973 war der Iran der einzige amerikanische Verbündete, dessen Gebiet an die Sowjetunion grenzte, der es sowjetischen Transportflugzeugen nicht erlaubte, sein Territorium in Richtung auf den Nahen Osten zu überfliegen. In den Jahren 1973/74 war der Iran das einzige ölproduzierende Land im Nahen Osten, das sich nicht am Ölembargo gegen uns beteiligt hat. Der Iran verkaufte den Vereinigten Staaten, Israel und unseren anderen Verbündeten auch weiterhin sein Öl. Die Ölproduktion des Iran lief auf höchster Kapazität weiter (und half damit den Preis stabil zu halten), und der Iran hat sein Öl niemals als politische Waffe benutzt. Der Schah hat die gemäßigten Kräfte im Nahen Osten, Afrika und Asien immer unterstützt und ermutigt und sein eigenes militärisches Potential für die

Aufrechterhaltung der Sicherheit im Persischen Golf eingesetzt, um damit die radikalen Kräfte von Abenteuern abzuhalten. Er hat den Friedensprozeß, der seinen Höhepunkt im ägyptisch-israelischen Vertrag fand, energisch unterstützt. Er hat den ägyptischen Präsidenten Sadat gegen die radikalen Kräfte in jener Region verteidigt. Nachdem er sich 1973 zunächst für eine Anhebung der Ölpreise ausgesprochen hatte, setzte er seinen Einfluß dafür ein, die Preise stabil zu halten, so daß der Ölpreis in der Zeit von 1973 bis 1978 in Wirklichkeit sogar gesunken ist (als Folge der Inflation).

Die Krise, mit der wir es 1979 zu tun haben – der Anstieg des Ölpreises um 65 Prozent, die radikalen Herausforderungen des Friedensprozesses und die Zunahme des fanatischen Antiamerikanismus in diesem ganzen Gebiet – ist der Preis dafür, daß es im Iran kein mit uns befreundetes Regime mehr gibt. Wir müssen daraus schließen, daß viele Gegner des Schah im Iran ihn nicht wegen seiner Fehler hassen, sondern auch wegen der Dinge, mit denen er recht gehabt hat, wegen seiner Freundschaft zu den Vereinigten Staaten, wegen seines Eintretens für einen Frieden im Nahen Osten, wegen seiner raschen Modernisierung, seiner Bodenreform und der Förderung des Erziehungssystems sowie seines Eintretens für die Rechte der Frauen; kurz gesagt für seine Bemühungen, den Iran als Verbündeten der freien Welt in das 20. Jahrhundert zu führen.

Ich bezweifle nicht, daß die Regierung des Schah im Lauf ihres langjährigen Bestehens Fehler begangen hat. Es fragt sich nur, ob es richtig ist, gerade zu der Zeit, da sich der Schah in größten Schwierigkeiten befindet, darüber zu sprechen, nachdem wir 40 Jahre eng mit dem Iran zusammengearbeitet haben. Ich denke mit großen Sorgen daran, welche außenpolitischen Folgen es haben wird, wenn wir den Schah jetzt fallenlassen. Was werden andere Freunde der Vereinigten Staaten in diesem Gebiet sagen, die sich in einer ähnlich gefährlichen Lage befinden und es vielleicht mit noch komplexeren innenpolitischen Schwierigkeiten zu tun haben – die sich um eine gemäßigte Entwicklung in der ganzen Region bemühen –, wenn wir uns gegen einen Mann wenden, den sieben amerikanische Präsidenten als loyalen Verbündeten und fortschrittlichen Führer seines Volkes bezeichnet haben?

Nach meiner Auffassung waren wir es dem Schah aus rein menschlichen Gründen schuldig, ihm eine Zuflucht zu gewähren, und das hatte nichts damit zu tun, daß wir ihn etwa wieder an die Macht bringen wollten. Ich habe öffentlich erklärt, wir sollten uns um möglichst gute Beziehungen zu den neuen Machthabern in Teheran bemühen. Ich möchte nur sagen, daß es sich nicht mit unserer nationalen Ehre verträgt, einem Führer, der mit uns während einer Generation zusammengearbeitet hat, jetzt den Rücken zu kehren.

Wir haben es bisher noch nie zugelassen, daß fremde Regierungen bestimmen konnten, wer als Privatmann in unser Land kommen darf.

Von Anfang April bis Anfang Juli habe ich in Telefongesprächen mit drei höheren Beamten diese Überzeugung vertreten. In der gleichen Zeit habe ich zweimal Außenminister Vance besucht. Das Ergebnis war die Verweigerung eines Visums für den Schah mit der Begründung, die Lage im Iran sei zu gespannt. Im April habe ich eine öffentliche Rede gehalten, in der ich sagte, ich hielte es für moralisch nicht vertretbar, den Schah wie einen »fliegenden Holländer« zu behandeln, der einen sicheren Hafen sucht.

Mit anderen Worten, ich habe mich in dieser Angelegenheit fünfmal privat an die Regierung gewandt, meine Bemühungen aber nach Juli nicht mehr fortgesetzt. Das also ist mein »verwerfliches« Verhalten gewesen, wie George Ball es genannt hat, mit dem ich angeblich unsere Regierung unter Druck gesetzt habe.

Als erkennbar wurde, daß unsere Regierung dem Schah nicht helfen würde, er aber auch nicht länger in Marokko bleiben konnte, haben sich David Rockefeller und ich darum bemüht, für ihn ein Asyl zu finden. David Rockefeller konnte ihm einen zeitweiligen Aufenthaltsort auf den Bahamas besorgen. Im April und Mai habe ich an die Regierung von Mexiko appelliert. Es ist dieser Regierung hoch anzurechnen, daß sie den Mut gehabt hat, für den Schah ein Visum zu erteilen, obwohl Mexiko, wie ein Beamter mir sagte, aufgefordert worden war, für einen Freund der Vereinigten Staaten Risiken einzugehen, die wir selbst nicht eingehen wollten.

Nach dem Eintreffen des Schah in Mexiko haben David Rockefeller, John McCloy und ich versucht, ihm auf persönlicher Ebene im privaten Bereich zu helfen. Hier ging es vor allem um die Erziehung der Kinder des Schah in Amerika. Wir haben uns nach besten Kräften darum bemüht, die geeigneten Schulen zu finden. Damit ergab sich wieder die Frage nach der Erteilung von Visa. Der Assistent von Mr. Rockefeller, Joseph Reed, und John McCloy haben deshalb die Verbindung zu unserer Regierung aufgenommen. Mr. McCloy hat das Außenministerium wiederholt dringend gebeten, einen Beamten zu bestimmen, mit dem sich das Gefolge des Schah über solche Angelegenheiten verständigen könnte, ohne uns als Vermittler einzuschalten. Ein solcher Kontakt ist aber nicht zustande gekommen.

Das war die Lage, als der Schah Anfang Oktober erkrankte. Zu jener Zeit war ich vom 9. bis zum 23. Oktober außer Landes und habe in dieser Angelegenheit keine Kontakte mit irgendwelchen Regierungsstellen gehabt. Während meines Aufenthalts in Europa hielt ich Verbindung zum Büro Rockefeller, habe mich aber bei keinem Regierungsbeamten und bei keiner Regierungsbehörde persönlich für den Schah eingesetzt – ich hätte es allerdings getan, wenn ich es für notwendig gehalten hätte. Soweit ich weiß, hat Joseph Reed dem Unterstaatssekretär Newsom die medizinischen Unterlagen vorgelegt, und das hat die Regierung veranlaßt, dem Schah die Einreise in die Vereinigten Staaten zur medizinischen Behandlung zu erlauben. Es ist mir nicht bekannt, daß es dabei eine Verzögerung gegeben hat. Es muß anerkannt werden, daß die Regierung nicht zu diesem Schritt gedrängt werden mußte. Ich nehme an, die medizinischen Fakten haben für sich selbst gesprochen. Wir alle erkannten, daß die Regierung die Reaktion Teherans würde berücksichtigen müssen, denn nur die Regierung kannte alle Fakten.

Was nun die Frage angeht, ob man dem Schah raten sollte, abzureisen oder nicht – das Thema mancher anderen seltsamen Berichte –, so ergab sich folgende Lage. Die in Teheran lautwerdenden, einander widersprechenden Drohungen hinsichtlich der Auswirkungen einer Verlegung des Schah auf die Sicherheit der Geiseln veranlaßten Rockefeller, McCloy und mich, dem Schah in dieser Sache keine Ratschläge zu geben. Rockefeller bat den Präsidenten am 15. November noch einmal um die Ernennung eines Beauftragten, der dem Gefolge des Schah die Empfehlungen der amerikanischen Regierung erläutern könnte. Am 20. November wiederholte McCloy gegenüber dem stellvertretenden Außenminister diese Bitte und sagte ihm, weshalb er die Ernennung eines solchen Beauftragten für so wichtig hielt. Ich selbst sprach mit einem höheren Beamten des Weißen Hauses am 21. November über dieses Thema. Man sagte uns, die Regierung halte diese Methode für richtig, doch bis heute ist ein solcher Kontakt noch nicht hergestellt worden. Auch uns hat die Regierung keine Richtlinien gegeben. Wir haben dem Schah daher nicht gesagt, was er nach unserer Auffassung tun sollte, sobald es ihm sein Gesundheitszustand erlaubt, die Vereinigten Staaten zu verlassen.

Ich erkläre noch einmal, daß ich alle Bemühungen unterstützen werde, einem in Not geratenen Freund dieses Landes mit Anstand zu begegnen. Die Frage nach einem Asyl für den Schah berührt nicht nur die moralische Haltung unserer Nation, sondern auch unsere Fähigkeit, das Vertrauen anderer Nationen zu bewahren und uns ihrer Unterstützung zu versichern. Dabei denke ich besonders an die gemäßigten Regime im Nahen Osten. Ich billige nicht alle Praktiken der Regierung des Schah, man muß sie allerdings an den in seinem Lande gültigen Maßstäben messen, noch mehr aber an den Praktiken derjenigen, die über den Schah zu Gericht sitzen wollen. Es ist richtig, daß wir uns um möglichst gute Beziehungen zu den heutigen Machthabern im Iran bemühen sollten. Wir werden aber niemanden beeindrucken, wenn wir einen Mann, der eine Generation lang unser treuer Verbündeter gewesen ist, in der Stunde der Not für das tadeln, was er getan hat. Wir können nicht in jedem Fall die Sicherheit unserer Freunde garantieren, aber unsere eigenen Zukunftsaussichten werden sich bessern, wenn wir nicht vergessen, wer unsere Freunde sind, und anerkennen, was wir denen menschlich schulden, die *uns* in der Stunde der Not beigestanden haben.

Ich hoffe, damit ist die Kontroverse beendet. Ich halte es für dringend notwendig, daß alle Amerikaner zusammenstehen. Nichts wird den Präsidenten in seinem Bemühen um eine ehrenhafte Lösung dieses Problems mehr stärken als die Demonstration der nationalen Einheit jetzt und in der Zeit nach der Krise. Ich werde mich nach Kräften bemühen, dazu beizutragen.

Lehren aus der Geschichte

Ansprache vom 31. Januar 1980 auf dem Davoser Symposion 1980 des European Management Forum

Zunächst möchte ich meinen aufrichtigen Dank für das zum Ausdruck bringen, was Ted Heath gesagt hat. Wir sind seit 20 Jahren befreundet und haben, manchmal gemeinsam und manchmal getrennt, um die Zukunft unserer Gesellschaften gerungen.

Ich habe den Vorzug gehabt, mit Ted Heath zusammenzuarbeiten, als er Premierminister war. Der deutsche Staatsmann Bismarck hat einmal gesagt (und ich zitiere ihn aus dem Gedächtnis), daß die Staatskunst daraus bestehe, aufmerksam hinzuhören, um vielleicht die Lehren der Geschichte zu vernehmen und eine Zeitlang der Richtung zu folgen, in die sie weist. Ich bin überzeugt, die Geschichte wird zeigen, daß Ted Heath ihre Lehren begriffen und darauf gehört hat.

Er hat erkannt, daß Europa Einigung und Identität braucht, um seinen Beitrag zu der gegenwärtigen Geschichtsperiode zu leisten. Als er noch im Amt war, hat er nicht immer meine Überzeugung von meiner eigenen Unfehlbarkeit geteilt, und deshalb ist es nicht immer ganz leicht gewesen, mit ihm auszukommen. Er hat aber die wichtigsten Aufgaben eines Verbündeten, eines Freundes und eines Partners erfüllt, die darin bestanden, uns an unsere Pflichten zu erinnern und uns seine eigenen Zukunftsvorstellungen zu erläutern – und, wie Winston Churchill gesagt hat, er war dabei nicht immer im Unrecht.

Heute, da ich zu Ihnen spreche, hat sich die Atmosphäre seit der Zeit, zu der Sie mich hierher eingeladen haben, wesentlich verändert. Damals glaubte ich, ich würde einen Standardvortrag über die wichtigsten Elemente der internationalen Beziehungen halten.

Heute befinden wir uns jedoch in einer Periode der Spannungen und in einer gewissen Verwirrung. Man wird gefragt, ob wir mit einer neuen Periode des Kalten Krieges rechnen müssen, mit dem Ende der Entspannung – vielleicht sogar mit der Gefahr eines neuen Weltkrieges. Ich möchte deshalb unsere gegenwärtige Situation, wie ich sie sehe, analysieren, Vorschläge machen und Fragen stellen, auf die wir die richtigen Antworten finden müssen.

Erstens gefällt es mir nicht, wenn man die Nachkriegszeit in eine Periode des Kalten Krieges und eine Periode der Entspannung aufteilt. Der Kalte Krieg war nicht so schrecklich, und die Entspannung war kein Höhenflug. Im Kalten Krieg gab es eine gewisse ideologische Feindschaft und eine Reihe von Berlin-Krisen. In der Entspannungsperiode haben wir einige Gipfeltreffen veranstaltet und die Aufrüstung und den Expansionismus der Sowjetunion erlebt. Wir sollten die internationalen Beziehungen daher nicht so begreifen, als habe es eine klar abzugrenzende Periode gegeben, in der wir in dem Bewußtsein der Harmonie leben durften. Die Neigung, die Ost-West-Beziehungen so zu behandeln, als seien es Beziehungen zwischen Einzelpersönlichkeiten; das Bestreben, das Problem Krieg oder Frieden mit den Methoden eines Psychiaters zu lösen, indem man eine Atmosphäre ohne Substanz erzeugt – das sind in sich die Probleme der heutigen Außenpolitik.

Die Beziehungen zwischen dem Westen und der Sowjetunion müssen sich auf zwei fundamentale Grundsätze stützen. Erstens müssen wir stark und entschlossen genug sein, um uns dem Expansionismus in jeder Form entgegenzustellen. Zweitens sind wir, da wir über Waffen mit einer unvorstellbaren Zerstörungskraft verfügen, zur Koexistenz verurteilt, und wir müssen Mittel und Wege finden, mit denen diese Koexistenz erträglicher, mit der Zeit weniger gefährlich und vielleicht sogar konstruktiv werden kann. Das Verlangen nach Frieden darf nicht zu einer Art der Erpressung führen, aber die Bereitschaft und die Notwendigkeit, sich dem Expansionismus zu widersetzen, dürfen auch nicht zur Konfrontation um ihrer selbst willen führen.

Eine der Schwierigkeiten der Politik des Westens hat bisher im Hin- und Herschwanken zwischen Euphorie und Panik gelegen; in der fehlenden Bereitschaft, uns mit der Tatsache abzufinden, daß wir einerseits stark und entschlossen und andererseits bereit sein müssen, zu verhandeln; in dem Fehlen der konkreten Ziele, die bei diesen Verhandlungen angestrebt werden sollen, und in dem Mangel an Bereitschaft, die strategischen Notwendigkeiten für die Eindämmung der sowjetischen Aggressivität zu erkennen. Da wir heute am Beginn einer neuen und gefährlichen Periode stehen, ist es wichtig, nicht zu vergessen, daß wir, wenn wir alles tun, was getan werden muß, wieder vor einer Zeit der Verhandlungen stehen – und das ist das Ziel unserer Politik – und wir müssen uns *jetzt* auf diese Verhandlungen vorbereiten.

Erlauben Sie mir nun, über die internationale Lage zu sprechen, wie ich sie sehe. Ich werde kurz eine Reihe struktureller, dynamischer Veränderungen ansprechen, die unabhängig von spezifisch sowjetischen Aktionen eingetreten sind, und dann werde ich mich den besonderen Ereignissen zuwenden, die zur gegenwärtigen Lage geführt haben.

Wir leben in einer Welt, in der es zu einer allgemeinen Umverteilung der Macht gekommen ist. Es haben sich mehrmals, zuerst am Ende des Zweiten Weltkriegs, als Europa seine traditionelle Vormachtstellung verlor, und dann in den folgenden Jahrzehnten neue Machtverhältnisse entwickelt, und in diesen Prozeß ist Europa einbegriffen. Zunächst verwandelte sich die Welt in ein bipolares System und dann in ein gewissermaßen multipolares System. Es ist jedoch ein eigenartiges System, weil zum erstenmal in der Geschichte wirtschaftliche Macht, politische und militärische Macht nicht identisch sind. Zum erstenmal in der Geschichte kann ein Land militärisch stark sein, während seine Wirtschaft stagniert, wie in der Sowjetunion. Andererseits kann ein Land auch wirtschaftlich sehr stark und militärisch unbedeutend sein wie die meisten OPEC-Länder. Einige Länder spielen aus den verschiedensten Gründen eine bedeutende politische Rolle, ohne militärisch oder wirtschaftlich stark zu sein. Die fehlende Übereinstimmung der verschiedenen Elemente der Macht verleiht den gegenwärtigen internationalen Beziehungen eine einzigartige Komplexität.

Die zweite Tatsache ist, daß die Außenpolitik zum erstenmal in der Geschichte in einem globalen Zusammenhang gesehen werden muß. Bis zum Ende des Zweiten Weltkriegs haben die einzelnen Kontinente ihre Politik isoliert voneinander getrieben. China und Europa ließen sich im 17. Jahrhundert nicht miteinander vergleichen, weil es praktisch keine gegenseitige Beeinflussung gab.

Das hat sich geändert, und die Lage wird durch den Umstand noch komplizierter, daß die einzelnen Regionen ihre wirtschaftliche Autarkie verloren haben. Es gibt also zum erstenmal in der Geschichte viele Probleme, mit denen sich die ganze Menschheit auseinandersetzen muß; zum Beispiel die Fragen des Umweltschutzes und das Problem der Weitergabe von Kernwaffen. Zum erstenmal müssen wir feststellen, daß es in vielen Teilen der Welt Länder gibt, deren Landwirtschaft so wenig leistungsfähig ist, daß sie sich nicht selbst ernähren können, und zwar entweder, weil sie nicht über die Technologie verfügen, oder, weil die Bevölkerung so zugenommen hat, daß die vorhandenen natürlichen Hilfsquellen nicht mehr ausreichen. Daraus ergibt sich auf der anderen Seite der Umstand, daß wenige Länder, die über knappe Rohstoffe verfügen, fast eine Monopolstellung gewonnen haben.

Und wir erleben einen Vertrauensschwund gegenüber den klassischen wirtschaftlichen Modellen, eine Herausforderung des kapitalistischen Systems als Folge gleichzeitig auftretender Inflationen und Rezessionen. Aber auch das sozialistische System, das die menschliche Einzelpersönlichkeit nirgends hat befriedigen können, ist demoralisiert. Diese Veränderungen sind weltweit eingetreten und würden als solche schon allein eine große Unsicherheit schaffen, ganz abgesehen von der Herausforderung durch die Sowjetunion, der wir zu begegnen haben. Aber es gibt für uns eine ganz besondere Herausforderung, und im folgenden möchte ich Ihnen sagen, womit wir nach meiner Auffassung in diesem Augenblick in der Sowjetunion konfrontiert werden.

In der Sowjetunion gibt es eine eigenartige Mischung aus Ideologie, bürokratischer und wirtschaftlicher Stagnation gekoppelt mit einer enormen Kapazität auf einem einzigen begrenzten Gebiet – der sich ständig steigernden militärischen Stärke.

Die Ideologie legt großen Wert auf das objektive Zusammenwirken der Kräfte. Man kann sich endlos darüber streiten, ob die gegenwärtige sowjetische Führung noch an den ursprünglichen leninistischen Dogmen festhält – und höchstwahrscheinlich tut sie es nicht, sie glaubt aber, die Entwicklungstendenzen im Westen besser zu verstehen als der Westen selbst. Deshalb ist bei Verhandlungen mit der Sowjetunion die psychiatrische Methode die am wenigsten geeignete. Das ist die gefühlsbetonte Neigung zu glauben, gute persönliche Beziehungen seien eine Garantie für gute zwischenstaatliche Beziehungen. Die Sowjets neigen dazu, unsere Unterhändler so zu behandeln, wie Psychiater ihre Patienten behandeln: Was man ihnen auch sagt, sie glauben, sie verstünden uns besser, als wir uns selbst verstehen.

Und wenn sie glauben, es habe eine Kräfteverschiebung zu ihren Gunsten stattgefunden, dann bedeutet das für uns eine große Gefahr. Genau das ist während der vergangenen zehn Jahre auf militärischem Gebiet geschehen. Gerade der Umstand, daß die wirtschaftlichen Leistungen der Sowjetunion so schwach sind, ist für uns gefährlich, weil dabei die Versuchung entsteht, die militärische Überlegenheit auszunutzen, solange sie vorhanden ist und bevor der Zwang zur Modernisierung die Sowjetunion in ein unlösbares Dilemma bringt. Das Dilemma der Sowjetunion besteht darin, daß sich eine moderne Wirtschaft nicht zentral planen läßt. Es läßt sich aber auch nicht nachweisen, daß das sowjetische System *ohne* die zentrale Planung weiterbestehen könnte. Bevor sich die Sowjets praktisch mit diesem Problem auseinandersetzen, werden sie vielleicht versuchen, ihre Sicherheit nach außen zu festigen. Wir werden es daher dort vielleicht mit Leuten zu tun bekommen, die zugleich Erneuerer und Bürokraten sind – Bürokraten, weil dort, wo starre Strukturen bestehen, derjenige, der wie die Militärs über reiche Hilfsquellen, ein eigenes Kommunikationsnetz und ein eigenes Transportsystem verfügt, eine sehr wichtige und vielleicht entscheidende Rolle spielt.

Niemand darf leugnen, daß die Sowjetunion ein legitimes Sicherheitsbedürfnis hat. Bis heute hat die Schwierigkeit darin bestanden, daß die Sowjetunion die Sicherheit so definiert, daß dieses Bedürfnis nur befriedigt werden kann, wenn alle anderen Länder neutralisiert werden. Wir können eine Definition der Sicherheit für die Sowjetunion nicht akzeptieren, die die Sicherheit aller anderen aufs Spiel setzt. Niemand hat das Recht, mit 100000 Mann in einen Nachbarstaat einzumarschieren, der stets eine Politik verfolgt hat, die derjenigen der Sowjetunion parallelgelaufen ist, und wo kein westlicher Staat jemals versucht hat, einen stärkeren politischen Einfluß zu gewinnen, nur weil die Sowjets die Erfordernisse eines theoretischen Sicherheitsbegriffs erfüllen wollen.

Hier handelt es sich auch nicht um einen Einzelfall. Mindestens seit 1975 sehen wir, wie die Sowjetunion mit Streitkräften befreundeter Staaten eine Zangenbewegung durchführen läßt, die durch Afrika von Angola über Äthiopien und den Südjemen vorstößt und die ölproduzierenden Regionen, von denen die demokratischen Industriestaaten abhängig sind, aus dieser Richtung bedroht. Den zweiten Vorstoß erkennen wir in dem im April 1978 in Afghanistan erfolgten Umsturz, der aus der entgegengesetzten Richtung kommt und seinen Höhepunkt mit der Besetzung Afghanistans erlebt. Wir kennen ein ganzes Netz terroristischer Organisationen, die zwar nicht unmittelbar von Moskau beherrscht, aber teilweise von den Sowjets finanziert und ausgebildet werden und die Stabilität in vielen Ländern unterminieren.

Niemand kann sich der Verantwortung für die Folgen eines Felssturzes entziehen, wenn er einen Felsblock einen steinigen Abhang hinunterrollt, nur weil der Stein, der schließlich einen Menschen tötet, nicht der gleiche ist, den er in Bewegung gesetzt hat. Es hat kubanische Soldaten in Afrika und eine sowjetische Brigade in China gegeben. In Afghanistan sehen wir heute den Höhepunkt dieser Entwicklung. Deshalb möchte ich erklären, daß ich, obwohl ich kein rückhaltloser Bewunderer eines jeden Aspekts der Außenpolitik unserer gegenwärtigen Regierung bin, glaube, ihre grundsätzliche Entscheidung, deutlich zu sagen, dem Expansionismus müsse jetzt Einhalt geboten werden, ist richtig. Und diejenigen, die sich besorgt fragen, ob Amerika zu weit geht oder ob diese oder jene Maßnahme taktisch klug gewesen ist, sollten sich selbst die Frage stellen, was sie denken würden, wenn die Vereinigten Staaten die entgegengesetzte Richtung eingeschlagen, die Ereignisse in Afghanistan heruntergespielt und sie akzeptiert hätten.

Ob man nun mit jedem taktischen Schachzug einverstanden ist oder nicht, ich glaube doch, daß es heute vor allem darum geht, daß diese politische Grundrichtung sich durchsetzt. Alle, die sich Sorgen machen, sollten ihren Beitrag dazu leisten, daß dieses ungeheuer schwierige Unternehmen gelingt (ich wäre erstaunt, wenn wir in Amerika das gründlich durchdacht hätten), bei dem wir die politische Klugheit unserer Freunde brauchen und bei dem eine europäische Lagebeurteilung heute für uns alle von großem Wert sein könnte.

Was also wird heute von uns gefordert? Der Westen hat seine militärische Rüstung zu lange vernachlässigt. Seit 1962 hat die Sowjetunion ihr Verteidigungsbudget jährlich über einen Zeitraum von fast 20 Jahren real um fünf Prozent erhöht. Ich muß einer Gruppe von Männern wie dieser nicht sagen, welche Zinseszinsen bei einer Zuwachsrate von fünf Prozent im Jahr über eine so lange Zeit anfallen. Aus den verschiedensten Gründen, über die es sich nicht zu debattieren lohnt, haben die Vereinigten Staaten nicht die gleichen Mittel aufgebracht, und Europa hat noch weniger getan – von Japan gar nicht zu reden.

Man hat sich geweigert, den geopolitischen Gegebenheiten ins Auge zu sehen, wie etwa der Tatsache, daß ein Staatsmann die Wahl hat, schon früh in die Entwicklung der Ereignisse einzugreifen. Zu einem solchen Zeitpunkt wird er noch verhältnismäßig wenig Konkretes wissen und muß darauf vertrauen, daß er die Lage richtig beurteilt. Er kann aber auch warten, bis er genau weiß, was geschieht. Dafür wird er unter Umständen einen sehr hohen Preis zahlen müssen. 1936 wäre es für die Demokratien ein leichtes gewesen, Hitler physisch Widerstand zu leisten, aber psychologisch war es sehr schwer. Fünf Jahre später hatte jeder die Gefahr erkannt, aber der Preis für diese psychologische Gewißheit waren 20 Millionen Menschenleben. Als 1975 die ersten kubanischen Truppen nach Angola kamen, war das eine qualitative Veränderung der internationalen Lage. Einige von uns wollten sich dieser Entwicklung widersetzen. Unsere innenpolitische Struktur hat uns daran gehindert, das zu tun. Damals wäre es leicht gewesen – heute ist es schwieriger. Aber es ist heute einfacher, als es in drei Jahren sein wird.

Wir können der Notwendigkeit einer Stärkung der militärischen Kapazität der Vereinigten Staaten und ihrer Verbündeten nicht ausweichen. Ich glaube sogar, wenn wir das Problem gründlich überdenken, werden wir feststellen, daß wir mit dem jetzt vorgelegten Budget die Versäumnisse der Vergangenheit nicht ausgleichen können, sondern noch größere Opfer bringen müssen. Zweitens müssen wir nicht nur alle unsere militärischen Kräfte stärken, sondern auch die Schlagkraft der regionalen Streitkräfte erhöhen, um in den Gebieten Widerstand leisten zu können, die wir als lebenswichtig ansehen. Vor einigen Monaten habe ich in einer Rede in Brüssel gesagt, wir dürften nicht so tun, als erlaube uns der günstige Umstand eines nuklearen Monopols den Verzicht, unsere Strategie der neuen Lage anzupassen. Ich habe damals gesagt und wiederhole es jetzt, daß ein Angriff gegen zivile Ziele, dessen Absicht in der Vernichtung großer Bevölkerungsteile liegt, diejenigen demoralisieren wird, die solche Entscheidungen treffen müssen und keine andere Wahl haben, seien es nun Europäer oder Amerikaner. Ich wiederhole jedoch, daß dies nicht unsere Strategie zu sein braucht, daß die Verteidigung Europas und Amerikas auch auf nuklearem Gebiet aufeinander abgestimmt werden muß und wir gemeinsam die Frage nach der Verteidigung anderer Gebiete lösen sollten, über die heute diskutiert wird.

Drei dieser Gebiete erfordern unsere besondere Aufmerksamkeit, und ich möchte die sie betreffenden Fragen stellen, die wir alle beantworten müssen – auch wenn ich selbst nicht unbedingt die richtigen Antworten kenne: Es handelt sich um den Persischen Golf, Pakistan und China. Hier ist es entscheidend wichtig, daß wir die Kräfteverteilung und die Kapazitäten aufeinander abstimmen. Wir können uns einen weiteren amerikanischen Rückschlag nicht leisten und dürfen ihn nicht heraufbeschwören. Bevor wir uns festlegen, müssen wir wissen, was wir tun; und wenn wir uns engagieren, dann müssen wir Erfolg haben, oder die Auswirkungen werden katastrophal sein.

Wenn wir eine Garantie für ein Gebiet übernommen haben, müssen wir zunächst entscheiden, welches die genauen Grenzen dieses Gebiets sind. Ich meine nicht, daß wir das alles öffentlich sagen sollen, wir müssen uns aber selbst darüber klarsein. Oft höre ich, Zweideutigkeit sei eine Tugend – und sie ist es, solange unsere Reaktionen auf unterer Ebene, über die wir uns nicht klar geäußert haben, von dem Angreifer nicht akzeptiert werden können. Wir müssen fragen, was wir verteidigen wollen und gegen wen. Ist es ein militärischer Angriff der Sowjetunion? Ist es ein Angriff sowjetischer Satelliten, der von den Sowjets unterstützt wird? Ist es ein Angriff von Terroristen? Sind es innere Unruhen? Und wie können wir uns darauf vorbereiten, unsere Absichten über eine längere Zeit zu verwirklichen, denn darauf kommt es strategisch an?

Ich brauche diese Fragen jetzt nicht zu beantworten, will aber doch sagen, daß wir sie beantworten müssen und, wenn wir Lücken in unseren Überlegungen lassen, uns auf eine neue Art verwundbar machen. Wir müssen entschlossen handeln und daran denken, daß die große Schwäche der Demokratien in jüngster Zeit, und zwar auch der amerikanischen Demokratie, in der Vorstellung gelegen hat, wenn man etwas halbherzig oder irgendwie dilettantisch täte, könnte man innenpolitischen Schwierigkeiten aus dem Wege gehen. Wir müssen aber auch genau darauf achten, daß wir das, was wir verhindern wollen, nicht provozieren. Und damit kommen wir zu sehr ernsten Überlegungen. Es lassen sich ohne die sichtbare Präsenz amerikanischer Streitkräfte und möglichst auch anderer westlicher Streitkräfte keine Garantien für ein Gebiet übernehmen, das zu verteidigen wir entschlossen sind. Auch wenn es theoretisch möglich ist, in kurzer Zeit Truppenverschiebungen vorzunehmen, werden Garantien ohne eine Truppenpräsenz an Ort und Stelle weder unseren Gegnern noch den betroffenen Ländern glaubwürdig erscheinen. Bevor wir also weitere Verpflichtungen übernehmen, müssen wir genau wissen, daß wir unsere Kapazität erhöhen können. Dabei dürfen wir natürlich unsere Pläne nicht mit unseren Möglichkeiten verwechseln. Die Transportmittel für rasche Truppenverlegungen im größeren Ausmaß werden wir frühestens 1984 haben. Zweitens müssen wir, wenn wir ein Gebiet verteidigen wollen, begreifen, welchem Zweck das dienen soll, und dabei gibt es zwei Dinge zu bedenken. Einmal müssen wir wissen, wie wir unsere Maßnahmen vor dem eigenen Volk begründen, und zweitens muß klar sein, daß die politischen Führer in dem Gebiet, das wir schützen, ihrem Volk das Richtige sagen.

Nach meiner Auffassung haben wir darunter gelitten, daß wir eine zu simple Vorstellung von den Menschenrechten vertreten. Wir verteidigen andere Länder nicht, weil wir sie für ihr anständiges Verhalten belohnen wollen. Wir verteidigen sie, weil das nach unserer Ansicht im Interesse der Sicherheit freier Völker liegt. Aber ebenso müssen wir Veränderungen einkalkulieren, denn die Geschichte bleibt nicht stehen. Welche Reformen dürfen wir vernünftigerweise erwarten? Wie können wir Regierungen unterstützen, ohne ihre fundamentalen Strukturen herauszufordern, womit die von uns gewährte Hilfe bedeutungslos würde – und dabei noch einen allmählichen Übergang zu moderneren Strukturen fördern? Auch diese Frage müssen wir beantworten. In Gebieten wie dem Persischen Golf müssen wir nach einer gewissen Zeit irgendwie auf die politischen Sorgen reagieren, die diese Nationen haben und die für sie eine hohe Priorität besitzen, auch wenn dies nicht ein zentrales Problem im Rahmen der Ost-West-Beziehungen ist, wie etwa das arabisch-iraelische Problem.

Im Hinblick auf Pakistan müssen wir ähnliche Fragen stellen. Pakistan sieht sich drei potentiellen Gefahren ausgesetzt: Es könnte von der Sowjetunion übermäßig unter Druck gesetzt, von den Sowjets angegriffen oder in einen neuen Krieg gegen Indien hineingezogen werden. Es besteht aber auch die Möglichkeit einer Kombination aus diesen Möglichkeiten.

Pakistan ist außerdem besonders gefährdet, weil es zugleich mit China und den Vereinigten Staaten verbündet ist. Deshalb wären die symbolischen Auswirkungen eines Zerfalls von Pakistan auf andere Länder sehr groß. Andererseits müssen wir aber auch eine Vorstellung davon haben, wie wir unsere Garantien in die Tat umsetzen und was wir garantieren. Gegen welche dieser Gefahren können wir das Land schützen? Ich glaube, diese Frage läßt sich im Hinblick auf einen vermehrten sowjetischen Druck relativ leicht beantworten. Einem mit starken militärischen Kräften geführten sowjetischen Angriff können wir in der nächsten Zukunft nach meiner Ansicht nicht ohne Hilfe von außen begegnen. Mit dieser Tatsache müssen wir uns abfinden.

Die Schwierigkeiten mit Indien bestehen unter anderem darin, daß die Existenz eines starken, fundamentalistischen islamischen Staates Probleme für den inneren Zusammenhalt Indiens mit sich bringt und unter Umständen den Anlaß zum Kriege bieten kann. Andererseits muß Indien, wenn es sich um unser Verhalten Sorgen macht, mehr als nur verbale Zusicherungen geben, daß es nicht gemeinsame Sache mit der Sowjetunion machen und sich nicht an einem Angriff gegen Pakistan beteiligen wird. Hier könnte ein Dialog der europäischen Nationen und der Vereinigten Staaten mit allen Ländern in diesem Gebiet sehr nützlich sein.

In gewissem Maß ergibt sich ein ähnliches Problem bei der Klarstellung unserer Absichten im Zusammenhang mit unseren Beziehungen zu China. Für mich persönlich bedeutet es natürlich sehr viel, die Vertreter der Volksrepublik China in diesem Saal zu sehen. Ich begrüße die Möglichkeit einer chinesischen Teilnahme an Forumsgesprächen dieser Art. Ohne Frage ist China ein bedeutender Faktor im Rahmen der internationalen Beziehungen; ich habe aber bei all meiner Sympathie für China niemals geglaubt, Amerika könne eine chinesische Karte spielen.

Ich glaube nicht, daß China deshalb auf die längste Geschichte der ununterbrochenen Selbstregierung zurückblicken kann, weil es von einem anderen Land als Werkzeug bei dessen Rivalitäten mit dritten Mächten benutzt worden ist.

Ich bin nicht der Auffassung, daß wir unsere Beziehungen zu China auf unsere sehr unsicheren Beziehungen zur Sowjetunion gründen können. Wir sollten eine stetige Politik treiben, die weit in die Zukunft blickt und nicht den Versuch unternimmt, den Unwillen Moskaus noch mehr zu erregen, wenn besondere Entwicklungen eintreten, die uns nicht gefallen. Über die Frage der Wiederaufrüstung Chinas hinaus, die wir nach meiner Überzeugung unterstützen müssen, wird sich uns auch die Frage stellen, welche Haltung wir zur territorialen Integrität Chinas einnehmen sollen, wenn China von der Sowjetunion unter Druck gesetzt wird. Das ist eine sehr viel wichtigere Frage als die, welche Waffen zu welchem Preis und von wem verkauft werden.

Mit der Vermehrung unserer Verpflichtungen an der Peripherie des Machtbereichs der Sowjetunion wird es immer auffälliger, daß wir nichts über unsere Absichten in bestimmten Gebieten gesagt haben. Ich erwähne das als eine Frage, die besprochen und durchdacht werden muß, wenn wir eine globale Strategie entwerfen.

Auch wenn dies heute nicht mein besonderes Thema ist, glaube ich, die Ereignisse in jüngster Zeit haben uns neue Möglichkeiten für die Politik gegenüber den Blockfreien gegeben. Sie haben gesehen, daß von Moskau geführte kommunistische Vorstöße irreversibel sind und für die Rote Armee Anlaß und Rechtfertigung zum Eingreifen schaffen können – denn im sowjetischen System gibt es die eigenartige Erscheinung, daß die Rote Armee offenbar nur gegen Verbündete der Sowjetunion eingesetzt wird. Es wird deshalb sehr gefährlich, sich in irgendeiner Form in den sowjetischen Machtbereich aufnehmen zu lassen. Ich denke, die Frage, wie die Hilfsquellen des Nordens den Bedürfnissen des Südens zugänglich gemacht werden können, wird vielleicht noch einmal in einer neuen Atmosphäre und ohne die Selbstgerechtigkeit behandelt werden müssen, die zum Teil im bisherigen Dialog zum Ausdruck gekommen ist.

Aber ich möchte noch zwei weitere Gedanken äußern; einen über Europa und die Vereinigten Staaten und den anderen über die Beziehungen zur Sowjetunion. Seit ich hierher nach Europa gekommen bin, habe ich viel über die Frage gehört, ob die Entspannung teilbar sei; ob die Interessen Europas und Amerikas identisch bleiben und wir auch weiterhin zusammenarbeiten können. Lassen Sie mich darauf ein paar Antworten geben.

Erstens sind unsere Interessen natürlich nicht in jeder Hinsicht identisch, und es ist für Europa auch nicht notwendig, jedesmal wenn wir eine neue Politik entwickeln, sich ihr respektvoll anzuschließen. Aber unsere fundamentalen Interessen in der Weltwirtschaft und in Fragen der beiderseitigen Sicherheit sind so kongruent, wie es für die Interessen souveräner Nationen nur möglich ist. Und deshalb glaube ich nicht, daß die sogenannte »Entspannung« teilbar sei. Ich glaube nicht, daß Europa in Zeiten der Gefahr so tun kann, als habe es ein Monopol auf die Versöhnung, während Amerika das Monopol für die Verteidigung gepachtet hat. In diesem Sinne ist die Entspannung nicht teilbar.

Europa hat ein vitales Interesse daran, daß die politische Linie, die wir heute verfolgen, Erfolg hat; es hat aber auch ein vitales Interesse daran, daß der Inhalt dieser Politik vernünftig ist. Ich habe genügend Fragen gestellt, und einige von Ihnen werden als führende europäische Politiker zweifellos in der Lage sein, viele andere Fragen zu stellen, die ich nicht behandelt habe und die einen Beitrag Europas dringend erforderlich machen. Wir brauchen eine gemeinsame Beurteilung der Lage. Wenn wir zu den gleichen Schlüssen gekommen sind, können wir uns die Arbeit teilen. Es gibt viele Gebiete in der Welt, wo Europa heute eine Rolle spielt, die die Vereinigten Staaten nur unter großen Schwierigkeiten spielen könnten, und das wird wahrscheinlich auch in der Zukunft so sein. Es kommt aber darauf an, daß wir unser Verhalten auf übereinstimmende Interpretationen dessen gründen, was wir erwarten, und nicht in die gleichen Schwierigkeiten geraten, die einen so großen Teil des atlantischen Dialogs belastet haben: Wenn die Vereinigten Staaten Verhandlungen mit der Sowjetunion führen, dann werden wir von gewissen Kreisen beschuldigt, wir wollten uns die Welt mit den Sowjets teilen, und wenn die Vereinigten Staaten sich den Sowjets widersetzen, dann wirft man ihnen unnötige Starrheit vor. Lassen Sie uns jetzt die Zeit nutzen, auf gemeinsamer Basis eine Strategie zu entwickeln und uns dort die Arbeit zu teilen, wo es vernünftig ist.

Lassen Sie mich mit den Sowjets schließen. In dieser Phase müssen wir der geopolitischen Offensive der Sowjetunion, die spätestens 1975 begonnen hat, Einhalt gebieten. Sie muß aufhören – sogar im sowjetischen Interesse. Das amerikanische Volk ist ein vitales Volk. Wir werden keine Niederlage hinnehmen, ohne daß wir es merken; und wenn wir es merken, werden wir Widerstand leisten. Die allergrößte Gefahr liegt in einer Reihe von Fehlbeurteilungen auf beiden Seiten. Deshalb müssen wir der Politik der Erpressung, des Einsatzes von Stellvertreterstreitkräften und der Ermutigung des Terrorismus einen Riegel vorschieben. Aber wir müssen auch einen Ausweg zeigen; wir müssen der Sowjetunion auch die Möglichkeit geben, deutlich zu sagen, was Koexistenz wirklich bedeutet.

Der letzte Abschnitt der sogenannten Entspannungsperiode war gekennzeichnet durch westliche Euphorie und in gewissem Maß die Unterlassung dessen, was wir zu tun versprochen hatten. Zur gleichen Zeit haben wir auch eine massive sowjetische Aufrüstung und einen massiven sowjetischen Angriff gegen das Gleichgewicht der Kräfte erlebt. In den Jahren 1972 und 1973 haben die Regierungen, denen ich diente, gemeinsam mit der Sowjetunion bestimmte Grundsätze für die Koexistenz unterzeichnet – nicht, weil wir einen

Augenblick geglaubt hätten, daß sich die Sowjetunion durch ein völkerrechtlich verbindliches Dokument würde zurückhalten lassen, sondern weil wir einen Maßstab dafür setzen wollten, die Befolgung der Normen internationalen Verhaltens zu beurteilen.

Jetzt in dieser Periode, da wir beginnen, an Stärke zuzunehmen und vor dem Expansionismus Mauern zu errichten, müssen wir uns zunächst selbst klarwerden, was wir unter friedlicher Koexistenz verstehen. Ich glaube, es lohnt sich nicht, die Verhandlungen über SALT II wieder aufleben zu lassen. Die Laufzeit des Vertrages dauert nur noch drei Jahre, und Rüstungsentscheidungen brauchen mehr als drei Jahre bis zu ihrer Realisierung. Ich glaube, wenn wir das nächste Mal über Rüstungskontrolle sprechen, sollten wir auf einer Basis von zehn oder 15 Jahren verhandeln, und zwar einschließlich der europäischen Waffen; und wir sollten das ohne Sentimentalität und ohne Illusionen tun. Wir sollten für uns selbst einen angemessenen Verhaltenskodex erarbeiten. Und in solchen Verhandlungen müssen wir natürlich die legitimen Sicherheitsbedürfnisse der Sowjetunion ernst nehmen. Wir können aber nicht akzeptieren und dürfen es nicht zulassen, daß die Sowjets diese Sicherheitsbedürfnisse so auslegen, als hätten sie das Recht, mit der Roten Armee in jedes Land einzumarschieren, dessen Regierung ihnen nicht gefällt.

Das also ist unser Aktionsprogramm, das sowohl Stärke und Entschlossenheit des Westens verlangt als auch einen Sinn für Gerechtigkeit und realistische Versöhnung. Was heute getan werden muß, darf nicht halbherzig oder zögernd getan werden, denn damit würden wir die Gefahren vervielfältigen. Es muß aber auch sorgfältig und mit Überlegung gehandelt werden. Wir sollten daran denken, daß unser Bruttosozialprodukt ein Vielfaches der Sowjetunion beträgt, daß unsere Bevölkerungszahl um ein Vielfaches größer ist als ihre und unser wirtschaftliches und politisches System das sowjetische an Lebensfähigkeit weit übertrifft. Die bei uns vorhandenen Mängel lassen sich mit Entschlossenheit durch eine kluge politische Führung beseitigen und sind nicht systeminhärent.

Ich möchte Ihnen sagen, daß ich in diesem Augenblick der Gefahr wirklich optimistischer bin als seit vielen Jahren. Das amerikanische Volk hat das Trauma von Vietnam überwunden; die amerikanische Regierung verleiht den Bestrebungen unseres Volkes Ausdruck. Auch wenn ich der Oppositionspartei angehöre, möchte ich Ihnen allen begreiflich machen, daß Amerika heute im Hinblick auf die große politische Richtung zum erstenmal seit vielen Jahren geschlossen hinter der Regierung steht. Wenn ich daher diese Fragen angesprochen habe, dann kann ich sagen, daß wir seit Jahren zum erstenmal in der Lage sind, vernünftige Antworten darauf zu geben.

Wir können das aber nicht allein tun, weder physisch noch intellektuell. Ich glaube, wir haben noch nicht alles gründlich genug überdacht, und das wäre nach so dramatischen Veränderungen auch nicht möglich gewesen. Aber man kann diese Probleme durchdenken und muß das auch tun, wenn wir nicht das Gegenteil von dem erreichen sollen, wonach wir streben. Und so leben wir in einem Augenblick der Gefahr, aber auch der Hoffnung, in dem wir unsere Zukunft gestalten und, wenn wir aufmerksam hinhören, vernehmen können, was die Geschichte uns zu sagen hat.

Die Zukunft der amerikanischen Außenpolitik

Ansprache auf der Jahresversammlung der American Society of Newspaper Editors am 10. April 1980 in Washington, D. C.

Wir stehen am Beginn einer neuen außenpolitischen Debatte, wie wir sie alle vier Jahre erleben. Sie erfolgt nach festen Regeln wie ein japanisches Kabuki-Spiel. Die Regierungspartei behauptet, von ihrer Vorgängerin ein Debakel übernommen und unser Ansehen in der Welt durch an Wunder grenzende Leistungen aufs neue gestärkt zu haben. Die Oppositionspartei führt Angriffe gegen das gegenwärtige Debakel und verspricht einen radikal neuen Anfang.

In diesem Vorgang verbergen sich zwei Gefahren. In unserer Öffentlichkeit wird der Eindruck erweckt, die Außenpolitik der Vereinigten Staaten spiegele nur die Idiosynkrasien der jeweilig Verantwortlichen. Man vergißt dabei die fundamentale Wahrheit, daß das nationale Interesse der Vereinigten Staaten sich nicht alle vier Jahre verändert.

Und für die anderen Nationen der Welt ist die Kontroverse zutiefst beunruhigend, denn unsere Feinde werden uns voller Mißtrauen und unsere Freunde mit tiefer Besorgnis beobachten. Amerika ist die Achse der Sicherheit der freien Welt, und auf die Vereinigten Staaten stützen sich die Hoffnungen der Welt auf Fortschritt. Wenn die Grundvoraussetzungen unserer Außenpolitik alle vier Jahre auf dem Spiel stünden, würde Amerika selbst zu einem Faktor der Instabilität in der Welt. Wir gäben unseren Freunden in diesem Fall die Veranlassung, sich von den Ungewißheiten unserer Politik zu befreien, und bereiteten dem Neutralismus psychologisch den Boden. Unsere nationale politische Debatte sollte daher in einem Rahmen geführt werden, der es uns erlaubt, nach den Präsidentschaftswahlen als einiges Volk zusammenzustehen.

Ich habe unsere Regierung bei der Ratifizierung der Verträge über den Panama-Kanal, die Waffenverkäufe im Nahen Osten, die Vereinbarungen von Camp David und bei den Gegenmaßnahmen unterstützt, mit denen sie auf Afghanistan reagiert hat, und ich habe mich darum bemüht, eine von der Parteipolitik unabhängige Basis für SALT zu finden. Natürlich habe ich meinen Nachfolgern nicht immer den klaren Blick und die profunde Weisheit zugebilligt, die ich rückblickend für meine eigene Amtszeit in Anspruch nehme. Auch andere Republikaner könnten zeitweilig gegen den Grundsatz der ruhigen, objektiven Analyse verstoßen haben, der traditionsgemäß für die Republikanische Partei gilt.

Aber die Hauptverantwortung für den Ton der innenpolitischen Debatte liegt bei der Regierungspartei. Und die gegenwärtige Regierung ist, offen gesagt, ungewöhnlich parteilich gewesen. Eine Regierung, die behaupten kann, sie habe ein »schwaches und mutloses« NATO-Bündnis »verjüngt«, sie habe zum erstenmal freundschaftliche Beziehungen zu Japan und China entwickelt, weckt Zweifel an ihrem Realitätssinn. Eine Regierung, die es fertigbringt, einem der anständigsten Männer, die jemals dieses Amt bekleidet haben, dem Präsidenten Ford, vorzuwerfen, er habe unnötig das Leben amerikanischer Bürger aufs Spiel gesetzt, um in einer früheren Geiselaffäre seine Popularität zu bewahren, fordert eine ebenso unwürdige Untersuchung ihrer eigenen Motive in der gegenwärtigen Lage heraus. Eine Regierung, die im vierten Jahr ihrer Amtszeit immer noch ihre Vorgänger für jede Schwierigkeit verantwortlich macht, die sogar das Eingeständnis früherer Fehler zu einem politischen Schlüsselelement zu machen scheint, fordert die Frage heraus, ob diejenigen, die sich auf uns verlassen, nicht in jedem Fall riskieren, enttäuscht zu werden. Man kann nicht Geschichte machen, indem man sie umschreibt. Die Aufgabe einer Regierung ist es, Lösungen für ihre Probleme zu finden, nicht aber Alibis.

Der Sieger im kommenden November wird ein geeintes Volk hinter sich haben müssen, weil er sich monumentalen außenpolitischen Herausforderungen wird stellen müssen. Ich teile im übrigen die Auffassung von Präsident Carter, daß sich unser Land in neuerer Zeit noch nie in so großer Gefahr befunden hat wie heute. Die Welt scheint aus den Fugen zu geraten, unser relatives Militärpotential nimmt ständig zu, unsere Wirtschaft wird zunehmend erpreßbarer, auf allen Kontinenten werden die feindlichen radikalen Kräfte stärker, und die Zahl der Länder, die ihre Zukunft von den freundschaftlichen Beziehungen zu den Vereinigten Staaten abhängig machen wollen, schwindet zusehends.

Wir sind nicht während der Amtszeit nur einer amerikanischen Regierung an diesen Punkt gelangt – allerdings glaube ich, daß diese Regierung die gefährlichsten Tendenzen beschleunigt hat. Für uns liegt die Gefahr im Strukturellen und im Begrifflichen. Das erfordert das Bemühen der ganzen Nation über eine längere Zeit hinaus, unabhängig davon, wer der nächste Präsident sein wird – oder auch der übernächste und dessen Nachfolger. Ich glaube, wir müssen uns mit vier Fragen auseinandersetzen, die eng miteinander verknüpft sind. Die erste betrifft das militärische Gleichgewicht, die zweite die geopolitische Gleichung, die dritte unsere Haltung gegenüber den Veränderungen in der Welt und die vierte die Beziehungen zwischen den Vereinigten Staaten und der Sowjetunion.

Das militärische Gleichgewicht

Erstens kann man nicht mehr ernsthaft bestreiten, daß sich das militärische Gleichgewicht entschieden zu unseren Ungunsten verlagert hat. Jeder objektive Beobachter – wie etwa das Internationale Institut für Strategische Studien in London – ist zu diesem düsteren Schluß gekommen. Welches auch die Ursachen sein mögen, wenn sich die gegenwärtigen Tendenzen nicht umkehren, werden wir in den 80er Jahren so verwundbar sein, wie wir es seit Gründung unserer Republik noch nicht gewesen sind. In diesem Jahrzehnt stehen wir zum erstenmal vor einem potentiell ungünstigen strategischen Kräfteverhältnis. Das Gleichgewicht der in Europa stationierten nuklearen Streitkräfte hat sich zu unserem Nachteil verschoben, und die seit langem bestehende Unterlegenheit des Westens bei den Kräften, die für die regionale Verteidigung vorgesehen sind, wird weiterbestehen.

Vielleicht ist es günstig für uns, daß die Krisen im Iran und in Afghanistan unsere militärischen Schwächen deutlich gemacht haben, solange die wirkliche Gefahr noch in der Zukunft lag. Nachdem wir uns dessen bewußt geworden sind, haben wir die Möglichkeit, das Gleichgewicht wiederherzustellen. Wenn diese Ereignisse auch nichts anderes bewirkt haben, so *müssen* sie uns doch zeigen, daß wir nicht fähig sind, rasch starke Kräfte in lebenswichtige Gebiete zu verlegen. Andernfalls werden es nur die Vorläufer noch ernsterer Herausforderungen gewesen sein.

Über 30 Jahre stützte sich die Verteidigung der freien Welt auf unsere strategische Überlegenheit, mit der unsere Unterlegenheit bei den konventionellen Streitkräften ausgeglichen werden konnte. Diese Periode ist jetzt zu Ende gegangen – und das hat sich vielleicht nicht vermeiden lassen. Als wir die Fähigkeit verloren, die für einen Gegenschlag vorgesehenen sowjetischen Kräfte zu vernichten, ohne selbst einen zu hohen Preis dafür bezahlen zu müssen, bedeutete ein allgemeiner Krieg mit Kernwaffen den Selbstmord auf beiden Seiten. Ich habe im vergangenen Jahr in Brüssel darauf hingewiesen, daß eine Strategie, die sich auf eine solche Bedrohung stützt, unglaubwürdig, verantwortungslos und eine Flucht vor den Realitäten ist, und zwar auch für die NATO. Man hat mich scharf kritisiert – früher war es üblich, den Überbringer einer Botschaft umzubringen, wenn einem die Botschaft nicht gefiel. Doch eine Gefahr zu ignorieren, bedeutet, das Debakel heraufzubeschwören. Ein Land, das seine Interessen nur damit verteidigen kann, daß es mit der gegenseitigen Vernichtung der Zivilbevölkerung droht, verurteilt sich zur strategischen und daher schließlich auch zur geopolitischen Lähmung.

Nur selten in der Geschichte hat eine Nation eine so radikale Verschiebung des militärischen Gleichgewichts so passiv hingenommen. Noch nie in der Geschichte hat eine Seite auf so vielen militärischen Gebieten einen so großen Vorsprung gewonnen, ohne den Versuch zu unternehmen, diesen Vorsprung zu seinem politischen Vorteil auszunutzen.

Die Gefahr besteht weniger darin, daß uns ein Angriff mit Kernwaffen droht, als in der erhöhten sowjetischen Bereitschaft, bei lokalen Konflikten Risiken einzugehen. Und das erscheint mir noch die am wenigsten gefährliche Entwicklung zu sein, die uns erwartet. Wir leben in einer von Unruhe erfüllten Welt. Wir können mit Sicherheit damit rechnen, daß die Instabilität zunehmen wird, die zum Teil von der Sowjetunion herbeigeführt, zum Teil von ihr ausgenutzt wird. Seit 1975 haben in Afrika, im Nahen Osten und in Südostasien radikale Kräfte mit sowjetischen Waffen oder kubanische Stellvertretertruppen und jetzt die Rote Armee selbst den Ausgang fast eines jeden lokalen Konflikts zum Nachteil unserer Verbündeten und Freunde bestimmt. Wenn sich diese Entwicklung fortsetzt und zu direkten Konfrontationen zwischen den Vereinigten Staaten und der Sowjetunion führt, wie das 1962 auf Kuba oder 1973 im Nahen Osten (Alarmierung der Streitkräfte) geschehen ist, wird es die *Sowjetunion* sein, die über die quantitative Überlegenheit in strategischen Waffen verfügt, deren *wir* uns erfreuten, als diese und vergleichbare Krisen zu unseren Gunsten beigelegt werden konnten. Dazu hat die regionale sowjetische Überlegenheit entsprechend zugenommen. Regionale Konflikte, ob sie nun bewußt geschürt worden sind oder nicht, drohen zunehmend, unsere Reaktionsfähigkeit zu überfordern, wenn wir das wachsende Ungleichgewicht auf *allen* militärischen Gebieten nicht drastisch korrigieren.

Wir werden einen hohen Preis bezahlen, wenn wir uns bei dem Gedanken beruhigen, unser militärisches Establishment sei jedem anderen überlegen. Diese Selbstzufriedenheit hat uns über eine längere Zeit in die gegenwärtige Lage gebracht. In den sechziger Jahren gründete die amerikanische strategische Doktrin die Abschreckung vor allem auf unsere in der Theorie bestehende Kapazität, der sowjetischen Zivilbevölkerung und Wirtschaft hohe Verluste beizubringen, und zwar, ohne daß die Stärke der sowjetischen Streitkräfte das verhindern könnte. Hier haben wir die Strategie mit der wirtschaftlichen Analyse verwechselt. Man hat nicht nur die moralischen Hemmungen übersehen, die jeden amerikanischen Präsidenten davor zurückschrecken lassen könnten, einen solchen Angriff zu befehlen. Außerdem ist damit der Gleichmut angesichts der unaufhörlichen sowjetischen Aufrüstung genährt worden. Dann wurde Anfang der siebziger Jahre als Folge eines durch Vietnam entstandenen Gefühls, das sich gegen jede militärische Rüstung richtete, *jedes* Verteidigungsprogramm angegriffen, ob es sich nun auf Vietnam bezog oder nicht. Das System der Flugabwehrraketen (ABM) wurde 1969 vom Senat mit nur einer Stimme Mehrheit gebilligt. Dann versuchten 40 Senatoren, die Einstellung der Erprobung von MIRV zu erzwingen. 1971 gelang es uns mit knapper Mühe, das »Mansfield Amendment« abzuwehren, nach dem unsere Streitkräfte in Europa um 150000 Mann verringert werden sollten. 1973 billigte der Senat das Programm für den Bau des Trident-U-Boots mit nur einer Stimme Mehrheit. Erst nach der Amtsübernahme durch den Präsidenten Ford konnte diese Entwicklung rückgängig gemacht werden.

Man muß gerecht sein und anerkennen, daß Präsident Carter ein schwieriges Erbe angetreten hat. Man darf aber auch nicht vergessen, daß die gegenwärtige Regierung das Problem noch weiter kompliziert hat, indem sie die Bedeutung der militärischen Stärke systematisch herunterspielte, alle von den vorigen Regierungen eingeleiteten strategischen Programme strich oder zeitlich in die Länge zog und den Verteidigungsetat eher als Pfand benutzte, um die Zustimmung zu SALT zu erreichen, als daß sie diesen Etat zu einem ernstzunehmenden Instrument der nationalen Politik gemacht hätte. Die Geschichte beurteilt die politischen Führer danach, ob sie richtig reagiert haben, nicht aber nach dem Ausmaß der Herausforderungen.

Das gegenwärtige Verteidigungsbudget ist allerdings um drei bis fünf Prozent erhöht worden. Es ist aber nicht klar, von welcher Basis diese Berechnungen ausgehen. Die Inflationsrate wird unterschätzt oder verschleiert, und außerdem geht man von zu geringen Kosten für entscheidend wichtige Rüstungsprogramme aus. Es zeigt sich, daß die *reale* Erhöhung des Budgets eher bei einem Prozent liegt. Das heißt, angesichts des gewaltigen Problems, mit dem wir es zu tun haben, ist diese Aufstockung fast irrelevant. Aber wie das auch sein mag, die Wirksamkeit unserer Reaktion läßt sich nicht daran messen, um welchen Prozentsatz das Budget aufgestockt wird, sondern ob wir die Lücken schließen, die jede objektive Untersuchung feststellt. Und diese Lücken werden nicht geschlossen, sondern viele von ihnen werden ständig größer.

Während der ersten Wochen nach dem sowjetischen Einmarsch in Afghanistan hatte man den Eindruck, wir hätten etwas gelernt. Ich habe deshalb in Europa mehrere Vorträge gehalten, um unschlüssige Verbündete aufzufordern, unsere Regierung zu unterstützen. Aber inzwischen sind wir in unsere unschlüssige Haltung zurückgefallen. Trotz der Besetzung von Afghanistan durch die Sowjetunion hat der Präsident genau das Verteidigungsbudget vorgelegt, das *vor* Afghanistan vorbereitet worden war, und zwar in der Erwartung, daß SALT ratifiziert werden würde. Wie kann das genügen, wenn wir inzwischen eine neue bedeutende Verteidigungsaufgabe übernommen haben, zu der auch der Schutz des Persischen Golfs gehört? Seither hat es sogar den Anschein, daß dieses Budget in dem neuen Anti-Inflationsprogramm zusammengestrichen worden ist. Zudem sieht es nicht so aus, als würden die vorhandenen Nachrüstungsprojekte mit der notwendigen Dringlichkeit vorangetrieben. Die MX-Fernlenkwaffe ist für 1987 geplant. Die Transportmittel für die rasche Verlegung der 1. Brigade der Rapid Deployment Forces auf dem Luft- und Seewege, von denen soviel gesprochen wird, werden frühestens 1985 zur Verfügung stehen. Die Transportmittel für die Verlegung der 1. Division sind kaum vor 1987 zu erwarten (und außerdem sind die für solche Aufgaben vorgesehenen Kräfte zu schwach).

Wie sollen wir uns in der ersten Hälfte dieses Jahrzehnts behelfen, bevor die neuen Kapazitäten verfügbar sind? Wie glaubt die Regierung, unser Potential mit unseren neuen Verpflichtungen in Einklang bringen zu können? Zwei Wochen nach der Veröffentlichung der Carter-Doktrin mußte der Präsident zugeben, daß wir den für uns lebenswichtigen Persischen Golf nicht allein verteidigen könnten. Wer wird uns hier unterstützen, und wie kann das geschehen? Welches ist unsere Strategie? Wie kann unser gegenwärtiges militärisches Establishment seine Verteidigungsaufgaben im Rahmen der NATO erfüllen, geschweige denn weiter entfernte Verbündete schützen? So haben wir keinen Anlaß, überrascht zu sein, wenn sich bedrohte Länder scheuen, unseren Schutz zu suchen.

Diese Mängel sind nach meiner Auffassung Ausdruck der völlig unklaren Haltung unserer Regierung zur Frage der Machtverhältnisse in der Welt. Zu viele Beamte dieser Regierung vermitteln den Eindruck, sie schämten sich der amerikanischen Macht und fürchteten die militärische Stärke. Sie scheinen von der Voraussetzung auszugehen, wir müßten irgendeine Schuld abtragen, anstatt bestimmte Werte zu verteidigen.

Wir können uns aber nicht aus der Verantwortung stehlen, die unsere politische Macht und unsere Grundauffassungen uns auferlegen. Durch Enthaltsamkeit können wir uns nicht reinwaschen; sie erzeugt nur ein Vakuum, das diejenigen in die Katastrophe reißen wird, die sich auf uns verlassen. Irgendwo wird kluge Vorsicht zur Schwäche, die die Gefahr vergrößert; der ostentative Verzicht auf Stärke hat die paradoxe Folge, daß er die Risiken erhöht. Das Schicksal derjenigen, die seit 1975 unter die Herrschaft der Kommunisten geraten sind, zeigt deutlich, daß ein solches Zögern sich nicht mehr unter dem Deckmantel einer überlegenen Moral verstecken kann. Zuerst werden andere den Preis für unsere Unentschlossenheit bezahlen müssen, aber nach einiger Zeit wird *uns* die erschreckende Rechnung präsentiert werden.

Das geopolitische Gleichgewicht

Damit komme ich zu meiner zweiten Sorge, dem geopolitischen Gleichgewicht. Das ist, wie ich meine, die Beurteilung der politischen Tendenzen, die zeigen, ob uns freundlich gesinnte, gemäßigte oder feindliche radikale Kräfte Schlüsselregionen beherrschen; ob unsere Bündnisse von Leben erfüllt sind oder sich die Beziehungen allmählich lockern. Das geopolitische Gleichgewicht entscheidet, ob sich Probleme friedlich lösen lassen, wie der arabisch-israelische Konflikt oder die Lage in Südafrika, oder ob radikale Tendenzen oder das Eingreifen kommunistischer Stellvertretertruppen alle Aussichten auf Mäßigung und Fortschritt zunichte machen.

Zum Teil wird das geopolitische Gleichgewicht durch immaterielle Faktoren bestimmt – ob die Freunde der Vereinigten Staaten glauben, ihre Zukunft sei gesichert; ob sie unserer Fähigkeit vertrauen, ihnen im Notfall zu Hilfe zu kommen und die Bedrohung der regionalen Sicherheit von außen abzuwenden, natürlich aber auch davon, ob sie es riskieren werden, selbst etwas für ihre Verteidigung zu tun – wie das durch die Weigerung Pakistans illustriert wird, die von uns angebotene Militärhilfe anzunehmen.

Und es hängt auch von *unserer* Fähigkeit ab, Tendenzen und Gefahren wahrzunehmen, *bevor* sie so stark werden, daß sich nichts mehr dagegen unternehmen läßt. Das Handeln eines Staatsmannes wird von seiner Beurteilung der Zukunft bestimmt, deren Richtigkeit sich zu der Zeit, da sie getroffen wird, noch nicht beweisen läßt. Wenn die Handlungsfreiheit am größten ist, sind die Erkenntnisse, auf die sich das Handeln gründet, oft am unvollständigsten; wenn dagegen klare Erkenntnisse vorhanden sind, gibt es oft keinen Spielraum mehr für ein schöpferisches Tätigwerden.

1936 hätte die Verlegung einer französischen Division Hitler davon abhalten können, in das Rheinland einzumarschieren. Hätte Frankreich sich dazu entschlossen, dann würde man sich vielleicht heute noch fragen, ob Hitler nur ein mißverstandener Nationalist oder wirklich ein Wahnsinniger gewesen sei, der es auf die Weltherrschaft abgesehen hatte. 1941 wußte jeder, daß Hitler ein Wahnsinniger war, der die Weltherrschaft anstrebte, aber die Welt hat dafür, daß sie diese psychologische Gewißheit erlangte, mit Millionen von Menschenleben bezahlen müssen.

Ich würde sagen, wir stehen im Hinblick auf die Sowjetunion einer ähnlichen Herausforderung gegenüber – nicht, weil sie unbedingt nach einem Zeitplan für die Eroberung der Welt vorgeht, sondern in dem Sinne, daß zunehmende Herausforderungen, denen man sich nicht widersetzt, unausweichlich zu immer größeren Herausforderungen führen, auch wenn die Sowjets nur die Gelegenheiten nutzen, die sich ihnen bieten. Genau das war das Problem, als von den Sowjets unterstützte kubanische Truppen Angola besetzten, in Äthiopien intervenierten, zwei Vorstöße gegen Zaire unterstützten und eine Basis im Südjemen errichteten; als es zu zwei kommunistischen Umstürzen in Afghanistan kam und als die sowjetische Armee schließlich dieses unglückliche Land besetzte. Es handelte sich um ein komplexes Problem, das zum Teil durch den Sturz einer mit uns befreundeten Regierung im Iran – aus welchen Gründen auch immer – gekennzeichnet war, in einem Land, das 37 Jahre ein wichtiger Verbündeter der Vereinigten Staaten und andererseits ein starkes Bollwerk für die gemäßigten Kräfte in der ganzen Region gewesen war. Diese Entwicklung ist eine der Hauptursachen für die Verzögerung des Friedensprozesses im Nahen Osten, wo sich die Gemäßigten wie Ägypten, Israel und Jordanien zunehmend isoliert, bedroht und überbeansprucht fühlen. Die Atmosphäre der wachsenden Unsicherheit im Persischen Golf beeinflußt nicht nur politische, sondern auch wirtschaftliche Entscheidungen, und dazu gehören die Beschlüsse der OPEC zur Festsetzung des Ölpreises.

Nachdem der Senat vor vier Jahren beschlossen hatte, die Hilfe für Angola zu beschneiden, habe ich die Regierung gewarnt und gesagt, die sowjetisch-kubanische militärische Intervention in Angola sei der Beginn »eines Musters«, das, wenn nichts dagegen unternommen wird, »die ernstesten Folgen für den Frieden und die Stabilität haben würde, und das die Vereinigten Staaten nur dann mit Gleichmut hinnehmen können, wenn sie es riskieren wollen, in der Folgezeit noch ernstere Krisen zu erleben, für die ein noch höherer

Preis bezahlt werden muß«.* Seither haben sowjetische Waffen, von den Sowjets unterstützte Stellvertretertruppen, sowjetische Freundschaftsverträge und regelrechte sowjetische Interventionen den Ausgang einer viel zu großen Zahl von regionalen, mit Gewalt herbeigeführten Veränderungen in den Strukturen der politischen Bindungen auf der ganzen Welt bestimmt.

Länder, die sich im Nahen Osten in einer gefährdeten Lage befinden, rechnen damit, daß der von den Sowjets unterstützte kubanische Vorstoß durch Afrika über Äthiopien gegen das Gebiet jenseits des Roten Meeres gerichtet ist. Sie beobachten mit Mißtrauen eine sowjetische Basis im Südjemen, die die arabische Halbinsel bedroht; sie sehen, wie von den Sowjets bewaffnete Guerillas nach Marokko vordringen, in ein mit uns befreundetes Land mit einer gemäßigten Regierung; sie sehen ein sowjetisches Waffendepot in Libyen – die Vorbereitung auf künftige Interventionen in Afrika und im Nahen Osten. Für sie überschattet der gegenwärtige sowjetische Einfall nach Afghanistan – 18 Monate nach einem kommunistischen Umsturz in Kabul, der auf keinen Widerstand gestoßen ist – den Persischen Golf als von Norden kommender Arm einer großen Zangenbewegung. Sie beobachten, wie Vietnam, geschützt durch einen Freundschaftsvertrag mit der Sowjetunion, Kambodscha verschlingt und die Vorherrschaft in Südostasien anstrebt. Sie stellen fest, daß Indien *und* Pakistan sich um die Gunst der Sowjets bemühen. Sogar in der westlichen Hemisphäre stellen sie fest, daß radikale, umstürzlerische Kräfte Mittelamerika und die Karibik bedrohen, und zwar gestützt auf einen schwachen sowjetischen Kampfverband auf Kuba. Aber nirgends können sie erkennen, daß diesen Entwicklungen wirkungsvoll begegnet wird. Das hat seine unausweichlichen Folgen, denn es beschleunigt die Demoralisierung aller gemäßigten Verbündeten, treibt Freunde in den Neutralismus und Neutrale in die Arme des Radikalismus. Die Regierung hat erklärt, mit bestimmten Maßnahmen die Zustimmung und Freundschaft der Länder der Dritten Welt gewinnen zu wollen. Doch auf der Konferenz der blockfreien Nationen in Havanna im vergangenen September hat es sich gezeigt, daß diese Politik auf Sand gebaut ist. Noch nie hat eine Konferenz so entschieden antiamerikanische und unverhohlen prosowjetische Beschlüsse gefaßt, daß sie sogar einen so bedeutenden Vertreter der Bewegung der Blockfreien wie Präsident Tito schokkiert haben. Der Radikalismus zahlreicher Länder der Dritten Welt kann nicht durch eine »verständnisvollere« amerikanische Haltung gemildert werden. Diese radikalen Elemente wenden sich gegen unsere Existenz oder unser soziales Gefüge, nicht gegen unsere Poli-

* Pressekonferenz am 12. Februar 1976.

tik. Und je mehr wir uns um eine Annäherung bemühen, desto wahrscheinlicher werden sie sich noch weiter von uns entfernen, und zwar ganz einfach, um ihre ideologische Unbescholtenheit zu bewahren.

Doch auch im Umgang mit den weniger radikalen Ländern der Dritten Welt - und sie befinden sich immer noch in der Mehrzahl - begreift man das Problem nicht richtig, wenn man sich nur um ihre Zustimmung und ihre Freundschaft bemüht. Denn kaum eines der unmittelbar bedrohten Länder gibt dem sowjetischen System den *Vorzug*. Ihr Problem ist der Druck, unter den sie entweder von außen militärisch oder von innen durch Subversion gesetzt werden, die Bedrohung durch radikale Gruppen, die ihre unversöhnlichen Haßgefühle gegenüber den Vereinigten Staaten offen zur Schau stellen und das Gleichgewicht der Kräfte auch dann unterminieren, wenn sie nicht vom Sowjetblock finanziert, bewaffnet und ausgebildet werden - was sehr oft der Fall ist.

Irgendwo und irgendwie müssen die Vereinigten Staaten zeigen, daß sie fähig sind, einen Freund zu belohnen oder einen Gegner zu bestrafen. Es muß wieder erkennbar werden, daß unsere Verbündeten durch die Beziehungen zu uns etwas gewinnen, während unsere Feinde unter dieser Feindschaft zu leiden haben - und es ist schon viel zu lange her, daß es so war. Vielleicht ist das eine zu simple Vorstellung, aber für eine Großmacht ist das die Voraussetzung für eine erfolgreiche Außenpolitik; es ist sogar ihre Definition.

Die Bedeutung innenpolitischer Veränderungen

Drittens fragt es sich, wie wir uns zu dem Prozeß der innenpolitischen Veränderungen in der Welt einstellen sollen. Die Regierung glaubt, wenn wir unsere moralischen Werte und unser aufrichtiges Interesse für die Menschenrechte demonstrieren - wenn notwendig durch eine Verurteilung unseres eigenen früheren Verhaltens -, könnten wir das Wohlwollen der Menschheit gewinnen und uns damit der Sowjetunion überlegen zeigen.

Die Realitäten sind komplexer. Es ist richtig, daß sich die amerikanische Außenpolitik auf die menschlichen Grundwerte, die in unserem Volk Geltung haben, und auf unsere demokratische Tradition stützen muß. Wir könnten weder Erfolg haben noch uns selbst treu bleiben, wenn wir in einem Zeitalter großer Umwälzungen überall den *Status quo* verteidigen wollten.

Hier kommt es jedoch darauf an, diese Binsenweisheit in konkreten Situationen mit den nationalen Interessen der Vereinigten Staaten in Einklang zu bringen. Es ist eine harte Tatsache, aber unbestreitbar, daß einige Gesellschaften, deren Sicherheit für uns lebenswichtig ist, besonders im Persischen Golf, von autoritären, konservativen Regimen beherrscht werden. Im Westen hat sich die konstitutionelle Monarchie über Jahrhunderte entwickelt. Es ist zwar nicht unmöglich, eine solche Entwicklung in jungen Gesellschaften mit Nachdruck voranzutreiben; das hat aber die paradoxe Folge, daß wir gerade in dem Augenblick unaufhörlich überall auf der Welt eingreifen müßten, in dem wir in den Nachwehen der in Vietnam gemachten Erfahrungen angeblich gelernt haben, wo unsere Grenzen liegen. Zugleich haben wir die Leistungsfähigkeit unseres Nachrichtendienstes abgebaut, von der es, wenn man die Dinge realistisch betrachtet, abhängt, ob wir zu solchen Interventionen fähig sind. Ironischerweise empfehlen viele von denen, die den Einsatz eines *geheimen* Nachrichtendienstes verurteilt haben, eine Politik der *offenen* Intervention, die viel aufdringlicher wäre als alles, was sich in der heute verteufelten »bösen alten Zeit« hat vorstellen lassen.

Der Iran sollte uns lehren, daß man den menschlichen Grundwerten nicht unbedingt dient, wenn man konservative Regime stützt. Wenn wir zu Umstürzen ermutigen, ohne an die Stelle der bisherigen Regime eine gemäßigte demokratische Regierung setzen zu können, wird eine im Namen der Gerechtigkeit und der Menschenrechte geführte Außenpolitik damit enden, daß sie die Position des antiamerikanischen Radikalismus in der Welt stärkt. Wir werden neue Regierungen erleben, die uns gegenüber nicht nur eine feindliche Haltung einnehmen, sondern auch die Menschenrechte noch brutaler mit Füßen treten. Das alles führt dazu, den geopolitischen Desintegrationsprozeß, von dem ich gesprochen habe, zu vertiefen und zu beschleunigen.

Jeder kann erkennen, daß die radikalen Tendenzen in der Welt, denen wir mit unserer Politik nicht energisch genug entgegengetreten sind, sich intensiviert haben. Oft wird behauptet, Nikaragua sei das Modell einer neuen Aufklärung. Doch während es noch zu früh ist, darüber ein abschließendes Urteil abzugeben, beunruhigt es einen, wenn in dem letzten Bericht des amerikanischen Außenministeriums über die Menschenrechte von 400 Hinrichtungen im Schnellverfahren und der Verhaftung von 7200 Personen aus politischen Gründen in den vergangenen sechs Monaten unter dem neuen Regime die Rede ist. Und eine sandinistische Abordnung, die im März Moskau besucht hat, spendete dem sowjetischen Einmarsch in Afghanistan Beifall und verdammte »die Kampagne imperialistischer und reaktionärer Kräfte ... zur Unterminierung des unveräußerlichen Rechts der Demokratischen Republik des Afghanischen Volkes ..., sich auf den Weg zu einer fortschrittlichen Entwicklung zu begeben.«

Außerdem besteht die Gefahr, daß jeder neue Umsturz einen Bergrutsch auslöst. Im Gefolge der Ereignisse in Nikaragua nimmt der Einfluß radikaler marxistischer und antiamerikanischer Kräfte in El Salvador zu. In Jamaika und Grenada bereiten sich Anhänger Castros auf den Angriff in Guatemala vor. Während Mittelamerika und die Karibik durch solche Strömungen beunruhigt werden, identifizieren wir uns mit den in die Zukunft weisenden Entwicklungen oder sehen wir untätig zu, wie wir zunehmend in die Isolation getrieben werden und an Bedeutung verlieren. Wird Mexiko nicht aus Gründen der Selbstverteidigung in den Radikalismus und Antiamerikanismus durch Kräfte getrieben, die wir ermutigt haben, von denen wir aber nicht wußten, wie wir sie in Grenzen halten sollten?

Ähnliche Tendenzen gibt es natürlich auch am Persischen Golf und im Nahen Osten. Wenn es das Hauptziel der Revolution von Chomeini wäre, die Justiz im Iran zu reformieren, dann hat er diese Absicht geschickt zu verschleiern gewußt – mit 700 Hinrichtungen und »Tausenden« von politischen Gefangenen, wie es in einem Bericht des Außenministeriums heißt –, gar nicht zu reden von der völkerrechtswidrigen Festsetzung unserer Diplomaten. Und wie wollen wir unsere Bekenntnisse zu den Menschenrechten mit dem Schutz der uns noch verbliebenen Freunde in dieser lebenswichtigen Region in Einklang bringen, bei denen die innenpolitische Struktur in den meisten Fällen nicht unseren Maßstäben entspricht? Kann es uns da überraschen, daß die wenigen heute noch gemäßigten Regime verwirrt und besorgt sind? Wenn wir die Prioritäten nicht deutlich erkennen, dann wird der Druck von außen die innere Unruhe steigern und ein zunehmendes Gefühl der Unsicherheit sowie die wachsende Neigung erzeugen, die Beziehungen zu den Vereinigten Staaten aufzugeben oder zu lockern. Wo stünden wir heute im Nahen Osten, gäbe es nicht das Wunder der menschlichen Größe Sadats?

Frühere amerikanische Regierungen haben vielleicht zu wenig Verständnis für das Problem innenpolitischer Veränderungen gehabt. Wir brauchen ein Konzept der Veränderung, dem gemäßigte, demokratische und humane Kräfte folgen können. Doch gegenwärtig zeigen wir eine viel zu große Sorglosigkeit gegenüber einem Prozeß, in den wir nur allzu leicht gegen unseren Willen hineingezogen werden könnten. In zu vielen Teilen der Welt verlieren wir unsere Fähigkeit, die Ereignisse zum Guten oder zum Bösen zu beeinflussen. Wir leben heute in einer feindlicheren Welt, befinden uns in einer schwächeren Position, und der Anfang der Klugheit bestünde darin, daß wir nicht mehr so tun sollten, als ginge es uns heute besser, weil wir uns zu dem Verlangen bekannt haben, von aller Welt geliebt zu werden.

Die Beziehungen zwischen den Vereinigten Staaten und der Sowjetunion

Erlauben Sie mir, daß ich mich am Schluß mit der gegenwärtigen Krise in den Beziehungen zwischen den Vereinigten Staaten und der Sowjetunion beschäftige.

Im Zeitalter der thermonuklearen Waffen und der interkontinentalen Fernlenkgeschosse müssen die Beziehungen zwischen beiden Supermächten immer im Mittelpunkt der amerikanischen Außenpolitik stehen. Von diesen Beziehungen sind die Aussichten auf Frieden und Sicherheit, unser Überleben und die Hoffnungen der ganzen Welt auf eine bessere Zukunft abhängig.

Unsere Beziehungen zu Moskau sind von Natur aus ambivalent. Ideologisch ergibt sich ein unlösbarer Konflikt, aber unsere Kernwaffen zwingen uns zur Koexistenz. Die geopolitische Rivalität muß Spannungen erzeugen; die militärische Technologie erfordert die friedliche Lösung ungelöster Probleme. Die große Herausforderung für die amerikanische Staatskunst ist es, zu Frieden *und* Gerechtigkeit zu finden und zu verhindern, daß aus der Furcht vor dem Krieg mit Kernwaffen die Erpressung mit dem Einsatz dieser Kernwaffen wird. Die Koexistenz mit der Sowjetunion hat die Amerikaner seit jeher in ein moralisches Dilemma geführt. Dieses Dilemma war sogar die Ursache dafür, daß die Vereinigten Staaten erst 16 Jahre nach der bolschewistischen Revolution diplomatische Beziehungen zur Sowjetunion aufgenommen haben. Und die gleiche Ambivalenz besteht noch heute. Liberale scheuen die militärische Aufrüstung und die geopolitische Wachsamkeit, die die einzig denkbare Basis für sichere Beziehungen zur Sowjetunion sind. Konservative sind beunruhigt und fürchten, das bloße Verhandeln mit den Sowjets verwische alle moralischen Trennungslinien, schwäche den Widerstandswillen des Westens und die Unterstützung des notwendigen Rüstungsprogramms durch unsere Öffentlichkeit.

Daraus erklärt sich, weshalb wir uns durch Jahrzehnte in einer Debatte über die Frage aufgerieben haben, ob »Eindämmung« oder »Entspannung« oder irgendein anderer Begriff unsere Politik gegenüber der Sowjetunion am besten bezeichnet. Diese beiden genannten Konzepte sind heute zu Schlagworten ohne tiefere Bedeutung geworden. In Wirklichkeit müßte eine vernünftige, auf lange Sicht angelegte Politik Elemente beider Begriffe enthalten. Wir geraten gerade dann in Schwierigkeiten, wenn wir nicht deutlich erklären, welches unsere Alternativen sind.

Es ist kein Zufall, daß uns eine Regierung, die vor drei Jahren erklärt hat, sie habe sich von »der unangemessenen Furcht vor dem Kommunismus« befreit, von der ihre Vorgänger angeblich befallen waren, auf einen historischen Tiefpunkt in den Beziehungen zur Sowjetunion gebracht hat. Eine Regierung, die emotional und sogar sentimental stärker für die Rüstungskontrolle eingetreten ist als irgendeine andere, die stolz verkündet hat, die Rüstungskontrolle könnte, ohne mit anderen Problemen verknüpft zu werden, auf eigenen Füßen stehen, muß jetzt feststellen, daß sich die SALT-Verhandlungen festgefahren haben – vielleicht gerade aus diesem Grund. Der Hauptfehler liegt zweifellos in der Unersättlichkeit des Kreml, jede strategische Möglichkeit für sich auszuschlachten. Wenn die Sowjetunion bis an die Grenze des Erträglichen und oft darüber hinausgeht, dann kann es keine Zusammenarbeit mit ihr geben.

Ich glaube aber auch, daß wir die sowjetische Führung durch unlogische Erklärungen und unerwartete Reaktionen verwirrt haben. Unberechenbare Schwankungen in unserer politischen Linie – aus welchen Gründen auch immer –, ob nach einem Regierungswechsel, innerhalb der Amtszeit einer Regierung oder als Folge eines Tauziehens zwischen dem Kongreß und der Exekutive, bringen das Risiko mit sich, daß die Sowjets ihre Zurückhaltung allmählich aufgeben.

Im Verlauf weniger Jahre hat diese Regierung die Haltung ihrer Vorgängerin zu SALT verworfen und ist zwei Monate danach zu den gleichen Grundsätzen zurückgekehrt; wir haben auf den Bau der Neutronenwaffe verzichtet und ein Jahr später Bau und Stationierung von Mittelstreckenraketen verlangt; wir haben erklärt, man brauche am Persischen Golf keinen Polizisten, und dann eine Doktrin für seine Verteidigung verkündet; wir haben auf die Bedeutung Pakistans für die Sicherheit jenes Gebiets hingewiesen und dann ein Programm entwickelt, das mit unserem erklärten Ziel unvereinbar ist, um das ganze Projekt schließlich fallenzulassen. Wir haben den Grundsatz der »Verknüpfung« wiederholt aufgegeben, der Fortschritte auf Gebieten, wo sowjetische Interessen berührt wurden – wie beim Handel oder bei SALT – von der sowjetischen Zurückhaltung bei der Ausnutzung von Spannungen abhängig gemacht hätte. So entstand das Spektakel, daß die Rüstungskontrolle weiterging, während sowjetische Stellvertretertruppen in Äthiopien einmarschierten, während sowjetische Basen im Südjemen eingerichtet wurden, während 1978 ein erster kommunistischer Umsturz in Afghanistan stattfand und während eine sowjetische Brigade auf Kuba stationiert wurde. Und als sowjetische Truppen zum Kyber-Paß marschierten, entdeckten wir ganz plötzlich und überraschend den Grundsatz der Verknüpfung wieder.

Das Wesentliche an einer strategischen Betrachtungsweise liegt darin, daß man erkennt, wie die Ereignisse miteinander verknüpft sind und in welche Richtung sie sich entwickeln. Wir sind aber nicht bereit gewesen, den scheinbar geringfügigen Übergriffen entgegenzutreten, die sich soweit steigerten, daß die Sicherheit der freien Welt heute ernsthaft bedroht ist. Da wir die ersten Schritte hingenommen haben, könnten sich die Sowjets paradoxerweise getäuscht gefühlt haben, als wir später unerwartet reagierten - wie das am Schluß nach dem sowjetischen Einmarsch in Afghanistan geschehen ist. Dieses amerikanische Zögern ist nicht nur das Ergebnis liberaler Hemmungen gegenüber Interventionen, die sich aus unseren Erfahrungen in Vietnam entwickelt haben. Auch einige amerikanische Konservative sind zeitweilig augenscheinlich mehr an der Errichtung einer Festung Amerika und an patriotischer Rhetorik interessiert gewesen als daran, den sowjetischen Abenteuern in Übersee Einhalt zu gebieten. Letzteres zeigte sich in peinlicher Weise bei der Angola-Debatte von 1975.

Jeder Amerikaner sollte die vom Präsidenten seit Januar gegen die Sowjetunion verkündeten Gegenmaßnahmen unterstützen - die Vertagung der SALT-Verhandlungen, das Getreide-Embargo, die einschränkenden Bestimmungen für die Preisgabe technologischen Wissens und den Olympia-Boykott. Das waren die Minimalreaktionen auf die sowjetische Aggression, aber es waren nur Reflexreaktionen; diese Maßnahmen stellen noch keine Strategie dar.

Die Regierung ist mit Recht über das Verhalten vieler unserer Verbündeten enttäuscht gewesen, besonders über das der Europäer. Es ist in der Tat erschreckend, daß die Industrieländer, die durch die unsichere Lage am Persischen Golf stärker bedroht sind als wir, das Risiko einer entschlosseneren Politik gegenüber der Sowjetunion scheuen. Das westliche Bündnis wird mit Sicherheit durch die neue Theorie von der »Arbeitsteilung« gefährdet werden, mit der die Europäer den Nutzen aus einem Nachlassen der Spannungen ziehen wollen, während wir alle Bürden und Risiken dafür auf uns nehmen sollen, daß wir uns dem sowjetischen Expansionismus entgegenstellen.

Doch immerhin haben unsere Verbündeten auch Grund zur Sorge. Ihr Zögern und ihre Vorsicht sind nicht zufällig. Sie haben sich mit Recht darüber beschwert, nicht konsultiert worden zu sein. Sie haben die gleichen Spannungen und die gleiche Kakophonie der Stimmen über sich ergehen lassen müssen, von denen ich im Hinblick auf die Ost-West-Beziehungen gesprochen habe. Sie fragen sich daher, wie lange wir an unserer zuletzt verkündeten politischen Linie festhalten werden. Wenn wir wünschen, daß unsere Verbündeten ihre Politik auf die unsere ausrichten, dann müssen sie nicht nur in der Lage sein, die im Augenblick ergriffenen Gegenmaßnahmen zu verstehen, sondern sie müssen auch die auf lange Sicht eingeschlagene Richtung kennen und unserer Politik vertrauen. Wollen wir mit den jetzt ergriffenen Maßnahmen die Sowjetunion für ihr Verhalten in einem Einzelfall bestrafen, um später zur gleichen Rhetorik und zum gleichen politischen Stil zurückzukehren? Oder haben wir wirklich einen neuen politischen Kurs der Festigkeit eingeschlagen? Können unsere Verbündeten eine neue Doktrin begreifen, aus der sich zusätzliche Verpflichtungen ergeben, aber *keine* neuen Kräfte, mit denen solche Verpflichtungen zu erfüllen wären? Haben wir uns zu einer Langzeitstrategie entschlossen, die unsere Verbündeten verstehen können, die unser Kongreß und unsere Öffentlichkeit unterstützen werden und die von den führenden Männern in beiden Parteien durchgeführt werden wird, gleichgültig, wer im November als Sieger aus den Präsidentschaftswahlen hervorgeht? Und wie sieht diese Strategie aus?

Diese Fragen müssen beantwortet werden, wenn das Bündnis nicht überall nur mit nichtssagenden Gesten auftreten will; auf unserer Seite mit einer trotzig herausfordernden Haltung ohne klares Konzept und in Europa mit einer Anpassung, die schließlich zur Finnlandisierung führen könnte.

Ich empfehle zwar größere Festigkeit und eine verstärkte Nachrüstung, aber nicht um ihrer selbst willen, sondern als Grundlage einer neuen Strategie in der Ost-West-Diplomatie. Wir dürfen nie vergessen, was wir im Zweiten Weltkrieg gelernt haben, als es den Demokratien nicht gelang, das Gleichgewicht der Kräfte zu wahren, und sie damit die Aggression herausgefordert haben. Wir dürfen aber auch nicht vergessen, was der Erste Weltkrieg uns gelehrt hat, der ausbrach, obwohl das militärische Gleichgewicht bestand, weil die Staatsmänner die Kontrolle über ihre militärischen Planungen verloren und eine kurzsichtige Haltung dazu führte, daß eine relativ unbedeutende Krise sich zur Katastrophe steigerte, die kein politischer Führer beabsichtigt hatte und die niemand mehr aufhalten konnte.

Es gibt Menschen, die alle Verhandlungen mit der Sowjetunion ablehnen, weil sie angeblich nur zur Euphorie oder zur Beschwichtigung führen. Ich kann mich der Ansicht nicht anschließen, daß jeder ernste Dialog mit der Sowjetunion zu unserer moralischen Entwaffnung führen müsse. Die Weigerung, Gespräche zu führen, wird für uns die ungünstigsten Voraussetzungen für Verhandlungen schaffen, denn unser Land könnte dann von einer Debatte über unsere »Starrheit« gespalten werden, während es bei unseren Verbündeten zu innenpolitischen Auseinandersetzungen käme, in denen Amerika als Verursacher aller Spannungen in der Welt dargestellt würde. Unsere Bevölkerung kennt mit Sicherheit den moralischen Unterschied zwischen Tyrannei und Freiheit und weiß, wie notwendig die militärische Stärke für das Überleben ist. Die Aufgabe unserer politischen Führung ist es, die angemessene Ausgewogenheit zu sichern. Wir sollten daher nicht darüber streiten, ob wir verhandeln müssen, sondern uns klarwerden, unter welchen Bedingungen die Verhandlungen geführt werden sollen. Lassen Sie uns eine Tagesordnung erarbeiten, die weder sentimental noch aggressiv ist, sondern zum Ziel hat, den Frieden in unserer Zeit zu bewahren. Lassen Sie uns unsere politischen Ziele artikulieren, aber dabei dürfen wir nicht durch die unvermeidliche sowjetische Friedensoffensive zu Verhandlungen gezwungen werden. In der Außenpolitik sollten wir auf die Etikettierung »liberal« oder »konservativ« verzichten. Solche Begriffe sagen über unsere wirklichen Bedürfnisse nichts aus. Wir müssen eine klare Haltung einnehmen, an der sich unser Volk und unsere Verbündeten orientieren können, und wir sollten uns bemühen, das Verhandlungstempo und die Themen zu bestimmen, über die gesprochen werden soll.

Im thermonuklearen Zeitalter wäre es einfach zu gefährlich, wenn die beiden Supermächte den Kontakt miteinander aufgeben wollten. Eine stabile Zukunft auf lange Sicht erfordert zunächst die amerikanische Bereitschaft, das Gleichgewicht der Kräfte wiederherzustellen; zweitens die Erkenntnis, daß Aktionen in verschiedenen Sphären und verschiedenen Teilen der Welt in Wirklichkeit miteinander verknüpft sind, auch wenn man theoretisch der Theorie von der »Verknüpfung« *(linkage)* nicht folgen will; drittens gehört dazu die Bereitschaft, ungelöste Probleme auf konkreter Grundlage von Leistung und Gegenleistung und nicht nur durch den Versuch zu lösen, eine Atmosphäre des guten Willens zu schaffen.

Nach unseren Präsidentschaftswahlen sollte der neue Präsident bereit sein, den Dialog mit der Sowjetunion aufzunehmen. Wir müssen aber die notwendigen Lehren aus der Vergangenheit ziehen. Der Friede wird am stärksten durch die Neigung der Sowjets bedroht, jede Spannung zum einseitigen Vorteil auszunutzen, denn damit wird die Sicherheit der freien Völker untergraben. Das muß aufhören – sogar im Interesse der Sowjets; das amerikanische Volk wird die Gefahr des Unterliegens erkennen, und wenn wir auf eine solche Lage reagieren, dann werden wir Widerstand leisten – denn eine solche Entwicklung erhöht die Kriegsgefahr. Unser Ziel in der Ost-West-Diplomatie muß es sein, festzustellen, welches die sowjetischen Absichten sind, und wir müssen bestimmen, wo die Grenzen dessen liegen, was wir im Verhalten der Sowjetunion hinzunehmen bereit sind. Die Ära der Stellvertreterstreitkräfte, des militärischen Drucks und der Unterstützung des Terrorismus muß beendet werden. Unter solchen Umständen werden die Spannungen zwischen den Vereinigten Staaten und der Sowjetunion nicht nachlassen, und wir müssen zeigen, daß das so ist.

Amerika ist mit Sicherheit in der Lage, die Gegenmaßnahmen zu treffen und Anstöße dafür zu geben, daß die Sowjetunion entsprechende Entscheidungen trifft und damit eine gewisse Stabilität in den Ost-West-Beziehungen geschaffen wird. Wir müssen der Versuchung widerstehen, den Fortschritt mit guten persönlichen Beziehungen zu verwechseln oder uns mit in erster Linie atmosphärischen Gesten zu begnügen. Während die Männer im Kreml sich nicht scheuen, mit der falschen Vorstellung des Westens zu spielen, die Diplomatie bestünde aus herzlichen persönlichen Beziehungen, wissen sie in Wirklichkeit nicht, was sie mit einer sentimentalen amerikanischen Politik anfangen sollen. Im Dschungel der sowjetischen Politik kann kein sowjetischer Führer Zugeständnisse oder versöhnliche Gesten gegenüber der Außenwelt verantworten, wenn er nicht nachweisen kann, daß ein solches Verhalten auf längere Sicht den sowjetischen Interessen dient oder notwendig ist, um eine Gefährdung dieser Interessen abzuwenden. Es liegt an uns, diese Realitäten durch unser eigenes zweckbestimmtes, folgerichtiges Verhalten zu berücksichtigen.

Wenn es möglich sein sollte, auf dem Wege der Rüstungsbeschränkungen Fortschritte zu machen, sollten wir unsere Bereitschaft zur Wiederaufnahme der SALT-Verhandlungen zeigen. Nach meiner Ansicht wären wir für den Fall, daß wir an den Verhandlungstisch zurückkehren, gut beraten, wenn wir *neue* SALT-Vereinbarungen anstreben würden, die für eine längere Zeit, also etwa für zehn bis 15 Jahre, gültig bleiben, um auf diese Weise den *nächsten* Zyklus der Waffenentwicklungen zu begrenzen. Dann könnten wir die Verhandlungen auch auf die sowjetischen Mittelstreckenwaffen sowie die geplanten Stationierungen auf dem Territorium der NATO nach Konsultationen mit unseren Verbündeten ausweiten. Ich kann aber nicht deutlich genug sagen, daß das alles zuverlässige Zusicherungen der Sowjets über die Beendigung ihrer gegenwärtigen geopolitischen Offensive voraussetzt. Wenn wir keine solchen Zusicherungen erhalten können, werden wir keine andere Wahl haben als die Konfrontation – und wir schwächen unsere Position nur, wenn wir, wie das schon so oft geschehen ist, meinen, ein Wettrüsten widerspräche unseren Interessen, oder eine Konfrontation werde uns in größere Schwierigkeiten bringen als unser Gegner.

Schlußbemerkungen

Ich will damit sagen, daß ich meine Ausführungen in einem hoffnungsvollen Ton abschließen möchte. Fast alle Probleme, die ich angesprochen habe, sind von uns selbst erzeugt worden. Wir dürfen nicht vergessen, daß allein unser Bruttosozialprodukt doppelt so groß ist wie das der Sowjetunion, und gemeinsam mit unseren Verbündeten verfügen wir über ein Bruttosozialprodukt, das fünfmal so groß ist wie das der Sowjetunion. Wenn wir militärisch im Rückstand sind, dann liegt das an unserer Unentschlossenheit und nicht an unserer Unfähigkeit; wir können das Blatt zu unseren Gunsten wenden.

Wir sollten daran denken, daß es im sowjetischen Regierungssystem noch nie eine legitime Nachfolge gegeben hat. In der ganzen, mehr als 60 Jahre dauernden Geschichte der Sowjetunion hat es nur vier Führer gegeben. Zwei sind im Amt gestorben, der dritte wurde durch eine Palastrevolution gestürzt, und der vierte ist entschlossen, dem Beispiel der ersten zwei zu folgen.

Angesichts der Altersschwäche der gegenwärtigen Führung kann ein solches System keine großen Zukunftsaussichten haben. Außerdem hat eine Planwirtschaft niemals die Leistungen der Marktwirtschaft erbringen können. Ob man nun die Tschechoslowakei mit Österreich, Ostdeutschland mit Westdeutschland oder Nordkorea mit Südkorea vergleicht, das System der Marktwirtschaft hat sich überall den sozialistischen Modellen überlegen gezeigt. Die Stagnation ist offensichtlich dem sowjetischen System inhärent. Das Dilemma des Kremls ist es, daß niemand eine moderne Wirtschaft mit totaler Planung führen kann, es ist vielleicht aber auch unmöglich für das sowjetische System, ohne eine solche Planung auszukommen.

Es handelt sich hier also um zwei zum Teil einander entgegenlaufende Tendenzen. Wir stehen in den vor uns liegenden fünf Jahren vor einer Periode größter Gefahr, während das militärische Gleichgewicht noch zu unseren Ungunsten verschoben ist und ein Zyklus lokaler Revolutionen die Welt in Atem hält. Es ist jedoch sicher, daß die innenpolitischen Probleme der Sowjetunion nach dieser Zeit wachsen werden und daß unser neues Verteidigungsprogramm das Gleichgewicht wiederherstellen kann. Doch bis dahin könnten sich sowjetische Reformer und sowjetische Konservative auf ein einziges Ziel einigen, auf die brutale und mit allen Mitteln zu erzwingende Sicherung der weltpolitischen Position der Sowjetunion, die den Vorrang vor allen inneren Reformen haben muß. Noch haben wir die Mittel, den sowjetischen Abenteuern Einhalt zu gebieten; das wird aber nicht mehr sehr lange so bleiben. Wie so oft ist der anscheinend gewagteste Weg der sicherste; ein Zögern wird die Gefahr für uns nur verlängern und damit erhöhen. Wir müssen deshalb das militärische Gleichgewicht so bald wie möglich wiederherstellen. Aber wenn wir das tun, dann haben wir eine historische Chance. Lassen Sie uns deutlich sagen, daß wir bereit sind, an einer besseren Zukunft konstruktiv mitzuarbeiten, für eine Welt, in der es die Gefahr der nuklearen Erpressung nicht mehr gibt, eine Welt, in der das Verlangen der Menschheit nach Frieden nicht zur Waffe in der Hand der Rücksichtslosesten wird, sondern sich mit der Entschlossenheit der Gerechten verbindet, eine Welt der Hoffnung und des Fortschritts aufzubauen. Trotz all unserer Sorgen und Mühen sind wir noch heute das glücklichste Volk der Welt, weil wir, wenn wir es wollen, über die Mittel verfügen, unsere Probleme selbst zu lösen. Die Geschichte wird nicht die Arbeit für uns tun. Aber die Geschichte sagt uns, daß wir uns selbst helfen können.

Die weltpolitische Bedeutung des Öls

Erklärung vor dem Senatsausschuß der Vereinigten Staaten für Energie und Rohstoffe vom 31. Juli 1980

Die Energiekrise berührt das Leben der Amerikaner in vielfältiger Weise ganz unmittelbar; durch den ständigen Anstieg des Preises – oder sogar der Verknappung – des Brennstoffs, mit dem sie ihre Wohnungen heizen und ihre Kraftfahrzeuge betreiben; durch die scheinbar hausgemachte Inflation und Rezession, die zum Teil auf diese Energiekrise zurückzuführen ist. Aber sie wirkt sich auch entscheidend auf unsere nationale Sicherheit aus, denn sie hat eine politische Krise globalen Ausmaßes ausgelöst.

Mein Thema ist der internationale Aspekt dieser Krise, und ich werde zeigen

wie wir in diese Lage geraten sind,
auf welche Weise unsere nationale Sicherheit bedroht wird
und welche politische Dimension jede mögliche Lösung hat.

Die Entwicklung der Energiekrise

Die vergangenen 30 Jahre umfassen die Geschichte unserer zunehmenden Abhängigkeit von importierter Energie bis zu dem Zeitpunkt, da unsere Wirtschaft und unser nationales Wohl heute von Entscheidungen einer Gruppe von Nationen abhängig geworden sind, die Tausende von Meilen von uns entfernt liegen. 1950 konnten sich die Vereinigten Staaten praktisch selbst mit Öl versorgen. 1960 haben wir nur 16 Prozent unseres Ölbedarfs importiert. Diese Ziffer übertreibt jedoch unsere Abhängigkeit, denn unsere eigene Produktion lag weit unterhalb unserer Kapazität. Die Ölimporte erfolgten aufgrund einer strategischen Entscheidung in der Absicht, unsere Ölreserven unausgebeutet im Boden zu lassen. Im Notfall hätten wir auch ohne Ölimporte auskommen können. Unsere Überschußkapazität trug zur Stabilisierung des Weltmarkts auf dem Ölsektor bei. Durch die Steigerung unserer Produktion wären wir in der Lage gewesen, exorbitanten Preiserhöhungen oder der Verwendung des Öls als Waffe entgegenzutreten. Das alles hat sich entscheidend und unwiderruflich geändert.

1973 haben die amerikanischen Importe 35 Prozent unseres Bedarfs erreicht, und, was noch wichtiger war, unsere Ölerzeugung hatte die Grenzen ihrer Kapazität erreicht. Von nun an mußte die Zunahme unseres Verbrauchs die Verhandlungsposition der ausländischen Ölproduzenten stärken. Das rapide wirtschaftliche Wachstum der Welt regte die Nachfrage an; die OPEC stellte fest, daß sie die Weltproduktion verringern konnte, um die Preise in die Höhe zu treiben. Die theoretische Möglichkeit, das Öl als politische Waffe einzusetzen, wurde 1973 zur bitteren Realität, als die arabischen Ölproduzenten auf den Nahostkrieg mit einem Ölembargo gegen die Vereinigten Staaten und gewisse europäische Länder reagierten und gleichzeitig ihre Förderung drosselten. Panische Ölkäufe führten gemeinsam mit einer Verknappung zur ersten Preisexplosion. Der widersinnige Doppeleffekt der gleichzeitig eintretenden Inflation und Rezession, der unsere Wirtschaft seit 1973 belastet, ist zum Teil die Folge des Umstandes, daß die Versorgung mit diesem strategisch entscheidend wichtigen Rohstoff und sein Preis außer Kontrolle geraten sind. Seit 1973 ist die Importabhängigkeit Amerikas *gewachsen,* sie hat sich nicht verringert. In den Wintermonaten 1977 erreichten die Ölimporte zum erstenmal 50 Prozent unseres Ölverbrauchs. Und 1979 hat die OPEC unsere Abhängigkeit aufs neue demonstriert, als sie den Ölpreis noch einmal verdoppelte.

Die internationalen Konsequenzen der Ölkrise

Es ist sogar fraglich, ob die OPEC 1973 erkannt hat, wie stark ihre Verhandlungsposition war. Sie hat sich aber doch bald daran gewöhnt und löste eine noch heute andauernde globale wirtschaftliche und politische Krise aus.

In weniger als zehn Jahren war die gesamte jährliche Ölrechnung, die alle anderen Länder der OPEC bezahlten, auf 270 Milliarden Dollar gestiegen, also auf mehr als eine Viertelbillion Dollar. Das bedeutet eine systematische Verarmung der demokratischen Industrienationen. Die enormen Überschüsse der Ölproduzenten belasten außerdem die Weltwirtschaft, und das hat unter Umständen einen finanziellen Zusammenbruch zur Folge. Selbst wenn diese Beiträge nicht für politische Zwecke manipuliert werden, sind sie doch ein Instabilitätsfaktor, weil die Finanzinstitutionen der Welt nicht in der Lage sind, so hohe Überschüsse auf unbestimmte Zeit hinaus zu verkraften. In den Händen uns feindlich gesinnter Kräfte wird eine solche Fähigkeit, die Produktion zu drosseln und riesige Geldsummen zu manipulieren, zu einer immer gefährlicheren Waffe, einer wachsenden Bedrohung des Weltwirtschafts- und Finanzsystems. Unserer Fähigkeit, eine verantwortungsbewußte Außenpolitik zu treiben, die *unseren* Vorstellungen und *unseren* Entscheidungen entspricht, werden damit Grenzen gesetzt.

Wenn die Folgen für die Vereinigten Staaten schon sehr ernst sind, dann sind die Auswirkungen auf andere Länder, die von dem importierten Öl noch abhängiger sind, entsprechend größer. Die Wirtschaftskrise ist ein schwerer Schock für die Bevölkerung der demokratischen Industrienationen, deren Zukunftserwartungen sich als Folge der Prosperität, die nach dem Zweiten Weltkrieg als selbstverständlich angesehen wurde, in dramatischer Weise gesteigert haben. Die Energiekrise hat zu einer allgemeinen Verknappung geführt, die es notwendig macht, mit einem Absinken des Lebensstandards fertig zu werden. In einigen Ländern haben politische und gesellschaftliche Spannungen, mit denen die Regierungen schon bis dahin kaum fertig werden konnten, nichtdemokratischen Kräften neuen Auftrieb gegeben und demokratische Institutionen in schwere Bedrängnis gebracht.

Die Folgen für den Zusammenhalt der demokratischen Welt sind schwerwiegend. Die atlantische Solidarität ist erheblichen Belastungsproben ausgesetzt. Das offene Wirtschaftssystem, das die Prosperität in der Nachkriegsperiode ermöglicht hat, ist von einer tückischen Spirale aus Rezessionen, Rückgang des Handelsvolumens und protektionistischen Zwängen in Gefahr gebracht worden. Die Energiekrise hat die politische Einigkeit der Demokratien unterminiert, denn einige Verbündete haben versucht, sich bei der Belieferung mit Öl dadurch Vorteile zu verschaffen, daß sie ihre Bindungen an das Bündnis lockerten. Unterschiedliche Haltungen in so wichtigen Fragen wie dem arabisch-israelischen Konflikt sind Anzeichen für solche Auflösungserscheinungen und komplizieren die Bemühungen um den Frieden. Zunächst sollten dadurch die Spannungen im Nahen Osten abgebaut werden, in Wirklichkeit hat man aber das Gegenteil erreicht. Denn sobald man es hinnimmt, daß die Ölproduzenten politische Bedingungen stellen, werden radikale Kräfte dafür sorgen, daß der politische Preis mit dem Ölpreis steigt.

Die verheerendsten Auswirkungen hat die Ölkrise in den Entwicklungsländern. Am meisten haben sie unter den massiven Verlusten bei der Zahlungsbilanz gelitten, die durch die zehnfache Erhöhung des Ölpreises 1973 entstanden sind. Der schwerste Schlag gegen die wirtschaftliche Entwicklung der jungen Nationen kam nicht von der »imperialistischen Ausbeutung«, die auf internationalen Kongressen immer wieder dafür verantwortlich gemacht wird, sondern von den willkürlichen Preissteigerungen durch die eigenen Brüder aus der Dritten Welt. Die Entwicklungsländer haben nicht die gleichen Möglichkeiten wie die Industrienationen, den Preisanstieg in geringem Maß mit dem Export von Fertigwaren an andere Nationen weiterzugeben. Sie können ihre notleidende Bevölkerung nur ernähren, wenn sie ihre Landwirtschaft modernisieren, und das ist nur mit Düngemitteln auf petrochemischer Grundlage möglich. Der Anstieg der Energiekosten liegt real weit über dem Wert der Wirtschaftshilfe, die sie aus dem Ausland erhalten. So bedeutet das ständige Ansteigen der Ölpreise für die Entwicklungsländer eine permanente, massive und verheerende Bedrohung jeder Hoffnung auf Fortschritt.

Kurz gesagt hat die Energiekrise das Gelingen aller Vorhaben unserer Nation in der Welt in Frage gestellt. Sie hat unsere eigene Wirtschaft mit einer schweren Hypothek belastet und unsere Außenpolitik in bisher nicht gekanntem Ausmaß unter Druck gesetzt. Sie hat die demokratischen Industrienationen wirtschaftlich geschwächt und die politische Einigkeit unterminiert, auf die sich die Sicherheit der freien Nationen stützt. Sie hat das wirtschaftliche Wachstum in der ganzen Welt entscheidend gehemmt und die Hoffnungen der meisten jungen Nationen auf Fortschritt zunichte gemacht.

Es ist in grausamer Weise ironisch, daß sogar die gemäßigten Ölproduzenten gewissermaßen in eine ausweglose Situation geraten sind. Ihre Fähigkeit, die Preise und die Menge des geförderten Öls zu bestimmen, unterminiert die Struktur der Gesellschaften, die ihnen letzten Endes Sicherheit und Fortschritt garantieren könnten. Stärke und Stabilität des Westens liegen in ihrem Interesse, aber der Sturz der prowestlichen Regierung im Iran hat das Gleichgewicht innerhalb der OPEC in Richtung auf den Radikalismus verschoben. Die Preisentscheidungen in der OPEC werden heute von Radikalen getroffen, die sich eifrig darum bemühen, das Gefüge der internationalen Ordnung zu zerstören. Jede OPEC-Konferenz ist ein nach festen Regeln ablaufendes Drama, das damit beginnt, daß sich die Gemäßigten einer Preiserhöhung widersetzen. Dann verlangen die Radikalen eine Preiserhöhung, und als Kompromiß entsteht ein zweischichtiges System. Während der folgenden Monate gleicht sich das untere Preisniveau allmählich dem von den Radikalen geforderten höheren Preis an. Auf der nächsten Sitzung der OPEC wiederholt sich dieser Vorgang. Damit zeigt es sich, daß sich die geopolitischen Zwänge, denen die gemäßigten Ölproduzenten ausgesetzt sind, nicht eindämmen lassen, daß die objektiven Voraussetzungen dafür, eine Politik zu verfolgen, die auf lange Sicht in ihrem und in unserem Interesse liegt, einfach nicht gegeben sind.

Wir sitzen auf einer Dampfwalze, die ins Verderben führt. Unsere Zukunft ist einem völlig unsicheren politischen *Status quo* in der wahrscheinlich anfälligsten, instabilsten Krisenregion der Welt ausgeliefert.

Vor diesem Hintergrund lassen Sie mich zu meinem Hauptthema kommen, zur politischen Zukunft des Nahen Ostens und des Persischen Golfs, die heute nicht nur im Hinblick auf die Energieversorgung, sondern auch hinsichtlich der im äußersten Maß gefährdeten internationalen Sicherheit und des Friedens überall auf der Welt zu äußerster Besorgnis Anlaß geben.

Der Nahe Osten und der Persische Golf

Der Nahe Osten und der Golf bilden eine Region, in der es fast unaufhörlich gärt, die von Leidenschaften zerrissen wird und in der wir es mit bemerkenswerten Persönlichkeiten zu tun haben.

Die öde Landschaft und der weite Himmel gemahnen den Menschen an die Ewigkeit; es ist kein Zufall, daß hier drei der großen monotheistischen Religionen entstanden sind – aber auch einige der letzten Kriege, die die Welt erlebt hat. Hier konzentrieren sich nicht nur die Interessen der übrigen Welt für die Versorgung mit Öl, sondern in dieser Region brauen sich immer wieder politische und strategische Konflikte zusammen.

Die politische Instabilität in diesem Gebiet hat drei Aspekte. Das sind einmal die Auswirkungen auf das globale Gleichgewicht der Kräfte, dann die Gegensätze zwischen den gemäßigten und radikalen Elementen und drittens der arabisch-israelische Konflikt. Die Probleme der Region lassen sich nicht damit lösen, daß man nur einen dieser Aspekte isoliert behandelt, und das gilt sogar für eine so wichtige Frage wie die Konfrontation zwischen Arabern und Israelis. Alle drei Fragenkomplexe müssen zusammen begriffen werden, und man muß sich darum bemühen, gleichzeitig auf all diesen Gebieten eine Lösung zu finden, oder das Chaos wird noch unentwirrbarer werden.

Erstens geht es um das globale Gleichgewicht der Kräfte. Durch geschichtliche und persönliche Erfahrung haben die Führer im Nahen Osten einen feinen Instinkt für die Nuancen des globalen Gleichgewichts der Kräfte entwickelt. Formal mögen sie sich zu dem konventionellen Grundsatz der Blockfreiheit bekennen, sie wissen aber ganz genau, daß ihre Sicherheit von der allgemeinen Ausgewogenheit des militärischen Potentials abhängt. Ein globales Ungleichgewicht der Kräfte ermöglicht es expansionistischen Ländern, sie zu erpressen, sich diplomatischen Friedensbemühungen in den Weg zu stellen, innenpolitische Strukturen zu erschüttern oder schließlich nach dem gleichen Muster zu verfahren wie in Afghanistan, nämlich militärisch zu intervenieren. Sie wissen, daß das einzige Gegengewicht gegen solche Einflüsse nur ein starkes Amerika sein kann. Verständlicherweise wäre es einigen politischen Führern, die selbst nicht in der Lage sind, etwas für die Wiederherstellung des globalen Gleichgewichts der Kräfte zu tun, am liebsten, wenn sie sich von der Tagesdiplomatie distanzieren könnten, in der die Spannungen zwischen Ost und West zum Ausdruck kommen. Sie würden jedoch in Panik geraten, wenn der Westen ihre Erklärungen, mit denen sie ihre Unabhängigkeit zum Ausdruck bringen, wörtlich nähme.

Es ist deshalb beunruhigend, daß man in diesem Lande zu resignieren scheint, wenn man die Erklärungen der politischen Führer im Nahen Osten über ihre Blockfreiheit vernimmt. Man hat uns schon zu lange erzählt, daß die Probleme im sogenannten Krisengürtel komplexe soziale und wirtschaftliche Ursachen haben, daß es hier im wesentlichen nicht um militärische Probleme ginge, daß nicht jeder Umsturz unsere Interessen berühre und wir ohnedies auf die Ereignisse dort keinen besonders großen Einfluß hätten. Auch wenn das zum Teil zutrifft, ist es doch irrelevant. Wenn man eine politisch so abstinente Haltung einnimmt, sorgt man dafür, daß sich die bösen Prophezeiungen erfüllen. Unsere Regierung hat in ihrer Politik gegenüber dem Persischen Golf bereits eine Wendung um 180 Grad vollzogen, denn nachdem sie zunächst verkündete, in diesem Raum brauche man keinen Polizisten, hat sie nun erklärt, *wir* sollten die Rolle des Polizisten übernehmen.

Die Reaktion auf die Krisen im Iran und in Afghanistan hat die militärische Verwundbarkeit des Westens in ein grelles Licht gerückt. Die gegenwärtige Unruhe im Nahen Osten hat viele Ursachen, aber im Mittelpunkt steht der wachsende Zweifel daran, daß wir über die militärische Kapazität oder die strategische Doktrin verfügen, befreundete Regierungen in diesem Gebiet zu verteidigen. Auf dem Felde der strategischen Waffen besteht die Tendenz zur Ausgewogenheit, und das bedeutet natürlich, daß die Kapazität der Sowjetunion für regionale Interventionen im Nahen Osten zunimmt. Unsere militärische Rüstung auf diesen Gebieten ist nur zögernd vorangegangen und läßt keine klaren Ziele erkennen. Ein großer Teil solcher Maßnahmen besteht in der Umgruppierung schon vorhandener Streitkräfte und nicht in der Aufstellung neuer Verbände. Und angesichts des energisch vorangetriebenen Rüstungsprogramms der Sowjetunion, mit dem das sowjetische Potential während der vergangenen 18 Jahre um fünf Prozent jährlich gesteigert worden ist, ist das Tempo unserer Nachrüstung viel zu langsam. Bei den in dieser Region noch verbliebenen gemäßigten Regierungen hat das ein solches Gefühl der Unsicherheit erzeugt, daß die Gefahr besteht, sie könnten neue politische Bindungen eingehen und die in der OPEC für Mäßigung eintretenden Kräfte könnten noch mehr geschwächt werden.

Auf militärischem Gebiet stehen die demokratischen Industrienationen immer noch zu sehr unter dem Einfluß der strategischen Doktrin der fünfziger Jahre, als man glaubte, strategische Kernwaffen könnten sich jeder vorhersehbaren Herausforderung stellen und Angriffe gegen Regionen wie den Nahen Osten abwenden. Offensichtlich ist die strategische Ausgewogenheit die Voraussetzung für jede Sicherheit, und es wird erhebliche Anstrengungen kosten, das sicherzustellen. Wir dürfen dabei aber nicht die Augen vor der Tatsache verschließen, daß sich die Verhältnisse der fünziger Jahre nicht wiederherstellen lassen werden. Selbst wenn es uns gelingt, die strategische Ausgewogenheit zu erhalten – oder eine geringe Überlegenheit zu gewinnen –, wird eines der dringendsten militärischen Probleme während der nächsten zehn Jahre die Verwundbarkeit lebenswichtiger Regionen wie des Nahen Ostens sein. Wenn wir nicht energische Anstrengungen unternehmen, die regionale militärische Ausgewogenheit durch amerikanische Kräfte und mit der Unterstützung unserer Verbündeten wiederherzustellen, dann wird sich der Druck gegen unmittelbar an der Peripherie des sowjetischen Einflußbereichs gelegene Länder verstärken. Die heute überall spürbare Unsicherheit wird sich vertiefen. Mit der Sowjetunion verbündete oder von ihr unterstützte Radikale werden kühner werden. Staaten, die traditionell dem Westen verbunden sind, werden demoralisiert, in Furcht und Schrecken versetzt, isoliert und bedroht werden.

Diese Befürchtungen steigern sich noch durch die weiterbestehende Gefährdung des geopolitischen Gleichgewichts durch die Sowjetunion. In den vergangenen fünf Jahren ist, beginnend mit dem Zusammenbruch Indochinas und dem Fiasko in Angola, jede bedeutende Veränderung in der Welt durch sowjetische Waffen, sowjetische Freundschaftsverträge, sowjetische Stellvertretertruppen oder das direkte Eingreifen der Sowjetunion bewirkt worden. Die kubanische Armee hat den Ausgang in mindestens zwei afrikanischen Konflikten erzwungen und bedroht vom Horn von Afrika aus die Sicherheit der gemäßigten Regime auf der arabischen Halbinsel.

Zweimal sind kommunistische Truppen aus von den Kommunisten beherrschten Gebieten nach Zaire vorgestoßen. Marokko sieht sich durch von Kommunisten bewaffnete Guerillas unter Druck gesetzt; Tunesien ist von Libyen bedroht worden. Eine starke prowestliche Regierung im Iran ist gestürzt worden, zwar nicht als unmittelbare Folge eines sowjetischen Eingreifens, aber doch mit verheerenden Auswirkungen auf das regionale Gleichgewicht der Kräfte. In Südostasien hat die mit sowjetischen Waffen ausgerüstete und durch einen sowjetischen Freundschaftsvertrag gestützte Armee des kommunistischen Vietnam Kambodscha besetzt und bedroht Thailand. Das daraus resultierende Gefühl der Unsicherheit hat die Haltung einer ganzen Reihe von wichtigen Ländern beeinflußt. Das zeigt sich in der Verlangsamung des Friedensprozesses im Nahen Osten und im Abbau sowjetischer Hemmungen, der soweit geht, daß sich die Sowjetunion sicher genug fühlte, in Afghanistan einzumarschieren. Traditionell mit uns befreundete Länder wie Pakistan haben sich sogar veranlaßt gesehen, unser Hilfsangebot zurückzuweisen und sich dem Neutralismus in die Arme zu werfen.

Symptomatisch ist der Mangel an Begeisterung für die sogenannte Carter-Doktrin bei den Nationen, die sie angeblich schützen soll. Das Haupthindernis ist die vorherrschende Überzeugung, daß es uns an den Mitteln oder vielleicht sogar am Willen fehlt, diese Doktrin durchzusetzen. Die politischen Führer in diesem Gebiet können es aufgrund jahrhundertelanger Erfahrungen *nicht* glauben, daß die Sicherheit ihrer Länder durch Erklärungen über die Blockfreiheit oder die Solidarität mit anderen Ländern gewährleistet werden kann, die ebenfalls unfähig sind, sich zu verteidigen. Daß sie sich von uns abwenden, zeigt vielmehr, wie negativ sie die gegenwärtigen Entwicklungen im Hinblick auf das globale Gleichgewicht der Kräfte beurteilen.

Die Umschichtung der strategischen Realitäten muß ihre Auswirkungen auf den Ölpreis haben. Trotz der von der OPEC diktierten Einschränkung der Ölförderung erzeugen einige gemäßigte Ölproduzenten im Nahen Osten immer noch mehr Öl, als es wirtschaftlich für sie notwendig wäre, und nehmen dafür mehr Geld ein, als sie für ihre Entwicklungsprogramme brauchen. Deshalb wäre der gegenwärtige exorbitant hohe Ölpreis noch höher, wenn nicht einige OPEC-Länder bereit wären, größere Mengen zu produzieren, als es wirtschaftlich für sie notwendig wäre – und zwar als Preis für den politischen und militärischen Schutz durch den Westen und insbesondere durch die Vereinigten Staaten. Doch soweit man eine Verschiebung des globalen Gleichgewichts der Kräfte erkennen kann – mit anderen Worten, soweit die Kapazität der Vereinigten Staaten, etwas gegen Aggressionen von außen oder Umstürze im Inneren zu unternehmen abnimmt –, wird auch unsere Überzeugungskraft im Bereich der augenscheinlich wirtschaftlichen Entscheidungen wie etwa beim Ölpreis immer mehr abnehmen.

Aus all diesen Gründen müssen die Vereinigten Staaten unbedingt etwas unternehmen, um ihre ganze militärische Stärke zurückzugewinnen. Der Präsident hatte recht, als er darauf hinwies, welche große strategische Bedeutung die Sicherheit des Persischen Golfs für uns hat. Nun, da er es getan hat, haben beide Parteien die Verpflichtung, möglichst rasch die Kräfte zu schaffen, die wir zur Wahrnehmung dieser unausweichlichen Verpflichtung brauchen.

Die zweite Dimension der Instabilität im Nahen Osten und in der Golfregion findet ihren Ausdruck in der *Kontroverse zwischen den gemäßigten und den radikalen Kräften* in diesem Gebiet. Von Pakistan bis Marokko haben diese Länder ein Jahrzehnt der Unruhen und Umwälzungen erlebt.

Es wird oft behauptet, innenpolitische Veränderungen seien unvermeidlich und ließen sich nicht aufhalten, und wir müßten uns auf die Seite der Kräfte stellen, die solche Veränderungen herbeiführen. Das ist nicht ganz von der Hand zu weisen. Wir dürfen aber einen bestimmten Aspekt nicht aus den Augen lassen: Wir haben ein vitales Interesse an der *Natur* solcher Veränderungen und am Erfolg derjenigen, die friedliche Veränderungen unterstützen und enge Beziehungen zu den demokratischen Industrienationen pflegen wollen. Wir dürfen *nicht* versuchen, antiwestliche Radikale zu beschwichtigen, die ideologisch motiviert werden und sich durch unsere Beteuerungen des guten Willens nicht bewegen lassen, die feindselige Haltung gegenüber dem Westen aufzugeben. Bei der Konfrontation dieser beiden Gruppen geht es unter anderem um die künftige Energieversorgung der Welt. Die Desintegration der prowestlichen Regierung im Iran war die Hauptursache für die Ölkrise des Jahres 1979, für die Verlängerung der Transportwege und die Verdoppelung des Ölpreises, die die Weltwirtschaft bis heute aufs schwerste belasten. Der Iran hat seine Ölproduktion aus den verschiedensten Gründen drastisch reduziert. Die Ursachen sind das Chaos im Inneren, die Abreise der ausländischen Techniker und der Verzicht auf die Entwicklungs- und Verteidigungsprogramme der vorigen Regierung. Und der Sturz des Schah hat die Berechnungen anderer OPEC-Länder beeinflußt, die traditionell mit uns befreundet waren. Unser Schwanken nach dem Sturz eines Mannes, der 40 Jahre mit uns befreundet war, und die schäbige persönliche Behandlung dieses Freundes durch uns hat in diesen Ländern Zweifel am Wert der amerikanischen Freundschaft geweckt. Viele gemäßigte Ölproduzenten im Nahen Osten wissen nur zu gut, daß ihre innenpolitischen Praktiken nicht besser sind als die des Iran – wenn nicht sogar schlechter. Sie fürchten das gleiche Schicksal als Folge eines von radikalen Elementen ausgeübten Drucks und des amerikanischen Desinteresses. So darf es uns nicht wundernehmen, wenn die Gemäßigten auf den OPEC-Konferenzen immer vorsichtiger werden, in die Defensive gehen und sich scheuen, ihren Einfluß geltend zu machen. Eine Begrenzung der Zurückhaltung ist heute der Mindestpreis, den die Radikalen akzeptieren würden.

Hier sind zweifellos Kräfte am Werk, die wir nicht mehr von ihrem Kurs abbringen können. Aber die Kunst in der Politik liegt darin, festzustellen, in welchem Ausmaß wir die Entwicklung noch zu beeinflussen vermögen. Sicherlich haben wir unsere Möglichkeiten gelegentlich unterschätzt. Ihr Vorsitzender, Senator Henry Jackson, verdient höchste Anerkennung dafür, während seines ganzen Wirkens an der Öffentlichkeit den Grundsatz vertreten zu haben, daß die amerikanische Außenpolitik sich an den amerikanischen Grundwerten zu orientieren habe.

Das ist nicht immer leicht. Es besteht eine grundsätzliche Abneigung dagegen, die augenscheinliche Stabilität in einem strategisch wichtigen Gebiet zu erschüttern, auch wenn man durch Untätigkeit riskiert, daß sich hier in der Zukunft Schwierigkeiten ergeben. Aber daneben fehlte uns auch das Verständnis für das Wesen der politischen Entwicklung. Nach überlieferten westlichen Vorstellungen garantiert die wirtschaftliche Entwicklung automatisch die politische Stabilität, wie etwa in Europa und Japan nach 1945. Doch in jenen Gesellschaften hatten die politischen Institutionen eine lange Geschichte, und die Stabilität wurde durch die Kluft zwischen den wirtschaftlichen Erwartungen und der Realität bedroht. Als diese Kluft geschlossen wurde, festigte sich der politische Zusammenhalt wieder. In den Gesellschaften der Entwicklungsländer untergräbt im Gegensatz dazu die rasche Modernisierung die traditionellen sozialen Strukturen und Verhaltensmuster und erzeugt deshalb die politische Instabilität.

Die Ereignisse im Iran spotten allen westlichen liberalen Vorstellungen von einem die gesellschaftlichen Verhältnisse verändernden Fortschritt. Der Angriff gegen die Herrschaft des Schah wurde nicht von jenen geführt, die westliche Alleswisser als die Kräfte des »Fortschritts« bezeichnet hätten, von weltlichen Sozialisten oder Reformern, die sich um eine Modernisierung bemühen. Es gab solche Leute, aber ironischerweise zeigt es sich, daß das entscheidende Element im Iran der Prozeß der Modernisierung gewesen ist, die von einem Herrscher, der ebenso wie sein Vater als politischer und gesellschaftlicher Reformer nach dem Vorbild von Atatürk in der Türkei galt, rasch vorangetrieben wurde. Die Reaktion kam von Gruppen, die sich durch den sozialen Fortschritt bedroht fühlten, wie den konservativen, landbesitzenden Geistlichen, die sich der Bodenreform widersetzten und gegen das Erziehungsprogramm für die Massen und die Gleichberechtigung der Frauen protestierten. Ihre Agitation fiel bei den Bauern, die von den Dörfern in die Industriestädte gekommen waren und sich hier entwurzelt, isoliert und nach der Auflösung ihrer gewachsenen Familienbande beunruhigt fühlten, auf fruchtbaren Boden. Sie alle fanden einen moralischen Halt in der religiösen Leidenschaft, die sich gegen den weltlichen Modernismus des Westens – und in gewissem Maß auch gegen den Marxismus aus dem Osten – wendete. Der Schah hat sicher einen Fehler begangen, als er die politischen Institutionen seines Landes nicht entwickelte, während der Iran seinen wirtschaftlichen Aufschwung erlebte. Er hat es versäumt, dem neuen Mittelstand eine politische Rolle innerhalb des Systems zuzuweisen. Aber niemand, auch nicht acht amerikanische Regierungen, hat damit gerechnet, daß die Opposition gegen ihn von denen angeführt werden würde, die sowohl das ablehnten, was er richtig machte, als auch seine Fehler.

Während des größten Teils der Nachkriegsperiode hat es uns, wie wir sehen, an einer Theorie für die Beurteilung des politischen Wandels gefehlt. Leider hat sich das Problem durch die Maßnahmen, die in den vergangenen Jahren auf diesem Gebiet getroffen wurden, weiter kompliziert. Neuerdings glaubt man, wir seien in Schwierigkeiten geraten, weil wir uns stets mit den falschen Gruppen verbündet hätten, mit Führern, die von der eigenen Bevölkerung nicht unterstützt werden, und daß wir uns jetzt um ein Bündnis mit dem »Willen des Volkes« bemühen sollten. Angeblich ließe sich dieser Wille dort erkennen, wo Regierungen nicht vom Umsturz bedroht werden. Das hat uns dazu getrieben, befreundete Regierungen überall in der Welt zu bevormunden und unter Druck zu setzen.

Die Wirklichkeit ist viel komplexer. Erstens wird die innere Unruhe und Ordnung in vielen sogenannten fortschrittlich regierten Ländern durch eine wirkungsvollere Unterdrückung aufrechterhalten. Nach diesem Maßstab wird die »richtige Seite« diejenige sein, die durch das Bündnis mit uns an der Unterdrückung der Bevölkerung nicht gehindert wird und deshalb einen um so größeren Erfolg dabei hat. Totalitäre Kräfte werden zunehmend von dem Vorwurf der Menschenrechtsverletzungen verschont, wie er heute oft erhoben wird.

Aber noch viel wichtiger ist die Tatsache, daß die Art, wie wir die Beachtung der Menschenrechte verlangen, Folgen hat, die unseren Absichten diametral zuwiderlaufen. Was wir als »normal« ansehen – die konstitutionelle Demokratie –, ist in Wirklichkeit sowohl in der Menschheitsgeschichte als auch auf diesem ganzen Planeten die Ausnahme. Das ist kein Zufall. Die Autorität der konstitutionellen

Demokratie gründet sich auf eine Abstraktion: den Gehorsam gegenüber dem Gesetz. Doch der Konstitutionalismus kann nur funktionieren, wenn man davon überzeugt ist, daß das Gesetz Ausdruck der absoluten Wahrheit oder wenigstens aus einem von allen akzeptierten politischen Prozeß hervorgegangen sei. In den meisten Teilen der Welt und in den meisten geschichtlichen Perioden haben solche Verhältnisse nicht bestanden. Das Gesetz war das Produkt der persönlichen Autorität und nicht das Ergebnis konstitutioneller Vorgänge; der politische Prozeß wurde als die Entscheidung darüber verstanden, wer das Recht habe, Befehle zu geben. Die persönliche Autorität ist oft durch ein Konzept der gegenseitigen Verpflichtung wie in feudalen Gesellschaften oder dadurch eingeschränkt worden, daß Herrscher sich auf ihr Gottesgnadentum beriefen. In jedem Fall war die Tradition ein begrenzender Faktor; gewisse Übergriffe waren unmöglich, nicht, weil sie verboten waren, sondern weil es dafür keine Beispiele aus der Vergangenheit gab. Im 18. Jahrhundert konnte kein Herrscher in Europa Einkommensteuer erheben oder seine Untertanen zum Wehrdienst zwingen. Kurz gesagt, die Vollmachten eines autoritären Regimes waren gewöhnlich sehr scharf umrissen.

Paradoxerweise haben gerade die neuen, vom Volk gewählten Regierungen den Bereich dessen, was der Staat von seinen Bürgern verlangen kann, ausgeweitet. Das Volk selbst konnte logischerweise niemanden unterdrücken, und deshalb waren seine Wünsche, die von den gewählten Volksvertretern oder Regierenden in seinem Namen zum Ausdruck gebracht wurden, Gesetz. Die Zunahme der Staatsmacht ist mit der Erweiterung der Ansprüche der Populisten Hand in Hand gegangen.

In diesem Kontext ist der moderne Totalitarismus eine Karikatur und führt die Demokratie *ad absurdum*; die moderne autoritäre Regierungsform – ein ganz anderes Phänomen – ist eine Abweichung von der überlieferten Herrschaft der Einzelpersönlichkeit. Deshalb sind einige autoritäre Regierungen – wie in Spanien, Portugal oder Griechenland – in der Lage gewesen, die Entwicklung zur konstitutionellen Demokratie zu vollziehen. Kein totalitäres System hat jemals diesen Durchbruch erlebt.

Das amerikanische Dilemma liegt darin, daß die Autorität in den *meisten* Entwicklungsländern totalitär ist oder in den Händen einzelner Persönlichkeiten liegt. Während es außerhalb der Grenzen unserer Möglichkeiten liegt, in uns feindlichen totalitären Staaten zu intervenieren, sind wir in jüngster Zeit von der Idee besessen gewesen, uns freundliche autoritäre Regierungen zu »reformieren«. Es ist nur tragisch, daß wir augenscheinlich keine Ahnung haben, wie wir den delikaten Übergang zum Konstitutionalismus bewirken sollen, einen Prozeß, der in den meisten westlichen Ländern Jahrhunderte gedauert hat. Wir haben eine besondere Vorliebe dafür, befreundete Regierungen in unangenehmer Weise zu bevormunden, und die Folge ist, daß dadurch nicht die gemäßigten Konstitutionalisten, sondern die radikalen Totalitären, die als Terroristen oder Guerillas auftreten, ermutigt worden sind. Das hat zu katastrophalen Entwicklungen geführt. Wir sind in der Gefahr, die Welt nicht für die Demokratie, sondern für den totalitären Radikalismus sicherer zu machen.

Hier entsteht ein *circulus vitiosus.* Wenn Terroristen oder Guerillas sich entschließen, eine Gesellschaft anzugreifen, dann ist die Regierung versucht, repressive Maßnahmen zu treffen, die ihre Autorität untergraben, und in dem so entstandenen Chaos wird die Gesellschaft polarisiert, so daß die Voraussetzungen für den demokratischen Prozeß – daß der Verlierer seine Niederlage hinnimmt und dafür die Gelegenheit erhält, bei den nächsten oder übernächsten Wahlen zu siegen – nicht realisiert werden können. Die Opfer der terroristischen Angriffe sind oft die tüchtigsten und pflichtbewußtesten Beamten, und es bleiben nur die korrupten übrig, deren Übergriffe sich vervielfachen, wenn sie versuchen, die Gefahren, denen sie in ihrer Position ausgesetzt sind, dadurch zu kompensieren, daß sie sich möglichst große materielle Vorteile verschaffen.

In den jüngsten Krisen dieser Art haben die Vereinigten Staaten dazu geneigt, gefährdete befreundete Länder zu zwingen, sich dadurch »selbst zu retten«, daß sie in unserem Sinne durchgeführte Reformen beschleunigten. Sobald sich die Lage jedoch zum Bürgerkrieg zugespitzt hat – besonders wenn der Angriff gegen das Regime von außen unterstützt wird –, wird die Unsicherheit als Folge von Zugeständnissen im allgemeinen noch größer, weil man darin ein Zeichen der Schwäche sieht. Auch haben die Radikalen, die die Autorität durch Gewalt herausfordern, meist kein Interesse an der Errichtung einer konstitutionellen Demokratie. Sie wollen nur die Macht, um eine neue Tyrannei nach ihrem Muster aufzurichten. Die Zugeständnisse müssen gemacht werden, *bevor* die Unruhen ausbrechen, um ihnen vorzubeugen – eine Wahrheit, die man in den vergangenen Jahrzehnten oft nicht beherzigt hat, die einem aber nicht immer hilft, wenn der Umsturz von Kräften außerhalb des Landes inspiriert und finanziert wird und die Terroristen oder Guerillas im Ausland ausgebildet worden sind. Die nächste Gelegenheit für Reformen ergibt sich, *nachdem* Ruhe und Ordnung wiederhergestellt worden sind; aber westliche Hemmungen und autoritäre Unfähigkeit verhindern oft gemeinsam die Erprobung dieser Hypothese.

Zugeständnisse *während* einer Krise ermutigen nur die Radikalen und beschleunigen ihren Angriff.

Ich habe diesen theoretischen Überlegungen soviel Raum gelassen, um zu zeigen, daß Amerika zwar manchmal zu früh bereit ist, sich mit dem *Status quo* abzufinden, aber das Drängen der Vereinigten Staaten nach Veränderungen in jüngster Zeit den Prozeß der innenpolitischen Desintegration eher beschleunigt als verlangsamt hat. Am Schluß hat es daher nur mehr Unterdrückung und eine größere internationale Instabilität gegeben.

Überzeugt, daß unser Modell universal gültig sei, haben wir uns darum bemüht, es ohne Rücksicht auf historische Gegebenheiten oder die wahrscheinlichen Folgen anderen aufzudrängen. In Wirklichkeit wissen wir fast nichts über die dynamischen Kräfte, die in anderen Gesellschaften wirksam sind, vielleicht am wenigsten von denen in den ölproduzierenden Ländern. Sosehr wir uns auch um »Reformen« bemüht haben, wir haben kaum irgendwelche nützlichen Ratschläge dazu gegeben, wie man den schmalen Weg zu einer größeren Freiheit begehen könnte, ohne die Autorität zu zerstören und der Tyrannei eine noch größere Chance zu geben. Von einem unversöhnlichen innenpolitischen Feind hart bedrängte Regierungen werden oft durch Ratschläge gelähmt, die sie als gefährlich erkennen, aber nicht zurückzuweisen wagen, weil sie sich auf unsere Unterstützung verlassen.

Die Folge solcher Entwicklungstendenzen war die unseren Absichten zuwiderlaufende Vermehrung der uns feindlichen Regime in der Dritten Welt. In vielen Entwicklungsländern hat der Marxismus nicht deshalb an Einfluß gewonnen, weil er vorgibt, wirtschaftliche oder moralische Bedürfnisse zu befriedigen – das tut er selbstverständlich nicht –, sondern weil er ein System für die zentralisierte politische Macht bietet, sobald die traditionellen Strukturen zerbrochen sind. In neuerer Zeit hat sich die islamische Theokratie als Reaktion auf die Modernisierung in allen – westlichen oder marxistischen – Formen etabliert. Es wird sich noch zeigen, ob die Herrschaft der islamischen Geistlichkeit längere Zeit Bestand haben wird.

Angesichts dieser Herausforderungen stehen die traditionellen Freunde der Vereinigten Staaten, die zu keiner dieser Richtungen zu rechnen sind, verwirrt daneben und wissen weder, was sie von der Zukunft zu erwarten haben, noch was unsere Absichten sind. Regierungen, die sich seit jeher auf uns verlassen haben, wissen, daß alle radikalen Regime, gleichgültig, welche Unterschiede zwischen ihnen im Hinblick auf ihren Ursprung und ihre Motivation bestehen, darin übereinstimmen, daß sie sich jeder friedlichen Entwicklung, den westlichen Wertmaßstäben und dem Überleben des Weltwirtschaftssystems widersetzen. Die unvermeidliche Folge des Machtgewinns der Radikalen – gleichgültig, welcher Richtung sie angehören – ist eine Bedrohung des Überlebens aller prowestlichen Regierungen, die es heute noch in der Dritten Welt gibt, besonders im Nahen Osten, was selbstverständlich geopolitische Konsequenzen haben muß.

Das hat unmittelbare Auswirkungen auf die Energieversorgung. Radikale Länder wollen den Ölpreis nach oben treiben, um sich die Mittel für die Erreichung ihres Hauptziels auf internationaler Ebene zu verschaffen, die Ausschaltung des amerikanischen und westlichen Einflusses. Die gemäßigten Regime haben die paradoxe Absicht, die Produktion zu *verringern,* denn sie fürchten die destruktiven Konsequenzen der Modernisierung, denen der Schah zum Opfer gefallen ist. Beide Tendenzen treiben den Preis in die Höhe, und im Zusammenwirken bedrohen sie den Westen mit der Katastrophe. Der Westen hat bis jetzt noch keine ernstzunehmende Antwort auf diese Herausforderung gefunden. Wir haben in der Tat weder die Dynamik der politischen Veränderungen noch unsere Interessen im Verhältnis dazu ausreichend analysiert. Wir müssen uns darüber klarwerden, was unser Überleben erfordert, welches Ausmaß des politischen Wandels wir verantworten können und welche Länder wir in unserem Interesse verteidigen müssen, auch wenn ihre Institutionen nicht den demokratischen Maßstäben entsprechen. Bevor wir das nicht gründlich durchdacht haben, gibt es keine Möglichkeit für einen vernünftigen Dialog mit den ölproduzierenden Ländern, ja nicht einmal mit den uns freundlich gesonnenen, über den Ölpreis oder innenpolitische Reformen.

Unsere natürlichen Verbündeten sind nicht die radikalen Gruppen und Kräfte, sondern die gemäßigten, die sich für friedliche Veränderungen einsetzen und Verständnis für die politischen Ziele des Westens haben. Wenn die Gemäßigten nicht alle Hoffnungen aufgeben oder sich zur Selbstverteidigung von uns distanzieren wollen, dann müssen sie vor allem erkennen, daß wir die Realitäten ihrer Lage begriffen haben. Wir müssen ihr Vertrauen stärken und ihnen zeigen, daß wir bereit sind, mit ihnen zusammenzuarbeiten und uns hinter sie zu stellen. Um ihr Überleben zu sichern, müssen sie bereit sein, ihre politischen Institutionen weiterzuentwickeln. Zugleich müssen wir begreifen, wo die Grenzen unserer Erkenntnisse liegen, und welchen Preis wir für ungeschickte Experimente zahlen müßten. Und wir müssen genau wissen, wie weit wir gehen dürfen; welche Sicherheitsinteressen wir im Namen der Reform nicht opfern und welche Positionen wir verteidigen wollen, auch wenn diejenigen, die sich dort unter unseren Schutz stellen, nicht allen unseren Maßstäben des Wohlverhaltens entsprechen.

Der arabisch-israelische Konflikt ist zweifellos ein entscheidender Faktor in der durch Turbulenzen gekennzeichneten Lage im Nahen Osten. Doch seine Lösung ist eng mit den anderen Problemen verknüpft, von denen ich gesprochen habe; mit dem militärischen Gleichgewicht und den Beziehungen zwischen Gemäßigten und Radikalen in dieser Region. Wenn sich die Sowjetunion als stärkste auswärtige Macht erweist, werden die gemäßigten Länder nur ungern einen Friedensprozeß unterstützen, der den Sowjets nicht gefällt. Angesichts eines starken Radikalismus werden sich unsere Freunde immer mehr von einer politischen Linie entfernen, die in Wirklichkeit auf lange Sicht in ihrem Interesse läge.

Im Westen besteht immer mehr die gefährliche Neigung zur Flucht aus der Verantwortung. Sehr viele geben sich der Täuschung hin, daß die Lösung des sogenannten Palästinenser-Problems der *deus ex machina* sei, mit dem sich alle anderen Spannungen in dieser Region entschärfen ließen. Die Lage am Westufer des Jordan muß bereinigt werden, doch ob das zur Lösung anderer Probleme beiträgt, hängt von der Art der hier getroffenen Vereinbarungen ab, von den Voraussetzungen, unter denen sie zustande kommen, und davon, wem sie nützen. Das Ergebnis darf die radikalen Kräfte nicht veranlassen, ihre Forderungen ständig zu erhöhen. Es muß vielmehr auf eine Mäßigung hinwirken und darf nicht so aussehen, als sei es durch Erpressung zustande gekommen.

Ich glaube nicht, daß der *Status quo* am Westufer des Jordan aufrechterhalten werden sollte. Ich bin nicht damit einverstanden, daß Israel während der Verhandlungen von Camp David die Besiedlung des Westufers fortgesetzt hat. Auch andere in jüngster Zeit ergriffene einseitige Maßnahmen erscheinen mir unangebracht. Aber mich beeindrucken auch nicht die zahlreichen neuen Vorschläge, die darauf hinauslaufen, die PLO in die Verhandlungen einzubeziehen, und zwar mit der allzu optimistischen Begründung, sie werde sich in ihren Zielsetzungen mäßigen und damit zur Stabilität in der ganzen Region beitragen.

Wenn meine Analyse von den strategischen und ideologischen Ursachen der Spannungen in diesem Gebiet richtig ist, dann hängt jeder Fortschritt davon ab, daß wir zeigen, daß sich der Erfolg *nicht* dadurch erzwingen läßt, daß man uns unter Druck setzt. Sobald der Eindruck entsteht, daß hier Erpressung im Spiel sei, müssen sich die geopolitischen und militärischen Voraussetzungen für die Lösung der Nahostkrise verschlechtern, unsere gemäßigten Freunde werden in eine schwächere Position geraten, und das Energieproblem wird sich weiter verschärfen.

Ich habe die Verhandlungen von Camp David und den ägyptisch-israelischen Friedensvertrag von Anfang an unterstützt und hoffe, daß die ägyptisch-israelischen Verhandlungen über die Autonomiefrage zum Erfolg führen. Sollten die Verhandlungspartner jedoch nicht aus der Sackgasse herauskommen können, müssen Alternativen gefunden werden, um alle Beteiligten von Illusionen zu befreien.

Die Vorstellung, daß die Gründung eines PLO-Staats zur Beruhigung in diesem Gebiet beitragen könnte, entbehrt jeder realistischen Grundlage; wahrscheinlich ist das Gegenteil richtig. Nach meiner Ansicht wäre es falsch, die PLO in die Verhandlungen einzubeziehen, und zwar nicht nur, weil dies mit dem Beschluß des Sicherheitsrats der Vereinten Nationen Nr. 252 abgelehnt worden ist, sondern vor allem, weil die PLO eine radikal antiamerikanische und antiwestliche Haltung einnimmt, weil sie enge Beziehungen zu allen uns feindlichen radikalen Kräften im Nahen Osten unterhält und gelegentlich die Führung dieser Gruppen übernommen hat (dazu gehören auch die Iraner, die unsere Geiseln festhalten). Die PLO bildet weltweit Terroristen aus und arbeitet eng mit den sowjetischen Nachrichtendiensten zusammen. In ihrer gegenwärtigen Zusammensetzung wird sie ihre unversöhnliche Feindschaft gegenüber Israel niemals aufgeben, sondern alle Kräfte unterstützen, die sich gegen die heute bestehende internationale Struktur wenden. Solange die PLO einen solchen Kurs verfolgt, verdient sie nicht die Unterstützung des Westens, sondern wir müssen uns gegen sie wehren.

Die vorherrschende Meinung ist, die PLO würde sich mäßigen, wenn man ihren Forderungen nachgäbe. Ich kann dafür keine Anzeichen entdecken, alles spricht vielmehr dagegen. In der gegenwärtigen Lage würde ein unabhängiger PLO-Staat jede Veranlassung haben, die Ordnung in gemäßigten Staaten, besonders in Jordanien, zu untergraben, wenn auch nur, um damit die unvermeidlichen Maßnahmen zur Entmilitarisierung zu unterlaufen, ohne die ein israelischer Rückzug größeren Ausmaßes nicht vorstellbar ist.

Schließlich deutet nichts darauf hin, daß eine solche Gruppe mit ihrer Ideologie und ihren Bindungen nur darauf wartet, in einem pazifistischen Ministaat am Westufer des Jordan Landreformen durchzuführen. Doch das Letzte, was der Nahe Osten braucht, ist ein neuer radikaler Staat in dieser Region, der alle bestehenden Institutionen bekämpft. Das würde nicht nur den Interessen der Vereinigten Staaten zuwiderlaufen, sondern auch denen der gemäßigten arabischen Staaten, an deren Festigung und Wohlbefinden wir lebhaft interessiert sind. Diese Länder verstehen das sehr gut, gleichgültig, was sie öffentlich erklären mögen; ihre freundliche Haltung gegenüber der PLO erhöht noch ihre Verwundbarkeit.

Aus all diesen Gründen geht es bei den Verhandlungen über das Westufer nicht darum, auf irgendeine Weise ein annehmbares Verhandlungsforum zu finden. Sollte ein neues Forum geschaffen werden, dann müßte die Teilnahme von Jordanien gesichert sein; auf jedem anderen Wege wären die Verhandlungen zum Scheitern verurteilt. Unsere europäischen Verbündeten müssen einsehen, daß sie, wenn sie Programme fördern, die sich nicht realisieren lassen, den Radikalismus ermutigen und die ganze Entwicklung in die Sackgasse führen. Alle demokratischen Industrienationen müssen ein Interesse am Fortschritt der diplomatischen Bemühungen haben. Es wäre jedoch selbstmörderisch, den Fortschritt mit Methoden zu identifizieren, die auf die Dauer zur Instabilität führen.

Jeder Versuch, das Problem des Westufers in einer großen Verhandlungsrunde zu lösen, wobei alle Grenzen und alle sonstigen Beziehungen festgelegt werden, wird höchstwahrscheinlich scheitern. Andererseits werden längere Bemühungen, die ergebnislos verlaufen, die Spannungen in diesem Gebiet erhöhen. Wenn die gegenwärtigen, von dem in Camp David ausgearbeiteten Autonomieplan ausgehenden Verhandlungen nicht den gewünschten Erfolg bringen, hoffe ich, daß man andere Wege beschreiten wird, und dazu gehören auch Verhandlungen zwischen Jordanien und Israel. Dabei sollte man darauf hinwirken, daß es rasch zu Teilergebnissen kommt, wie etwa zu einer beschleunigten Rückgabe solcher Gebiete, die von Arabern bewohnt werden, an Jordanien. Ein weiteres Zurückgehen Israels und die endgültige Festlegung der Grenzen sollten Gegenstand anschließender Verhandlungen sein, an deren positivem Ausgang alle Beteiligten interessiert wären. Die Beziehungen der palästinensischen Gebiete zu Jordanien würden damit zu einem arabischen Problem werden und nicht mehr eine allgemein international interessierende Frage sein. Es liegt im allseitigen Interesse, daß wir nicht Abstraktionen nachjagen, sondern mit einem Prozeß beginnen, der zu raschen Ergebnissen führen kann. Auf diese Weise läßt sich auf dem Westufer des Jordan ein Fortschritt erzielen, der die politische Stabilität in dieser Region festigen und die Radikalen im Zaum halten würde, anstatt sie zu neuen Aggressionen herauszufordern.

Die Reaktion auf die Energiekrise

Seit der esten Preisexplosion von 1973 haben wir erkennen müssen, daß es sich bei der Energiekrise nicht nur um vorübergehende Anpassungsschwierigkeiten handelt. Sie ist eine schwere Herausforderung der politischen und wirtschaftlichen Struktur der freien Welt. Nach dem Kriege hat man Finanzinstitutionen und Mechanismen der Zusammenarbeit geschaffen, von denen man zunächst nicht erwartet hat, daß sie mit einem so abrupten Preisanstieg für einen so lebenswichtigen Rohstoff oder einer so massiven Umverteilung des Reichtums fertig werden müßten. Wir werden das Problem auch nicht dadurch los, daß wir die Inflation einfach weiterlaufen lassen; im Gegenteil, eine unkontrollierte Inflation ist Teil des *circulus vitiosus,* der den Ölpreis in die Höhe treibt. Auch kann man der Unausgewogenheit der Zahlungsbilanzen nicht damit begegnen, daß man die Schulden ins Ungemessene wachsen läßt, obwohl gerade das geschehen ist. Die schrittweise Verarmung der industrialisierten Welt wird bestimmt mit einer finanziellen Katastrophe enden, die wiederum einschneidende politische Konsequenzen haben muß. Damit schließlich ein Dialog zwischen Verbrauchern und Produzenten positive Ergebnisse bringt, müssen gewisse objektive Voraussetzungen erfüllt werden, die heute noch nicht existieren.

Es ist kein Geheimnis, was wir tun müssen. Die demokratischen Industrienationen müssen strikte Energiesparprogramme durchführen, neue Ölvorkommen erschließen und alternative Energiequellen entwickeln, die Zusammenarbeit der Verbrauchernationen intensivieren, die Entwicklungsländer von ihren schweren Belastungen befreien und sich um zuverlässigere Beziehungen zu den Ölproduzenten auf lange Sicht bemühen. Diese Bestrebungen lassen sich abstrakt sehr einfach formulieren. Die Schwierigkeit liegt, wie wir gesehen haben, darin, die geeigneten Programme für ihre Verwirklichung zu entwerfen. Ich will mich hier nicht mit der innenpolitischen Seite des Problems befassen, sondern nur auf die katastrophalen internationalen politischen Konsequenzen unserer zunehmenden Verwundbarkeit hinweisen und mit allem Nachdruck empfehlen, dieses Problem vorrangig zu behandeln. Abgesehen von unserer militärischen Verteidigung gibt es kein Projekt, das für unsere nationale Sicherheit und damit unsere Unabhängigkeit als einer souveränen Nation eine größere Bedeutung hat.

Natürlich hat die Reaktion auf die Energiekrise internationale Dimensionen. Denn letzten Endes hängt die Lösung dieses Problems von unserer Standhaftigkeit und der Kühnheit unserer Führung ab. Wir sind politisch unter Druck gesetzt worden, und zwar nicht nur mit dem Embargo von 1973, sondern auch in jüngster Zeit. Heute droht uns die OPEC mit Produktionseinschränkungen für den Fall, daß wir versuchen, eine strategische Reserve anzulegen. Wir können es jedoch nicht hinnehmen, durch solche Maßnahmen zur permanenten Wehrlosigkeit gezwungen zu werden. Kein Land hat das Recht, von uns zu verlangen, daß wir uns immer wieder Erpressungen aussetzen. Die Bildung einer strategischen Ölreserve ist eine souveräne Entscheidung der Vereinigten Staaten und für unser Überleben entscheidend. Der Versuch, uns daran zu hindern, zeigt deutlich, weshalb das eine so wichtige Frage ist. Wir sollten sofort unsere strategische Reserve anlegen, und jedes Land, das etwas dagegen unternimmt, muß wissen, daß es damit die guten Beziehungen zu den Vereinigten Staaten aufs Spiel setzt.

Auf keinem politischen Gebiet haben wir so große Enttäuschungen erlebt wie in der Zusammenarbeit der Verbraucherländer. Seit der Schaffung der Internationalen Energiebehörde im Jahr 1974 ist die Zusammenarbeit zwischen den demokratischen Industrienationen der Lage nicht gerecht geworden. Anstelle eines gemeinsamen energischen Handelns haben es zu viele demokratische Industriestaaten vorgezogen, bei den OPEC-Ländern um Sondervergünstigungen zu buhlen; sie haben dabei miteinander konkurriert, um sich vorübergehend eine Sonderstellung zu verschaffen, oder haben sich von unseren Verhandlungsbemühungen im Nahostkonflikt distanziert. Doch jede Sonderstellung, die sich ein einzelnes Land verschafft, kann sehr rasch von einem anderen übernommen werden, das mehr dafür bietet. Ein solcher Kurs richtet sich gegen die Interessen der gemäßigten Ölproduzenten, die angeblich dabei gewinnen sollen. Sobald der Grundsatz zur Regel geworden ist, daß man einen politischen Preis aushandeln kann, werden die Gemäßigten von den Radikalen unter Druck gesetzt werden, den politischen Preis zu erhöhen. Die Gemäßigten können hier nicht fest bleiben, wenn es die demokratischen Industrienationen nicht tun.

Ein Problem, das die demokratischen Industrienationen unbedingt gemeinsam lösen müssen, ist die Notlage der Entwicklungsländer. Sie befinden sich in einer unmöglichen Situation. Die höheren Ölpreise nehmen ihnen alles, was sie an Entwicklungshilfe bekommen und für ihre Exporte einnehmen. Die Rechnung für andere Importwaren wird immer höher, weil die Inflation durch die Energiekrise angeheizt wird. Und ihre eigene Exportkapazität geht wegen der Rezession in den Industrieländern zurück, die wiederum eine Folge der Energiekrise ist. Deshalb müssen die dringendsten Bedürfnisse der jungen Nationen für ihre Weiterentwicklung unbedingt überprüft werden. Die Zerstörung der Hoffnungen der Dritten Welt auf Fortschritt ist ein böses Omen für eine Welt, die nach Frieden verlangt.

Ein weiteres Thema, dessen wir uns unbedingt gemeinsam annehmen müssen, betrifft den Umlauf der finanziellen Überschüsse. 1983 werden die Ölproduzenten an die Länder der OECD finanzielle Ansprüche in Höhe von einer halben Billion Dollar haben. Dieser Betrag kann durch das System der Handelsbanken nicht in Umlauf gebracht werden, und das wird zum Bankrott und zur Instabilität in vielen Entwicklungsländern führen. Einer solchen Aufgabe sind auch die Finanzinstitutionen entwickelter Industrieländer nicht gewachsen. Am leichtesten lassen sich diese Beträge in die Länder überführen, die sie am wenigsten brauchen; aber damit werden die verheerenden Auswirkungen der gegenwärtigen Preise auf Nationen nicht abgewendet, deren Exporterlöse und Einnahmen aus der Entwicklungshilfe jetzt zum größten Teil mit der Bezahlung ihrer Energierechnungen verbraucht werden.

Wie notwendig die Solidarität unter den ölverbrauchenden Nationen ist, läßt sich deutlich erkennen. Seit 1973 habe ich immer wieder darauf hingewiesen. Ich kann mich der Auffassung nicht anschließen, daß sich die Ölproduzenten mit Recht organisieren, es jedoch eine Konfrontation sei, wenn auch die Verbraucher zusammenarbeiten wollen. Dabei könnte man die Erforschung alternativer Energiequellen koordinieren. In gemeinsamen Programmen ließen sich größere Mittel aufbringen, um alternative Energiequellen zu entwikkeln, und zwar mit klaren Zielvorstellungen, um die für alle in gleicher Weise bestehende Gefahr zu verringern. Doch vor allem muß eine gemeinsame Verhandlungsgrundlage für einen umfassenden Dialog mit den ölproduzierenden Nationen erarbeitet werden.

Die Solidarität der demokratischen Industrienationen wird schließlich die sichere Grundlage für den Dialog zwischen Verbrauchern und Erzeugern bilden. Hier gibt es in der Tat gemeinsame Interessen. Die Verbraucherländer haben ein politisches Interesse an der Unabhängigkeit der Erzeugernationen, auch derjenigen, deren innenpolitische Strukturen wir ablehnen müssen, wie etwa des Iran. Die Erzeuger wiederum haben ein Interesse an einer stabilen und wachsenden Weltwirtschaft, weil viele technologisch, entwicklungspolitisch und im tieferen Sinne auch für die Erhaltung ihrer Selbständigkeit davon abhängig sind. Gemeinsam müssen Mittel und Wege gefunden werden, die Bedürfnisse der Entwicklungsländer zu befriedigen. Aber das kann nicht in einer Atmosphäre des Chaos und der Erpressung geschehen. Die Ölproduzenten dürfen nicht weiterhin in bestimmten Zeitabständen in einer Reihe von einseitigen Erklärungen Entscheidungen verkünden, die die wirtschaftliche Zukunft der ganzen Welt berühren, ohne daß es vorher zu Konsultationen gekommen ist oder sie sich um die Folgen solcher Maßnahmen gekümmert haben. Die demokratischen Industrienationen müssen ihren Zusammenhalt festigen, wenn der Dialog zwischen Verbrauchern und Produzenten der Realität der gegenseitigen Abhängigkeit gerecht werden soll.

Wer auch immer im nächsten Jahr Präsident der Vereinigten Staaten sein wird, hat die Pflicht und die Möglichkeit, uns aus diesen Schwierigkeiten herauszuführen. Die Vereinigten Staaten sind eher in der Lage als andere Länder, den Ereignissen eine neue Richtung zu geben. Wir verfügen über Hilfsquellen im eigenen Land, über die

Technologien und den schöpferischen Geist, um auf dem Weltenergiemarkt einen Wandel herbeizuführen. Deshalb würden energische amerikanische Bemühungen zur Durchsetzung einer vernünftigen Energiepolitik die Voraussetzungen auf internationaler Ebene verändern; das Ölkartell würde seinen Würgegriff, mit dem es heute die Weltwirtschaft stranguliert, lockern müssen. Die Prosperität könnte zurückgewonnen werden; die Wolken der politischen Demoralisierung ließen sich zerstreuen, und unsere Sicherheit wäre gestärkt.

Nur so läßt sich die Freiheit verteidigen und lassen sich die Demokratien zu neuer Blüte führen; die Atmosphäre der Krise wird sich in eine Atmosphäre der Hoffnung verwandeln.

Hans Morgenthau

Ein liebenswürdiger Analytiker der Macht

Ein Nachruf in »The New Republic«, August 1980

Hans Morgenthau war mein Lehrer. Und er war mein Freund. Ich muß das gleich zu Anfang sagen, weil man in so vielen Nachrufen darauf hingewiesen hat, daß er die politische Linie, mit der ich identifiziert werde, abgelehnt habe. Als ich mein Amt übernahm, kannten wir einander schon fünfzehn Jahre. In der Zeit, als ich der Regierung diente, haben sich immer wieder sporadische Kontakte zwischen uns ergeben. Später haben wir uns häufiger gesehen.

Nur selten begegnen einem im heutigen politischen Denken oder im persönlichen Leben schöpferische Persönlichkeiten. Hans Morgenthau hat aus dem Studium der internationalen Beziehungen in der Gegenwart eine bedeutende Disziplin gemacht. Wir alle, die wir nach ihm in dieser Fachrichtung einen Lehrauftrag übernommen haben, mußten, sosehr wir uns auch voneinander unterschieden, mit seinen Überlegungen beginnen. Nicht jeder konnte Hans Morgenthau zustimmen, aber niemand konnte ihn ignorieren. Wir sind einander über einen Zeitraum von zweieinhalb Jahrzehnten stets nahegeblieben, auch wenn es dabei zu geistigen Auseinandersetzungen und leidenschaftlichen Disputen gekommen ist.

Die internationalen Beziehungen als akademische Disziplin zu etablieren war in den Vereinigten Staaten keine einfache Sache. Denn die Versuchung, dieses Thema analog zu unseren innenpolitischen Problemen zu behandeln, war überwältigend. Es gab in Amerika eine umfangreiche Literatur, welche die internationalen Beziehungen als juristisch zu definierende Vorgänge betrachtete.Es gab eine pragmatische Tradition, nach der für die Lösung bestimmter Fragen auch bestimmte Wertmaßstäbe bindend waren. Es gab den

Glauben an die moralische Mission Amerikas, der sowohl zum Isolationismus als auch später zum aktiven Eingreifen der Vereinigten Staaten in die Weltpolitik geführt hat.

Hans Morgenthau hat sich darum bemüht, alle diese im Grunde unvereinbaren Tendenzen zu transzendieren. Er war zutiefst davon überzeugt, daß es das höchste Ziel des Staatsmannes sein müsse, dem Frieden zu dienen. Er glaubte aber nicht daran, daß dieses Bestreben allein den Krieg verhindern werde. In seiner politischen Grundhaltung war er ein Liberaler, aber er glaubte, seine Überzeugungen erforderten nicht nur ein Bekenntnis, sondern es bedürfe auch einer großen Standhaftigkeit, um den humanen Bestrebungen des Menschen zum Durchbruch zu verhelfen. Er war bereit, sich dem fundamentalen Dilemma des politischen Führers zu stellen – daß sich nämlich moralische Ziele nur schrittweise verwirklichen lassen und daß jeder dieser Schritte nur unvollkommen sein kann. Die Moral weist die Richtung wie ein Kompaß und gibt dem Politiker die innere Kraft, sich den Entscheidungen zu stellen.

Das Bestreben von Hans Morgenthau war es, die »reale« Welt der internationalen Politik zu begreifen, und zwar nicht eine Welt, die seinen Wünschen entsprach, sondern die Welt, die er vorfand. In seinem richtungweisenden Werk *Politics Among Nations* hat er die internationalen Beziehungen unter Berücksichtigung der Machtverhältnisse und des jeweiligen nationalen Interesses analysiert. Er glaubte, daß das richtige Verständnis des nationalen Interesses die Möglichkeiten eines Landes verdeutliche und ihm zugleich die Grenzen des Erreichbaren diktiere.

Hans Morgenthau wurde damals für seine angebliche Unmoral heftig kritisiert. Seine Kritiker haben ihn nicht verstanden. Da er selbst ein leidenschaftlicher Mensch war, hielt er es für falsch, sich von seinen Leidenschaften bestimmen zu lassen. In seiner absoluten Hingabe an den Frieden war er bereit, um des Friedens willen in den Kalten Krieg der Machtpolitik einzutreten.

In den sechziger Jahren bewies Hans Morgenthau, daß die Manipulation militärischer Überlegungen für ihn kein Mittel der Politik war. Er stellte sich gegen den Krieg in Vietnam, als die große Mehrheit in unserem Land sich noch für dieses Unternehmen aussprach. 1966 brachte die Zeitschrift *Look* ein Gespräch zwischen ihm und mir zu diesem Thema. Nach seiner Auffassung hatten die Vereinigten Staaten sich zu weitläufig engagiert; er glaubte, der Krieg ließe sich nicht gewinnen und die Kriegsziele seien den Preis nicht wert, den wir dafür bezahlen müßten. Ich behauptete, das Ausmaß unserer Verpflichtungen habe unser Kriegsziel bestimmt; wir hätten jetzt die Aufgabe, einen Ausweg aus dem Sumpf durch Verhandlungen und nicht durch die bedingungslose Aufgabe des Unternehmens zu suchen. Seine Analyse war richtig. Wahrscheinlich waren es auch seine politischen Schlußfolgerungen – soweit es das Jahr 1966 betraf. Drei Jahre später sah ich mich – ganz unerwartet – dem gleichen Problem gegenüber, aber diesmal nicht akademisch, sondern als jemand, der an den praktischen Entscheidungen mitwirken mußte. Wir haben beide an unseren Überzeugungen festgehalten.

Ich möchte hier nicht darüber sprechen, wer recht gehabt hat. Ich glaube aber, man muß verstehen, daß wir von fast den gleichen Voraussetzungen ausgegangen sind. Wir waren beide der Ansicht, Amerika habe sich zu weitläufig engagiert, und wir beide suchten nach einem Ausweg aus dem Dilemma. Hans Morgenthau wollte den gordischen Knoten mit einer dramatischen Entscheidung zerschlagen; ich entschied mich für einen anderen Weg. Aber in gewisser Weise waren wir beide isoliert. Hans Morgenthau war kein Protestler. Er war ein Lehrer, der es versuchte, seiner geliebten Wahlheimat die Grenzen ihrer Macht zu zeigen, wie er vorher darauf hingewiesen hatte, welche zentrale Rolle Amerika spielen müsse. Trotz all dieser Meinungsverschiedenheiten habe ich nie aufgehört, ihn zu bewundern, und ich habe nie vergessen, was ich ihm geistig verdankte.

Nach Beendigung des Krieges sind unsere Wege wieder mehr in die gleiche Richtung gegangen; allerdings möchte ich das Andenken an Hans Morgenthau nicht mit der Armee meiner Kritiker belasten. Er ist immer er selbst geblieben; klar in seinen Vorstellungen, unnachgiebig in seinem Bestreben, den Problemen auf den Grund zu gehen. Er hat mir viel bedeutet.

Ich muß aber auch etwas über den Menschen Hans Morgenthau sagen. Nur wenige bedeutende Männer entsprechen der Vorstellung, die man sich von ihnen macht. Hans Morgenthau ist als Analytiker der Macht bekanntgeworden, aber er war ein liebenswürdiger und zur Liebe fähiger Mensch. Er war ein hervorragender Lehrer, und doch sehr scheu. Er hatte einen herzerfrischenden, etwas sarkastischen Humor, war dabei aber niemals verletzend. Und doch zeigte er diese Seite seines Wesens – jedenfalls im Umgang mit mir – nur zögernd. Manchmal machte er eine witzige Bemerkung, ohne das Gesicht zu verziehen, und blickte mich unter den buschigen Augenbrauen prüfend an, um zu sehen, wie ich reagierte. Erst wenn er feststellte, daß ich seine Anspielung verstanden hatte, verzog sich sein ganzes Gesicht zu dem verschmitzten Lächeln eines unartigen kleinen Jungen. Man mußte ihn gern haben.

Hans Morgenthau war sich seines jüdischen Erbes zutiefst bewußt. Er hatte erkannt, daß kein anderes Volk so leicht zum Opfer von Ungerechtigkeit und Leidenschaft werden kann. Deshalb war es für ihn eine besondere Verpflichtung, der Intoleranz und dem Haß entgegenzutreten. Und es war für ihn eine Selbstverständlichkeit, sich nie soweit zu erniedrigen, daß er zu den Methoden griff, die er bekämpfte. Er war ein edler Mensch.

Ich bin Hans Morgenthau zum letztenmal vor ein paar Wochen begegnet. Er wirkte körperlich schon recht schwach, aber geistig war er so beweglich wie eh und je. Er hatte seine Lehrtätigkeit an der *New School* eben beendet und sprach davon, wie wichtig ihm der Umgang mit den Studenten war. Er sagte, jeder müsse das Gefühl haben, für die Welt etwas zu bedeuten. Sein Lebensinhalt war der Lehrberuf, und er hoffte, auch weiterhin als Lehrer wirken zu können. Ich sagte ihm, er habe schon jetzt große Wirkungen in dieser Welt hervorgerufen und habe es nicht nötig, seine Fähigkeiten immer wieder unter Beweis zu stellen. Aber er wollte mir nicht ganz zustimmen. Die Arbeit war sein Lebensinhalt. Er hatte mir früher einmal gesagt, er hielte es nicht für sinnvoll, das Leben auf Kosten der Arbeit zu verlängern.

Wir verabredeten, uns regelmäßig wiederzusehen. Dieser Wunsch ist nicht in Erfüllung gegangen. Der plötzliche Tod Hans Morgenthaus hat unseren kleinen Dialog beendet. Zwischen dem Leben und der Arbeit Hans Morgenthaus ist keine Kluft entstanden – und beides hat seine Wirkungen gehabt.

Das wird am deutlichsten durch die Trauer seiner Freunde und durch die Tatsache, daß jeder, der ihn gekannt hat, sich an sein leidenschaftliches Eintreten für die Gerechtigkeit, seinen schöpferischen Intellekt, seine Herzenswärme und seine Aufrichtigkeit erinnert. Sein Tod ist ein Verlust für die Welt.

Strategie, Handel und das Atlantische Bündnis

Eröffnungsvortrag der The Geri Joseph Lectureship on Public Affairs, Den Haag, am 12. Mai 1982

Es ist mir eine Ehre, die Vortragsreihe der Geri Joseph Lectureship zu eröffnen, und zwar um so mehr, als ich es vor einem so weltläufigen Publikum tun darf.

Es ist der rechte Augenblick für einen Dialog, denn das Bündnis der Demokratien befindet sich in einer sehr schwierigen Lage. Eine neue Generation auf beiden Seiten des Atlantik hat keine persönlichen Erinnerungen an die Krisen und Gefahren, aus denen dieses Bündnis geboren wurde. Für sie sind die Leistungen, die in Europa zu einem schon fast vierzig Jahre dauernden Frieden und zu einem trotz aller gegenwärtigen Schwierigkeiten beispiellosen Wohlstand geführt haben, eine Selbstverständlichkeit. Doch diese Tradition der Einheit muß sorgsam gepflegt werden. Wenn die Demokratien in einer Welt, in der Demokratie und Freiheit zunehmend gefährdet sind, nicht zusammenstehen, werden sie zuerst die Gemeinsamkeit des politschen Handelns und schließlich ihre Freiheit verlieren.

Das Atlantische Bündnis hat leider viel zu lange von seinem Kapital gelebt. Die Bündnisverpflichtungen haben niemals die vollständige Übereinstimmung erfordert; in gewissem Grade sollten freie Völker fähig sein, ihre Vielgestaltigkeit in Kreativität umzumünzen. Doch heute haben wir es nicht mehr nur mit gelegentlichen Meinungsverschiedenheiten zu tun. Es gibt fast keine Frage mehr, in der sich die Verbündeten einig sind – ob es sich nun um die Nuklearstrategie oder die politischen und wirtschaftlichen Beziehungen zur Sowjetunion, um Mittelamerika oder den Nahen Osten handelt. Das kann nicht so weitergehen, ohne die Voraussetzungen für unsere Sicherheit zu gefährden, mit deren Hilfe es gelungen ist, den Frieden in Europa und der Welt für eine Generation zu bewahren.

Ich vertrete hier nicht die amerikanische Regierung oder eines ihrer politischen Ziele. Allerdings sind viele ihrer Mitglieder meine Freunde und ehemaligen Kollegen, und ich spreche mit einigem Verständnis von den schwierigen Entscheidungen, vor denen sie stehen, und bringe ihren Bestrebungen große Sympathie entgegen. Ich stehe als privater Bürger vor Ihnen, der seit jeher leidenschaftlich an die politische und moralische Bedeutung des Bündnisses der Demokratien geglaubt hat. In diesem Sinne möchte ich über zwei Schlüsselprobleme in der europäisch-amerikanischen Debatte sprechen, über die Kernwaffen und über die Wirtschaftsbeziehungen zur Sowjetunion.

Das Problem der Kernwaffen

Daß die Kernwaffen der Kriegführung, ja sogar der ganzen menschlichen Existenz eine neue Dimension verliehen haben, daß durch ihr Vorhandensein die traditionellen Vorstellungen von einem militärischen Sieg überholt sind, daß mit ihnen das zivilisierte Leben und vielleicht die Menschheit selbst aufs äußerste gefährdet sind, das sind keine neuen Erkenntnisse. Einige von uns haben schon seit mehr als zwei Jahrzehnten davor gewarnt, daß, wenn man sich zu sehr auf die Wirksamkeit der Kernwaffen verließe, früher oder später eine psychologische Lähmung der westlichen Verteidigungsstrategie die Folge sein müsse. Was unsere Auffassungen wesentlich von der gegenwärtigen Propaganda unterscheidet, ist unsere Ablehnung jeder Einseitigkeit. Wir sind zu dem Schluß gekommen, daß wir, wenn wir unsere Unabhängigkeit von den Kernwaffen verringern wollen, verpflichtet sind, alternative Verteidigungsmöglichkeiten zu suchen, insbesondere beim Aufbau konventioneller Streitkräfte. Das Verlangen der Demokratien nach Frieden darf in den Händen der Bedenkenlosesten nicht zu einer Waffe werden, mit der diese Demokratien erpreßt werden können.

In allzu vielen NATO-Ländern wird es sich nicht vermeiden lassen, daß Proteste und Massendemonstrationen gegen Kernwaffen zu einer einseitigen psychologischen und sogar physischen Abrüstung im Hinblick auf gerade die Waffen führen, von denen die Sicherheit des Westens abhängig gewesen ist. Man erweckt den Eindruck, die Tatsache, daß das Bündnis über Kernwaffen verfügt – über Waffen, die es nicht eingesetzt hat, als es über ein atomares Monopol und die überwältigende Überlegenheit verfügte –, bedrohe den Frieden, und dieser Bedrohung müsse man sich widersetzen. Dabei schenkt man einer ganzen Serie von aggressiven oder radikalen Aktionen der Sowjetunion, von der Entsendung kubanischer Truppen nach Afrika über die Besetzung Afghanistans bis zur Unterdrückung der Freiheit in Polen, nur wenig Beachtung, mit denen nicht nur das globale Gleichgewicht der Kräfte bedroht wird, sondern welche die unmittelbare Ursache des Scheiterns der Verhandlungen über die Kontrolle der strategischen Waffen in den siebziger Jahren gewesen sind.

Noch weniger Beachtung schenkt man gewissen Zusammenhängen aus der Nachkriegsgeschichte: Hätten uns die Sowjets unmittelbar nach dem Kriege nicht unter Druck gesetzt, dann wären die amerikanischen Streitkräfte in den vierziger Jahren aus Europa abgezogen worden, wie das in Korea geschehen ist; wäre es nicht zum Korea-Krieg gekommen, dann wäre der Rüstungsetat der Vereinigten Staaten auf einen lächerlich niedrigen Betrag zusammengeschmolzen; die Bedrohung der Freiheit Berlins Ende der fünfziger Jahre beschleunigte die amerikanische Aufrüstung; seit der Kuba-Krise vor zwanzig Jahren ist das strategische Arsenal der Sowjetunion ständig gewachsen und modernisiert worden; aus den verschiedensten Gründen haben die Vereinigten Staaten Ende der sechziger Jahre die zahlenmäßige Aufrüstung eingestellt und die Modernisierung ihrer Streitkräfte während des größten Teils der siebziger Jahre verlangsamt; *alle* Kriege während der Nachkriegsperiode sind dort geführt worden, wo *keine* amerikanischen Streitkräfte standen und *keine* Kernwaffen stationiert waren, während sich Europa unter dem nuklearen Schutz der Vereinigten Staaten der längsten Friedensperiode in seiner Geschichte erfreute.

Aus all diesen Gründen muß man sagen, daß die leidenschaftlichen Aufrufe zum Frieden in vielen westlichen Ländern in den meisten Fällen an die falschen Regierungen gerichtet worden sind. Im Osten hat es keine vergleichbare Werbung für den Frieden gegeben, doch im Westen entsteht durch sie die Gefahr, daß eine psychologische Unausgewogenheit, ja sogar eine Form einseitiger Abrüstung, das regionale militärische Ungleichgewicht festschreiben wird, das schon in fast allen Ländern an der Peripherie der Sowjetunion ein starkes Gefühl der Unsicherheit erzeugt hat. Und doch geht es bei den moralischen Bedenken hinsichtlich der Kernwaffen um eine für unsere Zukunft entscheidende Frage: Die neuerworbene Fähigkeit der Menschheit, sich selbst auszulöschen, erfordert ein Umdenken, nicht aber eine Flucht vor der Wirklichkeit; Hysterie ist kein guter politischer Ratgeber. Die moralische Verantwortung muß sich mit der Bereitschaft verbinden, die zentralen Fragen mit dem Ernst und der Gründlichkeit zu durchdenken, die den ebenso komplexen wie gewaltigen Gefahren gerecht werden können.

Alle die nukleare Frage betreffenden Überlegungen müssen von der folgenden Realität ausgehen: Zehntausende von Kernwaffen sind von den Supermächten hergestellt worden, Hunderte von mittelgroßen Ländern; Dutzende von denjenigen, die erst kürzlich in den Klub der Nuklearmächte eingetreten sind. Kein Abrüstungsplan kann alle diese Waffen berücksichtigen. Die Nationen würden darauf bestehen, eine gewisse Zahl von nuklearen Streitkräften zu behalten, um sich gegen Täuschungsmanöver oder die Gefahr zu schützen, daß die Fabriken, in denen die Kernwaffen hergestellt wurden, bestehenbleiben; und für den unwahrscheinlichen Fall, daß auch die Fabriken demontiert würden, müßten sie sich vor dem Wissen jener schützen, die den Bau der Fabriken und der Kernwaffen ermöglicht haben. Die Menschheit kann das Geheimnis der Kernspaltung nicht wieder vergessen. Mit anderen Worten, wir sind zu irgendeiner Art der Abschreckung, des Gleichgewichts oder der Ausgewogenheit auf irgendeinem Niveau und in irgendeiner Form verurteilt.

In der nächsten Zukunft wird das Niveau der Rüstung, auch wenn wir mit einer gewissen Reduzierung rechnen, recht hoch liegen müssen; das eigentliche Problem wird in der Art der Abschreckung und darin liegen, aus welchen Elementen sie sich zusammensetzen soll. Dieses Problem ist weder neu, noch ist es von den neuerdings interessierten Gruppen in unseren Ländern entdeckt worden. Die Technologie hätte in jedem Fall eine Neuformulierung der bestehenden Strategie erzwungen; die vernichtende Wirkung dieser Waffen muß früher oder später die Schutzhülle durchbrechen, hinter der wir das Wissen um unsere prometheische Macht abgeschirmt haben. Aber die Empörung der Öffentlichkeit hat die heilsame Folge gehabt, die Regierungen zu Überlegungen zu zwingen, die sie eigentlich von sich aus hätten anstellen müssen; sie müssen sich den furchteinflößenden Entscheidungen stellen, vor denen sie stehen, weil sie es bisher versäumt haben, sich dessen bewußt zu werden, welche Folgen die von ihnen geschaffene Lage zeitigen kann – und sie müssen es der Öffentlichkeit eingestehen.

Die schweren Entscheidungen, vor denen wir jetzt stehen, sind die Folgen des Entschlusses all unserer politischen Führer nach dem Kriege, die Sicherheit auf Technologie zu gründen – die angebliche zahlenmäßige Überlegenheit der Sowjets an Menschen und konventionellen Waffen auszugleichen, indem wir uns auf unser nukleares Arsenal verlassen. Stalins Aggressivität war durchaus real. Aber aus der Perspektive einer neuen Generation kann man argumentieren, daß der Westen nur allzu gern bereit gewesen ist, einem erst kürzlich durch einen Krieg und den Verlust von zwanzig Millionen Menschen stark geschwächten Gegner die militärische Überlegenheit zuzuschreiben. Man kann sagen, daß die Nationen der NATO die Bedeutung ihres eigenen Industriepotentials unterschätzt und – nur allzu gern – vergessen haben, daß die NATO über mehr Menschen verfügt als der Osten. Alle diese Überlegungen haben heute nur noch akademischen Wert. Für die nächste Zukunft ist der Westen an die Entscheidungen einer Generation gebunden; welche Schlußfolgerungen wir auch aus den gegenwärtigen Realitäten und den Sorgen ziehen mögen, die daraus entstehen, wenigstens für eine Übergangsperiode werden es die Kernwaffen sein, welche eine Aggression in Europa verhindern. Die Versäumnisse von drei Jahrzehnten lassen sich nicht durch Proklamationen wiedergutmachen, sondern nur durch harte und hingebungsvolle Anstrengungen.

Das Hauptversäumnis war die Weigerung, sich der Tatsache zu stellen, daß Kernwaffen nur dann auch weiterhin ein Gegengewicht gegen eine örtliche Überlegenheit der Sowjets bilden könnten, wenn das strategische Arsenal der Vereinigten Staaten dem der Sowjetunion deutlich überlegen wäre – wobei die Überlegenheit als Fähigkeit, die nukleare Kapazität des Gegners zu einem annehmbaren Preis zu zerstören, definiert wird. Diese Voraussetzung begann in den sechziger Jahren zu schwinden. Die Technologie näherte sich dem Gleichgewicht und einem Niveau, jenseits dessen eine zusätzliche Steigerung des Vernichtungspotentials jede Beziehung zu den Zielen verliert, um die es hier gehen kann. Wenn Überlegenheit unter den gegenwärtigen Umständen eine Bedeutung haben soll, dann müßte sie so groß sein, daß kein Gegner sie tolerieren würde, und die Berechnungen müßten so komplex sein, daß nur wenige politische Führer sie begriffen oder bereit wären, das Überleben von ihnen abhängig zu machen. Die Rüstungskontrolle in Theorie und Praxis mit ihrer formalen Betonung des Gleichgewichts hat diese Tendenz nur beschleunigt und legitimiert.

Während all dieser Veränderungen haben es die westlichen Regierungen und Gesellschaften vorgezogen, die Folgen ihrer eigenen Entscheidungen zu ignorieren. Logischerweise mußte die amerikanische Zusage, zur Verteidigung Europas einen Krieg mit Kernwaffen führen zu wollen, in den Augen der Öffentlichkeit immer mehr an Glaubwürdigkeit verlieren oder sogar sinnlos werden, sobald die Sowjetunion die Kapazität erworben hatte, den Vereinigten Staaten mit einem direkten nuklearen Gegenschlag zu drohen – und das gleiche galt für die ganze Verteidigungsstrategie des Bündnisses. Denn dieses Strategie bedeutete jetzt die Bedrohung mit dem beiderseitigen Selbstmord. Doch die Regierungen hielten auch weiterhin an der bisherigen Strategie fest und versuchten, die Unglaubwürdigkeit ihrer Behauptungen dadurch zu kompensieren, daß sie sich mit großem Nachdruck für eine Verteidigung mit allen ihnen zur Verfügung stehenden Kernwaffen aussprachen.

Ich habe die gleichen Argumente im Herbst 1979 in einer Rede in Brüssel vorgetragen. Damals hat man mich heftig kritisiert, weil ich angeblich die Glaubwürdigkeit der NATO-Strategie unterminierte. Leider hatte ich recht, und das hat sich heute erwiesen. Im Verlauf von mehr als zwei Jahrzehnten hat sich herausgestellt, daß uns die sowjetische Parität auf dem Gebiet der Kernwaffen – früher oder später – an diesen Punkt führen würde. Und über einen Zeitraum von mehr als zwei Jahrzehnten hat der Westen den Kopf in den Sand gesteckt und sich geweigert, das Unvermeidliche anzuerkennen.

Man hat gelegentlich mit der Doktrin des begrenzten Atomkrieges kokettiert, um die Politik wieder in eine vernünftige Beziehung zum militärischen Potential zu setzen. Auch ich habe in meinen früheren Schriften zu diesem Thema in den fünfziger Jahren kurze Zeit dieser Theorie zugeneigt. Doch wir sind nicht sehr weit damit gekommen. Das lag zum Teil daran, daß der Unterschied zwischen einem begrenzten und allgemeinen Atomkrieg aus europäischer Sicht nicht so deutlich war wie aus amerikanischer Perspektive auf der anderen Seite des Atlantik; relativ wenige Kernwaffen konnten in Europa zu einer Katastrophe und chaotischen Zuständen führen, die sich kaum von dem unterscheiden ließen, was in Amerika nur der totale Krieg anrichten würde. Eine weitere Ursache war die Polarisierung der Meinungen bei den zivilen Fachleuten; die einen wollten die Kernwaffen zu »konventionellen« Waffen machen, während die anderen glaubten, die Regierungen könnten nur dann davon abgehalten werden, einen nuklearen Holocaust zu beginnen, indem man seine Folgen so grauenhaft wie nur möglich darstellte. Ironischerweise haben gerade diejenigen, die gewöhnlich für eine humane und progressive Innenpolitik eintreten, *verlangt,* die nukleare Strategie vor allem auf die Massenvernichtung von Zivilisten abzustellen.

Ich bin auch heute noch davon überzeugt, daß die Regierungen in der Praxis sorgsamer vorgehen werden als in ihren Planungen. Es wäre in der Tat unverantwortlich, wollte man in einer von Kernwaffen bedrohten Welt so tun, als müsse jeder Zwischenfall zum Weltuntergang eskalieren. Ich hoffe, im schlimmsten Fall *werden* die Regierungen sich um eine Begrenzung der Verwendung von Kernwaffen bemühen – und höchstwahrscheinlich werden sie die Möglichkeit dazu finden.

Dennoch wird man sich vermutlich über das Problem der Begrenzung einer Verwendung von Waffen, deren vernichtende Wirkung keine operativ zu definierende Grenze hat, nicht im voraus einigen können. Praktisch läßt sich daraus, daß man sich im Lauf von dreißig Jahren nicht hat einigen können, schließen, daß es nicht möglich ist, theoretisch eine Strategie des begrenzten Atomkrieges zu entwickeln.

Leider haben sich viele von denen, die alle Theorien über einen begrenzten Atomkrieg ablehnten, auch geweigert, einer konventionellen militärischen Aufrüstung zuzustimmen, mit der man die örtliche und regionale sowjetische Überlegenheit zumindest verringern, wenn nicht sogar ganz ausschalten könnte, die dazu geführt hat, daß wir uns heute auf den Einsatz von Kernwaffen verlassen. Das Erbe, das uns bleibt, ist eine gefährliche Kombination aus einer NATO-Strategie, die sich auf die nukleare Verteidigung stützt, aus Tendenzen, die in eine nukleare Sackgasse führen, aus einem wachsenden nuklearen Pazifismus und aus der auch weiterhin unzureichenden Stärke der konventionellen Streitkräfte. Wenn wir den Einsatz der Kernwaffen scheuen und auch in Zukunft nicht die Notwendigkeit einer Stärkung der konventionellen Streitkräfte anerkennen wollen, dann verzichtet das westliche Bündnis auf jede Verteidigungspolitik, und wir riskieren den Zusammenbruch des militärischen Gleichgewichts in Europa, das hier in einem Zeitraum von fünfunddreißig Jahren Sicherheit, Wohlstand und Demokratie ermöglicht hat. Wir werden uns in diesem Fall einseitig selbst entwaffnet haben, während wir auf einem riesigen Vorrat der furchtbarsten Vernichtungswaffen sitzen, die die Welt je gesehen hat.

Nukleare Mittelstreckenwaffen in Europa (INF)

Die Debatte über die Stationierung von amerikanischen nuklearen Mittelstreckenraketen in Europa ist Ausdruck der gegenwärtig herrschenden Verwirrung. Man hat diese Absicht oft als den amerikanischen Versuch bezeichnet, die Risiken eines mit Kernwaffen geführten Krieges nach Europa zu verlagern oder Europa als vorgeschobene Basis für rein amerikanische Zwecke zu verwenden. Das ist absurd. Soweit Mittelstreckenwaffen im Rahmen der amerikanischen Nuklearstrategie überhaupt benötigt werden – und das hängt vom Ausgang unserer internen Debatte über die Nützlichkeit einer Gegenschlagskapazität ab* –, können diese Waffen auf verschiedene Weise auch auf See stationiert werden. Die wirkliche Begrün-

* Eine wie starke Gegenschlagskapazität wir anstreben, hängt davon ab, wie stark unser Verlangen ist, außer der Massenvernichtung von Zivilisten auch eine andere Option zu haben. Der Verzicht auf die Gegenschlagskapazität hat einen Preis: Je stärker wir die mit unserer Strategie verbundenen Schrecken betonen, desto mehr verringern wir ihre Glaubwürdigkeit unter den Umständen, mit denen man am ehesten rechnen muß, und desto weniger schützen wir uns vor der unerwarteten Katastrophe.

dung für die Stationierung nuklearer Mittelstreckenwaffen auf dem Boden des europäischen Kontinents ist von Anfang an eine doppelte gewesen: Man wollte die Möglichkeit einer selektiven, gegen Europa allein gerichteten nuklearen Erpressung durch die Sowjetunion verringern und die nukleare Verteidigung Europas unauflöslich mit der strategischen Abschreckung durch die Vereinigten Staaten verknüpfen. Angesichts der Tatsache, daß die Drohung der Vereinigten Staaten, einen Krieg mit strategischen Kernwaffen zu beginnen, immer unglaubwürdiger wird, ist das Argument einleuchtend, die Sowjetunion könnte versucht sein, ihre Überlegenheit auf dem Gebiet der Mittelstreckenwaffen für eine gegen Europa gerichtete Erpressung einzusetzen – und zwar mit der Begründung, daß keine amerikanische Vergeltung mit strategischen Waffen am Ausgang eines solchen Krieges etwas ändern könnte. Diese Gefahr verringert sich natürlich durch die beabsichtigte Stationierung von Mittelstreckenwaffen, denn dadurch wäre automatisch der Zwang zum Gegenschlag gegeben.

Ebenso könnte die Sowjetunion es nicht wagen, Europa mit konventionellen Streitkräften anzugreifen, ohne auch unsere Mittelstreckenwaffen zu zerstören, damit diese nicht in einem Gegenschlag die sowjetischen Kommandozentralen vernichten. Und die Sowjetunion könnte nicht versuchen, die Mittelstreckenwaffen in Europa zu zerstören, während sie das strategische Arsenal in Amerika intakt läßt, mit dem die sowjetischen interkontinentalen Fernlenkwaffen angegriffen werden könnten. Die Mittelstreckenwaffen geben uns keineswegs die Möglichkeit, die nukleare Verteidigung Europas von derjenigen der Vereinigten Staaten abzukoppeln, sondern sie verknüpfen vielmehr beides. Sie erhöhen das Risiko für Amerika und nicht für Europa; logischerweise sollten die öffentlichen Demonstrationen gegen die Waffen auf der amerikanischen Seite des Atlantik stattfinden.

Wenn sich unsere europäischen Verbündeten jedoch nicht durch solche Argumente überzeugen lassen wollen, wäre es falsch, wenn wir darauf bestehen wollten – besonders da wir, wie ich gesagt habe, die Mittelstreckenwaffen, die wir im Rahmen einer rein amerikanischen Strategie brauchen, auch auf See stationieren können. Ich glaube, unsere Verbündeten sollten sich jetzt über diesen Aspekt ihrer Verteidigungsbedürfnisse ohne weiteres amerikanisches Drängen klarwerden. Aus den gleichen Gründen sollten wir in den Gesprächen über die Stationierung der Mittelstreckenraketen bei unseren Vorschlägen nur von Gesichtspunkten der Zweckmäßigkeit ausgehen, unabhängig von Überlegungen, wie wir für die Stationierung von Mittelstreckenraketen in verschiedenen europäischen Ländern eine innenpolitische Unterstützung gewinnen könnten. Ein solcher

Kurs würde die Ausgewogenheit im transatlantischen Dialog wiederherstellen und die innenpolitischen Überlegungen unserer Verbündeten in das rechte Verhältnis rücken.

Der Verzicht auf den Erstschlag mit Kernwaffen

Das Problem der Mittelstreckenraketen ist ein Symptom und nicht die Ursache für das gegenwärtige Unbehagen in der Diskussion über die Strategie. Es kommt immer noch darauf an, unsere Verteidigungspolitik den beiden Realitäten der strategischen Ausgewogenheit und der wachsenden Besorgnis der Öffentlichkeit im Hinblick auf die Verwendung von Kernwaffen anzupassen. In jüngster Zeit hat eine Gruppe einflußreicher Amerikaner einen ernst zu nehmenden Vorschlag in dieser Richtung gemacht. Das sind Robert McNamara, McGeorge Bundy, George Kennan und Gerard Smith, die alle schon hohe Regierungsämter innegehabt haben. Die Auffassungen dieser hochangesehenen Staatsdiener sollten unter anderem unsere europäischen Freunde daran erinnern, daß sich die amerikanische Politik, wenn die Frustration an einen bestimmten Punkt angelangt ist, drastisch ändern und eine ganz neue Richtung einschlagen könnte.

Ich habe große Achtung vor diesen Männern, die die These vertreten haben, die NATO sollte auf einen Erstschlag mit Kernwaffen verzichten und zur Verteidigung Europas – und erst recht anderer bedrohter Gebiete – ausschließlich konventionelle Waffen einsetzen. Ich teile ihre Auffassung, der Westen müsse sich von der Vorstellung lösen, daß an die Stelle von Opfern die Technologie und an die Stelle von Leistungen die vernichtende Wirkung von Waffen treten könnten. Ich kann mich jedoch aus vier Hauptgründen nicht mit der von ihnen empfohlenen Politik einverstanden erklären.

Die Erklärung, auf den nuklearen Erstschlag zu verzichten, würde uns mindestens für die nächsten fünf Jahre psychologisch schwächen, und zwar auch, wenn unsere eigene Regierung und alle unsere Verbündeten in der NATO bereit wären, sofort ernsthafte und energische Anstrengungen zu unternehmen, um die Unausgewogenheit in der konventionellen Rüstung auszugleichen. Wenn die Reaktion unserer Verbündeten auf den Vorschlag, konventionell aufzurüsten, allerdings weniger enthusiastisch wäre als erwartet, dann würde sich die psychologische und militärische Verwundbarkeit der NATO noch erhöhen. Unsere politische Führung hat die Verpflichtung, ihre Abhängigkeit von den Kernwaffen zu verringern; sie darf es jedoch nicht um den Preis der Verstärkung pazifistischer Tendenzen und der Panikmache, welche die Sowjetunion zur nuklearen Erpressung anregen könnten. Die antinukleare Agitation richtet sich schließlich auch gegen die nicht nuklearen Waffen des Westens.

Eine formelle Verzichtserklärung auf die erste Anwendung von Kernwaffen könnte außerdem zu zwei scheinbar einander widersprechenden Gefahren führen, die das Risiko des Krieges erhöhen. Wenn die Sowjets die Überzeugung gewinnen sollten, daß der Westen einen mit Kernwaffen geführten Krieg mehr fürchtet als alles andere, könnten wir eine der nicht seltenen Umkehrungen der sowjetischen strategischen Doktrin auslösen, und das könnte dazu führen, daß die Sowjetunion nicht mehr auf den atomaren Erstschlag verzichtet, sondern erklärt, ein Krieg in Europa ließe sich niemals auf den Einsatz konventioneller Waffen begrenzen. Dann würde (wie das schon in der Vergangenheit gelegentlich geschehen ist) argumentiert werden, alle Kriege müßten mit Kernwaffen geführt werden. Dabei bliebe dem Westen die Wahl zwischen der Kapitulation und einem Krieg, den unsere Länder dann nicht mehr führen könnten, weil sie jahrelang die Kernwaffen verurteilt und gebrandmarkt haben.

Wir können es uns auch nicht leisten, den Eindruck zu erwecken, wir würden eine Niederlage in einem mit konventionellen Streitkräften geführten Krieg in Europa der ersten Verwendung von Kernwaffen vorziehen. Die Geschichte der konventionellen Kriegführung zeigt ungezählte Beispiele von Schlachten, in denen die Truppenstärke und die Ausrüstung auf beiden Seiten etwa gleich gewesen sind, und dennoch wurde der Sieg durch nicht quantifizierbare Faktoren wie überlegene Taktik, überlegene Strategie oder überlegene Führung gewonnen. Seit Jahrhunderten sind Kriege von Mächten begonnen worden, die über etwa gleich starke Streitkräfte verfügten. Man darf die Tatsache nicht übersehen, daß die Abschreckung dort, wo nur konventionelle Waffen eingesetzt wurden, oft wirkungslos geblieben ist. Und wahrscheinlich könnten wir in diesem Fall nicht dafür garantieren, daß wir uns an unseren Verzicht auf den nuklearen Erstschlag halten würden. Angesichts eines Zusammenbruchs von Europa könnten wir durchaus von unserer erklärten Doktrin abweichen und es damit zu dem denkbar schlimmsten Ergebnis kommen lassen, zum Scheitern der konventionellen Abschreckung *und* zu einem mit Kernwaffen geführten Krieg.

Schließlich würde der Verzicht auf den nuklearen Erstschlag wahrscheinlich Verbündete in anderen Teilen der Welt oder andere große und kleine mit uns befreundete Länder, mit denen wir nicht offiziell verbündet sind, die sich aber auf die Stärke der Vereinigten Staaten verlassen und für die Sicherheit des Westens eine wesentliche Rolle spielen, demoralisieren.

Trotz all dieser Vorbehalte haben uns die Männer, die einen Verzicht auf den nuklearen Erstschlag empfehlen, einen großen Dienst geleistet. Zwar kann ich ihrer Empfehlung nicht zustimmen, aber sie haben richtig erkannt, wo das Hauptproblem liegt: Wie sie erklären, hat der Westen keine andere Wahl, als der konventionellen Verteidigung eine höhere Priorität einzuräumen. Praktisch *muß* es unsere Politik sein, unsere Abhängigkeit von den Kernwaffen so weit wie möglich zu verringern, indem wir andere Möglichkeiten schaffen, uns der Aggression zu widersetzen.

Das erfordert jedoch mehr als bloße Ermahnungen. Die Vereinigten Staaten haben die allgemeine Wehrpflicht abgeschafft; die meisten unserer Verbündeten haben die Bestimmungen, die den Wehrdienst betreffen, gelockert. Überall stehen die Rüstungsetats unter dem zunehmend stärker werdenden Druck sozialer Forderungen. Wenn wir die durch die Kernwaffen entstandene Gefahr wirklich abbauen wollen, dann müssen wir mit dem gleichen Ernst unsere Anstrengungen auf dem Felde der konventionellen Rüstung intensivieren und uns der Frage stellen, ob unsere Rüstungsetats und Freiwilligenarmeen ausreichen.

Begrenzung und Reduzierung der strategischen Waffen

Entsprechend der Politik der NATO hat das Atlantische Bündnis mindestens seit dem Harmel-Bericht von 1967 zwei Hauptaufgaben: Es soll die kollektive Verteidigung ermöglichen und durch die Bereitschaft, politische Probleme auf dem Verhandlungsweg zu lösen, stabilere Beziehungen zum Osten herzustellen suchen. Bei diesen Bemühungen spielt die Rüstungskontrolle eine entscheidende Rolle. Die Verteidigungsaufgaben und der Widerstand gegen sowjetische Herausforderungen werden in den Demokratien nur dann von der Öffentlichkeit unterstützt werden, wenn wir zeigen, daß der Westen nicht die Ursache für Konfrontationen ist. Wir haben es in den vergangenen Jahren erlebt, daß die Nichtbeachtung dieses Grundsatzes massive Interessengruppen auf den Plan ruft, die dann von den Regierungen vielleicht zu weit gehende Zugeständnisse erzwingen, deren Auswirkungen sie zu spät erkennen, was sie dann schließlich veranlaßt, ihre Forderungen teilweise zurückzunehmen.

Die Rüstungskontrolle muß, wenn sie wirksam sein soll, als Bestandteil der Sicherheitspolitik gesehen werden. Die Erfahrung zeigt, daß sie ein militärisches Gleichgewicht ratifizieren oder stabilisieren kann, sie kann jedoch nicht an seine Stelle treten. Es ist in der Tat das stabile militärische Gleichgewicht in Europa, das jahrzehntelange Bemühungen um den Abbau von Spannungen mit der

Sowjetunion ermöglicht hat. Wenn die Rüstungskontrolle in erster Linie als Verwirklichung moralischer Forderungen angesehen wird – entweder, weil ihre Verfechter zu Demagogen werden oder weil die Regierungen zu nachgiebig sind –, dann wird sie zu einer Form der Selbstlähmung. Die Voraussetzung für die Rüstungskontrolle muß es sein, daß die Sicherheit erhöht werden kann, wenn das Gleichgewicht der Kräfte auf einer niedrigeren, vereinbarten und verifizierbaren Ebene festgelegt wird.

Deshalb hat man seit mehr als zehn Jahren so große Hoffnungen auf die amerikanisch-sowjetischen Gespräche über die Kontrolle der strategischen Waffen gesetzt, und deshalb hat Präsident Reagan die ernste Absicht all seiner Vorgänger bestätigt, die Zahl dieser Massenvernichtungswaffen zu begrenzen, wobei er besonders die Notwendigkeit der Verringerung betont. Und deshalb ist es zu den verschiedenen Vorschlägen für das Einfrieren solcher Waffen gekommen, die heute in den Vereinigten Staaten diskutiert werden.

Das Engagement des Präsidenten Reagan für die Gespräche über die strategischen Waffen bezeichnet einen Wendepunkt in der innenpolitischen Debatte in Amerika. Seit fast zehn Jahren haben die Dispute über die Begrenzung strategischer Waffen unsere innenpolitische Übereinstimmung zerrissen und sind zu einem symbolischen Ersatz für die größeren Kontroversen um die Politik gegenüber der Sowjetunion geworden. Die Rüstungskontrollverhandlungen sind im Lauf der Jahre durch die Debatten zwischen den Anhängern einander widersprechender Philosophien gestört worden, die sich manchmal nur indirekt mit den Details dessen beschäftigt haben, worüber verhandelt wurde. Die Befürworter haben übertriebene Anforderungen gestellt und verlangt, daß die Rüstungskontrolle von allen anderen Aspekten der Politik getrennt werden sollte; die Gegner haben in ihnen die gefährliche Schwächung der westlichen Willenskraft gesehen und sich darauf konzentriert, den natürlichen Ausgleich relativer Vorteile als einseitige Zugeständnisse darzustellen. Präsident Reagan wird dadurch, daß er Verhandlungen über die Verringerung der strategischen Waffen vorgeschlagen und eingeleitet hat, unsere innenpolitische Debatte entkrampfen und eine ernsthafte öffentliche Diskussion über die wirklichen Probleme der Rüstungskontrolle ermöglichen. Die Verzögerungen beim Beginn der Gespräche, die legitimerweise für die Vorbereitungen notwendig waren, sind nur ein geringer Preis dafür, daß Aussichten auf einen erfolgreichen Abschluß eröffnet wurden, die es bei den beiden Vorgängern des Präsidenten nicht gegeben hat.

Es ergibt sich daher für uns eine einmalige Gelegenheit. Die Enttäuschung darüber, daß die Diplomatie nur sehr langsame Fortschritte macht, und das Verlangen nach einem dramatischen Durchbruch haben die verschiedensten Vorschläge für ein Einfrieren der Kernwaffen auf dem gegenwärtigen Stand zur Folge gehabt. Doch die Erfahrung hat gezeigt, daß es leicht ist, bei Rüstungskontrollverhandlungen allgemeine Ziele zu formulieren; es ist viel schwieriger, ein vernünftiges Ergebnis auszuhandeln, gleichgültig, auf welche Grundsätze man sich schließlich einigt. Wir haben unsere Erfahrungen mit den beiden SALT-Vereinbarungen gemacht, die im wesentlichen eine Art zahlenmäßiges Einfrieren waren. Anschließend hat es jahrelange komplexe Verhandlungen darüber gegeben, welche Waffen mitgezählt werden sollen, wie man die Mehrfachsprengköpfe zu den einzelnen Fernlenkwaffen in Beziehung setzen soll und in welcher Beziehung beide zu den von Flugzeugen mitgeführten Massenvernichtungswaffen stehen sollen. Wollte man jetzt versuchen, zu einem allgemeinen Einfrieren zu kommen, dann stünde man wieder vor den gleichen Problemen wie bei SALT – zum Beispiel vor der Frage, wo man die Trennungslinie zwischen »modernisierten« und »neuen« Systemen ziehen muß. Wer kann den sowjetischen Versuch vergessen, alle sowjetischen Ersatzwaffen als nur »modernisiert« und daher zulässig zu definieren, während alle amerikanischen Ersatzwaffen »neu« und deshalb verboten seien? Kurz gesagt, das Einfrieren erfordert eine Grundlinie; es ist an sich kein Fortschritt gegenüber den Ergebnissen des SALT-Prozesses, die schon vorliegen.

Mit einer bedeutenden Rede Präsident Reagans am vergangenen Sonntag ist die Regierung solchen Vorstellungen begegnet, indem sie für die strategischen Waffen ein Kontrollverfahren vorgeschlagen hat, das von der Verringerung dieser Waffen ausgeht. Damit geht sie auf die Sorgen vieler Menschen ein, die der Umfang des nuklearen Arsenals beunruhigt. Und die Administration beschäftigt sich dabei mit dem eigentlichen Kern der Sache, der Stabilität in einer Krise bzw. der Verringerung der Gefahr des Ausbruchs eines mit Kernwaffen geführten Krieges. Denn wenn die strategischen Waffen nur zahlenmäßig verringert werden, ohne daß man sich um die Zusammensetzung und die Art der strategischen Streitkräfte kümmert, könnte die Instabilität eher größer als kleiner werden. Schließlich ist das alles andere überschattende neue Problem auf strategischem Gebiet die Existenz von Mehrfachsprengköpfen an strategischen Fernlenkwaffen. Auch wenn beide Seiten über die gleiche Zahl von Trägerraketen verfügen, wird die Versuchung, einen Erstschlag zu führen, größer, wenn nicht beide Seiten die gleiche Zahl von Mehrfachsprengköpfen und Abschußrampen haben, die angegriffen werden können. Eine Verringerung der strategischen Waffensysteme hebt die Unausgewogenheit nicht automatisch auf. Auf bestimmten Ebenen führt die Verringerung der Anzahl der Fernlenkwaffen ohne Ausgleich bei den Mehrfachsprengköpfen dazu, daß sich die Verwundbarkeit der anzugreifenden Abschußrampen erhöht; ein Erstschlag läßt sich in diesem Fall eher führen. Die Reagan-Regierung befindet sich sicherlich auf dem richtigen Weg, wenn sie einen Vorschlag vorlegen will, in dem zugleich mit der zahlenmäßigen Verringerung auch Einschränkungen hinsichtlich anderer Charakteristiken der Waffen gefordert werden, um einem Überraschungsangriff vorzubeugen, anstatt ihn zu erleichtern.

Ein solcher Prozeß ist aber auch ungeheuer zeitraubend, und zwar nicht nur bei der Ausarbeitung unserer eigenen Position, sondern auch beim Aushandeln einer Vereinbarung mit der Sowjetunion. Bei den SALT-Verhandlungen haben wir Jahre gebraucht, um uns über die zahlenmäßige Begrenzung der Abschußrampen zu einigen; die jetzt in Aussicht genommenen Verhandlungen sind unendlich komplexer.

Die Kluft muß überbrückt werden. Es ist dringend notwendig, unsere Öffentlichkeit davon zu überzeugen, daß es beide Seiten ernst damit meinen, das Wettrüsten unter Kontrolle zu bringen. Sonst könnte es dazu kommen, daß nachlässig formulierte, voreilige Lösungen das Feld beherrschen. Nach meiner Auffassung könnte der bei SALT gefundene Rahmen eine nützliche Basis sein, um von hier aus über die komplexen Verringerungen zu verhandeln, die unsere Regierung jetzt ausarbeitet. Zugleich müssen wir die in der Senatsdebatte über die Ratifizierung von SALT II zum Ausdruck gekommenen Bedenken ernst nehmen. Ich habe damals die Ratifizierung für den Fall befürwortet, daß drei Bedingungen erfüllt wurden: Erstens sollten unsere Verteidigungskräfte wesentlich gestärkt werden, um das militärische Gleichgewicht wiederherzustellen; zweitens sollten gewisse Zusätze angefügt und bestimmte Zweideutigkeiten, besonders in dem angefügten Dreijahresprotokoll, geklärt werden; drittens sollten die Vereinigten Staaten klarstellen, daß zwischen SALT und dem geopolitischen Verhalten der Sowjetunion ein Zusammenhang besteht. Einige Senatoren unter der Führung des damaligen Minderheitenführers, Senator Howard Baker, haben nachdrücklich auf die Bedeutung des Rechts der Vereinigten Staaten hingewiesen, schwere interkontinentale Fernlenkwaffen zu bauen, wie sie die Sowjetunion bereits in großer Zahl besaß.

Das sind berechtigte Bedenken, und ich glaube, wir befinden uns heute in einem Stadium, in dem sie berücksichtigt werden können. Die Aufrüstungsbemühungen der Reagan-Regierung werden die sowjetische Überlegenheit mit der Zeit ausgleichen; das ist dringend erforderlich – aber die Regierung hat ihre Pläne freiwillig innerhalb der Grenzen des SALT-II-Abkommens gehalten. Das Protokoll ist inzwischen überholt. (Das darin vorgesehene zeitliche Intervall geht jetzt ohnedies zu Ende.) Wir könnten deshalb zu einer Zwischenvereinbarung kommen und dabei im Rahmen des SALT-Abkommens bleiben oder, wie einige ehemalige Gegner des Vertrages wie Senator Sam Nunn vorgeschlagen haben, den SALT-II-Vertrag rafizieren. Ich würde zur letzteren Lösung neigen und den bestehenden Rahmen von SALT durch folgende Zusätze erweitern:

Erstens sollte das amerikanische Recht, ebenso schwere interkontinentale Fernlenkwaffen zu bauen wie die Sowjets, ausdrücklich bestätigt werden. Nach meinem Eindruck entspricht die MX, deren Bau nach den Bedingungen des Vertrages zulässig wäre, allen gegenwärtigen amerikanischen Anforderungen (und außerdem ergeben sich daraus genügend Probleme für die Stationierung). Man kann daher kaum damit rechnen, daß wir noch schwerere Fernlenkwaffen bauen werden. Dennoch ergeben sich aus einem Vertrag, der den Vereinigten Staaten das formale Recht nimmt, nach der Ausgewogenheit gegenüber der Sowjetunion zu streben, ernste Probleme. Andererseits könnten wir versuchen, gegen einen teilweisen oder vollständigen Verzicht auf die MX ähnliche Verzichte der Sowjets in bezug auf deren schwere Fernlenkwaffe SS-18 auszuhandeln.

Zweitens sollte die Zahl der strategischen Trägerraketen unterhalb der mit SALT II ausgehandelten Grenze auf etwa 2000 bis 2100 festgelegt werden. Das würde unsere ernste Absicht, die Anzahl der Massenvernichtungswaffen zu verringern, symbolisieren.

Drittens sollte die bisher bis 1985 festgelegte Geltungsdauer der Vereinbarung bis 1987 verlängert werden – ein solcher Vertrag würde natürlich durch eine vorher getroffene Vereinbarung über eine allgemeine Reduzierung abgelöst werden können. Damit gewänne man Zeit, um die Vereinbarung in den Rüstungsentscheidungen der Vertragsparteien zum Ausdruck kommen zu lassen, und vermittelte ein gewisses Gefühl der Sicherheit im Hinblick auf die umfassenden Abrüstungsvorschläge und qualitativen Restriktionen, um die sich unsere Regierung mit Recht bemüht.

Wenn wir vorübergehend für eine bestimmte Zwischenperiode SALT II wieder zum Ausgangspunkt nehmen, könnten manche den Eindruck gewinnen, daß damit alte Wunden aufgerissen werden. Dazu muß man sagen, daß die Reagan-Regierung sich praktisch an die in SALT II vereinbarten zahlenmäßigen Grenzen hält. Es fällt mir schwer zu verstehen, weshalb es sicher sein soll, sich an eine nicht ratifizierte Vereinbarung zu halten, während es gefährlich ist, das zu ratifizieren, woran man sich schon hält. Mit einer solchen Haltung kommt man vielleicht den sowjetischen Wünschen entgegen, besonders da die Nichtratifizierung den Sowjets wenigstens 250 zusätzliche Trägerraketen zugesteht, die sie nach der Ratifizierung des Vertrages verschrotten müßten.

Ich betone, daß dies die Gedanken eines amerikanischen Privatmannes sind, der die Überlegungen der Regierung zu diesem Thema nicht kennt. Ich hielte das jedoch für eine vernünftige Methode, aus der gegenwärtigen Sackgasse herauszukommen, einen Ausgangspunkt für spätere Abrüstungsmaßnahmen festzulegen und die Propaganda zu beenden, mit der schnelle Lösungen gefordert werden und die eher Ausdruck von Emotionen als von analytischem Denken ist.

Aber kein Schritt, den wir bei der Rüstungskontrolle vorankommen, wird uns einem stabilen Frieden entscheidend näherbringen, wenn wir nicht bereit sind, uns mit zwei Folgeerscheinungen auseinanderzusetzen. Erstens müssen wir immer daran denken, daß jede Vereinbarung über die Begrenzung oder Reduzierung strategischer Waffen die Glaubwürdigkeit einer Strategie unterminiert, die sich auf ihre Verwendung stützt. Damit wird wiederum deutlich, wie dringend notwendig es ist, die Unausgewogenheit bei den konventionellen Streitkräften zu beseitigen. Westliche Regierungen dürfen eine solche Vereinbarung nicht zum Vorwand nehmen, in ihren Verteidigungsanstrengungen nachzulassen, sondern sie müssen ihnen eine neue Richtung geben. Andernfalls werden sich die Gefahren für uns durch SALT, START und jede andere Vereinbarung vervielfachen. Wir sollten bereit sein, den Preis für eine weitere konventionelle Aufrüstung zu bezahlen, und wir dürfen nicht so tun, als gebe es dafür keinen Preis.

Zweitens darf, so wichtig die Rüstungskontrolle ist, das Bemühen darum nicht die Grundwahrheiten verschleiern: Grundsätzlich verursacht Rüstung keine politischen Spannungen; sie ist vielmehr Ausdruck solcher Spannungen. Es kann nicht im Interesse des Westens liegen, zuzulassen, daß die Sowjetunion Rüstungskontrollgespräche als Sicherheitsventil benutzt, um den Konsequenzen ihres aggressiven Verhaltens auszuweichen. Während der vergangenen zehn Jahre ist auf fast jede sowjetische Aggression das Angebot gefolgt, die Rüstungskontrollgespräche zu beschleunigen. Im Lauf der Zeit könnten die Sowjets veranlaßt werden, irrtümlich zu glauben, daß sie unangefochten das globale Gleichgewicht der Kräfte gefährden und gleichzeitig den Konsequenzen durch versöhnliche Redensarten ausweichen können. Auch wenn wir die Abrüstungsgespräche bis zu einem gewissen Grad isoliert von den politischen Diskussionen führen, dürfen wir nie vergessen, daß die Ursache der Spannungen der politische Konflikt zwischen Ost und West ist, der Aufeinanderprall zweier verschiedener Philosophien und das Bemühen der Sowjets, ihre Macht und ihre Einflußsphäre auszudehnen. Früher oder später muß dieser politische Konflikt beigelegt werden, oder alle am Rande dieses Konflikts geführten Verhandlungen werden schließlich bedeutungslos sein.

Die eigentliche Herausforderung für die politische Führung im Westen liegt deshalb darin, ob sie bereit ist, sich der Komplexität der Lage zu stellen; ob sie ihre Völker zu der Erkenntnis bringen kann, daß leidenschaftliche Gefühle zwar einen Anreiz geben können, daß aber nur die Analyse einer permanenten geopolitischen Herausforderung nicht überleben kann. Kurz gesagt kommt es darauf an, daß die Demokratien die Disziplin aufbringen und gemeinsam handeln, um den sie drohenden Gefahren sinnvoll zu begegnen, anstatt ihnen verwirrt und uneinig auszuweichen.

Die Wirtschaftsbeziehungen zur Sowjetunion

Die Dispute im alliierten Lager über Sicherheitsfragen sind durch europäische Initiativen veranlaßt worden; die den Ost-West-Handel betreffenden sind von Amerika ausgegangen. Zwei einander folgende amerikanische Regierungen haben sich vergeblich um die Unterstützung der Europäer für eine Beschränkung des Ost-West-Handels bemüht, mit der die Lieferung bestimmter Waren eingeschränkt oder Langzeitprojekte wie das Gas-Röhren-Geschäft aufgegeben werden sollten, und zwar zunächst wegen des sowjetischen Einfalls in Afghanistan und dann wegen der Unterdrückung der Freiheit in Polen. Die daraus entstandenen Meinungsverschiedenheiten haben einen bitteren Nachgeschmack hinterlassen: In Amerika glauben viele, unsere europäischen Verbündeten ordneten die Langzeitstrategie und sogar das Problem der Sicherheit kurzfristigen innenpolitischen Gesichtspunkten unter; in Europa behaupten viele, Amerika versuche, seine geopolitischen Ziele auf Kosten der Europäer zu verwirklichen und riskiere den innenpolitischen Zusammenhalt in befreundeten Ländern bei der Diskussion um Probleme, derenthalben wir selbst nicht bereit seien, entsprechende Opfer zu bringen, wie sich dies aus der Aufhebung unseres Getreideembargos schließen ließe.

Lassen Sie mich dazu ein paar Bemerkungen machen.

Ende der sechziger und Anfang der siebziger Jahre verstärkte sich das Interesse für den Ost-West-Handel – ironischerweise unmittelbar nach dem sowjetischen Einfall in die Tschechoslowakei. In bestimmten Kreisen argumentierte man, trotz gelegentlicher sowjetischer Übergriffe werde eine Belebung des Ost-West-Handels die Sowjets dadurch zur Mäßigung veranlassen, daß die UdSSR zunehmend von der Technologie und den Getreidelieferungen der demokratischen Industrienationen abhängig würde. Die damalige amerikanische Regierung, der auch ich angehörte, war von Anfang an der Auffassung, daß eine Belebung des Handels erst erfolgen würde, wenn die Sowjets bewiesen hätten, daß sie bereit seien, einen friedlicheren Kurs zu steuern, und daß dieser Handel mit dem sowjetischen Verhalten auf internationaler Ebene verknüpft werden müßte. Als die Sowjetunion in erste Verhandlungen über Berlin, SALT, einen beiderseitigen Truppenabbau und andere Fragen eintrat, lockerten die Vereinigten Staaten schrittweise ihre Restriktionen, und zwar von Fall zu Fall, im Hinblick auf bestimmte Projekte. Unsere europäischen Verbündeten folgten diesem Beispiel und gingen, als der amerikanische Kongreß mit neuen Restriktionen eingriff, was das Handelsvolumen, die Kreditgewährung und die Leichtigkeit betraf, mit der das alles geschah, viel weiter als wir.

Was die am Anfang vertretenen Theorien auch wert gewesen sein mögen, heute zeigt sich ganz deutlich, daß der Handel und die Gewährung von Krediten die Sowjets nur zur Mäßigung veranlassen können, wenn der Kreml fürchtet, er werde als Folge seiner Unnachgiebigkeit auf die erwarteten wirtschaftlichen Vorteile verzichten müssen. Aber die Interessengruppen in allen Ländern, die aus dem Ost-West-Handel Vorteile ziehen wollten, und die Regierungen, die sie beeinflussen, widersprechen entschieden dieser These. Die Regierungen der demokratischen Industrienationen stellen sich immer mehr auf den Standpunkt, daß die kurzfristige Belebung des Arbeitsmarkts im eigenen Lande größeres Gewicht habe als die politischen Risiken, die mit der Stärkung eines feindlichen und aggressiven politischen Systems verbunden sind. Das ist um so kurzsichtiger, als die immer bedrohlicher werdende Welle des Radikalismus und der Unsicherheit in der Welt – die unausweichliche Folge des Anwachsens sowjetischer Macht, dem sich kein von den demokratischen Industrienationen vereinbartes gemeinsames Verhalten entgegenstellt – früher oder später zu Schwierigkeiten auf allen wirtschaftlichen Gebieten führen wird.

Es besteht kaum ein Zweifel daran, daß sich das Gleichgewicht bei den Verhandlungen über den Ost-West-Handel während der vergangenen zehn Jahre ins Gegenteil verkehrt hat. Bei jeder Krise erfindet der Westen neue Vorwände, um zu erklären, weshalb es unangebracht sei, die Wirtschaftsbeziehungen zu unterbrechen. Dabei werden auch die völlig widersprüchlichen Argumente vorgebracht, mit Sanktionen ließe sich nie etwas erreichen, und Sanktionen seien gleichbedeutend mit einem kriegerischen Akt – wobei letzteres eine besonders gefährliche Legitimierung für sowjetische Erpressungsversuche in dem Fall wäre, daß sich wirtschaftliche Sanktionen nicht vermeiden ließen. In der Tat haben die Wirtschaftsbeziehungen viel mehr dazu beigetragen, den Westen angesichts eines Fehlverhaltens der Sowjets zur Zurückhaltung zu veranlassen, als die Sowjets auf internationaler Ebene zur Mäßigung zu bewegen.

Die Ungleichheit der Verhandlungspositionen ist fast ausschließlich das Ergebnis der Uneinigkeit der Demokratien. Theoretisch wird Handel nur dann getrieben, wenn er beiden Seiten zum Vorteil gereicht. Aber die Verteilung der Vorteile ist Gegenstand von Verhandlungen; eine zu starke Abhängigkeit von einem Markt oder einem Lieferanten führt zur Unausgewogenheit, besonders wenn ein zentral dirigiertes System einer Gruppe von Ländern gegenübersteht, die miteinander konkurrieren. Genau das geschieht beim Ost-West-Handel. Die Sowjetunion verkehrt mit ihren Handelspartnern im Westen durch eine Einkaufskommission, eine einzige Gruppe, die strikten politischen Anweisungen folgen muß. Auf westlicher Seite stehen miteinander konkurrierende Gruppen, die in einzelnen Fällen durch Antikartellgesetze daran gehindert werden, gemeinsam vorzugehen, und oft von den einzelnen Regierungen, die durch Zugeständnisse bei der Kreditgewährung ihren nationalen Industrien Vorteile verschaffen wollen, beeinflußt werden. So hat man der Sowjetunion oder anderen osteuropäischen Ländern Darlehen gewährt oder angeboten, ohne daran zu denken, wie sie diese Gelder verwenden wollen oder ob sie in der Lage sind, die Darlehen zurückzuzahlen. Daß die Schuldner in Zahlungsverzug geraten, wird dadurch vermieden, daß neue Zahlungstermine festgelegt werden; man gewährt neue Kredite, um den Schuldnern die Zahlung der Zinsen für die in Wirklichkeit faulen ersten Kredite zu ermöglichen – und frisiert so die Bilanzen der Gläubiger. So wird es dem Kreml leichtgemacht, die westlichen Länder und sogar ihre Industrien gegeneinander auszuspielen und sich Vorteile zu verschaffen, die weder durch die Zahlungsbilanz noch durch die politischen Umstände gerechtfertigt sind. Gegen alle traditionellen Erwartungen verbessert sich die Verhandlungsposition des »Schuldners« mit seiner Unfähigkeit, seine Schulden zurückzubezahlen.

Das hat zu einer Anomalie geführt. Analysiert man die Lage ganz objektiv, dann sind die Sowjetunion und ihre Satelliten viel stärker vom Ost-West-Handel abhängig als ihre Handelspartner, die demokratischen Industrienationen. Die Sowjetunion kann sich ohne das Getreide aus der nichtkommunistischen Welt nicht selbst ernähren; sie braucht unter allen Umständen die westliche Technologie. Das typische Produkt, das der Westen an den Osten verkauft, enthält neue Ideen; was die Sowjetunion im Austausch anzubieten hat, sind Rohstoffe – Produkte, die keine irgendwie interessanten Konzeptionen enthalten. Der Umstand, daß die Vorteile auf der einen Seite so stark überwiegen, hätte längst dazu geführt, das Handelsvolumen drastisch zu reduzieren, hätten die westlichen Regierungen nicht mit direkten oder verschleierten Krediten eingegriffen, die heute für die kommunistische Welt bis auf fast neunzig Milliarden Dollar angewachsen sind. Außerdem subventionieren die Regierungen viele Exportpreise direkt oder indirekt. Damit gewähren sie den kommunistischen Ländern nicht nur einen relativen Vorteil im Handel, sondern sie finanzieren gerade die Nationen, die gleichzeitig eine geopolitische Offensive gegen sie führen. Lenins Ausspruch, die Kapitalisten würden sich gegenseitig unterbieten, um den Strick zu verkaufen, an dem sie aufgehängt werden sollen, bewahrheitet sich hier mit besonderer Schärfe – denn Lenin hat niemals daran gedacht, daß die westlichen Regierungen auch noch das Geld zum Kauf des Stricks zur Verfügung stellen und den Preis subventionieren würden, um den Kauf zu erleichtern.

Es ist undenkbar, daß der Westen fortfährt, seinen überwältigenden Anteil an der wirtschaftlichen Macht der Welt in so frivoler Weise zu verwenden. Wir befinden uns nicht in der Defensive, weil es uns an wirtschaftlichem Reichtum mangelt, sondern weil wir nicht den Willen aufgebracht oder die Führungsqualitäten entwikkelt haben, gemeinsam und übereinstimmend zu reagieren. Wir haben hin und wieder den Versuch unternommen, durch Sanktionen einzuwirken. Diese Versuche sind fehlgeschlagen, weil sie sich auf die verschiedenen Länder und die verschiedenen Wirtschaftszweige verschiedenartig ausgewirkt haben. Und es ist schwierig gewesen, die Sanktionen zu einem konkreten politischen Programm in Beziehung zu setzen oder zu bestimmen, unter welchen Voraussetzungen sie wieder aufgehoben werden sollen. Sie haben sich als Nadelstiche erwiesen und die Schwäche des Westens in dramatischer Weise offenbart, anstatt zu zeigen, daß der Westen die Lage beherrscht.

Das Problem ist darüber hinaus auch verschleiert worden, indem man die Alternativen in übertriebener Weise dargestellt hat. Einige Gegner des Ost-West-Handels behaupten, mit der totalen Verweigerung wirtschaftlicher Vorteile könnte man den Zusammenbruch des sowjetischen Systems erzwingen. Diese Theorie ist von der Geschichte widerlegt worden. Das sowjetische System hat einige Jahrzehnte wirtschaftlicher Isolation überlebt und ist nicht zusammengebrochen. Und diese Theorie widerspricht den innenpolitischen Bestrebungen, Verhandlungen auf breiter Front zustande zu bringen. Während der vergangenen achtzehn Monate hat es sich gezeigt, daß das Bündnis eine Politik der Konfrontation um ihrer selbst willen nicht durchhalten wird, wenn die Situation nicht durch die Hoffnung auf diplomatische Fortschritte entschärft werden kann.

Aber auch die entgegengesetzte Theorie von der automatisch besänftigenden Wirkung des Handels hat sich als falsch erwiesen. Das sowjetische Verhalten in den letzten Jahren hat das Argument widerlegt, daß Handel und Kredite an sich die Evolution des sowjetischen Systems günstig beeinflussen könnten. Die sowjetisch-kubanische Intervention in Angola, in Äthiopien und im Südjemen, der Einfall in Afghanistan, die Unterdrückung der »Solidarität« in Polen und die Verwendung toxischer, chemischer und biologischer Kampfmittel im Krieg in Afghanistan und Südostasien haben gerade zur Zeit einer erweiterten wirtschaftlichen Zusammenarbeit des Westens mit dem Osten stattgefunden.

Wenn die Demokratien auch weiterhin ihre schwer verdienten Mittel einem Angriff auf das geopolitische Gleichgewicht zur Verfügung stellen, dürfen sie nicht überrascht sein, wenn ihre Sicherheit und ihr Wohlstand darunter leiden. Es kann doch wirklich nicht über die politische Vorstellungskraft und den Willen der Demokratien hinausgehen, für das radikale und aggressive Verhalten der Sowjets einen Preis zu verlangen. Positiv ausgedrückt heißt das: Solange die Sowjetunion uns bittet, sie bei der Lösung ihrer wirtschaftlichen Probleme zu unterstützen und damit praktisch westliche Wirtschaftshilfe zu leisten, haben die demokratischen Industrienationen das Recht und sogar die Pflicht, als Gegenleistung Zurückhaltung und Zuverlässigkeit beim sowjetischen Verhalten auf internationaler Ebene zu verlangen.

Die demokratischen Industrienationen sind in der Lage, ihre wirtschaftliche Kraft positiv und schöpferisch einzusetzen. Es gibt durchaus vernünftige Grundvorausetzungen für den Ost-West-Handel, der weder ein uneingeschränkter Wirtschaftskrieg ist, noch den Sowjets den unkontrollierten Zugang zu westlichem Handel, Krediten und westlicher Technologie gewähren darf. Wenn die Demokratien nicht in der Lage sind, gemeinsame politische Kriterien festzulegen, sollten sie sich wenigstens darüber einigen, daß die allgemeine Marktlage den Umfang des Ost-West-Handels und die Höhe der Kredite bestimmen muß. Würde man auf von den Regierungen garantierte Kredite und Subventionen verzichten, dann würde sich der Ost-West-Handel auf das bechränken, was für beide Seiten wirtschaftlich vorteilhaft ist, und das wäre nur ein kleiner Bruchteil dessen, was heute getan wird. Wenn die Sowjets darüber hinausgehen wollen – wenn sie Kredite oder subventionierte Preise erwarten –, dann sollte der Westen politische Zugeständnisse verlangen.

Um das zu erreichen, sollten die demokratischen Industrienationen gemeinsam erklären, sie seien bereit, auf längere Sicht wirtschaftlich mit dem Osten zusammenzuarbeiten, und zwar auch im erweiterten Rahmen, aber nur, wenn es dafür zu umfassenden politischen Vereinbarungen kommt, durch welche die dringendsten Probleme gelöst werden, die Supermächte sich eine besondere Zurückhaltung auferlegen und entscheidende Schritte auf dem Wege zur Abrüstung getan werden. Die dabei auszuhandelnden Bedingungen sollten nicht nur in frommen Erklärungen formuliert werden, sondern aus ganz konkreten Einzelheiten bestehen. Dabei dürfen wir uns auch nicht täuschen: Wir können dieses Ziel nicht erreichen, ohne daß die Demokratien eine gewisse Zeit, vielleicht sogar einige Jahre, bewußt Zurückhaltung üben und ihr Verhalten diszipliniert koordinieren, um die Sowjets davon zu überzeugen, daß wir es ernst meinen. Im einzelnen kommt es dabei auf folgendes an:

Die Demokratien sollten zunächst ihre Ziele auf politischem Gebiet klarstellen und spezifizieren, um deutlich zu machen, welche Kriterien für den Fortschritt gelten. Das könnte in einer Deklaration zum Ausdruck kommen, die sagt, daß der Westen seine Beziehungen zur Sowjetunion als etwas begreift, das tiefer geht als der bloße Austausch auf technischem oder wirtschaftlichem Gebiet. Die wichtigste Aussage wäre, daß die demokratischen Industrienationen über wirtschaftliche Probleme mit einer Stimme mit dem Osten sprechen wollen und daß sie für einen von den Regierungen geförderten Handel politische Gegenleistungen verlangen werden.

Zweitens wäre es dringend notwendig, die Liste der verbotenen strategischen Exporte zu überprüfen und auf den neuesten Stand zu bringen, um sich dann unbedingt daran zu halten.

Drittens sollten die Demokratien auf höchster Ebene prüfen, unter welchen politischen Bedingungen die Sowjetunion und die Nationen in ihrem System von den westlichen Regierungen geförderten Zugang zum Westhandel und zu westlichen finanziellen Hilfsquellen erhalten sollen. Die Verfahren für die Gewährung von Exportkrediten und finanziellen Garantien sollten periodisch überprüft werden, und zwar in der Absicht, ein für alle OECD-Mitglieder geltendes, jede Konkurrenz ausschließendes Verfahren festzulegen.

Viertens sollten sich die Demokratien darüber einigen, allmählich alle von den Regierungen gewährten Subventionen und Garantien für private Bankkredite, die osteuropäischen Ländern gewährt werden, abzubauen. Angesichts der geradezu katastrophal schlechten Leistungen der kommunistischen Wirtschaften würden die Marktbedingungen den angemessenen Fluß der privaten Kredite regeln und wahrscheinlich reduzieren, wenn nicht sogar gänzlich unterbinden. Das gleiche Prinzip sollte für die subventionierten Preise gelten.

Parallel dazu sollte man sich darüber einigen, daß eine Verlängerung schon gewährter Kredite entscheidend vom Verhalten der betroffenen Länder abhängt, besonders auf dem Gebiet der Außenpolitik – und dazu muß auch die Aufhebung des Kriegszustandes in Polen gehören.

Fünftens sollten die Getreideexporte der großen Getreide produzierenden Nationen dringend überprüft werden, um zu entscheiden, wie die Exportpolitik der hier skizzierten Strategie dienen kann, ohne den Farmern in all unseren Ländern übermäßige Härten zuzumuten.

Schließlich muß es unter den Demokratien eine Übereinstimmung darüber geben, zu welcher Form der erweiterten wirtschaftlichen Zusammenarbeit mit der kommunistischen Welt wir bereit sind, wenn diese Strategie der wirtschaftlichen Koordinierung im Westen zu einer politischen Verständigung zwischen Ost und West auf breiter Basis führen sollte.

Der Gipfel in Versailles könnte vielleicht ein geeignetes Forum sein, um einen solchen Prozeß der Koordinierung und Vereinheitlichung der Politik der demokratischen Industriestaaten in Gang zu setzen.

Vielleicht wird man argumentieren, es sei utopisch, an die Verwirklichung einer solchen Politik zu denken; der Westen werde niemals die Disziplin und das für diesen Kurs benötigte gegenseitige Vertrauen aufbringen. Doch was auf diese Weise erreicht werden soll, liegt auf lange Sicht im Interesse des Ostens und des Westens. Es wird die Sowjets veranlassen, ihre Aggressivität zu mäßigen, die sich auf die Annahme gründet, der Westen sei zu schwach, zu selbstsüchtig oder zu uneinig, um seine Interessen mit den besten dafür zur Verfügung stehenden Waffen zu verteidigen. So werden die Sowjets gezwungen, zu einer Zeit konkrete Entscheidungen zu treffen, in der das Ringen um die Nachfolge unausweichlich zu einer innenpolitischen Debatte über Prioritäten führen wird und vielleicht auch zu dem Bestreben, jeden Druck von außen zu verringern. Wenn die Entwicklung nun zu politischen Lösungen führt, die sich später nicht mehr rückgängig machen lassen, können Handel und Kreditgewährung erweitert werden. Läßt sich eine solche Lösung nicht erreichen, dann wird die Fortführung unserer gegenwärtigen Handels- und Kreditpraktiken die Krise bei uns nur beschleunigen. In diesem Fall werden künftige Generationen nicht erklären können, was uns veranlaßt hat, unseren eigenen Untergang durch Nachlässigkeit, Gewinnsucht und Mangel an Führungsqualitäten herbeizuführen.

Wenn die demokratischen Industrienationen ihre Exporte durch Erleichterungen in der Kredit- oder Preispolitik subventionieren wollen, dann liegt ein vielversprechendes Gebiet für solche Vorhaben nicht in den kommunistischen Ländern, sondern in der Dritten Welt – besonders bei ihren gemäßigten, marktorientierten Regierungen.

Schlußbemerkungen

Es mag gelegentlich den Anschein haben, daß die Zukunftsaussichten trübe sind, aber lassen Sie uns nicht vergessen, daß sie das Ergebnis von Entscheidungen durch freie Gesellschaften sind, und diese Entwicklung deshalb auch durch freie Entscheidungen rückgängig gemacht werden kann. Denn wenn wir unsere Intelligenz gebrauchen und daran denken, über welches Potential wir verfügen, dann haben wir gute Gründe, hoffnungsfroh in die Zukunft zu schauen. Die Sowjetunion ist ein System ohne gesetzliche Regelung der Nachfolge, mit einer stagnierenden Wirtschaft, einem bedenklichen Anwachsen seiner nichtrussischen Bevölkerung und ideologischen Ansprüchen, deren Bankrott von der polnischen Arbeiterklasse auf der Straße bewiesen wird. Es ist ein Treppenwitz der Weltgeschichte, daß sich die einzigen spontanen Revolutionen in Industrieländern gegen kommunistische Regierungen gewendet haben.

Ein System, das sich schon von den allerelementarsten Freiheiten so bedroht fühlt, ein strukturell so ungesundes und leistungsschwaches System, das den Grundbedürfnissen des menschlichen Geistes so offenkundig widerspricht, kann nur als Folge unserer Unzulänglichkeiten, nicht aber aufgrund seiner eigenen Leistungen überleben. Der Westen, der im Lauf von Jahrhunderten eine große Zivilisation hervorgebracht hat – kulturelle Leistungen, Philosophie, Erfindungsgeist und Wohlstand –, darf jetzt nicht aus Kurzsichtigkeit darauf verzichten, sein Schicksal selbst zu bestimmen. Die Demokratie braucht vor allem Klarheit des Denkens, Mut und eine politische Führung, die bereit ist, ihrer Bevölkerung die Wahrheit zu sagen und sich komplexen Problemen zu stellen. Wären unsere Probleme einfach, dann hätten wir sie längst gelöst. Der Staatsmann steht immer wieder vor dem Dilemma, daß er sein Ziel schrittweise erreichen muß; er ist nicht nur für das Beste verantwortlich, was geschehen kann, sondern auch für das Schlimmste. Das Vollkommene zu erreichen ist auf keiner Stufe möglich; die Demagogen haben es nicht schwer, ihn bei jedem Schritt anzugreifen, wenn sie das Erreichte mit irgendeinem utopischen Idealzustand vergleichen. Aber die Demokratie kann nicht überleben, wenn die Debatten von Personen beherrscht werden, die eine solche Haltung vertreten. Es schadet der Verwirklichung ernst zu nehmender moralischer Forderungen, wenn man so tut, als gebe es nicht die Möglichkeit, solche Forderungen in der Praxis durchzusetzen, wie auch praktische Lösungen ihren Sinn verlieren, wenn man sie von ihrem moralischen Inhalt trennt. Es gibt auf keiner Seite des Atlantik und in keinem unserer Länder Raum für Selbstgerechtigkeit. Jeder wirkliche Fortschritt muß daher bei uns selbst beginnen. Es lohnt sich, unsere moralischen Werte zu verteidigen; unsere Geschlossenheit bleibt eine moralische und eine politische Notwendigkeit. Wenn wir das dazu notwendige Vertrauen und die erforderliche Entschlußkraft aufbringen, wird die Freiheit blühen, und die Zukunft wird von den Freien gestaltet werden.

Register